社会保险学

陈文美 主编

科学出版社
北京

内 容 简 介

目前我国已构筑成覆盖全民、可持续的多层次社会保障体系，尤其是党的十八大以来，我国社会保险制度不断发展、整合与完善，已成为促进经济增长、调节收入分配、增进民生福祉的重要政策手段。本教材在我国高等教育内涵式发展及国家级一流本科专业建设的时代背景下进行整体把握与设计，注重高质量的编写，力图做到结构科学合理、内容丰富翔实、形式新颖完善，主要包括社会保险概述、社会保险制度产生与发展的演变历程、社会保险管理体制、社会保险基金、养老保险、医疗保险、失业保险、工伤保险、生育保险等章节。

本教材可以供高等学校劳动与社会保障专业、保险学专业本科生作为教材使用，也可作为公共管理大类本科生及公共管理硕士研究生的参考教材，还能供从事社会保险事业及对社会保险领域感兴趣的社会读者使用。

图书在版编目（CIP）数据

社会保险学 / 陈文美主编. —北京：科学出版社，2025.3

ISBN 978-7-03-071656-9

Ⅰ. ①社… Ⅱ. ①陈… Ⅲ. ①社会保险-保险学-高等学校-教材

Ⅳ. ①F840.61

中国版本图书馆 CIP 数据核字（2022）第 032704 号

责任编辑：王京苏　赵　洁 / 责任校对：姜丽策
责任印制：张　伟 / 封面设计：有道设计

科学出版社出版
北京东黄城根北街 16 号
邮政编码：100717
http://www.sciencep.com
北京市金木堂数码科技有限公司印刷
科学出版社发行　各地新华书店经销
*
2025 年 3 月第　一　版　开本：787×1092　1/16
2025 年 3 月第一次印刷　印张：16 1/2
字数：388 000

定价：78.00 元
（如有印装质量问题，我社负责调换）

前　言

党的十九大报告提出："按照兜底线、织密网、建机制的要求，全面建成覆盖全民、城乡统筹、权责清晰、保障适度、可持续的多层次社会保障体系。"[①]之后，党的二十大报告又指出："社会保障体系是人民生活的安全网和社会运行的稳定器。健全覆盖全民、统筹城乡、公平统一、安全规范、可持续的多层次社会保障体系。"[②]社会保险作为社会保障体系最重要的组成部分，是国家抵御社会风险和保障国民基本生活的重要制度安排和服务体系，是现代国家普遍采用的一种风险防范制度，关系到每个公民的养老、医疗、失业、工伤、生育等方面的切身利益。目前我国已构筑成覆盖全民、可持续、多层次的社会保障体系。社会保险是社会保障的重要组成部分，党的十八大以来，我国的社会保险制度不断发展、整合与完善，已成为促进经济增长、调节收入分配、增进民生福祉的重要政策手段。

2019 年底，贵州财经大学劳动与社会保障专业成功获批国家级一流本科专业建设点，并于 2021 年获批公共管理一级学科博士点。为促进学科建设发展，提高人才培养质量，学校统一安排，由公共管理学院组织、劳动与社会保障教研室负责，力图打造国家级一流本科专业建设系列教材，《社会保险学》属于其中的重要一部。在我国高等教育内涵式发展及国家级一流本科专业建设的时代背景下，编写组对本教材进行整体把握与设计，一方面注重高质量的编写，力图做到结构科学合理、内容丰富翔实、形式新颖完善，另一方面积极开展该教材的配套慕课建设，做到线上线下资源的衔接与共享。

本教材的具体分工如下：第一章、第三章、第四章、第六章、第七章、第十章主要由贵州财经大学陈文美副教授编写，第二章主要由贵州财经大学李根副教授编写，第五章主要由贵州财经大学陈明俊博士编写，第八章主要由贵州财经大学齐艳华博士编写，第九章主要由贵州财经大学张军博士编写。各章作者完成初稿后，陈文美对全书进行了统稿、修订和定稿。

特别需要提到的是，本教材在编写过程中，得到江西财经大学李春根教授和贵州财经大学王飞跃教授的精心指导和热心帮助，在此表示深深的谢意。

最后，本教材编写过程中还得到贵州财经大学劳动与社会保障专业硕士研究生们的热心帮助，他们在资料收集、梳理以及文字校对等方面做了大量工作，他们分别是张董胜男、张昌柱、姬思敏、刘子墨、韩丹、王丹。与此同时，科学出版社的

---

① 习近平：决胜全面建成小康社会 夺取新时代中国特色社会主义伟大胜利——在中国共产党第十九次全国代表大会上的报告. https://www.12371.cn/2017/10/27/ARTI1509103656574313.shtml（2017-10-18）.

② 习近平：高举中国特色社会主义伟大旗帜 为全面建设社会主义现代化国家而团结奋斗——在中国共产党第二十次全国代表大会上的报告. https://www.gov.cn/xinwen/2022-10/25/content_5721685.htm（2022-10-25）.

编辑王京苏和赵洁对本教材的出版给予了大力支持。在此，由衷感谢各位的付出与努力！

在教材的编写与定稿过程中，尽管我们付出了诸多辛勤劳动，但受水平所限，书中疏漏之处在所难免，敬请各位专家和读者批评指正。

陈文美

2024 年 12 月 10 日

目　　录

第一章 绪　论

本章导读

本书是一部介绍社会保险学基本原理和分析社会保险各险种的教材。本章绪论首先界定社会保险学的研究对象，然后概括社会保险学的研究内容体系，最后介绍社会保险学的研究方法及学习社会保险学的重要意义。绪论部分对全书的学习具有启发和引导的作用。

第一节 社会保险学的研究对象

每门学科都有其特定的研究对象，不同的研究对象区分出不同的学科。社会保险学作为工业社会发展的必然产物，是防范和化解社会风险、维护社会稳定的重要手段。社会保险主要是保障劳动者在遭遇年老、生病、失业、工伤、生育等风险时，由国家和社会强制实施并为劳动者提供基本生活保障的一种社会制度。社会保险学是专门研究社会保险运作机制及其规律的科学，研究对象主要涉及社会保险的理论基础、制度发展历程与演变，管理体制，社会保险基金筹集、给付、管理、运营、监督等运行机制，养老保险、医疗保险等各险种的运行机制及其规律。社会保险关系每个社会成员的切身利益和社会大局的稳定，是极其复杂的社会系统工程，涉及国家的经济、法律、财政税收、保险投资等诸多领域，社会保险学侧重研究全局性、长期性、制度性、技术性的问题，是一门涉及经济学、管理学、法学、人口学、社会学、公共政策学等诸多领域、诸多学科内容的综合性、交叉性学科。

在中国特色社会主义新时代，我国的社会保险既有社会保险的一般特点和一般规律，又具备与我国社会主义市场经济体制相适应的独特制度设计和运行机制。

第二节 社会保险学的研究内容体系

该部分为绪论部分，主要包括对全书内容安排的介绍及写作特色的分析。在内容方面，本教材主要包括社会保险概述、社会保险制度产生与发展的演变历程、社会保险管理体制、社会保险基金、养老保险、医疗保险、失业保险、工伤保险、生育保险等。与此同时，本教材的编写具有以下特点：①基础性。即注重向读者传递社会保险学的基本概念、基本知识和基础理论，帮助读者认识和把握社会保险运行的普遍规律。②本土化。坚持理论联系实际，尤其在撰写各个险种内容时，在介绍具体知识点之后试图将马克思主义普遍原理与中国社会保险实践相结合，重点梳理和介绍中国特色社会主义市场经济体制下的社会保险险种内容和具体运行情况，同时借鉴其他国家社会保险制度的合理成分和成功经验，丰富和完善我国社会保险学体系。

本教材具体内容除绪论以外共有九章，具体如下。

第二章：社会保险概述。该部分主要包括四个小节。第一节社会风险的基本概念，主要阐述社会风险的概念、类型，社会风险的基本特征及社会风险管理中的社会保险；第二节重点阐述社会保险的基本概念，包括基本概念界定、特征、功能、基本原则分析；第三节重点阐述社会保险的种类，包括老年、伤残和遗属保险，疾病和生育保险，工伤保险，失业保险，家庭津贴制度；第四节阐述社会保险的相关关系，论述了社会保险与储蓄、商业保险、财政以及与其他社会保障的关系。

第三章：社会保险制度产生与发展的演变历程。该章涵盖社会保险的理论基础、社会保险制度的产生与发展阶段，以及我国社会保险制度的产生与发展。理论基础主要包括早期的新历史主义理论、需求层次理论、福利经济学、马克思主义剩余价值理论、凯恩斯国家干预理论、《贝弗里奇报告》等；社会保险制度的产生与发展阶段主要包括萌芽时期、产生时期、发展时期、调整改革时期；我国社会保险制度的产生与发展主要包括创建阶段、调整和发展阶段、停滞阶段、重建和改革创新阶段。

第四章：社会保险管理体制。该章主要包括社会保险管理概述、社会保险管理内容、社会保险管理模式及我国社会保险管理体制历史沿革。其中，社会保险管理概述包括社会保险管理概念、管理职能、管理特征；社会保险管理内容主要包括社会保险行政管理、业务管理、基金管理、监督管理等内容；社会保险管理模式主要包括政府直接管理模式、自治机构管理模式、私营机构管理模式；我国社会保险管理体制历史沿革，从1950年发展至今，主要包括五个阶段。

第五章：社会保险基金。该部分主要包括社会保险基金概述、基金筹集、基金管理、基金投资运营及基金监管。其中，社会保险基金概述主要包括社会保险基金概念、特征、分类、来源；社会保险基金筹集主要包括基金筹集原则和筹集模式；社会保险基金管理包括基金管理概念、管理原则及管理模式；社会保险基金投资运营主要包括投资原则、投资工具；社会保险基金监管主要包括基金监管概述、监管原则及构筑社会保险基金的安全网等内容。

第六章：养老保险。该章首先介绍了养老保险的概念、特征、功能及养老保险制度的历史沿革；其次介绍养老保险制度模式，主要包括福利国家型模式、社会保险型模式、强制储蓄模式、混合型模式等内容；再次介绍养老保险的收支平衡和支付责任模式，主要分析养老保险的收支平衡模式、缴费模式及给付模式；最后，介绍补充养老保险，以及重点介绍和分析我国基本养老保险制度。

第七章：医疗保险。该章首先从健康与疾病风险入手，介绍医疗保险的概念、特征、产生与发展历程；接着介绍医疗保险制度模式，包括国家医疗保险模式、社会医疗保险模式、个人储蓄医疗保险模式及商业医疗保险模式；在此基础上，论述了医疗保险筹资模式、医疗保险的给付；之后重点论述我国医疗保险制度，包括城镇职工医疗保险制度、城乡居民医疗保险制度、补充医疗保险；最后介绍现阶段我国医疗保险制度运行存在的问题及对策建议。

第八章：失业保险。该章主要包括失业与失业保险、失业保险的理论基础、失业保险制度的产生与发展历程，以及我国失业保险制度的主要内容。其中，失业与失业保险部分介绍了市场经济与失业、失业及失业率、失业保险的概念及特征、失业保险的功能与原则；失业保险的理论基础主要包括古典失业理论、凯恩斯失业理论、供给学派的失业理论、刘易斯的就业理论、新古典综合学派的“结构性失业”理论、货币学派的“自然失业率”理论及新凯恩斯主义的黏性工资理论；失业保险制度的产生与发展历程部分首先介绍失业保险制度的产生与发展历程，然后重点梳理我国失业保险制度的历史沿革与法律法规体系；失业保险制度的主要内容部分主要从覆盖范围、费用负担、享受失业保险的待遇、失业保险待遇水平、享受失业保险待遇的期限、停止领取失业保险待遇的情形等内容展开；最后对我国失业保险制度的实施成就、存在问题及制度改革的建议进行分析。

第九章：工伤保险。该章首先介绍工伤保险概述，主要包括工伤风险与工伤保险，工伤概念、范围及认定，工伤保险的概念、特征，工伤保险制度原则、功能，工伤保险制度产生与发展；其次介绍我国工伤保险制度内容，主要包括工伤保险覆盖范围、基金筹集、给付待遇；再次介绍工伤认定与劳动能力鉴定，工伤预防与职业康复，主要包括工伤认定标准、认定程序、劳动能力鉴定、工伤预防、工伤康复；最后重点梳理和介绍我国工伤保险制度的发展历程、制度发展存在问题分析以及制度改革的思路建议等。

第十章：生育保险。该章首先论述了生育保险的概念及特征、建立生育保险的原则及功能、生育保险制度的产生与发展；接着介绍生育保险内容，主要包括生育保险筹资、生育保险待遇享受资格、待遇水平；最后重点梳理我国生育保险制度发展历程，分析我国生育保险制度发展存在的问题，并给出改革思路建议。

第三节 社会保险学的研究方法及意义

一、研究方法

研究方法是揭示事物本质规律的工具和手段。社会保险作为一门新兴的、综合性的、交叉复杂学科，科学合理的研究方法能更有力地研究社会保险学的本质和规律。

（一）历史研究与比较研究相结合的方法

在社会保险学的研究中，历史研究与比较研究相结合的方法是最常见、最普遍的方法之一，将该领域本国的历史发展情况与世界各国的发展情况结合起来研究，有利于形成正确、全面的认识。我国社会保险学制度的萌芽、形成、发展均根植于中华民族的历史土壤，具有中国特色和地区特点，与本国的历史习惯、管理特色等密不可分，了解其历史变迁、总结有价值的社会保险学理论和实践经验，可实现古为今用的目的。社会保险制度的建立最早发生在西方国家，经过一百多年的改革和发展，迄今较为完善。因此，有必要专门进行国别和地区之间的社会保险学制度比较研究，发掘不同国家和地区的共性和个性，然后对其特点做分类归纳研究，借鉴成功的经验、总结失败的教训，从而达到洋为中用的目的。

（二）定性研究和定量研究相结合的方法

众所周知，事物的量变积累到一定程度便发生质变，质变是量变的结果，要研究质变就必须研究量变。在定性分析中，通常运用归纳和演绎、分析与综合、抽象与概括等方法来认识和解释事物本质规律。定量研究侧重于用数据对事物进行数量的描述与反映，当然除了数据支撑，定量研究还涉及计量、概率、统计、模型等方法的运用。两种研究方法各有其特点、优越性与局限性，实践中要得到对事物全面、深刻的认识，往往是从质和量两方面去把握，实现定性研究与定量研究相结合。对社会保险学的研究，也同样需要采用定性研究与定量研究相结合的方法。比如，在研究社会保险与经济发展关系时，用定性的方法描述社会保险水平与经济发展之间互相促进又互相制约的关系之后，还需要用相关数据做支撑论据，可以量化为人均社会保险支出，或社会保险学支出与 GDP 的比值来反映。总之，社会保险学的研究离不开大量的定性研究和现实的资料及数据，否则缺乏定量研究的纯定性研究意义不大，而脱离了定性研究的定量研究难以揭示社会保障基金管理的本质规律。

（三）跨学科的研究方法

当前跨学科的研究方法是一切新兴、交叉学科的基本研究方法。社会保险学是一门新兴的综合性学科，从学科性质看，社会保障基金管理的研究涉及经济学、管理学、政治学、法学、人口学、财政学、金融学、保险学、精算学等，因此，以单独一门学科的方法研究社会保险学具有局限性，难以做到全面。这就决定了对社会保险学研究多采用跨学科的研究方法。

二、社会保险制度的意义

社会保险是人类社会最基本的福利制度安排，在进入工业社会后，各国纷纷将社会保险制度建立与各国国民切身利益联系起来，对推动各国经济和社会发展有重要的影响。在我国，社会保险制度是国家在风险管理领域的基础性社会安全制度安排，是国家治理体系的重要组成部分，是经济社会转型与发展的重要保障和依托，它不仅能保障劳动者的基本生活，维护社会稳定，还能促进经济健康高质量发展，保持社会公平互济，增进国民福祉。

（一）保障基本生活

国家建立社会保险体系，保障公民的基本生活，免除劳动者的后顾之忧，不仅是经济发展和社会稳定的需要，也是人权保障的重要内容，是社会进步的体现。

（二）维护社会稳定

1992年，邓小平同志曾在《在武昌、深圳、珠海、上海等地的谈话要点》中强调："社会主义的本质，是解放生产力，发展生产力，消灭剥削，消除两极分化，最终达到共同富裕。"[①]我国是社会主义国家，实行社会保险制度，有利于缩小社会贫富差距，增加社会整体福利，不断实现共同富裕，从而从根本上维护社会稳定。

（三）促进经济健康高质量发展

第一，社会保险可以调节社会总需求，平抑经济波动。第二，社会保险的长期积累和投资运营有助于完善资本市场。第三，社会保险确保劳动者在丧失经济收入或劳动能力的情况下，能维持自身及其家庭成员的基本生活，保证劳动力再生产进程不致受阻或中断。第四，国家还可以通过生育、抚育子女和教育津贴等形式对劳动力再生产给予资助，以提高劳动力资源的整体素质。

（四）保持社会公平互济

社会保险是市场经济国家保持社会公平的一个重要手段。其作用主要表现在两个方面：一是通过保障全体社会成员的基本生活，在一定程度上消除社会发展过程中由意外灾害、失业、疾病等因素导致的机会不均等，使社会成员在没有后顾之忧的情况下参与市场的公平竞争；二是通过在全体社会成员之间的风险共担，实现国民收入的再分配，缩小贫富差距，减少社会分配结果的不公平。

（五）增进国民福祉

现代社会保险不仅承担了"救贫"和"防贫"的责任，而且还要为全体社会成员提供更广泛的津贴、基础设施和公共服务，从而使人们尽可能充分地享受经济和社会发展成果，不断提高物质生活和精神生活的质量。

◎相关案例

社保费率连续下调 助力供给侧结构性改革

专家认为，社保降费不能单兵突进，必须从顶层设计来进行统一整合和制度安排。

---

① 社会主义的本质，是解放生产力，发展生产力……. http://cpc.people.com.cn/n1/2017/0119/c410539-29036090.html（2017-01-19）.

2015年以来，我国连续下调社保费率，为企业减负。2016年5月1日，人力资源和社会保障部降低了企业职工基本养老保险单位缴费比例和失业保险总费率，以及继续贯彻落实国务院2015年关于降低工伤保险平均费率和生育保险费率的决定。

企业年金缴费上限也拟下调。近日，人力资源和社会保障部对2004年制定的《企业年金试行办法》进行了修订，起草了《企业年金规定（征求意见稿）》，向社会公开征求意见。意见稿下调了企业年金缴费的上限，将企业缴费上限由本企业上年度职工工资总额的“1/12”调整为“8%”。专业人士认为，这符合企业年金的运行实际，也能更好地维护职工的补充养老权益。

“社保名义费率过高，这是不争的事实，因此，从社保费率整合来讲，必须降费，同时，从企业的名义社保负担来看，也是过重的，因此，社保降费可以实质性地减轻企业用工成本。”武汉科技大学金融证券研究所所长董登新教授在接受《证券日报》记者采访时表示。

诸如国务院2016年5月1日决定阶段性地降低企业职工基本养老保险和失业保险费率，将会显著地降低企业成本。根据初步测算，符合条件的地区，如果降费政策全部落实到位，预计每年可降低企业成本386亿元。失业保险按照各地总费率降低0.5个百分点至1个百分点来进行测算，每年可降低企业成本约300亿元至600亿元，如果再加上2015年先后降低失业保险、工伤保险和生育保险费率的有关政策，每年总计可降低企业成本1200亿元以上。

“社保费率的高低取决于下面两个主要因素，一是社会保障支付的需要与总的规模，二是企业的效益水平与支付能力。”浙江工商大学教授李永刚对《证券日报》记者表示。

李永刚同时指出，随着我国养老医疗等社会保障水平的提高和企业退休职工人数的增加，我国社会保障支出近年来快速增加，导致一些地区出现社保资金入不敷出的局面。为了弥补社会保障资金的不足，政府只好逐渐提高企业上交社会保障费用的费率。然而，这样又导致了另外一个问题，就是企业承担为职工上交社会保障费用的压力过大，对于一些效益不好的企业而言，这种压力已经影响到企业的生存与发展。因此，政府当前面临一个两难抉择，社保费率低了，政府社会保障资金入不敷出，难以承受，社保费率高了，企业同样难以承受。并且，我国又面临各项社保支出刚性增加和企业经营环境恶化经济效益下滑这个特殊条件的制约。因此，我国企业社保费率虽然未来还有下调空间，但是已经不会太大。

“从长远来看，社保降费仍有空间，但必须将企业年金和职业年金等补充养老做实做强，这是社保降费的配套制度改革。因此，社保降费不能单兵突进，必须从顶层设计来进行统一整合和制度安排。”董登新指出。

2016年4月15日，人力资源和社会保障部副部长张义珍在新闻发布会上曾表示，适当降低社会保险费率是党中央、国务院着眼于经济社会发展的全局作出的重要决策。在党的十八届三中、五中全会上都提出了，要适当降低社会保险费率的要求，这一次阶段性地降低社会保险费率是落实党中央决定的重要举措。同时，也是更好地积极推进供给侧的结构性改革，降低企业成本，增强企业活力，扎实做好化解过剩产能等一系列的改革工作的重要举措。

资料来源：孙华. 社保费率连续下调 助力供给侧结构性改革. https://www.cqn.com.cn/cj/content/2016-07/13/content_3147768.htm（2016-07-13）.（内容有改动）

本章小结

本章作为全书的开章部分，具有总览全书的作用，首先界定社会保险学的研究对象，认为社会保险学是专门研究社会保险运作机制及其规律的科学，研究对象主要涉及社会保险学的理论基础、制度发展历程与演变，管理体制，社会保险基金筹集、给付、管理、运营、监督等运行机制，各险种的运行机制及其规律。其研究内容主要涉及社会保险概述，产生与发展，管理体制，基金管理及养老、医疗、失业、工伤、生育等五个社会保险险种。在此基础上概括了社会保险学的基本研究方法及研究意义。

复习思考题

1. 社会保险学的研究对象是什么？
2. 社会保险学的研究方法主要有哪些？
3. 社会保险学的研究意义是什么？

第二章　社会保险概述

本章导读

社会风险是一种导致社会冲突、危及社会稳定和社会秩序的可能性，更直接地说，社会风险意味着爆发社会危机的可能性。一旦这种可能性变成了现实，社会风险就转变成了社会危机，对社会稳定和社会秩序都会造成灾难性的影响。社会保险作为国家抵御社会风险和保障国民基本生活的重要制度安排和服务体系，是现代国家普遍采用的一种风险防范制度。本章主要介绍社会风险及其种类、社会保险的基本概念、社会保险的种类及社会保险的相关关系等内容。

第一节　社会风险的基本概念

社会风险无处不在，无时不有。依据不同的标准，可以将社会风险进行不同的分类。社会风险具有不确定性、客观性、突发性、损害性等特征。为了应对各种社会风险，有必要建立和完善社会保险制度。

一、社会风险及其种类

社会风险是指对社会生产及人们生活造成损失的风险，包括导致社会冲突、危及社会稳定和社会秩序的可能性。社会风险可以根据不同的划分标准区分为不同的风险类型。常见的有以下几种：根据风险的来源，社会风险可以分为内部风险与外部风险；根据风险的促成因素，社会风险可以分为客观风险与主观风险；根据风险产生的原因，社会风险可以分为政治风险、经济风险、文化风险等；根据风险的影响程度，社会风险可以分为高风险、中等风险、低风险、可忽略风险；根据制度管理流程，社会风险可以分为制度设计风险、执行风险、监督风险、管理风险等等。

1952 年国际劳工组织制定并通过的《社会保障最低标准公约》将社会风险界定为生育、疾病、伤残、失业、养老，后来又增加两种，形成七大风险，每种风险都有共同特征和个性特征，风险发生的周期均不同。本教材依据国际劳工组织对社会风险的界定标准，主要讨论生存发展风险、健康风险、职业风险及老残风险。

二、社会风险的基本特征

（一）不确定性

社会风险是一种随机现象，就个体而言是不可预知的。主要表现在三个方面：一是发生的时间和地点不确定，对每一个人而言，何时死亡，何时生病，何时会失业，何时会因工受伤等，都是难以准确预测的；二是发生的概率不确定，即这种风险客观存在，但是否会发生、发生的概率是多少亦不确定；三是一旦发生，其损害程度不确定，比如，人总是要生病的，但治病的医疗费用是多少，需要花多长的时间恢复健康，这些都是不可预知的。

（二）客观性

虽然社会风险什么时间发生、在哪里发生、发生的概率及发生后的损失程度都不确定，但社会风险又是客观存在的。随着科学技术的进步，以及识别、管理和控制社会风险能力的加强，人们在经济社会活动中虽可部分地控制和规避所面临的自然灾害、人为事故以及经济决策失误等风险，但总体而言，社会风险作为一种客观存在，是不因人的意志而改变的。人们可以通过主观努力，在一定的范围内改变风险形成的条件，降低风险事故发生的概率，但不能彻底消除风险。比如市场经济条件下的失业风险、生产过程中的工伤风险、社会生活中的疾病风险，以及人口老龄化、世界金融危机带来的养老保险基金支付风险等都是客观存在的。

（三）突发性

社会风险往往表现为突发性，并带来意外的损失，甚至表现为紧急的危险，导致灾害性的后果。比如，由于人类生态环境的恶化，或者地球地壳运动的改变，在特定的时间往往发生一些意料之外的自然灾害，如地震、火山爆发，由此带来财产损失和人员伤亡，造成社会保险支出的意外增加。

（四）损害性

社会风险事件发生后，必然直接或间接给人们的生命财产造成损害。有的损害是经济上的，可以用货币衡量；有的损害是精神层面的，无法估量。风险事件一旦发生，往往会给人们的生产生活带来负面的影响，甚至是巨大的灾难。因而需要识别和规避社会风险，将损害程度降到最低。

三、社会风险管理中的社会保险

社会保险制度是政府为了预防和应对年老、失业、疾病以及死亡等引起的社会风险，而强制社会多数成员参加的，具有收入再分配功能的非营利性的社会安全制度。社会保险的需要是随着生产的社会化而产生和发展起来的，主要为由年老、疾病、失业、伤害、生育等导致的难以维持基本生活而提供必要的制度安排。在自给自足的自然经济中，人们在一家一户的土地上劳动，劳动时间没有严格的规定，劳动的组织不严密，劳动的成果也基本上为劳动者自己所有，此时人们尚未组织成相互密切联系的社会，因而对社会保险的需求不强。随着生产力的发展，劳动者之间形成了分工，“社会”作为一个现实的实体出现在人们之间并制约着人们的活动，虽然分工越细效率越高，但人们对社会的依赖性也越强，这时便产生了对社会保险的需求。在现代社会中，社会保险的根本目的是通过对国民收入的再分配，帮助社会成员分散并抵御各种社会风险，其本质上是一种风险分散机制，并作为现代国家应对社会风险的最有效工具之一而存在。社会主义的本质是解放生产力，发展生产力，消灭剥削，消除两极分化，最终达到共同富裕，这就要求建立更加公平、可持续的现代社会保险制度，帮助社会成员抵御各种社会风险，促进社会生产力的发展。

按照《中华人民共和国劳动法》（以下简称《劳动法》）的规定，劳动者在退休、患病、因工伤残或者患职业病、失业以及生育等情况下，依法享受社会保险待遇。按照社会保险防范的风险类别，我国社会保险的主要内容包括养老保险、医疗保险、失业保险、工伤保险和生育保险。其中，养老保险是指劳动者在达到法定退休年龄或因年老、疾病丧失劳动能力时，按国家规定退出工作岗位并享受社会给予的一定物质帮助的一种社会保险制度。养老保险待遇包括离休、退休费、退职生活费以及物价补贴和生活补贴等。医疗保险是指劳动者因疾病、伤残或生育等原因需要就医时，由国家和社会提供必要的医疗服务和物质帮助的一种社会保险制度。失业保险是指国家通过建立失业保险基金的办法，对因某种情形失去工作而暂时中断生活来源的劳动者提供一定时期资金帮助，并帮助其重新就业的一种社会保险制度。工伤保险是指劳动者因工作受伤致残，暂时或永久丧失劳动能力时，从国家和社会获得必要的物质帮助的一种社会保险制度。工伤保险待遇包括工伤待遇、医疗期间的生活待遇、因工伤残及死亡待遇和康复待遇等。生育保险是指国家和社会对女职工由于妊娠、分娩而暂时丧失劳动能力时给予物质帮助的一种社会保险制度，其待遇包括产假、产假工资、生育补助金和医疗服务等。

第二节　社会保险的基本概念

一、社会保险的概念

社会保险是为保障劳动者在遭遇年老、伤残、失业、患病、生育等情况时的基本生活需要，在国家法律保证下强制实施的一种社会制度，它强调受保障者权利与义务相结合，其宗旨是维护社会稳定。社会保险制度就是社会保险行为的法律规范，其主要内容包括有关社会保险的法规政策、社会保险管理机构的设置、社会保险基金的筹集、社会保险基金的投资运营、社会保险的项目设置、保险金的给付标准和支付条件以及社会保险基金监管等。

社会保险是社会化商品生产条件下的必然产物，是人类文明进步的重要标志，它作为社会保障体系的核心内容，包括养老、伤残、遗属、疾病、生育、工伤、失业和家庭津贴等保险保障，是一项庞大的社会化系统工程。同时，社会保险法制性、政策性强，涉及面广，关系到国家、地方、用人单位和个人的切身利益，关系到人民安居乐业和国家的稳定与繁荣，是一项极其重要的利国利民的安全工程。因此，社会保险活动从开始至今，始终是国家意志和政策的特殊反映，是各种经济关系和利益分配的重要体现。从微观层面分析，社会保险是研究在一定条件下，不同社会制度的社会保险保障的对象、保险基金筹集、保险给付条件与标准和社会保险管理；从宏观层面分析，社会保险是按照各种经济规律和社会发展规律的要求，研究社会保险过程的规律性，即研究社会保险产生、发展的经济基础和社会条件，研究社会保险活动中各种社会保险经济规律发生作用的条件、范围和表现形式，研究合理组织、规划和利用社会保险生产力的原则和方法，不断调整和发展社会保险生产关系与上层建筑，从而促进社会保险生产力发展，保证社会保险保障目标的实现。

二、社会保险的特征

保障人民生活安定，促进社会公平正义，保证社会再生产顺利进行，促进社会经济繁荣无疑是社会保障制度运行的主要目标，这就决定了社会保险与商业性保险和其他福利、救助等方面是高度契合的，但社会保险在其性质、资金筹集、待遇支付、举办方式和覆盖范围等方面均有着明显的特征，主要表现如下。

（一）国家法定性

社会保险旨在为社会成员在遭遇不确定性风险事件时提供基本生活需要，是以国家立法的形式建立起来的，以法律法规的形式明确规定基金来源、筹集渠道、储蓄、支付、管理、营运等，以确保社会保障基金顺利、正常地运行。我国社会保险主要遵从《中华人民共和国社会保险法》（以下简称《社会保险法》）运行与执行，主要包括基本养老保险、基本医疗保险、工伤保险、失业保险、生育保险、社会保险费征缴、社会保险基金、社会保险经办、社会保险监督、法律责任等内容。

（二）强制性

社会保险是以国家为主体，按照法律规定强制实施的一种社会安全制度。任何社会劳动者，只要符合有关社会保险法律的规定，都必须参加并有权享受社会保险，这就是社会保险的强制性。社会保险的强制性表现在社会保险基金的筹集主要借助法律、法令或法规，通过强制性的方式实现。这种强制性从根本上决定了它是一种政府行为，是国家的社会政策。凡属于法律规定范围的成员都必须无条件参加社会保险，并按规定履行缴纳保险费的义务。社会保险的缴费标准、保险金的给付标准等均由相关的法律法规统一确定与执行，劳动者个人或劳动者所在单位作为被保险人和投保人均无自由选择或更改的权利。

（三）社会保险税（费）通常由个人、企业和政府三方负担

社会保险解决了商业保险机制无法解决或者不能完全解决的风险，这些风险一旦发

生，不仅危害特定社会中的个人和经济单位，也会波及政府，甚至造成社会动荡。因此，这类风险的成本必须由个人、企业和政府三方共同负担。与此相对应，社会保险金不能转让或赠与他人，必须由合法的受益人申领，以达到确保被保险人及其家庭生活稳定的目的。而商业性保险的保险费不仅全部由投保人负担，而且保险企业的营业和管理费也在所收保费项下开支。因此，商业性保险的收费标准在理论上相对高于社会保险。在保险金给付方面，商业性保险是以保险合同事先约定的标准为原则，享领人可由被保险人任意指定或转让他人，保险人一般无权过问。

（四）以保障劳动者的基本生活水平为标准

社会保险从消费的角度来考察，是一种具有社会福利属性的准公共产品，因此，必须以能保障劳动者的基本生活水平为标准。如果保障水平过低，不能达到社会保险的目的，发挥不了保障基本生活、稳定社会、刺激经济增长的作用；如果保障水平过高，就会造成社会保险资源滥用，进而导致社会保险支出压力过大，企业人工成本上升，道德风险增加等问题。对于较高的保障要求，可以通过个人储蓄、商业保险等形式解决。

（五）储蓄性

从收取保费到保险金给付的全过程看，社会保险带有事先储蓄以预防意外需要的性质，但它与纯粹的储蓄是有区别的。第一，只有在法定范围内的人，才有义务按规定缴纳保费，参加保险。储蓄存款却无特定对象，任何人都可以自由存款。第二，社会保险筹集的保费属于公共准备基金，任何个人不能自行处理，被保险人如遇保险事故，只能按照规定的保险项目、支领条件和给付标准，领取应得的给付金额。储蓄则是个人单独形成的准备金，根据需要，个人随时都可以提取和自行处理，不受其他人限制。第三，在社会保险范围内的保险事故发生后，被保险人领取的给付金额与所缴纳的保费数额没有绝对的联系。而个人储蓄，在提取存款时，只能以自己的本金加利息为限。需要指出的是，人身保险虽也具有储蓄的性质，但其差别也是显而易见的。

（六）互济性

社会保险建立的初衷是保障人们在遭遇事故、收入中断时，能维持最基本的生活水平，免除后顾之忧。其本质特点是通过国民收入再分配，实现国民财富在不同群体之间转移。现实中，每个人面临的风险发生的概率不同，但社会保障基金的筹集与支付却难以考虑这种概率差异，常出现个人对社会保障基金的贡献与基金享受不一致的情况，比如有的人对基金筹集的贡献大，却享受较低的基金支付待遇。如个体发生疾病、工伤的风险不一样，享受社会保险基金的待遇也大不一样。这决定了互济性无疑是社会保险制度运行的特征之一。

三、社会保险的功能

社会保险具有维护社会稳定、确保劳动力再生产顺利进行、缩小社会贫富差距、促进国民经济健康发展等功能。

（一）维护社会稳定

劳动通常是人们获得物质生活来源的主要手段。劳动者在身体健康并从事适当职业时，可以通过劳动获得相应的报酬，以满足本人及其家属的生活需要。而劳动者一旦丧失劳动能力或失去工作，则无法通过劳动获取报酬，生活来源就此中断，本人及其家属的生活也就无法维持。在现代社会中，伴随着生产的高度社会化和分工协作的发展，劳动风险的存在日益普遍，其影响和危害程度日益加剧。当为数众多的劳动者面临种种不同的劳动风险和收入损失，并得不到及时解决时，就会形成一种社会不安定因素。社会保险制度的目的就是要使劳动者在遭遇年老、伤残、失业、患病、生育等情况时，通过这一制度获得基本生活保障，从而有效地促进社会和谐发展。

（二）确保劳动力再生产顺利进行

劳动者在劳动过程中，会遇到疾病、意外伤害以及失业等各种职业或非职业风险，影响身体健康及劳动收入，进而使劳动力再生产过程受到影响。但是，社会保险减轻了劳动者本人和家庭的经济负担，使之能够把一部分资金投资于家庭子女教育，这有助于劳动力再生产的顺利进行。如医疗保险不仅为劳动者提供医疗费用补助，使劳动者能够获得必要的治疗服务，帮助劳动者早日康复，重返工作岗位，而且还对其因病治疗期间损失的经济收入予以一定的补偿，以保障患病的劳动者及其家人的基本生活。故而社会保险对劳动力再生产起着保障和促进的作用。

（三）缩小社会贫富差距

市场经济不可避免地产生优胜劣汰，一些在市场经济中取胜的人能够迅速积累巨额财富，而另一些人因为种种原因不适应市场竞争，导致生活陷入困境。社会保险是国家通过法律保证下的经济手段，对社会个人消费品分配实行的直接干预，其资金来自劳动者本人、用人单位缴纳的保险费以及国家财政的资助。国家财政来源于税收，国家通过对高收入者征收较高的费（税）以补充社会保险经费，扩大社会保险基金的来源，增加基金的积累。国家再通过社会保险给付对社会保险资金进行再分配，向失去收入来源的劳动者倾斜，如社会保险通过对暂时或永久丧失劳动能力或劳动机会的公民支付医疗补助、失业金等，在社会成员之间实现转移支付，从而缩小社会贫富差距。在地区之间，又由于各地经济发展不平衡，经济发达地区的保险费往往高于经济欠发达地区，而劳动者享受的社会保险待遇并未同等程度地表现出地区差异，通过国家宏观调控，经济发达地区分摊了经济欠发达地区的部分保险费用，保险改变了地区间的收入分配格局，促进了整个社会实现公平待遇，最终推动全体人民迈向共同富裕。

（四）促进国民经济健康发展

社会保险是国民经济的“减震器”，是国家干预国民经济的重要手段。在市场经济体制下，经济具有周期波动性，当经济处于膨胀期时，由于就业增加、失业率降低，社会保险支出相应减少，社会保险缴费增加（因为社会平均工资增加及失业人数减少，供款者多而领取待遇者相对减少），社会保障基金的存储规模会扩大，社会需求减少，进而对经济过热起到一定的抑制作用；相反，当经济处于衰退期时，失业率上升，社会保险支出相应增加，不仅保障了失业者及其家庭的最基本生活，而且也会由于提高了失业者的购买能力，增加社会有效需求，进而在一定程度上抑制经济的衰退。社会保险也是国民经济的“助推器”，健全的社会保险制度可以消除人们对年老、伤残、失业、患病、生育等情况的后顾之忧，同时也解除了不同企业由职工年龄结构、性别构成不同而导致的它们之间畸轻畸重的用工成本负担，进而使得这些企业能够轻装上阵，公平参与竞争。通过社会保险缴费或通过开征社会保险税筹集到的社会保险基金，除了满足当期社会保险待遇给付之外，还有相当一部分资金会存储起来，以备以后发放。经法律允许，这部分积累性或储蓄性的社会保险基金可以与市场机制融通，投入国家迫切需要长期资金投入的项目当中去，这样既获得了稳定的经济回报，又支援了国家的经济建设。

四、社会保险的基本原则

（一）权利与义务相对应

权利与义务相对应，是社会保险制度赖以存在的前提条件。每个劳动者都享有社会保险的平等权利，同时又都对社会保险有不可推卸的责任和义务。参保者只有履行了法定的义务之后，才能享受各项社会保险待遇。这些义务主要包括从事社会劳动、依法参加社会保险和依法缴纳社会保险费，并达到规定的最低缴费年限等。

（二）公平与效率相统一

公平是社会保险的主导原则。参加政府强制性社会保险的特殊人群，不受政治地位、经济地位、社会地位高低的影响，同等享受社会保险中的权利和义务，不存在经济利益和权利的继承。保险基金征集和支付直接受国家再分配的干预，起到调节收入悬殊、实现社会公平的作用。社会保险必须保障劳动者在遭遇年老、伤残、失业、患病、生育等情况时毫无例外地获得生存保障。社会保险的效率原则即社会保险待遇适当与缴费挂钩，以激励劳动者的劳动积极性，鼓励劳动者多缴多得。在社会保险制度实施过程中，必须将公平与效率相结合，不可偏向一方。

（三）待遇水平与生产力发展水平相适应

社会生产力发展水平决定社会保险待遇水平。在不同的生产力发展阶段，社会保险待遇水平也相应不同。如果社会保险跨越生产力发展阶段，提供过高的待遇水平，势必会增加企业和在职职工的负担，抑制经济活力，而且在客观上也会造成“养懒汉”的社会效应，从而影响国民经济的可持续发展，危及社会保险制度的正常运行。但如果社会保险待遇水平过低，则无法充分发挥其生活保障功能。我国是世界上最大的发展中国家，正处于社会主义初级阶段，必须充分考虑到生产力水平较低、人口众多且老龄化速度加快的现实国情，根据国家、企业和个人的承受能力，确定与生产力发展水平相适应的社会保险待遇标准。

第三节　社会保险的种类

由于各国经济发展的水平不同，每个国家在一定时期所能提供的经济保障水平存在着较大的差别。因此，各国社会保险实施的范围、内容是不一样的。但就基本的方面看，可概括为五种。

一、老年、伤残和遗属保险

社会养老保险是指国家和社会根据一定的法律法规，对劳动者达到法定年龄或退休，由社会保险机构或由指定的其他单位按规定给付养老年金的保险。伤残保险是对那些由各种原因导致无工作能力、无法自谋生活，而又无人扶养的人们，由政府、社区或社会保险机构按法定条件和标准给付伤残年金的保险。遗属保险是指当有条件有资格领取社会保险给付者去世之后，由政府或社会保险机构对其遗孀或鳏夫或父母及其未成年子女，定期或一次性给付遗属年金的保险。老年、伤残和遗属保险由德国首创，其中，老年、伤残保险于 1889 年提出，遗属保险创设于 1991 年。因各国条件和政策不同，老年、伤残和遗属保险制度与保险形态以及保险对象也有所不同，但在保证被保险人安度晚年和遗属的安定与正常生活这一点上，各国的政策大致相同。

老年、伤残和遗属保险的保险范围，主要由各国建立保险制度的年代和经济发展水平决定。社会保险制度建立较早、经济发展水平较高的国家，保险范围就广泛，保险对象就多；反之，保险范围窄，保险对象就少。但就各国来说，保险对象究竟包括哪些劳动者都有严格的规定。例如，瑞典规定居住该国 40 年，才能享受全额基本养老金；加拿大规定公民满 65 岁且在 18 岁后在该国至少居住 10 年，才能享受普遍年金保险待遇；拉丁美洲和东南亚各国的养老保险对象，开始时只限于工人，其他劳动者到后来才有资格参加保险。不过，多数国家在创设老年、伤残和遗属保险的初期，对于家庭佣人、家庭工人、临时工、农业工人、自由职业者、技工、农民等，多不列入保险范围之内。

老年、伤残和遗属保险的保险基金由被保险人、企事业单位缴纳和政府资助。也有部分国家规定全部由企事业单位负担，或者普遍年金全部由政府负担（如丹麦）。关于被保险人、企事业单位和政府三方负担保险税（费）的比例，各国也不尽相同。如美国规定企事业单位与被保险人缴纳相同比例的保险税；法国则规定企事业单位所缴保险税（费）应高于被保险人。政府负担部分，一般从财政总收入中拨付，或者指定从特别税（如烟、酒税）中支付。有些国家的社会保险制度规定，在一定条件下，可减少和免除最低工资者的保险税（费），其所负担的部分由政府拨付或由企事业单位缴纳。

关于老年、伤残和遗属保险的业务与行政管理，绝大多数国家由专设的社会保障机构管理或由中央监督筹划专设的半独立性机关或基金会负责管理。少数国家由劳资双方和政府各选派代表组成的委员会管理。

二、疾病和生育保险

疾病保险是指被保险人因疾病而失去劳动收入时，保险机构或保险组织按规定支付医疗费和生活费的保险。所谓生育保险，是指被保险人因怀孕和生育需要进行检查、保胎、医疗、助产而支出的医疗费用，以及在生育期间的工资收入，均由保险机构按约定条件承担给付的保险。

疾病保险于 1883 年在德国创立，是德国社会保险制度（也是现代社会保障制度）的最早立法。随后德国于 1887 年又设立了生育保险。因生育保险的护理照顾与医疗卫生有连带关系，德国就将生育医疗护理列入了疾病保险的范围。后来，设立疾病和生育保险的国家，多将这两种保险并列为同一保险项目。如今，部分国家根据本国的实际情况和人们的习惯，把疾病保险称为医疗保险或把疾病保险和生育保险统称为医疗保险。

疾病和生育保险的基金来源，主要是被保险人与企事业单位缴纳的保险税（费）。实行国民健康服务的国家，对所有居民普遍实施免费医疗服务，其经费由一般税收拨付，或征收国民健康服务费。此前东欧有些国家由企事业单位缴纳保险税（费），作为疾病和生育保险给付金的主要来源。

疾病和生育保险的业务与行政管理，在多数国家由全国性的社会保障机构管理。实行国民健康保险制度的国家，由相对独立的、不由政府管理的各种保健基金会或各种协会负责。

三、工伤保险

工伤保险也叫工业伤害保险、工人伤害补偿保险或因工伤害保险。它是指劳动者在就业期间，因意外事故及职业性质出现伤残、疾病和死亡时，保险机构或保险组织给付保险金和医疗费用的保险。伤害保险分为普通伤害保险和职业伤害保险两种。普通伤害是指不在作业中遭遇的伤害，对于这种伤害造成的损失，各国均规定了给付条件，符合条件的被保险人才能享领伤害给付金。职业伤害（包括职业病）系指在工作时遭遇的伤害，各国除不规定给付条件外，其给付标准也高于普通伤害。

工伤保险由德国于 1884 年首创，较疾病保险制度的建立晚一年。事实上，在德国创立此项保险前，部分国家已有保险性质的互助组织，并通过该组织为遭遇伤害工人的生活和医疗提供补偿。但是，那时候尚未建立企业责任制。自德国建立工伤保险制度后，各工业发达国家都先后试行，现在各发达国家和较发达国家都建立了这种保险制度，其成为社会保险中历史悠久和开展最普遍的保险制度。

工伤保险有两种基本类型。一是社会保险基金式的社会保险制度。这种制度要求企事业单位必须依照相关法规向保险机构缴纳工伤保险税（费），然后由保险机构支付应发的伤残抚恤金或工伤补助金。在设有工伤保险的国家中，大约有 2/3 的国家实行这一制度。二是企事业单位直接负责赔偿式的社会保险制度。这种制度一般在有工人伤残赔偿法律的国家实施。此项制度的特点是：它并不要求企事业单位为其职工投保，只是根据法律规定，对于工伤职工及其遗属，企事业单位用自有基金直接支付伤残补助金。

四、失业保险

失业保险是承保投保人由于超出其本人所能控制的各种社会、经济原因而失业，由保险组织按照规定时间、条件和标准给付保险金的保险。失业保险制度有强制性失业保险制度和非强制性失业保险制度，分别由英、法两国于 1911 年和 1905 年首创，还有的国家采用双重失业保险制度。第二次世界大战后，各发达国家都加强推行失业保险，目前发达国家和许多发展中国家都建立了失业保险制度。

长期以来，对失业保险制度的选择，各国并不一致。多数国家实行强制性失业保险制度，有部分国家采取非强制性失业保险制度，也有的国家采取双重失业保险制度，如强制性失业保险制度与失业救助相结合。

采取强制性失业保险制度的国家，失业保险由政府通过立法强制实施，保险基金来源于企事业单位、被保险人缴纳的社会保险税（费）和政府资助。多以有固定工作的职工为主要保险对象，临时工、季节工、短期工及家庭佣人或公务人员一般不列入保险范围。采取非强制性失业保险制度的国家，失业保险以工会为主建立失业保险基金，政府给予补贴。

失业保险的业务与行政事务，通常由政府部门或由政府专设机构，或由企事业单位、职工和政府三方选派代表组成基金委员会负责管理。非强制性失业保险制度下的失业保险业务多由工会或企事业单位的联合委员会在政府专管部门监督指导下实施管理。

五、家庭津贴制度

家庭津贴制度是指为减轻多子女家庭的负担，稳定职工队伍，调动劳动者工作积极性，促进抑制人口或刺激人口增长政策的实施，由保险机构或政府定期为有关家庭支付一定数量的生活费用的制度。它分为两种类型：一是普遍家庭津贴制度，根据规定，只要家庭的儿童在特定年龄和人数范围内，都可享受其津贴；二是职工家庭津贴制度，根据规定，只有工薪劳动者家庭才能享受家庭津贴。

家庭津贴制度由新西兰于 1926 年最早立法，之后不同国家纷纷效仿，到 1930 年，家庭津贴制度盛行于整个欧洲。第二次世界大战后，家庭津贴制度发展更为迅速。目前，各经济发达国家都已实行了不同形式和不同程度的家庭津贴制度。

家庭津贴制度最初以未成年子女为对象，后来津贴范围逐步扩大到学校补助、生育补助、母婴健康服务，以及正在领取疾病、失业、伤害、伤残给付金的人们。

家庭津贴的经费来源，两种类型有所不同。普遍家庭津贴制度的经费多由政府拨付，职工家庭津贴制度的经费则由企事业单位或由国家、企事业单位与被保险人共同负担。

需要指出的是，家庭津贴与以上介绍的诸险种是有区别的。职工家庭津贴制度同其他社会保险制度基本一致，津贴享领者的家庭既有受益的权利，也有缴纳社会保险税（费）的义务，即权利和义务基本对等。而普遍家庭津贴制度则不同，由于该津贴制度的津贴费用全部由政府财政或有关救济单位负担，其津贴获得者事先不必尽缴税（费）义务，就可以有享受津贴补助的权利。不过，尽管家庭津贴制度有这种特点，但它不影响我们把它作为社会保险制度的一个组成部分，从理论与实践的结合上进行分析和探讨。

第四节　社会保险的相关关系

一、社会保险与储蓄的关系

储蓄是个人或独立经济单位将暂时闲置的资金存入银行或其他金融机构以备后用的一种经济行为。储蓄与社会保险特别是养老保险之间存在着“补充”或“挤出”的效应。二者均以消费的生命周期理论以及对未来需求的不确定性为出发点，但基金的属性、行为的目的性等却不尽相同，具体表现为以下几点。

（一）基金的属性不同

就筹资来源而言，社会保险基金是由企事业单位、劳动者自身、财政补贴等共同出资积聚的财产，属社会所有，专款专用，并可以在短期内依据法律规定强制性地大量积聚起来。然而储蓄则是个人或独立经济单位的财产，需在较长时期逐渐积聚而成，属个人私有或集体所有，其使用方向由储蓄人根据自己的意愿决定，其用途和目的可自由选择。

（二）行为的目的性不同

社会保险的目的是保障劳动者在遭遇年老、疾病、失业、工伤、生育等情况而丧失劳动能力时的基本生活需要，是具有特定目的的行为。相对而言，储蓄则是多目的的行为，主要满足储蓄个体或独立经济体自身支出需求的目的，其中预防意外事故损失也成为储蓄个体或独立经济体的目的之一，而非唯一目的。

（三）权利与义务的关系上表现不同

社会保险具有明显的福利性质，在互助共济原则下，用全体成员的共同储蓄，补偿少数遇险成员的经济收入损失，权利与义务要求基本对等。与此同时，社会保险还强调享受社会保险待遇，必须履行法定的缴费义务。储蓄则是私有财产的积蓄行为，属于自助性的行为，不具有互助共济的福利性质，存储和支付不涉及权利与义务的对等关系，储蓄人拥有的提款额度和权限主要依据储蓄人的储蓄本金与利息收入，不存在互助共济的性质。

二、社会保险与商业保险的关系

社会保险起源于商业保险，其很多理论内容直接来源于商业保险，二者均承担投保人的意外伤害、疾病、生育、残疾、养老、死亡等风险，最终目标都是保障人们生活安定，促进经济发展，促进社会公平正义。但二者从性质、目的、保障对象、待遇水平等诸多层面均存在明显不同。它们既有联系，又有区别。

（一）相同点

一是社会保险和商业保险的社会目标相同，都是为了完善和健全社会保障体系，为健全的经济运行体系配套服务；其社会作用也是相同的，都是解决社会成员由年老、生病、死亡、伤残、失业、生育等造成的生活上的困难，提供基本生活保障的需要，从而保障和改善人民生活，促进经济发展，维护社会稳定。

二是社会保险与商业保险在经营技术方面相互借鉴并相互推动，社会保险与商业保险在管理技术、投资经验等方面可以相互借鉴，从而有助于各自的健康发展。

三是社会保险和商业保险在共济性和经济补偿功能以及保险责任上，亦有所交叉。主要表现在社会保险与商业保险互为补充，如在保障范围相互补充，商业保险只对那些有经济条件参加保险的人提供保障，而社会保险具有普遍性的特点，面向全体劳动者，尤其是那些难以承担商业保险经济负担的劳动者也能获得保障机会。也即是说，在保险责任上，商业保险相比社会保险能覆盖更广的范围。

（二）不同点

社会保险与商业保险之间存在着本质的区别。就范畴而言，社会保险是国家规定的劳动者应该享有的基本权利，体现着国家和劳动者双方的责任、权利和义务的关系，在立法方面属于劳动立法的范畴。商业保险体现的是合同双方的责任、权利和义务的关系，属于经济立法的范畴。二者的主要区别如下。

（1）目的不同。社会保险建立的目的是保障劳动者（有些国家可能普及全体公民）在遭遇年老、伤残、失业、患病、生育等情况时的基本生活需要，维护社会稳定，而不是以营利为目的。虽然社会保险在运作上也需要借助精确的计量手段，但不能以经济效益的高低来决定社会保险项目的取舍和保障水平的高低。如果社会保险财务出现赤字影响其运作，国家财政负有最终责任。商业保险则是一种以营利为目的的经济活动，商业保险是在被保险人和保险人双方完全自愿的前提下，通过相互自由选择而结成的互利关系，并根据投保额来决定补偿额，多投多保、少投少保、不投不保，投保出于自愿，基本属性是自愿性的商业经营活动，因而属于商业性质。商业保险在财务上实行独立核算，自负盈亏，国家财政不应以任何形式负担其开支需求。

（2）性质不同。社会保险具有保障性，不以营利为目的；商业保险具有经营性，以追求经济效益为目的。具体表现为社会保险属于强制性保险，是指国家通过立法强制实施，劳动者个人和所在单位都必须依照法律的规定参加。社会保险的缴费标准和待遇项目、保险金的给付标准等，均由国家或地方政府的法律法规统一规定。劳动者个人作为被保险人一方，对于是否参加社会保险、参加的项目和待遇标准等，均无权任意选择和更改。而商业保险具有经营性，以追求经济效益为目的，属于自愿性保险，它遵循的是“谁投保、谁受保，不投保、不受保”的原则。其险种的设计、保费的缴纳、保险期限的长短、保险责任的大小、权利与义务的关系等均按保险合同的规定实施，一旦合同履行终止，保险责任即自行消除。

（3）保险对象不同。社会保险是以社会劳动者及其供养的直系亲属为保险对象。不论被保险人的年龄、就业年限、收入水平和健康状况如何，一旦丧失劳动能力或失业，政府即依法提供收入损失补偿，以保障其基本生活需要。社会保险除了现金支付以外，通常还为劳动者提供医疗护理、伤残康复、职业培训、老年活动等多方面的服务。保障大多数劳动者的基本生活需要，由此稳定社会秩序，这可以说是实施社会保险的根本目的。而商业保险的对象是自然人，投保人一般不受限制，只要自愿投保并愿意履行合同条款，当被保险人遭遇到规定的保险事故时，给予对等性的经济补偿即可。

（4）待遇水平不同。社会保险的目的是保障劳动者在遭遇年老、伤残、失业、患病、生育等情况时的基本生活需要，这决定了社会保险待遇不可能太高，一般在贫困线以上，而在社会平均工资水平线以下，过高的社会保险待遇会让人产生依赖和惰性。商业保险是根据风险的概率及保险费缴纳的高低来确定保险金额的大小，其待遇水平是多样的，通常要比社会保险待遇高（仅限保险期内）。

（5）权利与义务对等性不同。社会保险待遇的给付一般不与个人劳动贡献直接相关联。享受者要作出贡献，但其享受并不与其贡献完全一致。做个形象的比喻，叫作“要乘凉必须先栽树”，但栽了大树的人并不一定乘大树的凉。社会保险分配制度是以有利于低收入阶层为原则的。因为同样的风险事故，对低收入劳动者所造成的威胁通常要高于高收入劳动者。而商业保险则严格地遵循权利与义务对等的原则，投保人权利的享受是以“多投多保、少投少保、不投不保”为前提的，也就是说，被保险人享受保险金额的多少，要以投保人是否按期、按数量缴纳了合同所规定的保费以及投保期限的长短为依据。保险合同一旦期满，保险责任自行终止，权利与义务的关系也就不复存在。

三、社会保险与财政的关系

在实行公共财政的条件下，整个社会由政府和公民两大部分组成，其中公民是经济活动的主体，政府是政治活动的主体，两者之间由比较完善的制度屏障分开。从功能上讲，经济活动的功能是创造财富，政治活动的功能则是生产和提供个人不能生产或不愿生产的公共产品或公共服务，如社会保险服务。而作为公共产品的价格，税收将两者联系起来。政府的收入主要来自税收，政府的支出用于向公众提供公共产品和服务，其中主要一项支出就是社会保险。具体关系如下。

（1）社会保险基金的收支缺口往往要由政府一般财政预算收入弥补，社会保险基金的筹集是由国家、企业、个人三方共同出资的，当社会保险资金入不敷出时，要由财政资金来兜底，以保证社会保险津贴的按时足额发放。

（2）作为消费基金的社会保险基金和作为积累基金的生产建设基金，在一个时期内是可以相互转化的。社会保险基金的滚存结余可以看作一种延期的消费基金，通常被广泛地运用于购买国债支持国家建设，从而成为一种现实的积累基金，在国债到期归还时，这部分资金又恢复到社会保险基金状态。通过改变社会保险基金的数量和结构来改变国民收入中积累基金和消费基金的比例，就是社会保险的资源配置作用。社会保险的资源配置职能从效率方面影响着经济的运行。

（3）社会保险的支出形式对财政的影响。就国际情况来看，凡是采取现收现付（pay-as-you-go）制和国家财政直接供款的国家，其社会保险财政往往纳入国家财政进行一体预算，财政直接参与社会保险收支管理，组织和管理社会保险收支成为财政部门的一项经常性工作；凡是采取完全积累制或国家财政仅体现税收优惠的国家，则均采取将社会保险财政与国家财政完全分离的单独管理模式，通过对基金的使用作出政策性限制而间接参与保险基金的收支管理；实行部分积累制的国家或这些国家社会保险制度中的部分项目，则主要选择社会保险财政与国家财政适度融合的模式，即现收现付部分将社会保险财政纳入国家财政进行一体预算，而完全积累制部分与国家财政完全分离。就我国而言，《中华人民共和国预算法》规定：“预算包括一般公共预算、政府性基金预算、国有资本经营预算、社会保险基金预算。”也就是说，我国社会保险基金与财政的关系较为复杂。如果社会保险基金纳入国家预算管理，社会保险支出就成为财政的重要支出之一，财政必须按照有关规定及时拨付保险支出；若社会保险基金没有纳入预算管理，支出形式对财政的影响就比较小。但在我国特色社会主义体制下，社会保险基金预算作为预算的一部分，既承认社会保险与其他预算本质上的不同，也体现出财政作为社会保险的“最后保障”，一旦社会保险基金收支出现缺口，国家财政则扮演“最后风险承担者”的角色。

四、社会保险与其他社会保障的关系

社会保险与社会救济、社会福利作为社会保障制度中的三个重要组成部分，三者之间既有联系，又有着明显的区别，具体如下。

（一）社会保险与社会救济

社会救济是指国家对那些由社会、自然、经济、个人生理和心理等原因而造成生活困难，以致无法正常生存的公民给予资金或物质帮助，使其克服困难、摆脱困境的一种社会保障制度。在社会保障制度中，社会救济的历史最为长远，它可上溯到远古和中古时期的各种慈善事业及国家实施的各种救灾备荒措施。事实上，早期的社会保险事业（即社会保险的萌芽形式和初级形式），多以社会救济的形式出现。随着商品经济关系的确立与发展，社会救济内容更丰富，措施更完备，制度更健全，成为缓解现代社会矛盾，促进社会文明与进步不可缺少的调节机制。

1. 社会保险与社会救济的联系

社会救济同社会保险有某些近似的地方，突出表现在以下方面。

首先，社会保险和社会救济共同构成社会保障制度的主要内容，其根本目的都是保障人们遭遇事故、收入中断时的基本生活条件，消除人们的后顾之忧，稳定社会秩序，发展社会生产。

其次，社会保险与社会救济都具有较强的法制性和政策性。社会救济同社会保险均为社会震动的“减震器”和阶级统治的“稳定器”与“安全网”，都是统治集团实施社会政策和经济政策所必须利用的工具。

再次，社会保险与社会救济一方面由生产决定，即社会救济的规模、范围、形式和救济水平受制于一定生产力水平；另一方面，社会救济对生产具有反作用。

最后，社会保险也部分地贯彻了社会救济的原则。社会保险，尤其是社会主义国家的社会保险，一方面坚持权利与义务对等原则，即劳动者领取的社会保险金数量与他们过去扣除的必要劳动量对等；另一方面，在现实生活中，社会保险又部分地贯彻了互助共济原则。人们常说的社会保险基金统筹使用，实际上是指社会保险基金由投保劳动者共储，由政府在全体投保劳动者之间相互调剂使用。对于每一个被保险人来说，他们享受社会保险待遇的权利与他们承担的义务并不是绝对相等的。有的被保险人享受的权利可能大于所承担的义务；相反，有的被保险人享受的权利可能小于所承担的义务。这样，在社会主义制度下，社会保险基金的筹集和使用，在很大程度上发扬了社会主义国家劳动者之间的互帮、互助、互济精神，体现了社会主义市场经济条件下人民新型的合作互利关系。

2. 社会保险与社会救济的区别

社会保险与社会救济是具有不同性质与特征的两种社会保障形式，它们之间的差异主要有以下几点。

1）产生的历史不同

现代社会保险产生于商品经济高度发展、资本主义由自由竞争向垄断阶段过渡的 19 世纪后期，距今只有 100 多年的历史；而有章法、有组织的社会救济形式，自国家出现后的远古自然经济时代就存在了。

2）保障所体现的权利与义务关系不同

社会保险强调权利与义务对等原则，参加社会保险者必须先尽缴纳保险税（费）的义务，然后才享有领取社会保险待遇的权利，权利与义务关系较密切。社会救济则不讲求权利与义务的对等关系，只要通过国家统计调查符合社会救济条件，国家和社会就必须按照法律规定给予救助和帮扶，重点强调国家和社会对个人的责任和义务。为此，救济金领取者只有受惠的权利，无纳税（费）义务，所享受的权利与义务之间没有直接联系。

3）保障对象不同

社会保险保障的主要对象是依法规定的有固定职业与正常收入的劳动者和其他工作人员，对丧失工作能力和失去劳动条件与机会等风险事故承担给付保障责任。社会救济的主要对象则是无力谋生的孤、寡、老、弱、病、残者，或者无固定职业和正常收入的人们，当他们的生活陷入困境，或因收入减少而无法维持正常生活时，国家和社会承担救济保障责任。

4）保障资金来源不同

社会保险基金依靠劳动者个人、企事业单位和政府三方面筹集，绝大部分来源于劳动者的必要劳动。社会救济大部分由政府拨款和社会赞助，小部分由某些专项基金支拨，它基本上来源于劳动者提供的剩余劳动。

5）保障水平确定的依据和标准不同

社会保险给付的待遇标准一般由保障对象原有的生活水平、尽纳税（费）义务和国家的财政实力决定，因此，社会保险给付能保证被保险人的基本生活需要。确定社会救济的待遇标准则不考虑被救济对象原有的生活水平，主要根据各地政府的经济实力和已经筹集的经费来确定与调整。这就决定了社会救济的待遇标准通常低于社会保险给付水平，它只能满足被救济者最低标准的生活需要。

6）保障提供的物质内容不完全相同

社会保险给付的物质内容主要是货币，小部分采取劳务的形式；社会救济除支付货币外，很大部分以实物和劳务的形式供给。

7）保障行为方式不尽相同

在社会保险关系中，大部分保险事故（如年老、残疾、死亡、疾病、生育、家庭困难等）发生后，由社会保险机构依法按事先约定的条件和标准自动履行保障给付义务。

社会救济则不同，当需要救济的事件发生后，首先须由个人或单位提出申请，经有关方面调查、审核、确认，上级主管部门批准后，才履行救济义务。相反，如果个人或单位不提出救济申请，则按照自愿放弃救济要求处理。

可见，社会保险与社会救济既有同一性，又有差异性，阐明两者这种关系，目的在于区别两个概念，加深认识两个范畴各自的本质规定性，以利于有关部门根据社会保险和社会救济不同的发展要求与需要，制定不同的法规和政策，防止将社会保险救济化，而助长人们只求索取不尽义务的观念，加重国家和社会的负担。

（二）社会保险与社会福利

社会福利，是指国家和社会根据需要与可能，通过一定形式向人民提供的物质利益。社会福利内涵丰富，外延广泛。从广义上说，它包括所有维持、改善、提高人民物质和文化生活水平的保障措施，如消费品分配、社会保险、社会救济以及一切公共消费等，都可称为社会福利。从狭义上讲，社会福利是指除社会保险和社会救济以外的其他所有能改善和提高人民生活水平的保障措施与公益性事业。这里分析的是狭义的社会福利。

1. 社会保险与社会福利的共性

1）社会福利同社会保险和社会救济共同构成社会保障制度的主体

社会福利同社会保险和社会救济共同构成社会保障制度的主体，其直接目的都是保障人们的基本生活条件，丰富人们的消费内容和提高人们的消费水平与消费质量。

2）社会福利同社会保险和社会救济都是国家社会政策和经济政策的重要组成部分

资本主义国家，随着社会生产力进一步发展，资本主义基本矛盾日益尖锐，劳资关系日趋紧张，为调和缓解矛盾，维护资产阶级统治，资产阶级政府被迫立法和制定措施，开展社会保障事业。于是资本主义国家的社会保障政策也就成为资产阶级政府制定的旨在实现资本主义基本经济规律、延续和发展资本主义制度的政策的一部分。不仅如此，在资本主义国家，社会保障各项目还常常成为竞争、竞选必须运用的筹码，和经济大亨们成为政治主宰的“敲门砖”。在社会主义国家，虽然消灭了剥削制度，建立了以生产资料公有制占主导地位的经济基础，但是，生产力和生产关系的矛盾、经济基础和上层建筑的矛盾、城市和乡村的矛盾、体力劳动和脑力劳动的矛盾，以及生产和需要的矛盾等，还将长期存在。社会主义国家为淡化和化解上述矛盾，在利用和改造旧的社会保障体系的基础上，采取积极措施，大力发展社会主义社会保障事业。毫无疑问，社会主义社会的社会保障也是执政党和政府制定的旨在符合社会主义基本经济规律，巩固和发展社会主义制度的政策的重要组成部分。

3）社会福利与社会保险和社会救济一样，同生产力是一种作用与反作用的关系

首先，一国的社会福利提供的形式、内容，以及福利的水平和质量，是由该国的经济水平和财政实力决定的，一般来说，在社会制度相同的国家，谁经济水平高，财力雄厚，谁的福利水平就高。其次，社会福利对生产又有反作用，它表现在：第一，人们福利水平提高，能增强社会的凝聚力，调动人民群众参加经济建设、努力发展生产的积极

性。特别是那些生产性福利措施，直接扩大了社会再生产；第二，由于社会福利产品的消费具有非排他性、非竞争性和普遍存在的“搭便车”现象，于是，当社会福利水平超过一定限度时，就会增强人们的依赖心理，削弱人们的劳动积极性，对提高社会生产力产生不利影响。

4）社会福利水平同社会保险保障水平一样，相对经济水平缺乏弹性

社会福利水平虽然受制于一定的生产力发展水平和各国的财政状况，但是，社会福利的待遇标准一旦确定，由于人们受“保利护权”心理影响，很难再把它降下来。因此，在判定社会福利计划和确定福利待遇标准时，务必从实际出发，统筹兼顾，把人民的目前利益与长远利益、局部利益与整体利益、个人利益与集体和国家利益有机结合起来，防止出现脱离实际，只顾眼前利益的高福利标准，从而保证社会福利事业稳定地、循序渐进地发展。

2. 社会保险与社会福利的区别

1）保障对象不同

社会保险主要建立在劳动关系的基础上，以劳动者为特定的保障对象，而社会福利则以全社会的公民为保障对象。

2）经费来源不完全相同

社会福利同社会救济一样，不要求受益人尽缴纳税（费）义务，它所需要的经费主要依靠社会筹集和企事业单位自筹，部分由各级政府财政拨款。

3）分配原则不同

社会保险基金分配通行的是权利与义务基本对等原则，被保险人领取的保险待遇与其为社会保险基金筹集的贡献直接相关。社会福利待遇的分配则不考虑享受者对社会福利事业的贡献，多以人人有份的平均分配为原则。

4）满足需要的层次不同

社会保险是为被保险人提供基本生活保障，主要满足人们的生存与安全需要。而创立社会福利事业是为了提高人民的消费水平和消费质量，主要满足人们的发展和享受需要。

5）保障提供的物质内容不完全相同

社会福利提供的物质内容不像社会保险那样以货币形式为主，而是以各种服务及服务设施为主。需要强调的是，阐明社会保险与社会福利的关系，其意义不只是为了区别两个概念，掌握两个概念各自的本质性规定，而在于确保社会福利事业的良性发展和社会福利终极目的的实现。社会福利事业的发展毕竟受到一定的经济条件和人们思想觉悟程度的制约，如果盲目提高社会福利的标准，从长远看，由于脱离实际和超前消费，会给国家和企业带来难以承受的负担。反之，国家为了寻求生产发展和利益分配的平衡，不得不砍掉一些福利项目和降低某些福利待遇标准。这样做带来的是人民群众对政府的不满，影响社会团结安定，使得福利事业大起大落，影响其长远发展。

因此，任何一个国家的福利计划，都有其特定的终极目的性，即通过实施福利计划，使人们亲身体会到社会发展与进步的意义，以及每个人存在的社会价值，从而培养人们的社会责任感和整体意识，增强社会凝聚力。如果不区分社会保险与社会福利，把社会

福利保险化，讲求直接的义务和权利对等关系，显然达不到社会福利的终极目的。反之，如果将社会保险福利化，强调普遍性和平等分配的原则，那么社会保险保障会陷入“大锅饭”的泥潭，社会保险也会失去其存在的意义。

◎相关案例

全民医保基本实现

党的十八大以来，以习近平同志为核心的党中央把保障人民健康摆在优先发展的战略地位，坚定实施健康中国战略，推动卫生健康事业取得新的发展成就。

我国多层次社会保障体系不断健全。截至 2021 年底，全国参加基本养老保险 10.3 亿人，基本医疗保险覆盖 13.6 亿人，参保率稳定在 95%以上，全民医保基本实现。

2018 年，国家组织机构改革，国家医保局、国家卫生健康委等新一套领导机构搭建完成，医改进入加速推进阶段。国家医保局、国家卫生健康委和国家药监局三足支撑，从采购、支付、监管等多个层面推动医疗、医药、医械等多个端口的变革与高质量发展。

新一轮医改以来，我国已建成全世界最大的基本医疗保障网。从一组数据来看，十年来，我国居民个人卫生支出所占比重由 2012 年的 34.34%下降到 2021 年的 27.7%，看病就医更方便、更实惠、更高效、更顺畅。人均预期寿命从 2012 年的 74.4 岁提高到 2021 年的 78.2 岁，中华民族伟大复兴的健康之基正在不断夯实。

2020 年 2 月，《中共中央 国务院关于深化医疗保障制度改革的意见》发布，这份医保改革文件明确了 2025 年和 2030 年改革总目标。

没有全民健康，全民小康就无从谈起。通过医保的重要抓手，极大程度上避免了因病致贫、因病返贫，可以说，中国医保不仅是全球最大的医疗保障网，也是全球最大的减贫计划。

资料来源：陈星. 全民医保基本实现！基本医疗保险已覆盖 13.6 亿人. https://insurance.hexun.com/2022-09-23/206811119.html（2022-09-23）.（内容有删改）

本章小结

社会风险是一种导致社会冲突，危及社会稳定和社会秩序的可能性，更直接地说，社会风险意味着爆发社会危机的可能性。一旦这种可能性变成了现实，社会风险就转变成了社会危机，对社会稳定和社会秩序都会造成灾难性的影响。为了应对各种社会风险，有必要建立和完善社会保险制度。

社会保险是为保障劳动者在遭遇年老、伤残、失业、患病、生育等情况时的基本生活需要，在国家法律保证下强制实施的一种社会制度，它强调受保障者权利与义务相结合，其宗旨是维护社会稳定。人类进入工业社会以后，劳动的协作化、生活的社会化、信息传导的快捷化，以及致险因素的增加和阶层利益集团的形成等，都促使个人风险向社会风险转化。被传统社会视为个人及家庭问题的生、老、病、死、伤残、失业等事件，均可能通过群体方式演变成严重的社会问题与社会风险。为了防范社会风险、维护社会稳定、促进社会发展，有必要由国家建立一套规范的社会制度，这样的制度就是社会保险制度。

社会保险的特征表现在是商业性保险进一步发展的产物，税（费）通常由个人、企业和政府三方负担，以保障劳动者的基本生活水平为标准，具有强制性、储蓄性以及救助性等特点；社会保险的功能表现在维护社会稳定、确保劳动力再生产顺利进行、缩小社会贫富差距、促进国民经济健康发展等方面。本章介绍了社会风险的概念、种类以及社会风险管理中的社会保险；社会保险的概念、特征、功能以及基本原则；社会保险的种类，包括老年、伤残和遗属保险，疾病和生育保险，工伤保险，失业保险以及家庭津贴制度；社会保险与储蓄、商业保险、财政以及其他社会保障的关系。

关键术语

社会风险 社会保险 老年、伤残和遗属保险 疾病和生育保险 工伤保险 失业保险 家庭津贴制度 商业保险 社会救济 社会福利

复习思考题

1. 如何理解社会保险与社会风险的关系？
2. 社会保险的基本特征表现在哪些方面？
3. 社会保险的功能有哪些？
4. 社会保险有哪些种类？
5. 简述社会保险与储蓄的关系。
6. 简述社会保险与商业保险的关系。
7. 简述社会保险与财政的关系。
8. 简述社会保险与社会救济、社会福利的关系。

第三章　社会保险制度产生与发展的演变历程

本章导读

社会保险是由国家通过立法形式，为依靠劳动收入生活的工作人员及家庭成员保持基本生活条件、促进社会安定而建立的一项制度安排。早期社会保险的出现更多的是以解决劳资纠纷、缓和劳资矛盾为出发点，提倡由国家保障的社会保险制度。与此同时，社会对社会保险的客观需要也会以思想理论的形态表现出来。这些思想理论促成了社会制度的建立，促进了社会保险制度的发展。早期的新历史主义理论、需求层次理论、福利经济学、马克思主义剩余价值理论、凯恩斯国家干预理论、《贝弗里奇报告》均对社会保险制度的建立和发展产生了重要影响。通过本章的学习，应当了解社会保险产生的理论基础、国际社会保险制度的发展脉络，以及中国社会保险制度产生、发展与改革的方向。

第一节　社会保险的理论基础

一、新历史主义理论

德国的新历史学派是在 19 世纪 70 年代德意志帝国建立以后，从封建制度向资本主义过渡期间，为了维护俾斯麦政权而形成的一个派别。新历史主义理论产生于 19 世纪下半叶，一直盛行到第一次世界大战前夕，主要代表人物有德国学者古斯塔・斯穆勒、阿道夫・瓦格纳以及卢约・布伦塔诺等。德国在当时世界经济危机的影响之下，中产阶级没落，工人阶级失业和贫困人口增多，社会中存在日益尖锐的矛盾。新历史学派认为，19 世纪的德意志帝国所面临的最严重的社会经济问题是劳工问题，如何缓和劳资矛盾关系到帝国的前途和命运。在他们看来，仅仅靠工人以节约的方式并不能够解决问题，只有从意识形态上消除当时存在的“经济人”的利己心理和观点学派的“唯物主义”才能从根本上解决问题。

新历史学派提出的观点包括了以下几点。第一，国家的职能不仅仅在于安定国内秩序和发展国家军事力量，还应当可以直接干预和管理经济生活。凡是个人力不能及的目标，应该由国家去实现。在强调国家作用的同时，并未否定工会、自我管理组织等市民自治组织的作用。第二，强调改变资本主义生产关系。由政府通过立法建立起包括社会保险、孤寡救济、劳资合作以及工厂监督在内的一系列社会政策措施，自上至下地实行社会改革，改善工人的劳动和生活条件，提高工人的物质生活待遇，采取措施帮助弱势阶级，以缓和阶级矛盾，维护资本主义社会秩序。第三，强调经济问题与伦理道德的相关性。新历史学派从道德心理出发研究考察历史资料，归纳出德国国民经济发展的历史性、特殊性和民族性特点，认为人类经济生活并不是仅仅局限于满足本身的物质方面的欲望，还应满足高尚的、完善的伦理道德方面的欲望，否认社会存在普遍的客观经济规律，宣扬国家的超阶级性。

新历史学派的这种调和主张很符合政府的需要，对俾斯麦推行社会保障政策产生了一定影响，很快被俾斯麦政府采纳，从而成为德国率先实施社会保险政策的理论依据。德国通过立法手段，先后实施了疾病、老年和工伤三项社会保险，成立了象征劳资合作的雇主和工人联合会，从而缓和了当时社会主义思潮广泛传播情况下引发的使俾斯麦最感头痛的劳工等问题。

长期以来，德国新历史学派一直是英国工党指导思想的理论基础，并且对西欧社会民主党的计划产生了深远的影响。关于社会保险的一些积极思想在福利国家制定公共政策中发挥了重要作用。

二、需求层次理论

需求层次理论，又称马斯洛需要层次理论。在 1943 年所发表的《人的动机理论》中，马斯洛提出了关于人的需求中普遍存在的 5 个需求层次，即生理需要、安全需要、爱与归属需要、尊重需要以及成长需要，并于 1976 年将成长需要细分为认知需要、审美需要和自我实现需要，形成 7 个层次。第一，生理需要是人们最原始、最基本的需求，即满足衣、食、住、行、医药等生存需求，这是推动人行动的强大动力。第二，安全需要包括劳动安全、职业安全、生活稳定，希望免于灾难、未来有保障等。第三，爱与归属需要是指个人渴望得到家庭、团体、朋友、同事的关怀、爱护和理解，是对友情、亲情、爱情等的需求。第四，尊重需要可分为自尊、他尊和权力欲三类，包括自我尊重、自我评价以及尊重别人。与自尊有关的，如自尊心、自信心，表现在对独立、成就、能力的需求等。第五，认知需要，包括了知识和理解、好奇心、探索和可预测性需求等。第六，审美需要，涵盖了欣赏和寻找美、平衡等。第七，自我实现需要，即人们追求实现自己的能力或者潜能，并使之完善。

马斯洛认为这些需求就是“人希望越变越完美的欲望，人要实现他所能实现的一切的欲望”。未被满足的需要是行为的主要激励源，已获得基本满足的需要不再具有激励作用。一方面，从需求动机的产生顺序来说，遵循着由生理需要向自我实现需要的刚性序列。另一方面，在各需求层次之间又存在从低级需求向高级需求的衍生，其中生理需要和安全需要属于人的初级需求，爱与归属需要和尊重需要属于中级需求，成长需要则为最高等级的需求；而在七个层次的划分中，又将低级和中级需求层次共同理解为基本需求， 认知需要、审美需要、自我实现需要则被视为成长需要。在特定的时刻，只有在低层次需求获得满足之后，才能发展到较高层次的需求，而此时低层次的需求仍然继续存在，只是对行为的影响作用降低了而已。

马斯洛认为个体成长发展的内在力量是动机，而动机由多种不同性质的需要所组成，各种需要之间，有先后顺序与高低层次之分，每一层次的需要与满足，将决定个体人格发展的境界。尽管需求层次理论有一定的局限性，但它确实反映了绝大多数人的一般需求规律。在现代社会里，社会成员需求的满足离不开社会保险，社会保险制度正是促使社会成员需求获得满足并由低级向高级转移的良好的社会机制。对于层次越低的需求，社会保险发挥的作用越大。

三、福利经济学

福利有广义和狭义之分：广义的福利是指“社会福利”，它包括了对财富的占有以及由知识、情感、欲望而产生的满足；狭义的福利是指“经济福利”，它指的是能用货币计量的那部分福利。

福利经济学是由英国经济学家霍布斯和庇古于 20 世纪 20 年代创立的研究社会经济福利的一种经济学理论体系。它经过了旧福利经济学和新福利经济学两个发展阶段。旧福利经济学建立在基数效用论的基础上，代表人物是英国的庇古，他在 1920 年出版的《福利经济学》是福利经济学产生的标志，该书第一次系统地论证了整个经济体系实现经济福利最大值的可能性；新福利经济学建立在序数效用论的基础上，代表人物是意大利的帕累托，他首先考察了“集合体的效用极大化”问题，提出了“帕累托最适度条件”。

庇古从效用理论、边际分析出发，把福利经济学建立在基数效用论的基础上。他认为一个人的经济福利是由效用构成的，而效用是可以计量并可以加总求和的。把个人获得的效用或福利（即感受到的满足）加总，就构成了全社会的福利。经济福利也可以通过商品的价格来计量，因此，国民收入可以表示全社会的经济福利。庇古提出了两个福利经济学的基本命题：一是国民收入总量越多，社会福利就越大；二是国民收入分配越均等化，社会经济福利也越大。因此要增加经济福利，在生产方面必须最适度地配置生产资源，使一定量的生产资源的消耗产生国民收入的最大值；在分配方面必须消除收入分配的不均，将富人的钱转移给穷人才能增加效用，提升社会福利。

在以上理论分析的基础上，庇古提出，第一，福利措施应当以不损害资本增值和资本积累为宗旨，否则就会减少国民收入和社会福利，因此，从富人那里转移收入，自愿转移要比强制转移好；第二，不论实行直接转移收入措施还是间接转移收入措施，都要防止懒惰和浪费，以便做到投资于福利事业的收益大于投资于机器的收益；第三，反对实行无条件的补贴，最好的补贴是那种能够激励工作和储蓄的补贴。庇古的理论首次将社会福利与国民收入联系在一起，将社会保障的发展与国民经济的发展联系在一起，为社会保障政策的实施提供了理论依据。

旧福利经济学强调对弱势群体的关怀，强调分配均等和国家干预。新福利经济学则更注意强调福利的全民性，并主张通过提高效率来增进社会福利。旧福利经济学后来成了西方福利国家制定社会保障制度的理论依据。但是旧福利经济学仍有缺陷，其建立基础的基数效用论存在缺陷，无法对人与人之间的福利进行比较，以及社会福利很难具体加总。同时，由于国民收入总量的增加会推动社会福利分配不均衡，所以国民收入总量愈大，国民收入分配愈是不均等化，二者矛盾对冲，社会经济福利不一定愈大。受到了许多经济学家的批评，后人在旧福利经济学的基础之上，运用序数效用理论建立了新福利经济学。

新福利经济学产生于20世纪30年代末期，主要的代表人物有勒纳、霍特林、卡尔多、希克斯、伯格森、萨缪尔森和阿罗等。20世纪30年代，庇古的福利经济学遭到了罗宾斯等人的批判。罗宾斯认为经济学理论应该把价值判断排除在外，批判旧福利经济学中"收入分配越平均，社会福利越大"理论并无科学根据。19世纪末，意大利经济学家帕累托曾以序数效用论为基础，在收入分配固定不变的假定下，考察了社会福利极大化问题。帕累托认为，当生产资源在各部门的分配使用已达到这样一种最优状态：任何重新改变资源的配置方法已经不可能在不使任何一人的处境变坏的情况下使任何一人的处境更好，这就意味着生产资源的配置已经使得社会福利达到最大值。"帕累托最优"被人们看作是摆脱旧福利经济学理论困境的希望所在，这是因为"帕累托最优"原则不仅在理论上解决了社会资源如何达到最优配置的问题，而且排除了对个人之间效用的比较，也不需要把个人的效用转化为统一的社会效用。因此，帕累托被视为新福利经济学派的创始人。

新福利经济学论述了实现"帕累托最优"，在交换和生产等方面需具备的一系列边际条件。按照帕累托原理，任何社会变革，如果只能保证一部分人福利增长，而另一部分人福利下降，便不是社会福利的增大。然而，在社会变革中，某些人蒙受损失是难免的。为了解决这一矛盾，他又提出并论证了"虚拟的补偿原则"，并非使受损者直接得到补偿，而是通过政府政策的实施增加了社会福利，可以将其看作是受损者实际上没有受到损失，或者得到了补偿（卡尔多-希克斯标准）。尽管有些不同的看法，但是其核心思想是一致的，即任何变革使一部分人的福利增加，另一部分人的福利减少，只要增加的福利超过减少的福利，就可以认为这种变革增加了社会福利。伯格森、萨缪尔森、阿罗等人认为社会福利同收入分配密切相关，并提出了"最大福利"的伦理标准和满足条件。他们认为，经济效率是最大福利的必要条件，合理分配是最大福利的充分条件，并将所有分配方面及其他支配福利的因素一并列入，编制一种"社会福利函数"（社会所有个人的效用水平的函数）。政府应当保证个人的自由选择，进行合理的收入分配，通过个人福利的最大化来增加整个社会的福利，最终实现社会福利的极大化。但是新福利经济学则没有提出有效的办法来解决个人分配的公正问题。尽管新福利经济学从效率的角度表达了试图解决社会分配问题的意愿，但仍然只是一种理想境界，缺乏现实性。

自福利经济学产生以来，其理论虽然经过了一些变化，但新旧福利经济学之间并没有本质的区别。它们都是建立在边际效用价值学说、消费者"自由选择"学说和自由竞争学说之上的，都包含两个方面的内容：一是论证竞争市场的有效性及其例外得出了福利经济学的第一个基本定理，即竞争的市场注定是帕累托有效的；二是认为政府通过采取适当的收入分配政策能够有效地矫正市场失灵，实现社会福利的最大化或"帕累托最优"，得出了福利经济学的第二个基本定理。

四、马克思主义剩余价值理论

19世纪后，西方相继完成了工业革命，由手工工厂过渡到机器工厂后，生产力空前提高，市场经济快速发展。伴随着产业革命所带来的社会财富大量增加，出现了劳工问题和其他新的社会问题。马克思作为马克思主义理论体系的缔造者，在致力于批判资本主义私有制的同时，也十分关心无产阶级的生存和发展问题，并在《资本论》《哥达纲领批判》等论著中对社会保障相关问题进行了阐释。他将社会保障问题放到社会制度视野下进行思考，提出要彻底解决人类的社会保障问题，就必须消灭剥削、消灭私有制，建立公有制，建立社会主义制度。马克思提出的这种全新社会保障发展理念，不仅彻底颠覆了传统西方社会保障发展理念，也奠定了社会主义国家社会保障发展的理论基础。

马克思关于社会保障的理论主要表现为如下几方面。一是社会保障基金的来源方式。马克思对社会保障基金来源的阐释主要在剖析《哥达纲领》草案的基础上，就拉萨尔关于“不折不扣”“劳动所得”等理念进行了批判，认为拉萨尔的分配理念违背了社会生产原理和社会主义总产品分配原则。为了让大家能够彻底认识到拉萨尔的错误，弄清楚“劳动所得”这一问题，马克思提出了著名的两次扣除学说，指出了社会保障基金的来源方式，并认为社会保障是通过国民财富的分配与再分配而建立起的社会保护机制。社会保障基金的本质，即是剩余价值的一部分。马克思在对社会保障基金来源论证的基础上，又在《资本论》中指出了社会保障基金是剩余价值的一部分，使我们更加清晰地认识到社会保障物质基础的本质。马克思在对生产、利润、分配、剩余价值分析的基础上，指出工人劳动创造的剩余价值是社会保障制度实施资金的唯一来源。在这里马克思指出了社会保障制度运营资金的本质，认为社会保障基金是剩余价值的补偿，是对剩余价值的一种扣除。二是马克思对资本主义社会保障制度进行了无情的批判。在他看来，资本主义国家实施社会保障不是为了解决无产阶级的生存问题，而是出于维护资本主义统治的需要，因而资本主义国家社会保障不能从根本上解决无产阶级的贫困问题。马克思指出，资本主义制度下建立的社会保障制度，会消减无产阶级追求社会革命的积极性，从而延长了资本主义制度的寿命，客观上阻碍了社会主义制度的产生。马克思认为从长远观点来看，一部分社会保障所需要的费用，对资本家和资本主义的发展都是有益处的。因此，马克思认为如果不废除私有制和资本主义制度，就无法从根本上解决无产阶级的社会保障问题。三是建立社会主义保障制度的必要性。马克思认为在私有制基础上建立起的社会保障制度，实质是为了更好地延续和促进私有制的发展。资本主义国家的统治阶级，撇去较高尚的动机不说，他们的切身利益也迫使他们除掉一切可以由法律控制的、妨碍工人阶级发展的障碍。①马克思认为社会主义国家仍然需要社会保障，社会保障制度可以有效解决缺乏劳动能力的公民的生存问题，从而促进社会主义制度更好地发展。因此，马克思认为即使是社会主义国家，仍然需要建立完善的社会保障制度。

五、凯恩斯国家干预理论

20 世纪 20 年代末，爆发现代社会持续时间最长的经济大萧条，银行破产，工厂倒

① 王峰明.《资本论》第 1 卷导读（上册）. 2 版. 北京：中国民主法制出版社，2018：6.

闭，大量工人失业，资本商品大量过剩，社会矛盾十分尖锐。在这场影响深远的世界经济危机中，传统的自由放任的经济学理论无法解释经济危机中的各种经济现象，更不能提出摆脱危机的对策。1936 年，英国经济学家约翰•梅纳德•凯恩斯出版了《就业、利息和货币通论》，提出了应对资本主义经济危机的理论和政策，为当时资本主义世界走出经济困境指明了出路。凯恩斯在对古典自由主义经济理论主张进行否定的基础上，提出了政府干预的主张，奠定了西方宏观经济理论研究的基础，开启了“凯恩斯革命”，这场革命彻底把古典自由主义赶下正统经济学的舞台，逐渐形成了赫赫有名的凯恩斯主义学派。

凯恩斯认为对商品总需求的减少是经济衰退的主要原因，由此出发，他认为维持整体经济活动数据平衡的措施可以在宏观上平衡供给和需求。因此，凯恩斯的理论和其他建立在凯恩斯理论基础上的经济学理论被称为宏观经济学，与注重研究个人行为的微观经济学相区别。凯恩斯认为“萨伊定律”并不成立，认为供给不能自动创造需求，供给与需求之间没法实现自动平衡。因为在边际消费倾向比较稳定的情况下，人们总是把所增加收入的大部分用于储蓄，而不是消费，这使得有效需求经常地表现为不足，造成非自愿失业现象的存在，社会总供给和社会总需求难以自动实现均衡。边际消费倾向递减、资本边际效率递减、流动偏好三大基本规律的作用，引起社会有效需求不足。

凯恩斯主义认为，在现代资本主义条件下，自由放任的经济政策已经失效，要解决失业问题，实现充分就业，必须从失业的根源着手；解决有效需求不足即消费需求不足和投资需求不足的问题，必须实行国家干预，由政府对经济进行调节。凯恩斯关于国家干预的政策主张有两大特点：一是以稳定经济为目标；二是强调财政政策在稳定经济中的重要作用。一方面，扩大财政支出，实行财政赤字，增加政府支出，以公共投资的增量来弥补私人投资的不足。增加公共投资和公共消费支出，实现扩张性的财政政策，这是国家干预经济的有效方法。由此而产生的财政赤字不仅无害，而且有助于把经济运行中的“漏出”或“呆滞”的财富重新用于生产和消费，从而可以实现供求关系的平衡，促进经济增长，提高资本有效需求，维持繁荣。另外，刺激人口出生率回升和生活水平提高，从而提高居民的有效需求。在凯恩斯的国家干预思想中，社会保障占有相当重要的地位。因为提高社会有效需求，主要依靠提高资本有效需求；资本有效需求的提高，又主要依靠人们生活水平的提高；所以只有千方百计大幅度提高国民生活福利，包括提高工资标准和扩大社会福利，即采取普遍福利的政策，才可能保障充分就业，预防经济危机的发生。首先，他主张通过累进税和社会福利等办法重新调节国民收入的分配，“国家可以向远处看，从社会福利着眼”，国家对社会福利领域的干预有助于增加消费倾向，实现宏观经济的均衡。其次，他主张通过社会收入均等化来扩大有效需求和实现充分就业的理念，与社会保障发展的目标不谋而合。社会保障制度作为调节市场分配差距的重要手段，缩小收入差距是其最为重要的目标之一，而凯恩斯关于通过社会收入均等化来扩大有效需求和实现充分就业的理念，从经济学视角证实了社会保障目标的科学性。最后，凯恩斯提出非自愿失业不可避免的思想，从侧面论证了社会保障制度存在的必要性。在市场经济时代，既然失业无法避免，那么就需要社会保障来确保失业者的生存安全。

在社会保障理论方面，凯恩斯主义是一个新的里程碑，它直接推动了第二次世界大战后社会保障制度在全世界范围内的建立。

虽然凯恩斯对社会保障制度理论的直接论证较少，但其提出的主要经济理论观点对西方现代社会保障制度的发展仍然产生了深远的影响。凯恩斯的国家干预理论克服了资本主义国家市场经济的缺陷，应对了世界经济危机。第二次世界大战之后，凯恩斯及其学说的出现带给了整个西方社会保障理论与政策的重要变化，因此凯恩斯主义在社会保障制度理论中占有极其重要的地位，为当时的世界各国制定经济政策和社会保险制度的产生奠定了理论基础。凯恩斯主义受到了许多国家政府的重视，为西方国家建立福利国家提供了重要的思想基础和理论依据。

六、《贝弗里奇报告》

《贝弗里奇报告》是在第二次世界大战期间，英国为了战后的“重建规划”而制定的社会保障计划。1942 年，经济学家贝弗里奇经过周密的调查研究之后，向英国政府提交了一份题为《社会保险及相关服务》的长篇报告，这就是著名的《贝弗里奇报告》。报告分析了英国社会保障制度现状、问题，对以往提供的各种福利进行了反思，设计了一个全面的、系统的社会保险计划。

贝弗里奇在对英国生存状况及社会保障制度实施情况调查研究的基础上，对英国社会保障制度进行了评价，提出了自己对社会保障制度发展的认识。首先，他认为社会冲突不是由生产方式造成的，而是由分配不公引起的。社会冲突和社会问题并不是因为经济难以创造足够的财富，而是因为不能有效合理地分配社会财富。因而，通过建立社会保障制度可以有效地缩小市场分配不公，减少社会阶层之间的矛盾，为经济发展创造一个稳定的社会环境。其次，他认为社会保障制度体系设计应该是全面的。他指出，社会保障制度构建应至少由三部分组成，即社会保险、社会救助和自愿保险。社会保险用以保证社会成员的基本生活需求，社会救助用来维持社会成员的最低生活水平需要，自愿保险用以满足社会成员更高的生活需求。最后，他认为国家是社会保障制度构建的主要责任主体。他认为社会保障制度是一项复杂而系统的社会工程，涉及社会成员的利益和社会的稳定，只有积极发挥国家的作用才能实现，国家要对中断或丧失谋生能力的社会成员负起责任。《贝弗里奇报告》包含着两个前提或假设：一是充分就业，贝弗里奇一再强调，社会保障必须与充分就业联系起来，如果充分就业得到保证，绝大多数人就可以通过加入社会保险体系来获得社会保护和生活安全；二是家庭结构是传统的男人挣钱养家，女人主要抚养孩子、从事家务劳动，儿童和妇女通过男人的工资收入和社会保险收入获得生活的保障。

贝弗里奇在对社会保障制度发展宏观认识的基础上，对社会保障制度具体构建进行了深入的思考。第一，他提出了社会保障制度发展应该遵循的四项基本原则：①普遍性原则，社会保障应该满足所有国民不同的社会保障需求；②保障基本生活原则，社会保障只是保证每一个公民最基本的生活需求；③统一原则，社会保险的缴费标准、待遇支付和行政管理必须统一；④权利和义务对等原则，享受社会保障必须以劳动和缴纳保险费为条件。这些原则的提出和实施使社会保障理论更加丰富和趋于成熟。这些原则为社会保障制度的发展提供了普遍性的指导，对世界社会保障制度的实践产生了重要影响。第二，他确立了社会保障制度的发展目标。他指出，社会保障制度要解决英国的五大弊端，即“贫困、疾病、愚昧、肮脏和懒惰”。贝弗里奇提出的社会保障制度目标具有很强的针对性，对解决英国发展中出现的社会问题起到重要作用。第三，他主张改变社会保障分散管理模式，采取中央政府集中统一的管理模式。他认为中央集中管理社会保障制度，可以提升社会保障制度的有效性和权威性，并提出应设立社会保障部来统一管理英国的社会保障事务。报告还指出，社会保障计划是一个以劳动和缴纳保险费为条件，保证维持人们必需的收入，以便使他们可以劳动和继续保持劳动能力的计划。贝弗里奇的社会保障理论系统阐释了社会保障制度发展的具体策略，勾画出比较全面的社会保障制度框架，也为现代社会保障制度的发展提供了清晰的方向，成为社会保障制度发展的重要理论基础。

英国政府于1944年发布了社会保险白皮书，基本接受了《贝弗里奇报告》的建议，此后制定了《国民保险法》《国民健康服务法》《国民工伤保险法》《家庭津贴法》《国民救济法》等一系列法律。1948年，英国首相艾德礼宣布英国第一个建成了福利国家，贝弗里奇也因此获得了“福利国家之父”的称号。

《贝弗里奇报告》描绘了一幅较为完整的社会保险体系的蓝图，是社会保障发展史上具有划时代意义的作品，打造了一个系统进行的社会计划，使社会问题的解决由家庭上升到国家的高度。《贝弗里奇报告》使英国率先成为福利国家的同时，有效缓解了英国社会的阶级矛盾，促进了英国资本主义的发展，为西方国家的福利社会打下了基础。同时，影响英国、欧洲乃至整个世界的社会保障制度建设和发展进程，被业内人士视为福利国家的奠基石和现代社会保障制度建设的里程碑。此后，英国福利国家的社会实践一再为其他资本主义国家所仿效，各国相继建立起日益完善的社会保险制度。

第二节 社会保险制度的产生与发展阶段

一、萌芽时期（18世纪60年代后）

18世纪60年代，工业革命在欧洲开始兴起，资本主义及大工业取代了工场手工业，促进了资本主义生产力的迅速发展，提高了生产的社会化程度。早在17、18世纪，英国就出现了由工人举办的“友谊社”和“工会俱乐部”等自助机构，采取自己出资的办法，对遭受疾病、失业、意外事故或死亡等不幸的人，实行集体互助互济。诸如此类的组织形式也在欧洲广泛兴起，比如法国的“共济社”、德国的“扶助社”“矿工共济团”等。这些有组织的互助形式比起自发互助的形式，救助的范围有所扩大，从疾病治疗、死亡安葬扩大到了养老、残疾和遗属抚恤等，参加的人口数量也有所增加。虽然这样的组织不善管理资金，其数量较少，不能吸收全体劳动群众参加，保障的范围也较狭窄，不具有强制性，更无明确的理论指导，满足不了当时社会对社会保险的需求，但是这种工人之间的相互救助的组织为现代社会保险制度的产生奠定了基础，被认为是社会保险的萌芽。

二、产生时期（1883～1889年）

19世纪的后半叶，欧洲各国相继完成了工业革命，完成了从自然经济到商品救济的转变，确立了资本主义的社会新秩序。资本主义迅速发展，到了垄断资本主义阶段，工人阶级与资产阶级的基本矛盾日益尖锐，工人阶级为了争取生存权利，与资产阶级展开了激烈的斗争。随着斗争的不断深入，工人力量开始发展壮大，成为一股强大的政治力量，走上了历史的舞台。此外，劳动者的生活保障问题逐渐得到了社会各阶层人士的关注，资产阶级政府不得不考虑为工人建立一种社会化的保护体系和社会安全网，以此来安抚工人阶级，维持社会的稳定。于是，现代意义上的社会保险制度就此产生了。

德国是世界上第一个建立现代社会保险制度的国家。工业革命促进经济飞跃发展，工业化和城市化带来了许多社会问题。首先是工人中出现了伤残、疾病，使得他们中断工作或者年老时无法维持生计。其次是大量农林人员转为工业人员，失去了自给自足的土地保障。另外，资本家的残酷压榨剥削使得工人积蓄很少，德国工人年老后贫苦不堪，对社会的稳定和再生产都是不利的。加上当时的德国工人阶级的成长壮大和不懈斗争促进了德国的社会保险制度的产生。

德国当时的俾斯麦政府为了能够稳定国内政局，缓和阶级冲突，依据新历史学派提倡的通过国家实行自上而下的改良政策，实施了一系列的经济社会改革政策，包括一些社会保险和社会福利的法规、措施。1883年，德国颁布了世界上第一部社会保险法律《疾病保险法》，该法案被多数人看作是现代社会保险制度诞生的标志。德国在最初的立法中就已确立了社会保险对象是从事经济活动的雇佣劳动者，社会保险费由企业和个人共同负担，社会保险缴费按工资收入的一定比例征集，社会保险待遇水平与缴费和工资挂钩等原则。1884年，德国颁布了《工伤保险法》，推行费用全部由企业承担的工伤保险制度。1889年，德国颁布了《伤残和老年保险法》，规定养老保险适用于产业工人、农业工人、手工业者和公务员，费用由国家、企业及个人三方负担，参保人在服兵役期间由国家承担费用，领取养老金的年龄为70岁，养老保险由国家统一管理。

这三项法案的颁布，形成了世界上第一份比较完整的工人社会保障计划，受到了当时德国社会的普遍好评，开创了资本主义国家社会保障体系的先例，它对改善劳资关系发挥了积极作用。德国通过社会保障对国民收入实行分配和再分配，强调劳动者的责任意识，保障了国民的基本生活，推动了经济发展。

德国社会保障制度具有以下主要特点：一是费用由国家、企业、个人三方共担，养老、失业、医疗保险以劳动者和企业的社会保险缴费为主，政府财政予以适当补贴，工伤保险全部由企业缴费，社会救济和社会照顾全部由政府承担费用；二是强调权利与义务的统一，劳动者必须履行社会保险缴费的责任，才能享受保险待遇，并且待遇水平与缴费多少相联系，是具有强制性的社会保险制度；三是基金互助互济、共担风险，社会保险只记录个人缴费情况，社会保险基金在受保人之间调剂使用；四是社会保险基金以现收现付为主。

虽然德国的社会保险已经走过了 100 多年的历史，社会保险的法律和规定经历了一些修改，但是，这些基本原则并没有改变，仍然是实施社会保险制度的制度基础。德国社会保险法中三个重要的原则包括：权利和义务统一的原则、以缴费为享受保险条件的原则、保险费用多方面分担的原则。这三条原则成为以后各国社会保险体系的基础。但德国的社会保障制度从保障对象、覆盖范围和保障水平来看，不仅保障水平低，覆盖范围也很窄，只是为有正常工资收入的人提供保障，保障项目多是与职业相关的单项社会保险。

随着社会保障制度在德国的建立，西方国家也纷纷效仿和借鉴。如丹麦、挪威、芬兰、意大利、英国、法国、奥地利、荷兰、瑞士、瑞典、比利时等国家在 19 世纪末 20 世纪初都先后建立了强制性的社会保障体系，内容覆盖工伤、疾病、养老、失业、家庭津贴等保障项目。

三、发展时期（1935～1975 年）

（一）英国的社会保险制度

1906 年，自由党在英国大选中获得胜利，新自由主义成为英国政府制定政策的重要理论基础，确立了现代英国社会保障体系的制度基础。1908 年，由自由党政府颁布了《养老金法案》。人们普遍认为《养老金法案》在英国社会保障制度发展史上具有里程碑式的重大意义，其被誉为英国现代社会保障制度的开端。1911 年通过的《国民保险法》包括了健康保险和失业保险两部分，法案规定了对 16～70 岁的体力劳动者和年薪低于 160 英镑的职员中的残疾者实行保险，保险费用按不同比例由国家、企业和个人分担。关于失业保险规定，在一些易受经济危机影响、失业率较高的行业实行强制性保险。企业为每个职工每周交纳 2.5 便士，职工本人交纳 2.5 便士，国家出上述两项款项的 1/3。在第一次世界大战期间，由于战时的需要，英国几乎所有人都找到了工作，实现了英国现代史上第一次“充分就业”。第一次世界大战后，各地出现了工人罢工和复员军人暴乱，因此，英国议会两次修改《失业保险法》，扩大了保险范围，新参加失业保险的工人不必再缴纳保险费作为领取失业津贴的条件，改为失业救济。在世界经济大危机时期，许多工人领取失业津贴的期限已经免除，但对于仍然没有找到工作的失业者，政府决定发放临时津贴。在此之后，英国政府将失业救济基金同失业保险基金分开，前者是直接依靠国家税收，后者来源于保险费。这些政策的实施都是为了缓和社会矛盾，削减工人阶级的不满和反抗情绪。

第二次世界大战后到 20 世纪 70 年代，英国社会保障制度进入全面发展的新时期。20 世纪 30 年代的经济危机和第二次世界大战使英国遭受了沉重的打击，而且还面临着国内民众要求保障社会福利和充分就业的强大压力，因此英国政府以“福利国家”作为施政目标，开始推行全面的社会保障制度建设。1941 年英国首相丘吉尔任命英国著名经济学家贝弗里奇为“研究社会保险及有关福利联合委员会”的主席，该委员会的职责主要是对英国当时社会保障制度和社会福利问题进行考察研究。1942 年 12 月，《贝弗里奇报告》发表，意义深远，构建了第二次世界大战之后英国的福利国家制度的框架，对英国乃至欧洲各国建立社会保障制度都有巨大影响。1946 年，英国颁布了《国民保险法》《国民工伤保险法》《国民健康服务法》，明确规定“建立一套广泛的保健服务制度，以确保改善英格兰和威尔士人民的身心健康，为他们预防、诊断和治疗疾病”。1948 年，英国正式建立全民医保制度，成为世界上第一个实行全民免费医疗的西方国家。英国政府的这些“福利国家”措施，使它成为当时社会保障立法最为完备的西方国家。同年，英国建立了世界第一个福利国家。

随后，德国、荷兰、比利时、卢森堡、意大利、丹麦和瑞典等国竞相宣布建成“福利国家”，其中最典型的是瑞典。第二次世界大战后，瑞典也推行公共年金制度和全民医疗制度，并建立起包括年金保险、医疗保险、失业保险、工伤保险以及社会救济、家庭补助、免费教育、住房补贴等福利项目的相当完备的福利体系，成为西方福利国家的楷模。

第二次世界大战后，英国社会保障的一个重要特点是全民保障和全面保障。英国居民，甚至在英国居住的外国人，都不同程度地受益于其社会保障制度。由于社会保障的现实受益者主要是低收入者和家庭、老年人、失业者和病残者，所以有人认为，英国的这种社会保障是这一代人保上一代人，收入高的人保收入低的人，有工作的人保没有工作的人，年轻人保老年人，身体健康的人保病残人。

（二）美国的社会保险制度

美国在全国实施保险制度前，部分地区如新泽西州和亚利桑那州就分别于 1896 年和 1914 年先后出台了《教员年金法》和《老年退休计划》。但 20 世纪 30 年代世界性大危机爆发，美国纽约证券市场陷入崩溃，从此开始的经济大萧条席卷了整个资本主义世界。1931～1932 年，美国有几千家银行倒闭，大量工人失业。在这种情况下，工人罢工等抗议示威活动不断涌现，传统的社区救济根本无法解决问题，老年人的养老储蓄化为乌有，建立全社会的现代社会保障制度已经成为历史的必然。1933 年刚上任的美国总统罗斯福立即建议国会通过《联邦紧急救济法》，拨款 5 亿美元资助各州实行劳动救济和失业救济，后又建立民间工程管理局和公共工程管理局，希望通过“以工代赈”实施失业救济。随后，罗斯福总统在以凯恩斯理论为基石，以俾斯麦模式为样板的基础之上，在施政改革中逐步系统地提出了“安全保障社会化”的理论，强调政府在社会保障中的职责。1935 年 8 月 14 日，罗斯福总统签署了《社会保障法案》，美国历史上第一部社会保障法典生效，该法典全面规划了社会保障体系。《社会保障法案》包含了以下内容：①社会保障是大机器生产的客观需要；②以“普遍福利”为核心的社会保障制度作为建国方略；③初期的社会保障项目应包括失业、养老、家庭保险，实现“家庭平安、生活保障、社会保险”；④实行“以工代赈”的现代社会救助，反对消极的救助行为；⑤实行以地方为主的失业保险和强制性多层次的养老保险；⑥社会保险必须以促进自我保障意识的确立为前提；⑦社会保障项目应该逐步展开。可以看出，1935年美国颁布的《社会保障法案》基本内容主要涉及失业保障、老年保障和各种津贴。失业保障方面规定，劳动者因企业停产或被迫解雇可以领到由企业和个人共同负担的，按规定给付的失业救济金；老年保障方面规定，年满65岁的就业者可以退休，凡在就业期间向有关部门缴纳一定期限的养老金的人，可以领取退休金（或退休津贴）；各种津贴方面规定，对于由年老、失去亲人扶养、双目失明或失业而导致收入损失的，给予一定的津贴。

美国1935年颁布的《社会保障法案》，虽然欠缺基本医疗保险和工伤保险，但是它在一定程度上缓和了经济危机过程中的劳资冲突，保障了社会劳动力的恢复，并通过政府福利开支，借助有效需求的扩张来促进国民经济的全面复苏与高涨，在实践中基本解决了美国社会面临的失业和养老问题，还在理论上第一次提出了“社会保障”概念，使社会保障从形式到内容都更加完整和统一。它不仅是美国第一个由联邦政府承担义务的全国性的社会保障法律，也是世界上第一部完整的社会保障法。

（三）苏联的社会保险制度

早在1912年，列宁就对俄国沙皇政府制定的关于工人不幸事件的保险法案作出了全面批判，并在十月革命后建立了由国家全权负责的社会保障模式，国家通过财政收入，以食品、燃料、资金等形式为社会居民提供保障。苏联建国初期，由于常年的社会动荡，国内经济困难，资金紧缺，社会保障工作开展缓慢，当时的苏联政府为缓解战争给社会成员带来的创伤，基于自身特殊的经济水平而选择采取一系列与战争有关的应急措施，如开创了以免费和国家义务提供原则为基础的医疗保健模式。苏联的社会保障模式是以公有制为基础，与苏联特色的高度集中的计划经济体制相适应，由国家负责，面向全体国民的社会保障模式，叫作国家保险型社会保障模式。由于政府单独负责社会保障制度的各个领域，这种制度又被叫作“国家保险”模式。从此，在“国家保险”的框架下，苏联实行了以低工资为基础，水平低但待遇相对丰厚的社会保障；工人终身制地在国有企业工作，工资虽低但无失业烦忧；退休按工龄长度享受养老金；疾病、工伤和生育一概免费享受基本的医疗服务；按工龄长度和职务享有租金极低的住房；子女上学免费；参加培训免费；等等。显然，就业终身制、医疗和教育免费制以及住房分配制，这一切必然给劳动者留下完全仰仗国家和国有企业而个人无须分担任何风险的心理烙印。20世纪下半叶，东欧社会主义国家及中国和亚洲其他一些社会主义国家，仿照苏联模式，纷纷建立了“国家统筹型”的社会保险模式。

（四）新加坡的社会保险制度

1955年7月，新加坡建立并实施了与传统的社会保险国家迥然不同的强制储蓄型的中央公积金制度，同年成立了专门负责管理公积金的中央公积金局。中央公积金制度模式是国家立法强制企业和个人分别按雇员工资收入的一定比例缴纳保险费（公积金），全部进入个人账户，由中央公积金局统一管理。这笔基金逐年积累，当雇员退休时，从个人账户积累额中领取退休金。这是一种典型的自我保障制度。

建立中央公积金的最初目的是通过公积金这种强制储蓄制度，预先筹集个人养老资金以解决国民的养老问题，为雇员退休后或不能继续工作时提供一定的经济保障。新加坡政府社会保障体系由社会保险和社会福利两部分组成。其中，社会保险由国家强制实施个人储蓄的中央公积金制度构成，是新加坡社会保障体系的主体部分；社会福利是指政府对无法维持最低生活水平的成员给予救助，如对低收入家庭发放住房补贴、生活救济和救助金等，它是社会保障制度的辅助部分。1965 年新加坡独立以后，为适应社会和经济发展的变化，政府在公积金的使用范围和用途方面进行了积极的探索，不断调整放宽对公积金用途的限制，扩大了公积金的社会保障功能。1968 年 9 月，新加坡政府推出了“公共住屋计划”，允许会员退休前支取公积金存款来购买政府建造的组屋，标志着中央公积金的使用范围开始放宽。此后陆续推出了医疗保健、家庭保障、教育、投资理财等一系列保险计划。这样，中央公积金制度就由最初的仅提供退休养老保障，发展成为集养老、医疗、住房、家庭保障、教育、资产增值等多功能于一体的综合性社会福利保障体系，其社会保障功能愈益显现出来，成为一项行之有效、成绩卓著的社会保障制度。

从以上情况看，社会保障制度已成为全世界的共同举措。正是在这种背景下，联合国主管劳动和社会事务的专门机构——国际劳工组织，于 1952 年制定了《社会保障最低标准公约》，对退休、疾病津贴、医疗护理、失业救济、工伤补偿、残疾津贴、子女补助，以及定期支付应遵守的最低标准作出了明文规定，该公约被誉为国际社会保障事业发展的里程碑。

四、调整改革时期（20 世纪 70 年代以后）

（一）“福利病”改革

进入 20 世纪 70 年代，整个西方世界在经历了国际货币体系的瓦解和能源、原材料的危机后出现了通货膨胀加剧、经济增长停滞等一系列经济问题，社会保险制度也陷入困境。西欧发生“福利国家危机”，美国出现“福利困境”。这些国家实行所谓“从摇篮到坟墓”的福利政策，社会保障的范围甚广，项目庞杂，标准较高，社会保障支出的增长速度普遍超过了经济增长的速度，如英国 1960～1975 年实际社会开支每年平均增长 8%，同期国民经济增长速度与社会福利开支增长速度之比为 1：1.96。尽管在 1973～1975 年危机后，西欧国家经济陷入停滞或低速增长，但社会福利开支却由于通货膨胀加剧、失业人口增加、人口老龄化进程加快、人民生活需求提高和社会保险“刚性”的作用仍在迅速扩大。这种超过经济发展承受能力的“过度福利”政策的实施，不同程度地给各国带来了一系列的问题，西方社会保险制度已难以为继，改革势在必行。在 20 世纪 70 年代末至 80 年代初，各国政府着手对高福利型的社会保障体系实施改革与调整。尽管各国对社会保障制度的调整方案不尽一致，但改革的倾向大致相同，主要可归纳为以下方面。

1. 提高退休年龄

在社会保障体系中，公共养老计划在其支出项目中占据首要地位。由于发达资本主义国家的经济水平提升较快，人们的营养、卫生条件以及医疗水平不断提高，人的平均预期寿命不断延长；另外，第二次世界大战以后在人口出生高峰期生育的人口即将进入老龄行列。因此，根据现行的养老制度，领取养老金的人数急剧上升，许多国家的退休者人数正在超过或将超过在职人数，让少数年轻人来负担庞大的老年人口的退休金和医疗卫生费用，这是各国最大的后顾之忧。已有不少国家纷纷提高退休年龄，一方面，通过工作年限的延长相应延长其缴纳保险费的期限，增加福利费的来源；另一方面，可以减少受保人领取养老金的时间，做到减少福利费的支出，以此解决社会保险基金开支过大和政府的财政收支平衡问题。美国将退休年龄推迟至67岁，德国和意大利将退休年龄推迟到65岁，其他许多国家也相应地采取了类似的措施。

2. 增加社会保障的财政收入

增加社会保障的财政收入主要通过以下举措进行：一是提高缴纳社会保险费的上限，或取消其上限，以此来增加社会保险费的收入，如比利时在1981年以后取消了职工对失业保险、医疗保险、生育补贴、伤残保险及遗属保险等的缴费上限；二是提高职工和企业的社会保险费率，如英、德、法等国家都不同程度地提高了社会保险费率；三是征收社会保障所得税，改变过去社会保障所得不纳税的规定，对受保对象所得的退休金、疾病保险金、残疾补贴和失业救济金都收取一定的所得税。

3. 减少社会保障费用的支出

各国对社会保障收益规定都进行了修改，减少了社会保障津贴的支出，旨在控制社会保障费用的增长速度。如英国政府在1981年减少了对患者、孕妇、残疾者、失业者的附加补助，第二年彻底取消了这些补助，还减少了住房补贴等。德国从1977年开始，降低了退休金标准，削减了失业救济金的数额以及住房、教育补贴，1982年再度削减了这些费用。又如荷兰削减了对残疾者的优抚金，西班牙削减了失业津贴，美国政府也取消了多项社会福利津贴。

4. 私营部门参与社会保障体系

为了解决社会保险费的资金储备问题，各国在社会福利改革中还鼓励私营部门以职业年金和私人养老计划、医疗计划等参与社会保障体系，改变社会保障全部由国家承担的办法。这样不仅可以减轻政府的财政负担，又可以通过私营部门的竞争机制和资金投资的高效率保持整个社会保障体系运行的充分活力，对政府的公共社会保障起到补充作用。

（二）以智利为例的其他国家的改革

作为拉丁美洲公共养老金制度“私有化”的突出代表，智利的模式在 1994 年被世界银行称为当时“唯一完全放松集权的养老金制度模式”。尽管智利的社会保障体系在发展中国家中已经非常引人注目，但其困难也是不容忽视的，主要体现为国家财政负担沉重，养老金管理体系混乱，资金过于分散，不利于管理。20 世纪 80 年代初，智利进行了举世瞩目的社会保障制度改革。

在养老保险领域，摒弃原来实施的给付确定型养老保险，改而建立起全新的以个人账户积累为基础，以私营化管理为基本特征，强调自我积累、自我保障、经营性原则的养老保险运行机制。智利的改革所推行的储备金计划是一种新的、富有生机的保障方式，有助于克服传统社会保险计划的许多弊端，代表了新时期的发展方向，被称为智利模式，并在拉美国家得以推广。智利养老保险制度的基本内容可概括为：政府实施立法和监控，民营机构具体操作，个人账户强制储蓄，企业不缴费，政府承担最终风险。养老金的投资运作由养老金管理公司负责。为了控制投资风险，智利政府对养老金的投资及管理有非常严密的规定。从对养老金基金投资限制看，智利的养老金基金的监管属于严格的限量监管。代表政府对养老金管理公司进行技术监督和控制的机构是养老金管理总监署。

智利在其特有的政治、经济背景下，在一夜之间将传统的社会保险制度改变为养老储蓄基金制度，从总体上说，这一改革是成功的。智利所采用的具体办法，在其他国家不一定全都适用，但从它的变革及成功中确实体现了社会保险制度发展前景的一些特质，即在传统的以公平为主的保险领域中加入更多的效率机制，在传统的国家责任领域增加更多的个人责任，在传统的政府垄断性管理的领域加入竞争性经营，等等。其最终目的是减轻政府负担，提高管理效率。

智利模式的出现在养老保险领域是一场根本性的变革，它完全摒弃了传统社会保险的模式，实行了保险费完全由个人缴纳、基金由私营机构竞争管理等有悖于社会保险一贯做法的政策。在它出现之初，没有人认为这是一种理智的选择，但多年过去，它不仅坚持下来了，且已为 6 个拉美国家——阿根廷、玻利维亚、哥伦比亚、墨西哥、秘鲁和乌拉圭所采用。

第三节　我国社会保险制度的产生与发展

我国社会保险制度是在 20 世纪 50 年代初期，按照计划经济体制的要求，参照当时苏联对城镇职工推行社会福利计划的社会保障模式建立起来的，应该说，它对保障职工的基本权益、发展经济、安定社会曾起到过重要作用。但随着我国由计划经济体制向社会主义市场经济体制的过渡，原有的制度出现了许多问题和矛盾。所以，20 世纪 80 年代以来，我国社会保险制度也正在逐步改革。我国社会保险制度大体经历了四个发展阶段，即创建阶段（1951～1956 年）、调整和发展阶段（1957～1966 年）、停滞阶段（1967～1977 年）、重建和改革创新阶段（1978 年至今）。

一、我国社会保险制度的创建阶段（1951～1956年）

中华人民共和国成立初期，全国许多地区和产业部门都参照《东北公营企业战时暂行劳动保险条例》自行制定了本地区的劳动保险暂行办法。但由于缺乏经验和认识不一，在办法制定和执行中，劳动保险待遇标准有高有低，劳动保险基金存在多头管理等。因此，有必要建立一个全国统一的社会保险制度。1951年制定并实施了《中华人民共和国劳动保险条例》（以下简称《劳动保险条例》），党和政府相继建立起了一套与计划经济体制相适应的社会保障制度，包括劳动保险、公费医疗、农村合作医疗制度等，其显著特征是国家-单位保障制，它与社会主义公有制紧密结合，人民群众从这套制度中受惠并感受到社会主义制度的优越性。

《劳动保险条例》对保险费的征集、保管、实施范围和支配，保险的项目和标准，以及保险事业的管理和监督都作了具体的规定。具体规定了职工在疾病、伤残、死亡、生育以及养老等方面可以享有保险待遇，职工供养直系亲属也可以享受一定的保险待遇。考虑到当时多种所有制企业并存的情况，《劳动保险条例》的实施范围是以企业职工人数而不是企业的所有制性质为标准。《劳动保险条例》的实施，解决了广大职工在旧社会依靠个人无法解决的困难，得到广大职工的衷心拥护。对暂不实行保险条例的单位，采取由企业行政或资方与工会组织双方根据《劳动保险条例》的原则与本企业的实际情况进行协商，通过签订集体劳动保险合同的方式，规定适当的保险待遇。正是《劳动保险条例》名称的原因，后来企业职工一直习惯地称其为“劳动保险”。1951年《劳动保险条例》的公布实施对确定我国企业职工社会保险体系的框架结构具有重要意义，这一法规确立了除失业保险以外的老年、工伤、疾病、生育、遗属等基本社会保险项目，为我国企业职工社会保险发展奠定了基础。这也是以后我国企业职工实施社会保险制度的基本法律依据。

1953年1月，政务院根据当时恢复国民经济任务基本完成，开始社会主义建设的情况，修订了《劳动保险条例》。劳动部颁布了《中华人民共和国劳动保险条例实施细则修正草案》。与1951年的《劳动保险条例》相比，修订后的条例和实施细则草案扩大了劳动保险的实施范围，提高了部分劳动保险项目的待遇水平，还规定合作社经营的工厂、矿场及其附属单位按国营企业办法实施劳动保险待遇。1956年，全国国营企业、公私合营、私人企业中94%的职工享受社会保险的保障。①

1952年6月建立的公费医疗制度，覆盖范围包括各级国家机关事业单位、人民团体的工作人员和高等院校在校学生等。公费医疗的经费由财政预算拨款而来，由卫生部门或财政部门统一管理和统一使用，患者报销的医疗费从单位中开支，公费医疗经费实行专款专用。

同一时期，还建立了国家机关事业单位的社会保险制度。如1950年12月内务部公布了《革命工作人员伤亡褒恤暂行条例》，对国家工作人员的伤残和死亡待遇作出规定，

①李珍. 社会保障理论. 4版. 北京：中国劳动社会保障出版社，2017：36.

以后又陆续颁布了一些单项法规；1955 年 12 月，国务院发布了《国家机关工作人员退休处理暂行办法》。该办法规定的国家机关工作人员退休退职条件，与企业职工的大体相同。同年 12 月，国务院建立了国家机关事业单位职工退休退职制度，首次规定了国家机关事业单位工作人员的退休条件和退休待遇。1958 年，《国务院关于工人、职员退休处理的暂行规定》开始实施，对国家机关、社会团体、企事业单位的职工实行统一的养老保险制度，并制定了因公因病而离开工作岗位的工作人员的退休办法。到 1955 年底，国家机关事业单位工作人员的社会保险制度已建立齐全，与企业职工的相比，项目基本一致，待遇标准基本相同，唯一不同的是，国家机关工作人员的退休金完全从国家预算拨给各单位的行政管理费中提取。

中华人民共和国成立初期，为适应计划经济体制而建立的社会保险制度主要内容有国有企业职工的养老保险和劳保医疗制度、机关事业单位的养老保险和公费医疗制度。特点是国家出资、单位管理。其弊端主要有以下四点：①覆盖面过于狭窄，主要局限于国有单位；②保障层次单一，国家和用人单位大包大揽，职工不出资，缺乏自我保障意识；③企业办社会，分散企业精力，经营亏损时职工权益难以保障；④保障项目不全，如否认社会主义存在失业，没有失业保险，国有企业进入容易、减人困难，形成大量冗员等。

1949～1956 年，中国的社会保险制度已基本确立，并得到了全方位的迅速发展。在这一阶段，企业职工与国家机关工作人员的社会保险工作，走上规范化、制度化的道路，我国社会保险制度的奠基工作基本完成。在范围上，不仅根据经济力量对有能力保障的人员范围力所能及地建立了基本的社会保险制度，而且在保障内容、保障项目方面也初步完成了基本立法工作，为以后我国社会保险事业的发展奠定了基础。

二、我国社会保险制度的调整和发展阶段（1957～1966 年）

中华人民共和国成立初期，我国由于经验不足，所建立的社会保险制度，如在劳动保险、公费医疗等方面的规定，都存在不切实际和不够合理的地方。1957 年，党的八届三中全会在肯定了几年来在劳保福利方面取得的成绩充分体现社会主义制度优越性的同时，又指出工作中的主要缺点是走得快了一些，办得多了一些，与我国人口多、底子薄、广大农民生活水平还比较低的现状不相适应，也助长了职工对国家的依赖心理，要“一切由国家包下来”，而缺乏依靠个人和集体力量克服困难的精神。另外，还存在项目混乱、制度规定不合理、管理不善、标准不统一、苦乐不均和浪费严重的现象。针对存在的问题，我国的社会保险制度进行了调整与完善，基本内容如下。

（一）统一退休制度

在我国，企业职工实行的退休规定和国家机关工作人员实行的退休办法，在制度上不统一，不利于退休制度的实施。为了统一退休制度，妥善解决职工退休问题，以达到改进劳动组织，提高生产和工作效率的目的，1958 年 2 月 9 日，《国务院关于工人、职员退休处理的暂行规定》开始在国营、公私合营企业、事业单位和国家机关、人民团体中实行。

该规定适当放宽了退休条件，适当降低了退休待遇标准，增加了有特殊贡献职工的优厚待遇，取消了企业《劳动保险条例》中规定的在职养老补助费。一般退休人员的退休费，视具体条件为本人工资的 40%～70%。《国务院关于工人、职员退休处理的暂行规定》还将年老、特殊工种的职工退休时必须具备的一般工龄由原规定 25 年降为 20 年。

（二）统一退职

1958 年 3 月 7 日全国人民代表大会常务委员会第九十四次会议通过的《国务院关于工人职员退职处理的暂行规定（草案）》，规定国营、公私合营的企业、事业单位和国家机关、人民团体实行统一退职制度。该草案规定的退职条件为：①年老体衰，经劳动鉴定委员会或者医师证明不能继续从事原职工作，在本企业、机关内部确实无轻便工作可分配，而又不合退休条件的；②本人自愿退职，其退职对于本单位的生产或工作并无妨碍的；③连续工龄不满三年，因病或非因工负伤而停止工作满一年的；④录用后在六个月以内，发现原来有严重慢性疾病，不能坚持工作的。符合以上退职条件的工人、职工退职的时候，由企业、机关按下列标准一次发给退职补助费：连续工龄不满一年的，发给一个月的本人工资；一年以上至十年的，每满一年，加发一个月的本人工资；十年以上的，从第十一年起，每满一年，加发一个半月的本人工资。但是退职补助费的总额，最高不得超过三十个月的本人工资。

（三）改进医疗制度

1965 年 10 月，卫生部和财政部发出《关于改进公费医疗管理问题的通知》，对国家机关工作人员的公费医疗制度作了适当的改进。改变的主要内容有：一是看病要收挂号费，二是营养滋补药品除医院领导批准使用的以外，一律实行自理。关于企业职工的劳保医疗，劳动部和中华全国总工会于 1966 年 4 月发出的《关于改进企业职工劳保医疗制度几个问题的通知》规定：企业职工患病和非因工负伤，在指定的医院或本单位附近的医院医疗时，其所需的挂号费和出诊费，均由职工个人负担。所需的贵重药费，由企业行政方面负担，但服用营养滋补药品（包括药用食品）的费用，应由职工个人负担。

（四）规定职工的劳动保险待遇

1962 年 6 月发布的《国务院关于精减职工安置办法的若干规定》规定了精减职工的劳动保险待遇。该规定精减下来的老弱残职工，凡符合退休条件的，作退休安置，全部或大部分丧失劳动能力、不符合退休条件的作退职处理。对于精减下来回乡、下乡的职工，凡 1957 年底前参加工作的，发给退职补助费；对于安置到外埠的职工，原来生长在城市现自愿下乡落户的职工，以及因工部分丧失劳动能力原来享受因工残废补助金的回乡职工，职工本人及随行供养亲属回乡下乡时所需的车旅费和途中伙食补助费，由原工作单位按规定标准发给。

（五）调整城镇集体经济组织的社会保险

针对集体经济组织实行劳动保险合同制中存在的规格各异、标准不统一等问题，第二轻工业部和全国手工业合作总社于 1966 年 4 月发布了《关于轻、手工业集体所有制企业职工、社员退休统筹暂行办法》，规定由市、县统一筹集经费，对退休职工按月每月发给本人工资 40%～65%的退休经费，退职者一次发给 1～20 个月本人工资的退职补助费。从此，集体经济组织的劳动保险开始走向规范化。

1957～1966 年，中国的社会保障事业在不断调整中有了一定的发展。在这一阶段，国务院发布的一些患病保险、工伤保险、养老保险等方面的单行法规，通过国家主管机关，如劳动部和中华全国总工会制定的有关劳动政策及文件，来逐步修改、补充、完善劳动法律制度。这一时期的社会保障立法比较活跃，制定的法规、政策也比较多，无法可依的现象正逐步消除。我国社会保险发展时期的立法工作，在总结以往法治建设经验的基础上，有了很大的发展，对国民经济的发展和社会的安定团结，都起到了一定的作用。尽管在社会保险法律制度的发展和完善过程中还存在一定的问题，但这些问题的存在是不可避免的，也是可以克服的。

三、我国社会保险的停滞阶段（1967～1977 年）

“文化大革命”期间，我国社会保险制度的发展受到严重的干扰和破坏。其间，社会保障方面的立法陷于停顿，原有的社会保险事业的管理和监督机构被撤销，社会保险工作陷于混乱和瘫痪状态。可以说，在这一段时期内，社会保险法律制度建设不仅没有任何进步，原有的社会保险法律制度也几乎全被破坏。

四、我国社会保险的重建和改革创新阶段（1978 年至今）

1978 年，党的十一届三中全会确定了改革开放的方针政策，我国的政治经济形势从此发生了根本性的变化。1984 年党的十二届三中全会通过了《中共中央关于经济体制改革的决定》，开始了以搞活国有企业为中心环节的经济体制改革。1978 年后，社会保险工作获得了新生，重新确立了它在社会经济发展中的地位。

（一）第一阶段（1978～1990 年）

第一阶段从 1978 年党的十一届三中全会到 1990 年，是社会保险制度改革的重建时期，其目的是解决“文化大革命”造成的人民生活水平较低的问题，重新确立了社会保险在社会经济发展中的地位和作用。这一阶段的举措主要有以下四项：一是对企业保险制下的职工养老进行社会统筹改革试点；二是对公费医疗、劳保医疗进行社会保险改革试点；三是尝试建立国有企业职工的待业保险制度；四是尝试建立农村居民养老保险制度。其特点是主要作为国有企业改革的配套措施，在关系国有企业改革的各单项项目上分别进行了探索。

可见，这一时期明显有了新的内容，表明了社会保险事业开始向社会化的社会保险制度转化。但这一时期的改革基本上局限于企业保险的狭窄领域，且仅仅在个别地方进行试点，改革的原则与目标均未确立，改革实践也未取得有效的成果，如待业保险制度并未真正确立，改革的指导思想局限在计划经济与市场调节相结合的框架内。

国务院于 1978 年 6 月颁发了《国务院关于安置老弱病残干部的暂行办法》《国务院关于工人退休、退职的暂行办法》，经过试点，于 1979 年全面实施。这两个办法都对 20 世纪 50 年代关于干部和工人的退休、退职待遇的规定作了较大的修改：一是放宽了老干部的离职休养条件；二是适当提高了退休待遇标准，退休费上限由过去占本人标准工资的 70%，提高到 90%；三是对因工致残、完全丧失劳动能力的干部和工人的退休费做了较大提高。1988 年 9 月，国务院发布了《女职工劳动保护规定》，这是中华人民共和国成立以来保护女职工的劳动权益，减少和解决女职工在劳动中由生理机能造成的特殊困难，保护女职工健康制定的第一部比较完整和综合的女职工劳动保护法规，主要明确了“不得在女职工怀孕期、产期、哺乳期降低其基本工资，或者解除劳动合同”。该规定的发布，统一了国家机关事业单位和企业的生育保险制度。

1984 年后，中国经济体制改革进入以城市为重点，以搞活企业为中心的阶段。企业被要求“成为自主经营，自负盈亏的经济实体，成为相对独立的商品生产者和经营者”。随着企业日益进入市场，企业之间养老负担不均衡的矛盾显露出来。新建企业由于职工年龄结构轻，退休人员少，人工成本费用低而在竞争中处于优势地位，而老企业由于退休人员多，负担沉重，而处于竞争劣势。在这一背景下，国家开始了以退休费用社会统筹为主要内容的养老保险制度改革，后来又相继建立了失业保险制度和进行了工伤、医疗保险制度的改革。

（二）第二阶段（1991 年至今）

第二阶段自 1991 年至今，是社会保障制度改革取得突破性进展的时期。以 1991 年 6 月发布的《国务院关于企业职工养老保险制度改革的决定》为起始标志。在这一时期，改革的重点是社会保险的社会化，其中以养老保险、失业保险为突破口，对工伤保险、医疗保险、生育保险等社会保险项目均进行了改革尝试。其特点是在继续为国有企业改革搞好配套的同时，明确了社会保障制度是构筑我国社会主义市场经济框架的五大体系之一；在社会保障项目单项改革继续深化的同时，初步形成了我国社会保障制度改革的总体框架；改革的指导思想明确为建立适应社会主义市场经济的社会保障体系。

1993 年党的十四届三中全会通过的《中共中央关于建立社会主义市场经济体制若干问题的决定》，对社会保障制度改革作出了三项原则性规定。第一，建立多层次的社会保障体系。社会保障水平要与我国社会生产力发展水平及各方面的承受能力相适应。发展商业性保险业，作为社会保险的补充。第二，按照社会保障的不同类型确定其资金来源和保障方式。企业职工养老和医疗保险金由单位和个人共同负担，实行社会统筹和个人账户相结合。第三，建立统一的社会保障管理机构。社会保障行政管理和社会保险基金运营要分开。社会保障管理机构主要是行使行政管理职能。

1. 养老保险制度改革

1995 年 3 月，国务院下发的《国务院关于深化企业职工养老保险制度改革的通知》明确提出了改革方向是实行社会统筹与个人账户相结合，还提出了社会统筹与个人账户相结合的具体实施办法，并允许各地结合本地实际选择试点。1997 年，《国务院关于建立统一的企业职工基本养老保险制度的决定》发布，提出建立统一的企业职工基本养老保险制度。2005 年正式实施《国务院关于完善企业职工基本养老保险制度的决定》，其目的就是进一步扩大基本养老保险的覆盖范围。

1992 年 1 月，《县级农村社会养老保险基本方案（试行）》发布，指出建立农村社会养老保险制度，坚持资金个人交纳为主、集体补助为辅，国家予以政策扶持，坚持社会养老保险与家庭养老相结合；坚持农村务农、务工、经商等各类人员社会养老保险制度一体化的方向由点到面，逐步发展。2009 年 9 月，国务院发布《国务院关于开展新型农村社会养老保险试点的指导意见》，探索建立个人缴费、集体补助、政府补贴相结合的新农保制度。

2014 年 2 月，国务院下发了《国务院关于建立统一的城乡居民基本养老保险制度的意见》，将新型农村社会养老保险和城镇居民社会养老保险制度两项制度合并实施，在全国范围内建立统一的城乡居民基本养老保险。

2016 年 11 月，《人力资源社会保障部关于城镇企业职工基本养老保险关系转移接续若干问题的通知》发布，进一步完善了企业职工基本养老保险关系转移接续的相关规定。

2018 年 6 月，为均衡地区间企业职工基本养老保险基金负担，实现基本养老保险制度可持续发展，国务院印发《关于建立企业职工基本养老保险基金中央调剂制度的通知》，决定建立养老保险基金中央调剂制度，自 2018 年 7 月 1 日起实施。

2020 年 1 月，民政部出台《关于加快建立全国统一养老机构等级评定体系的指导意见》，旨在加大养老服务的供给侧结构性改革力度，增强养老服务供给的有效性。

2. 医疗保险制度改革

1998 年 12 月，国务院发布了《国务院关于建立城镇职工基本医疗保险制度的决定》，决定在全国范围内进行城镇职工医疗保险制度改革，并提出建立城镇职工基本医疗保险制度的原则是：基本医疗保险的水平要与社会主义初级阶段生产力发展水平相适应；城镇所有用人单位及其职工都要参加基本医疗保险，实行属地管理；基本医疗保险费由用人单位和职工双方共同负担；基本医疗保险基金实行社会统筹和个人账户相结合。

2007 年，城镇居民基本医疗保险正式实施，覆盖的试点城市为 88 个、覆盖的参保人员数量为 4068 万，开始享有基本医疗保险待遇的居民高达 62 万人，重点是解决特殊群体的医疗保险问题，包括中小学生、少年儿童、残疾人和老年人等。

1993 年的《中共中央关于建立社会主义市场经济体制若干问题的决定》明确提出要

发展和完善农村合作医疗制度，在借鉴传统合作医疗制度的基础上，结合新农村建设的具体需求，制定出切实可行的新型农村合作医疗方案，推动了新型农村合作医疗制度的可持续发展。针对新型农村合作医疗，1997 年 1 月，《中共中央、国务院关于卫生改革与发展的决定》发布，指出积极稳妥地发展和完善合作医疗制度。举办合作医疗，要在政府的组织和领导下，坚持民办公助和自愿参加的原则。筹资以个人投入为主，集体扶持，政府适当支持。但是由于农村整体经济发展水平落后和政府对农村医疗卫生投入不足，农村居民的合作医疗参保率较低。2002 年，《中共中央 国务院关于进一步加强农村卫生工作的决定》发布，2003 年，卫生部、财政部和农业部联合下发了《关于建立新型农村合作医疗制度的意见》，要求建立政府组织领导、农民自愿参加、政府集体个人共同筹资、以大病统筹为主要内容的新型农村合作医疗制度，并强调要按照先行试点、取得经验后逐步推开的思路进行制度建设。2016 年，《国务院关于整合城乡居民基本医疗保险制度的意见》发布，指出要“整合城镇居民基本医疗保险和新型农村合作医疗两项制度，建立统一的城乡居民基本医疗保险制度”。两项制度的整合，有利于实现社会的公平，使城乡居民享有公平的医疗保障权益，增进人民福祉，同时有利于社会经济的协调发展，最终实现全面建成小康社会。

为了应对人口老龄化，满足失能老人群体的长期护理需求，2016 年人力资源社会保障部印发了《关于开展长期护理保险制度试点的指导意见》，选择了 15 个城市进行长期护理保险制度试点，立足于我国国情，为与长期失能人口的基本生活照料及生活密切相关的医疗护理提供保障。这为我国应对人口老龄化问题开辟新路径，更好地满足失能老年人的长期护理需求，更有力地维护和保障老年人权益。2021 年 7 月 16 日，国家医保局办公室、民政部办公厅印发了《长期护理失能等级评估标准（试行）》的通知，提供了标准统一、待遇均衡、制度公平的评估体系，旨在稳步推进长期护理保险制度试点，协同促进养老服务体系建设。

2020 年 2 月，中共中央、国务院发布《关于深化医疗保障制度改革的意见》，明确要求完善公平适度的待遇保障机制、可持续的筹资运行机制、高效的医保支付机制、严密有力的基金监管机制，推进医药服务供给侧结构性改革，为进一步提高基本医疗保险统筹层次，做实基本医疗保险市地级统筹，探索推进省级统筹作出了纲领性的指导，同时为 2020 年新冠疫情的费用支付和全面脱贫攻坚作出突出贡献。

3. 失业保险制度改革

1999 年国务院发布的《失业保险条例》是我国失业保险制度全面建立的标志。该制度颁布之前，我国一直沿用待业概念，该制度颁布之后，我国正式使用失业概念。该条例覆盖城镇企业各类就业群体，明确了各类就业群体失业之后的权利和义务，充分体现了失业保险的社会属性。条例明确规定了失业保险基金的来源，单位和个人分别负担 2%、1%，采取两者分担缴费机制，其性质属于市级统筹；其待遇标准由当地最低工资、城镇居民最低生活保障线决定；其期限最长为 24 个月；职业培训补贴和职业介绍补贴均属于该基金的支出范围。《失业保险条例》规定城镇企业事业单位和城镇企业事业单位职工依照规定缴纳失业保险费，城镇企业事业单位失业人员依照规定享受保险待遇。2002 年的《中共中央 国务院关于进一步做好下岗失业人员再就业工作的通知》对下岗职工的失业问题进行了全面部署，明确提出了此类群体基本生活保障制度和失业保险并轨的意见。2005 年底，我国大部分省（自治区、直辖市）完成了并轨任务，初步解决了下岗职工的失业方面的问题。健全完善失业保险制度，加快推动提高失业保险统筹层次工作，是完善失业保险制度的重要内容，是建立失业保险预防失业、促进就业长效机制的现实需要。2010 年 9 月 17 日人力资源和社会保障部发布了《人力资源和社会保障部关于进一步提高失业保险统筹层次有关问题的通知》，解决一部分地区实行失业保险县级统筹、市级统筹工作进展比较缓慢，统筹层次低，基金规模小，调剂能力弱等问题。

随后，我国失业保险制度逐渐向以促进就业为导向发展，将技能提升补贴政策上升到立法层次。为有效帮助广大职工适应经济转型升级的要求，预防失业、稳定就业，2017 年 4 月，国务院发布《国务院关于做好当前和今后一段时期就业创业工作的意见》，提出关于从失业保险基金中列支参保职工技能提升补贴的政策要求。同年 5 月，人力资源和社会保障部、财政部共同印发《关于失业保险支持参保职工提升职业技能有关问题的通知》，提出使用失业保险基金支持参保职工提升职业技能要求的方案。

2020 年新冠疫情来袭，在此背景下，政府一方面出台一系列保就业稳就业的政策及措施，另一方面积极出台了失业补助金政策，延长了失业保险的领取期限、放宽了领取条件（“不符合领取失业保险金条件的参保失业人员”也可以领取失业补助金）、提高了待遇标准，为致力于构建失业保险、失业补助和失业救助三位一体的多层次失业保障制度作出了重大突破。

4. 工伤保险制度改革

1996 年《职工工伤与职业病致残程度鉴定》国家标准正式在全国各地实施（2007 年 5 月 1 日废止，被《劳动能力鉴定 职工工伤与职业病致残登记》替代），同年劳动部颁布《企业职工工伤保险试行办法》，中国工伤保险制度进入快速发展阶段。2003 年 4 月，国务院发布了《工伤保险条例》，自 2004 年 1 月 1 日开始实施。该条例规定中国境内的各类企业、有雇工的个体工商户应当依照该条例规定参加工伤保险，为本单位全部职工或者雇工缴纳工伤保险费。中国境内的各类企业的职工和个体工商户的雇工，均有依照该条例规定享受工伤保险待遇的权利。有雇工的个体工商户参加工伤保险的具体步骤和实施办法，由省、自治区、直辖市人民政府规定。2010 年 12 月 20 日，国务院令第 586 号通过《国务院关于修改〈工伤保险条例〉的决定》，对工伤保险覆盖范围、享受待遇范围、费用征缴比例进一步修改完善，加大了对不参保用人单位的处罚力度，加强了对未参保职工的权益保障。

农民工已成为我国产业工人的主体，农民工的权益保障问题也是工伤保险改革中重要的一环。2023 年，我国农民工总量 29753 万人，其中外出农民工 17658 万人[①]。农民工的生命健康以及极高的维权成本，不仅会对社会稳定产生影响，更是对工伤保险制度的

---

① 国家统计局. 2023 年农民工监测调查报告. https://www.stats.gov.cn/sj/zxfb/202404/t20240430_1948783.html（2024-04-30）.

拷问。近年来，以推进农民工特别是高风险企业农民工参保为重点的“平安计划”“同舟计划”，将越来越多的有相对稳定劳动关系的农民工纳入制度保障。另外，2022 年 7 月，我国新就业形态就业人员职业伤害保障试点正式启动，不断完善工伤保险制度和职业伤害保障政策举措。

5. 生育保险制度改革

1995 年 1 月 1 日，《企业职工生育保险试行办法》开始施行，生育保险按属地原则组织，生育保险费用实行社会统筹。2004 年《关于进一步加强生育保险工作的指导意见》发布，旨在推进生育保险制度建设，加强生育保险管理，保障生育职工合法权益。根据上述文件和政策可以看出，国家对生育保险重视程度非常高，为此出台了一系列的政策和制度。

2009 年 9 月 10 日，《人力资源和社会保障部关于确定城镇居民生育保障试点城市的通知》发布，我国城镇居民生育保障试点工作开始，其宗旨是贯彻落实党的十七大提出的加快建立统筹城乡社会保障制度的要求，解决城镇居民生育保障问题。2002 年《中共中央 国务院关于进一步加强农村卫生工作的决定》发布，提出建立以大病统筹为主的新型合作医疗制度和医疗救助制度，使农民人人享有初级卫生保健。并提出做好农村妇幼保健工作。制定有效措施，加强农村孕产妇和儿童保健工作，提高住院分娩率，改善儿童营养状况。

由于现行生育保险与职工基本医保在覆盖范围、基金管理、保障待遇、管理服务等方面存在一些重合、交叉之处，2017 年 1 月 19 日，国务院办公厅发布《生育保险和职工基本医疗保险合并实施试点方案》，在 12 个试点城市启动生育保险和职工基本医疗保险合并实施试点，要求 2017 年 6 月底前各试点城市要制定试点实施方案并组织实施。

2019 年 3 月，《国务院办公厅关于全面推进生育保险和职工基本医疗保险合并实施的意见》发布，统一了生育保险和职工医保的参保登记、基金征缴和管理、医疗服务管理、经办和信息服务，对促进两项保险的可持续发展具有重要作用。《2023 年全国医疗保障事业发展统计公报》数据显示，2023 年，全国参加生育保险 24903 万人，比上年增加 282 万人。享受各项生育保险待遇 2834 万人次，比上年增加 1065 万人次，比上年增长 60.2%。生育保险基金支出 1177.23 亿元。

经过多年的改革，我国已初步形成以养老、失业、医疗、工伤、生育保险为主要内容的社会保险框架体系，覆盖范围不断扩大，保障水平稳步提高，在“十三五”时期建成世界上规模最大的社会保障体系。

“十三五”时期，我国建成了世界上规模最大的社会保障体系，基本医疗保险覆盖超过 13 亿人，基本养老保险覆盖近 10 亿人[①]。面对我国“十四五”时期经济社会发展的新目标、新任务，今后社会保障改革更应以实现公平性为导向，健全多层次社会保障体系，使得民生福祉达到新水平。

① 曲哲涵，李红梅，李心萍. 我国基本医疗保险覆盖超过 13 亿人 基本养老保险覆盖近 10 亿人. 人民日报，2021-02-12.

◎相关案例

人口老龄化加速，中国面临前所未有的养老保障压力

人口老龄化的加速，让中国面临前所未有的养老保障压力。如何更好实现“老有所养”，让养老保障体系更加可持续、更广覆盖、更加公平，中国仍面临不小的“升级”挑战。

“养老保险不只是老年人老有所养的保障问题，还直接关系到国家经济、社会长期稳定发展。”中国社会保险学会会长、人力资源和社会保障部原副部长胡晓义在“中国养老金融50人论坛”上表示，几乎每个家庭都面临现实或潜在养老经济风险，养老保险安排几乎需要贯穿一个人从成年到中老年的全过程。

胡晓义说，2019年中国直接支付的养老保险金额约为5万亿元人民币，约占当年中国一般公共预算支出的22%；截至2019年末，基本养老保险、职业年金、企业年金、养老战略储备等还有11万亿元结余储备，“总计16万亿元的养老保险资金在社会经济当中运作，财富量是相当大的”。中国养老保障体系无论从总体看，还是从单个制度看，都是世界上最大的养老保障计划，但仍然存在可及性、流动性、包容性不足的问题；群体之间、地域之间、城乡之间也存在养老待遇差别。

为此，中国养老保障体系应该有更为清晰的计划。胡晓义建议，一要实施全民参保计划，特别是针对新业态群体、城镇化转移群体的参保计划；二要推进养老保险基金、企业职工基本养老保险基金全国统筹在更大范围内分散推行；三是要渐进性地延迟退休年龄；四是扩大筹资渠道，增加战略储备。

“在中国渐进性延迟退休年龄是一个不可回避的选择，只是力度、时间、方法、路径的问题。”胡晓义说。

根据中国发展研究基金会发布的《中国发展报告2020：中国人口老龄化的发展趋势和政策》，自2000年迈入老龄化社会之后，中国人口老龄化程度持续加深。到2022年左右，中国65岁以上人口将占总人口的14%；2050年，中国老龄化将达到峰值，65岁以上人口将占总人口的27.9%。

中国人口老龄化来得快、规模大，而且发生在中国经济尚不发达、发展还不平衡的阶段，使得中国面临着“未富先老”和“未备先老”的双重挑战。

资料来源：人口老龄化加速，中国面临前所未有的养老保障压力. https://mp.weixin.qq.com/s?__biz = MzA4NzU0MjE2MA = = &mid = 2651355834&idx = 2&sn = 4d1e9702b53dbee5dbb650a8aa76309d&chksm = 8bcb0a45bcbc8353f755a8319398d2ce89ef1c907e4bc2f7a58932d473f0250064c8de25470a#rd（2020-08-18）.（内容有删改）

问题：

谈谈我国养老保险应该如何调整来应对人口老龄化问题。

本章小结

本章开篇主要介绍了社会保险制度产生与发展的理论基础，包括了新历史主义理论、需求层次理论、福利经济学、马克思主义剩余价值理论、凯恩斯国家干预理论以及《贝弗里奇报告》。然后将社会保险制度的产生和发展的过程进行了系统的梳理，从萌芽时期、产生时期、发展时期、调整改革时期对社会保险制度进行梳理。现代意义上的社会保险制度产生于德国，德国在当时就颁布了《疾病保险法》《伤残和老年保险法》等社会保险相关的法律，随后英国、美国、苏联纷纷效仿德国建立起了社会保险制度。

到了 20 世纪 70 年代，整个西方世界在经历了国际货币体系的瓦解和能源、原材料的危机后出现了通货膨胀加剧、经济增长停滞等一系列经济问题，社会保险制度也陷入困境，西欧发生“福利国家危机”，美国出现“福利困境”。各国政府着手对高福利型的社会保障体系实施改革与调整，采取了提高退休年龄、增加社会保障的财政收入、减少社会保障费用的支出、私营部门参与社会保障体系等措施办法。拉丁美洲国家也摒弃传统社会保险的模式，实行了保险费完全由个人缴纳。

最后，本章介绍了我国社会保险制度的产生与发展。我国社会保险制度大体经历了四个发展阶段，即创建阶段（1951～1956 年）、调整和发展阶段（1957～1966 年）、停滞阶段（1967～1977 年）、重建和改革创新阶段（1978 年以后）。以 1951 年制定《劳动保险条例》为开端，我国相继建立了一套包括劳动保险、公费医疗、农村合作医疗的社会保障制度。之后又不断调整改革了我国的社会保险制度，我国在 2020 年建成了世界上规模最大的社会保障体系，覆盖城乡居民的多层次社会保障体系基本建立。

关键术语

新历史主义理论　福利经济学　“福利病”改革　社会保险制度　马克思主义

复习思考题

1. 简述社会保险制度产生的原因。
2. 新历史主义理论包含了哪些内容？
3. 凯恩斯国家干预理论对社会保险制度有哪些影响？
4. “福利病”改革的措施有哪些？
5. 新福利经济学和旧福利经济学的联系和区别是什么？
6. 谈一谈我国城市社会保险的发展历程。

第四章　社会保险管理体制

本章导读

社会保险管理是实现社会保险制度目标的必要途径。社会保险管理是对社会保险活动进行规划、组织、指挥、协调和控制的过程，包括社会保险行政管理、社会保险业务管理、社会保险基金管理和社会保险监督管理四个方面。社会保险管理涉及管理模式的选择、社会保险政策的制定、社会保险事务的运行以及对社会保险政策贯彻过程的监督和控制，决策协调机构、业务经办机构、基金管理机构和监督机构都介入了社会保险管理的过程。不同国家的社会保险管理模式各有特点，本章将介绍社会保险管理概述、社会保险管理内容、社会保险管理模式，并就我国社会保险管理体制历史沿革进行深入分析，以期对社会保险管理体制的权责分工、历史沿革及其现行社会保险管理流程做相应阐述。

第一节　社会保险管理概述

一、社会保险管理概念

管理的定义一般存在于组织当中，是指为了实现既定的组织目标而进行的一系列计划、组织、指挥、协调、控制的活动。社会保险是存在于一个国家当中的，是国家制度实施的体现，权利与义务相结合的保障计划。而社会保险管理与一般的组织管理概念有所区别，既有一般组织管理的概念，又有行政管理的性质。

社会保险管理是社会保险制度稳定运行与目标实现的重要部分，通过特定的组织机构和制度安排，对社会保险的各个项目与计划进行组织管理、监督实施，并以实现社会保险政策为目标及系统管理规范为要求。社会保险主要包括社会保险管理、社会保险运营与社会保险监督，社会保险管理是社会保险基金制度的核心环节。社会保险本身涉及经济、政治、法律等各个方面，各个领域之间的范围十分广泛，这就导致了社会保险管理是一个极为复杂的社会系统工程，综合性较强。社会保险的内容烦琐复杂，不仅涉及劳动者的利益，而且对社会保险制度的实施效果具有较强的影响力。同时，社会保险管理又包括立法管理、行政管理、业务管理和基金管理。

首先，社会保险立法管理是根据相关的社会保险法和针对社会保险的各类法律规定，对费用征缴、保险金给付、基金运行与管理、社会保险的各项业务监控等依法进行管理，并根据相关法律条例的变化进行及时的调整。

其次，社会保险行政管理则是指制定社会保险政策、解释条例、检查与监督社会保险政策法令的实施，受理各类社会保险业务中出现的争议、诉讼，依法调解各种社会保险中的纠纷。社会保险业务管理是对社会保险计划从登记到建卡进行相应审查，负责对社会保险费用征缴待遇计发，各类组织关系的协调以及社会保险机构的业务活动和相关的社会性服务工作。

最后，社会保险基金管理是对社会保险基金的运营条件、基金的管理方式及资产负债进行全面规划和系统管理的总称。社会保险管理同时也兼顾养老保险管理、医疗保险管理、失业保险管理、工伤保险管理。养老保险管理是指对养老保险的个人账户、基金运行、保险金给付等相关内容的管理。养老保险是具有长期性的社会保险业务，其在社会保险中最为复杂，同时也是重中之重。医疗保险管理是指对医疗保险计划缴费、卫生津贴发放、医疗费用报销及控制费用等项目的管理。医疗保险管理涉及的领域较多，自然而然在管理方面也具有一定难度。失业保险管理则是指对失业保险中保险费用征缴、资格审查、失业津贴、失业基金等内部的管理，同时也包括对再就业培训、工作介绍等方面的内容进行相应管理。工伤保险管理包括对工伤保险费用征缴、伤残资格与等级审查、津贴发放、费用管理等内容。总之，社会保险管理涉及面广，复杂性较高。

二、社会保险管理职能

社会保险是社会发展生产的必要产物，是市场经济中的重要组成部分。社会保险的完善与发展是一种社会性的经济活动，作为社会中大规模的社会劳动，管理的职能也相当重要。社会保险管理一方面要贯彻国家关于社会保险的方针政策和法律法规，另一方面也要制定社会保险发展计划、业务办理流程以及相关的管理办法，落实社会保险的发展规划并组织其实施，因此社会保险管理目标一旦确定后就具有相应的职能。社会保险管理职能主要有五类，分别是规划职能、组织职能、指挥职能、调节职能和控制职能。

（一）规划职能

社会保险管理的规划职能是指在从事有关社会保险活动之前，事先做好有关社会保险管理的具体内容及相关规划步骤，这反映了社会保险事业发展的趋势及规模。社会保险基金筹集计划、社会保险基金的支付计划、社会保险经办机构开展有关社会保险的事宜等都包含在其中。社会保险管理的规划，不仅仅是全面贯彻国家有关社会保险的方针政策和规章制度，并需长期坚持合理性、完整性、统一性的原则，按照统一时间、统一表式的标准，保障社会保险对象的基本需求，又能够在能力所承受的范围内，全面反映社会保险业务的各个方面，严谨地调查、计划、研究，采用科学的技术手段进行预测，体现了规划职能是社会保险工作者从事日常管理工作行动的指南针，同时也说明了规划职能是社会保险管理最基本的职能。

（二）组织职能

社会保险管理的组织职能是指在实现社会保险活动的规划目的与方案时，合理规定并设置有关社会保险活动的经办和管理组织机构，建立合理合法的规章制度与管理体制，明确划分社会保险各个组织机构的工作职责，使分别负责各类工作的管理机构能够有效运行，使社会保险活动中的各个要素能够通过各个部门在各个环节、各个方面有效地连接起来，对于劳动方面的分工与协作、对外的往来关系，能够在组织合理的调节下形成一个有机整体，充分发挥社会保险在人力、物力、财力方面应有的作用。

（三）指挥职能

社会保险的指挥职能是指各级领导者或管理机构能够保障社会保险活动连续地、均衡地、协调地进行并实现经营目标，通过正规文件和下达指令，使社会保险系统的工作人员能够系统地服从领导者或管理层的意志，将规划好的目标或者管理者的意图变成全体成员达成一致的行动，使全体成员统一合作，相互配合，完成各自承担的工作。

（四）调节职能

社会保险管理的调节职能又称为协调职能，是一种本身就带有综合性、整体性的职能，它是指以社会保险管理的计划目标为核心，通过安排和分布所有有关社会保险计划的活动，将各个部分、各个环节的步骤相互衔接、相互配合，以保证社会保险管理活动有序、高效进行。由于社会保险管理具有特殊性，调节可分为纵向调节和横向调节、内部调节与外部调节。社会保险管理的纵向调节是指所属社会保险管理系统内上下级工作人员和职能部门之间的协调；横向调节是指社会保险管理系统中针对同级单位、部门之间活动进行的协调工作。社会保险管理的内部调节是指社会保险管理针对社会保险内部系统所进行的协调，外部调节则是指社会保险管理与系统外部或是其他部门和单位之间的活动协调。社会保险管理的调节工作十分重要，做好社会保险管理的调节工作，关键在于能够克服社会保险活动中可能产生的困难或脱节现象，坚持整体性原则，使各个步骤协调一致，以此发挥最大的优势，保证社会保险管理规划目标的顺利实现。

（五）控制职能

社会保险管理的控制职能或称监督职能，是指对社会保险管理计划的实施状况进行检查考核和分析处理。其最主要的目的在于通过社会保险活动的真实实施情况与原计划的差距，找出问题所在，发现偏差，查明原因，采取正确措施加以修正，从而使社会保险活动符合客观发展的经济规律，符合国家的法律法规与方针政策。

以上五种职能皆是根据社会保险管理的自然属性，按照管理过程的客观要求提出的。因此，它们属于社会保险管理的一般职能。不论社会经济形态如何，这五种职能都是存在的。

三、社会保险管理特征

（一）依法性

社会保险管理是以相关的法律法规、规章制度和方针政策为依据，通过立法强制保护实施的，社会保险管理的内容与实施计划都是通过法律进行的，各个部门必须依照法定程序实施管理。国家是社会保险的主体，社会保险的实施是一个国家的权利与义务，国家是社会保险制度的保险人，在法理上是不可替代的。社会保险管理的各个部门、各个层级都应该有各自的责任，都应该有明确的权力界限，并且不同职能的管理部门之间也必须要合理分工，各自管好自己职责范围内的事务，不能推卸相关职责，也不能越矩行事。在社会保险管理中，国家或政府是全体公民的代表，发展经济是为了增进民生福祉，提高国民的生活质量，发展社会保险是当前较为重要的工作。因此，政府有必要制定社会保险管理的有关法律、政策，并监督其实施。

（二）协调性

社会保险管理由四方面构成，分别是社会保险行政管理、社会保险业务管理、社会保险基金管理、社会保险监督管理，涉及行政部门、组织机构、经办单位、基金运营机构、监督管理部门，从中央到地方更是涉及权力职责的划分。要做好社会保险的管理工作，必须要形成一种运营有效、配合默契的协调机制，让社会保险管理系统内部工作之间能够有效地衔接、沟通。社会保险本身是一种准公共产品，这种产品具有私人产品的特征，同时又具有公共产品的非竞争性和非排他性的特点。社会保险的项目庞杂，涉及养老、医疗、失业、工伤、生育等，在不同项目之间应该要有一定的衔接机制，才能取得比较理想的效果。

（三）有效性

社会保险具备社会化的特点，符合法律规定的所有企业员工或是社会成员都必须参加。社会保险可以作为一种分配形式协助实现社会公平。例如，养老保险可以使劳动者不受退休等因素影响而让自己的消费水平保持在一个合理的范围内，同时养老保险还可以缩小不同区域、不同群体参保对象间的养老待遇与生活水平的差距。社会保险管理作为一种有效的组织协调过程，需要公平优先、兼顾效率。科学的技术、合理的人员配置、有效的资源利用都是社会保险管理组织机构有效运行的基本手段。管理的有效性是社会保险有效运行的前提。

（四）社会性

社会保险管理的社会性较为复杂，主要表现在以下两个方面。第一，社会保险制度是按法定和某种确定的规则实施的社会保险政策和措施体系，其管理机构为社会保险参保人员提供服务，管理的范围、职责需依照国家法律法规进行，工作流程需公开透明，同时社会保险基金由国家、缴费单位和个人共同筹集，这就要求社会保险基金的筹集、支付、运行等环节均需要公开透明，确保社会成员实时监督管理，保障自身社会保险权利。第二，从社会化管理的视角理解，社会化管理是指社会保险基金筹集的社会化、经办机构的社会化、待遇发放的社会化以及保障对象的社会化。随着社会保险工作向基层延伸，社会保险管理的工作更深化与细化，需要将发展力度放在规则的制定和监督管理运行方面，社会化主体主要负责具体的社会化事务运行，对社会化管理成本进行监督，提高资源的利用效率。

第二节　社会保险管理内容

一、社会保险行政管理

社会保险行政管理指的是制定社会保险手册法规、解释条令，监督社会保险政策法规能得以正确实施，受理社会保险业务中出现的一系列矛盾申诉、争议与社会保险中的各类纠纷。社会保险行政管理是国家的产物，社会保险行政管理具有两方面的性质。行政是属于国家的组织活动，其性质取决于国家的性质，最终决定着一个国家的经济发展。社会保险行政管理具有政治性、服务性、科学性、法制性的特点。社会保险行政管理的内容较多，主要包括以下内容。

（一）社会保险法律制度及发展实施规划的制定

社会保险制度的建立与实施都应以法律为依据。因此，需要建立一套完整的社会保险法律法规，并规定具体的实施办法。在我国，社会保险的立法权在全国人民代表大会，与社会保险管理有关的法规、规章及实施办法主要由国务院以及各省、自治区、直辖市人民政府颁布。这些规章制度规定了关于社会保险实施范围、享受条件、资金筹集、待遇方法及相关权责的细则。《社会保险法》已由中华人民共和国第十一届全国人民代表大会常务委员会第十七次会议于 2010 年 10 月 28 日通过，自 2011 年 7 月 1 日起施行，并根据 2018 年 12 月 29 日第十三届全国人民代表大会常务委员会第七次会议《关于修改〈中华人民共和国社会保险法〉的决定》修正，旨在进一步推动我国社会保险制度的发展与完善，保障劳动者权益，促进社会公平与经济可持续发展。

（二）社会保险行政管理机构的设置

社会保险管理机构的设置，是实施社会保险政策的基础。在设置方面，有许多国家在中央和地方都设有社会保险行政管理部门，各自拥有相应的管理权限。我国是由中央和地方各级政府根据社会保险法律的规定，建立起相应的管理机构，如各级人力资源和社会保障行政部门、社会保险处、医疗保障局等，按照属地原则对社会保险进行管理，并赋予相应的管理权限，对其派出的经办机构的业务活动进行指导与监督，确保社会保险制度的正常运行。

（三）社会保险法律、规章制度实施情况的监督与检查

社会保险行政管理实行行政区划分级管理，中央和地方社会保险主管机关对社会保险各级经办机构在社会保险法律法规具体实施过程中出现的问题和情况，负有监督与检查的责任，并应当及时作出准确的决定以给予纠正和解决，从而保证社会保险制度的正常运行。同时，应当把社会保险事业置于社会透明状态下进行，加强社会监督与司法监督。

（四）受理有关社会保险义务的申诉与纠纷

社会保险机构在实施社会保险法律法规、政策制度的过程当中，由于涉及的范围很广，面临的人员状况比较复杂，会出现一些失误与疏漏。一旦发生这样的情况，参保人的利益将会受到损害，因此，需要建立参保人的申诉制度，在社会保险机构下设立专门处理此项事务的部门。处理的流程包括从调解到仲裁再到审判。首先是提起申诉进行调解，调解不成再进行仲裁，如果对于仲裁结果存在不服者，可到人民法院提起诉讼，由法院依法判决。

二、社会保险业务管理

社会保险业务管理是指对社会保险业务正常运转所必须经过的各个环节进行全面规范管理，组织协调各类与社会保险相关的业务活动与相应的社会服务工作等。总的来说，社会保险的业务管理内容较多，主要有以下三个方面。

（一）社会保险的档案管理

如果没有对参保人进行档案材料管理，那么社会保险的盲目性将会增加，无论什么模式下的社会保险制度，都需要有专门的部门和工作人员负责管理参保人的档案材料。社会保险的档案管理主要包括登记和审定参保人的资格条件，并记录在档观察其变动情况。具体来看，主要是以下四个方面：一是参保人工龄年限的记录和确定；二是参保人工资收入和缴纳保险费的情况记录；三是参保人享受保险待遇的情况记录；四是参保人所供养直系亲属资格的记录与确定。参保人如果发生劳动风险事故，申领保险金给付时，主要根据档案的记载内容，确定其资格条件，并计算出保险金的给付数额，以便提供服务的标准。社会保险的档案管理主要关系到社会保险制度能否顺利地实施，关系到社会保险的作用能否积极发挥出来，更关系到参保人的合法权益能否得到保障，同时，它也是社会保险财务管理的基础，能够为社会保险基金筹集、给付提供必要的原始数据。

（二）社会保险的财务管理

社会保险的财务管理是指建立社会保险基金的筹集与支付、管理与运用基金等方面的财务管理目录，需要做到清晰明了，保证社会保险基金的专款专用。社会保险的财务管理是社会保险业务管理的核心内容，作为社会保险中必不可少的经济管理环节，社会保险财务管理的重点是资金来源和会计工作，同时社会保险的财务管理是反映和监督社会保险基金筹集和使用状况的技术手段，必须建立和健全一套统一的、科学的工作程序、工作制度、会计制度、统计制度、审计制度以及报表、报告制度，并且严格执行。

（三）社会保险待遇给付的资格鉴定和审批

参保人发生劳动风险事故后，应按有关规定提出申请，由有关部门出具证明或由指定的权威机构对事故的性质与程度进行鉴定，确定其是否具有保险金给付的资格条件，由社会保险机构确定给付保险金或提供相应的服务。

三、社会保险基金管理

社会保险基金管理主要是指针对社会保险基金的征缴保管、投资运营、保值增税、监督运行机制、制度规范及其规律的一门新兴的、综合性、边缘性管理学科。社会保险基金的安全、有效营运和动态经济中基金的保值增值是社会保险制度成功的关键，是为实现社会保险的基本目标与制度的稳定运行，对社会保险基金的运行调价、管理模式、投资运行、监督管理进行全面规划和系统管理的总称，是社会保险基金制度运行的核心环节。

（一）社会保险基金管理原则

社会保险基金管理的运行需要遵守三条原则。

（1）统一管理原则，社会保险基金应当集中统一管理，并且应当设置专门的负责机构进行统一的收缴、分别入档、积累的社会保险基金集中统一管理。

（2）专款专用原则，社会保险基金是有特定用途的专项基金，是为保障劳动者在丧失劳动能力与失业时，能够获得基本生活需要的基金。因此，在用途这一方面必须强调的是专款专用，不得以任何形式让任何部门或个人挪作他用。

（3）收支两条线管理原则，社会保险基金由一个部门负责收支管理，如果缺乏制约机制，容易发生挪用、转移基金等违纪行为。因此，必须实行收支分开，实施收支两条线管理，即有部门专职负责管理各项社会保险基金的收缴，对支付的各项社会保险基金经审查专职发放。

（二）社会保险基金管理途径

社会保险基金主要有三种管理途径，分别为财政集中型管理、多元分散型管理和专门机构型管理。

第一，财政集中型管理。财政集中型管理是指以建立社会保险预算或是直接列入财政预算的方式来管理社会保险基金。前一项强调社会保险预算与政府一般预算项目分离，作为专项预算，政府预算具有相对独立性，不能直接动用社会保险基金来弥补政府财政赤字。后一项则是指将社会保险收支与政府预算融为一体，当社会保险收大于支时，政府可将其用于安排其他支出或者可以用来弥补财政赤字；当社会保险收不抵支时，政府则通过财政预算拨款予以弥补。社会保险基金管理的这两种方式充分体现了国家将财政集中管理的特性，更倾向于购买国债、定向认购社会保险的特定债券。因为基金管理的风险较低，能够稳定保障收益，并且便于操作，因此，大部分情况下都会选择基金管理，但基金管理同时也存在通货膨胀时基金贬值的隐患，因此在各方面仍需保持一定的警惕。一般而言，在较高通货膨胀的形势下，国家应提高国债利率以保障基金价值不遭贬值。通过一定的管理途径能够有效地保障基金的安全性，保障其安全实施运行，但在保值增值方面存在某些局限性。积累储蓄的社会保险基金是很有可能被用于弥补财政赤字的，但是在社会保险责任的兑现方面未来政府需要承担。

第二，多元分散型管理。多元分散型管理是指社会保险基金委托银行、信托公司、基金管理组织等金融机构管理营运，通过金融机构进行信托投资，并规定最低收益率。这种基金管理方式具有一定的收益性及便利性。在实践过程中，为了能够降低社会保险基金的风险，通常会采取委托人在投资对象与范围上不明确的方式，由金融机构全权经营管理，并承担风险，基金可以获得利息收益外的年终分享利润。为了能使社会保险基金在能够获得较大的投资利率的同时也减小风险，部分国家会采取委托多家金融机构进行投资管理的方式，这就逐渐形成了较为完善的多元分散型基金管理途径。虽然这样的管理方式强调了投资收益性的重要性，但在高通货膨胀的背景下，能够达到令人满意的投资收益水平存在一定的难度。当前，我国的社会保险基金大多数都是由社会保险机构委托国有银行进行管理，有相应的“社会保险基金账户”，通过其进行相应的投资管理。尽管这种管理方式有其优点，但这种管理方式仍然存在诸多问题，如基金的保值增值因与存款利率、通货膨胀率的较大差异而难以实现，从而导致难以有效监督与管理；在基金的征缴上也存在隐性流失；基金管理与投资规则尚未健全；等等。

第三，专门机构型管理。这种管理方式由专门的社会保险基金管理公司与相应的社会保障银行等专职机构对社会保险基金的运作、投资运行进行管理，具有一定独立性质。这种方式由财政、金融、劳动、工会、社会保险机构等多方面的代表构成，规范要求严格，管理有条不紊。在严格规范、严格监控的条件下，集中管理社会保险基金，负责投资营运和投资组合，并实现保值增值的目标。

（三）社会保险基金管理的手段

一是法律法规管理手段。社会保险基金都是要以国家的法律法规和各项规章制度为依据而进行管理的，在社会保险基金管理的实际过程中，对于社会保险基金的收缴发放、运营管理等环节，应有相应的法律和规章制度用以规范行为，在规范享受待遇给付的条件和确定基金的投资方向时，都应有法律及相关规定作为依据。对于不守规矩者或违规者，一定要追究其行政责任甚至是法律责任。

二是监督管理手段。社会保险基金管理由于其特殊性，通常承担着巨大的责任，因此除了要有法律法规管理手段外，监督管理手段也是十分必要的，必须通过一系列的监督管理，才能建立起社会保险基金的规范性。具体来说，主要是建立强有力的社会保险基金监督机构和经常性的有效监督制度。第一，建立强有力的社会保险基金监督机构。该机构应集权威性和代表性于一体，可受法定机构委托，由政府代表、业务部门代表（如审计部门、银行等）、人民代表，以及有关专家学者共同组成。该机构的主要职责是，监督基金的营运，保证基金的安全，维护参保人的利益等。第二，建立经常性的且有效的监督制度。这种监督制度的主要职责是对社会保险基金运行实行日常监督。监督制度应明确规定监督的责任和权限，并且立足于经常化和制度化，从而避免和减少违规违法事件的发生。

三是科学化管理手段。社会保险基金管理一定是随着社会而改变的，因此除以上两种管理手段外，更需要符合现代化的科学化管理手段。目前，科技发展较快，现今最重要的就是利用网络化、信息化进行管理，尤其是在大数据、人工智能发展较快的背景下，科学的网络化、信息化的管理能够在提高工作效率的同时降低管理的风险，避免不必要的失误，另外具有一定的便民性，增强了与民众的联系，提高了其服务质量。

四、社会保险监督管理

社会保险监督管理是指由国家行政管理部门、专职监督管理部门对社会保险管理者的监督管理过程与结果进行评审鉴定，以此来保证社会保险管理监督符合国家有关政策和法律法规，并且能够最大限度地保障参保人利益。社会保险监督管理部门是独立于行政管理部门、业务管理部门和基金管理部门之外的独立机构，负责对社会保险运行过程、社会保险其他管理部门的活动、社会保险基金的运营过程、社会保险体系的运作过程进行全面的监督管理。社会保险监督管理的初衷是能够在保障管理过程符合国家相关法律法规的同时，也能够保障参保人或企业的根本利益，并在管理过程中针对一些违法违纪与违规等行为进行纠正、查处，以完善社会保险制度，提高社会管理效益。

与一般意义上的监督相比，社会保险监督管理具有强制性与社会性的特点。主要表现有以下两点。一是由于强制性，其必须与行政立法权联系在一起，对于部分违反国家法律规范与政策、损害劳动者利益的管理者，有权采取强制措施，限定其在一定期限内进行纠正与改正，并且这种监督权是不受管理者的意愿所影响的。二是社会保险监督管理是一种社会监督，是指对社会保险具体管理的监督，这种监督来自社会不同方面，具有一定的社会性。

社会保险监督管理又可分为内部监督管理与外部监督管理。其中，前者主要是针对财务监督与内部审计两方面，通过对内部的财务收支状况、财务核算以及会计科目进行监督管理。外部监督就较为复杂，总共由三个方面组成，分别是行政监督管理、审计监督管理、社会监督管理。社会保险的外部监督管理从以下几个方面进行。

（一）行政监督管理

行政监督管理是指政府及有关部门根据其具有的管理职能，代表国家或相关部门对社会保险活动进行监督管理。其中的管理主要有两种管理，分别是财政监督管理、金融监督管理两个方面。一是财政监督管理，是指财政相关部门及工作人员对社会保险管理部门的财务状况及会计制度进行相应的管理监督。例如，在社会保险基金的运行状况上，国家财政管理部门有责任与义务对其进行监督管理，并且在社会保险管理机构中所需的经费都要通过财政部门进行监督，因此，财政监督管理是行政监督管理的主要形式。财政监督管理对社会保险制度来说涉及社会保险的发展规划、社会保险的具体实施状况、社会保险机构的管理、社会保险基金的运算等。二是金融监督管理，是指国家金融管理部门对社会保险管理部门的金融活动是否符合国家金融政策所进行的经济监督。金融监督管理是对金融政策的监督、对投资过程的监督、对投资结果的监督以及日常工作中对社会保险基金的金融检查。对金融政策的监督是监督管理社会保险活动中有关金融的部分是否符合国家的相关政策，基金的管理与运营方面是否符合国家的社会保险发展计划；对投资过程的监督则是指金融管理的部门要对基金的投资环境、可行性发展势必要作出实践的监督，以确保基金的安全；对投资结果的监督往往是指投资的收入是否按照合理的规定进入社会保险基金中，并进行合理合法的管理监督。

（二）审计监督管理

审计监督管理是指由特定的审计部门对有关社会保险基金的财务状况、运营效益以及割裂社会保险活动的行为进行经济上的监督管理。有别于行政监督管理，审计监督管理是由专门的审计部门进行监管，具有相对独立性。审计监督管理与社会保险管理机构并未存在利益关系，更容易做到公平公正，在社会保险的监督管理中占有中心地位。其中，社会保险审计监督的主体主要是国家审计机构和管理部门内部审计机构。

（三）社会监督管理

社会保险管理的结果主要体现为社会效益，而社会效益往往具有模糊性，难以直观判定，这就需要一种合理的机制对社会保险的管理结果进行客观的评价和公证，以便正确反映管理部门的管理水平和管理效益。社会监督管理是指通过对社会保险管理结果进行评价，从而在客观上起到公平公正的作用，其含义主要是指与社会保险的直接利害关系者或其他群众组织，借助舆论的作用影响，对社会保险进行监督。社会监督管理区别于行政监督管理和审计监督管理，它是一种群众性的、以维护自身利益为目的的监督，它没有行政监督管理的权威性，也没有审计监督管理的超脱性和专业性，但它符合社会保险的社会性特点，因此也对社会保险管理部门的管理行为产生重要的约束作用。主要形式包括工会监督、劳动者监督、企业监督和舆论监督等多种形式。

第三节　社会保险管理模式

世界各国的社会保险管理在政治、经济、社会背景和历史传统方面呈现出不同的特点，因此在管理体制上存在着很大的差异。社会保险管理模式主要是指社会保险行政与业务管理的组织制度模式，其中最主要的内容就是有关社会保险管理机构的主体、职责权限划分以及相互之间的关系。采取何种形式的社会保险管理模式则取决于一个国家的政治发展、经济水平、管理方式以及社会整体的状况。从世界范围来看，社会保险的自身条件、发展水平，以及对其的指导因素等各方面的不同，决定了社会保险的管理模式不同，主要有政府直接管理模式、自治机构管理模式、私营机构管理模式。

一、政府直接管理模式

在从中央到地方政府均设立了不同层次的管理机构的基础上，政府直接管理模式采用纵向领导的方式，体现在管理机构上为垂直领导。由中央制定相应的社会保险政策法规，对社会保险的营运过程进行监督管理，而地方政府各个管理部门则是将中央的政策进行细化。社会保险的行政管理与业务管理均由政府负责，其中，行政管理部门对社会保险的实施范围、享受对象、基金筹集、待遇支付以及其他的权利义务进行相应的规定，对具体的实施过程进行严格的监督与管理，对行政争议进行严肃处理。业务管理部门则主要对社会保险事务进行管理，主要负责参保人的信息登记与审查、社会保险基金的筹集与支付、为参保人提供相应的咨询服务等内容。政府直接管理的模式，由于从中央到地方具有较为完整的机构设置，能将政府的权力作用发挥到极致，能确保社会保险的政策规范统一。但这种管理模式也存在缺点，如需耗费大量的人力物力去管理具体的社会保险事务、管理成本较高、效率低、容易形成官僚机构的膨胀。该模式又可划分为统一管理模式、分散管理模式和统分结合管理模式。

（一）统一管理模式

社会保险的统一管理模式是指将养老保险、失业保险、医疗保险、生育保险以及工伤保险等其他社会保险进行统一管理，置于同一个管理体系中，建立起统一的社会保险管理机构，集中对社会保险的各项险种进行基金营运、监督等统一管理的模式。英国、新加坡等国均为实施统一管理模式的国家。其中，英国是最具典型性的实行统一管理模式的代表，英国是由卫生与社会保障部负责对社会保险的各项业务进行统一集中管理，卫生与社会保障部由总部与五个执行局构成，总部在政策发展方面提供支持，对社会保险的发展提供重大支持。新加坡则是由中央公积金局负责对有关养老、住房、医疗、健康、教育等项目的实施进行统一集中管理，为了能够达到较好的管理绩效，同时也要对社会保险基金的投资运营进行集中管理，实现经济发展与保障的稳定性。

统一管理模式有利也有弊，其优点在于：一是有利于社会保险的统一规划、统一实施，不仅有效地避免了政出多门的现象，同时也防止了部门间出现矛盾，使得社会保险的功能能够积极地发挥其作用；二是有利于社会保险不同项目间、社会保险的运行管理机制间的协调，能促进社会保险在一定范围内相互调剂，提高基金的使用效率；三是有利于提高社会保险管理机构的效率，降低成本的同时更好地实现社会保险的政策目标；四是有利于实现社会保险的信息化管理，增强业务管理与基金管理的透明度，便于改革与调整社会保险的计划。统一管理模式的局限在于：不同保险项目的管理机构协调困难。例如，失业保险、工伤保险的管理与劳动就业部门的就业促进、工伤预防等工作往往难以协调配合，进而影响管理效果。此外，这类管理模式以国家行政管理为主，使社会保险经费收支受政局变动或政府更迭影响较大，同时以行政管理的方式管理基金营运，在相当程度上影响了基金管理效果，容易导致社会保险基金的流失。

（二）分散管理模式

分散管理模式是指由政府的各个部门实行多头领导的方式进行横向管理，各个政府部门分别管理不同的社会保险项目，建立了专门的社会保险执行机构、资金运营机构以及监督管理机构，具有一定的独立性，各个社会保险项目之间是相互独立的，对于资金的使用较为严谨且不允许调剂使用。不同于统一管理模式，该模式各自建立起一套保险执行机构、资金营运机构及监督机构，各个保险项目相互独立，呈现出较大的自主性。在实行这种管理模式的国家里都是将养老保险、医疗保险、生育保险、工伤保险与失业保险由不同的政府部门进行管理。比如，劳动部门管理劳工保险，卫生部门管理医疗保险。在分散管理的情形下，不同的社会保险项目往往实行不同的管理模式。我国长期以来实行的是分散管理模式，但在社会保险改革过程中，我国逐步将原来过于分散的社会保险管理加以集中，使社会保险的管理相对集中。

分散管理模式的优点在于：第一，有关管理机构需要具有较高的自主性和独立性；第二，管理机构效率较高，具有较高的透明度；第三，相关管理法规明细周全，管理细致化；第四，管理程序与方式更能满足当代社会生活的实际需要。这种模式的不足之处在于需要较高的管理费用，管理机构的复杂性和相互独立性会导致资源的重复甚至浪费。

（三）统分结合管理模式

统分结合管理模式是指根据各个社会保险项目的管理需求特点，将具有共同性质的社会保险项目集中起来，实行统一的管理，而将特殊性较强的若干项目单列，由相关部门进行分散管理。通常较为普遍的现象是将养老保险、医疗保险等都集中起来，由特定的某一部门进行专门的管理，将失业保险、工伤保险交由劳动部门进行管理。采用这种管理模式的国家有美国、加拿大、日本等。在统分结合管理模式下，通常存在两个或者两个以上的政府部门对社会保险项目进行管理，其中至少有一个部门负责管理多个具有相同性质的社会保险项目的具体事项，而那些具有特殊性的社会保险项目则有专门的部门进行管理。

如日本的中央政府设立厚生劳动省管理全国的养老、遗属、残疾医疗以及失业和工伤等保障项目。厚生劳动省的年金局及社会保险厅是日本养老金的中央管理组织。厚生劳动省的年金局主要负责拟订厚生年金保险及国民年金的法规、政策，并负责计算厚生年金及国民年金。厚生劳动省的社会保险厅则主要负责实施年金制度和健康保险制度。日本的地方管理组织包括都、道、府、县、厅和地方事务所。都、道、府、县、厅负责实施国民年金制度，对国民年金基金进行指导监督，同时负责实施健康保险制度、船员保险制度、厚生年金保险制度，并对健康保险会、厚生年金基金、保险医疗机构进行指导监督。

统分结合管理模式是结合了统一管理模式与分散管理模式两者的优点，同时也在一定程度上避免了两种模式的缺点，因此，统分结合管理模式的优点在于：第一，实现了社会化、规模化、一体化的目标，同时也兼顾了个别特殊性的社会保险项目，既能够适应社会保险集中管理的模式，也符合现代社会保险发展的理念；第二，能够发挥统一管理模式和分散管理模式各自的优势，社会保险的管理效率能够得到提升，同时也降低了管理成本；第三，有利于针对不同层次的保障计划采取不同层次的管理模式。当然，统分结合管理模式要能顺利地运行，必须要有相应的内外部条件及相应优势的管理环境，例如需要有力的法律法规的支撑、各个部门之间职责的清晰划分等。

二、自治机构管理模式

所谓自治机构管理模式是指有关社会保险项目的业务管理均由非政府组织承担，政府组织只负责社会保险的立法、对社会保险政策的实施进行监督管理与指导。因此，在自治机构管理模式中，政府组织参与管理的是派出管理人员，而负责业务管理的非政府组织则是由政府代表、企业代表和个人代表三方组成的独立机构，也可以是由其中两方组合而成的管理组织，其具有多元化的特征，也可以是基金会、董事会、委员会、理事会等。这些特定的独立机构依照相关的法律法规制度与相应的程序对社会保险项目的具体事务进行管理，实行完全的民主制，同时接受政府和来自社会的监督。自治机构管理模式下设对应的办事机构，在法律允许的范围内依法开展各种社会保险业务活动，管理方式较为灵活，各个管理部门都有相应的负责人，各方主体的利益分别有各自的代言人，能充分体现民主管理精神，在得到各方认可的前提下，实行各方均能受益的管理办法。因此，自治机构管理模式的主要优点在于拥有较高的工作效率，各方利益主体较为满意。德国是该模式的典型国家，德国的社会保险管理不由政府部门管理，而由独立法人实行自治管理，一般由企业代表与个人代表共同组成。这种管理模式的项目实施者主要是联邦政府劳动和社会事务部，联邦和当地的社会保险经办机构以及企业和个人组成的特别保障委员会，主要负责对社会保险的缴费、社会保险的待遇支付等事项进行管理。对于公务员的养老保障服务则主要由联邦薪金雇员保障协会负责，各部门各司其职，尽职尽责。联邦政府劳动和社会事务部是社会保险的最高行政管理机关，而劳动和社会事务部下设单独的社会保险监督管理办公室作为单独的监督管理部门。在德国，社会保险的行政管理与业务管理是相互独立的，互不干扰。德国的这种自治机构管理模式能够让各个地方的管理层对当地的事务承担起相应的责任。这种管理模式的特点在于：一是政府的行政与事务性工作分开管理，管理机制较为灵活；二是充分体现了民主管理精神；三是工作效率高。

三、私营机构管理模式

私营机构管理模式是指在国家立法规定与基本政策发布的前提下，社会保险的所有日常管理工作均由企业化的私营机构来承担相应的责任以及具体运作，私营机构对社会保险基金投资及运营进行市场化管理，以此来实现社会保险基金的安全性以及保值增值的目标，多对应于社会保险基金实现完全积累制的国家。这种管理模式中，政府不直接参与社会保险基金管理，政府的角色更多的是对不同的社会保险项目实施过程进行监管，典型国家是以智利为代表的拉丁美洲国家，新加坡、印度、印度尼西亚等国也采取这种管理模式。如新加坡实行的是具有半官方性质的中央公积金管理制度，中央公积金局负责社会保险项目的具体实施以及监督管理，而劳动部门则只对社会保险的管理进行监督；智利实行的是完全积累制养老保险模式，有关养老保险的具体实施由养老保险公司以及私营养老基金管理公司进行负责，对其监督的部门是基金投资风险管理委员会、社会保障总署。这种管理模式的特点在于：政府的管理成本较低，承担的责任较轻，但近年来出现管理效率下降的趋势，参保人利益直接与社会保险基金的投资收益相关，自然加大了参保人基金投资运营的风险。如智利社会保险部门只负责政策制定和监督，其余有关社会保险的具体事务和社会保险基金的管理运营均由民间机构承担。

第四节　我国社会保险管理体制历史沿革

社会保险管理体制有广义和狭义之分，广义的社会保险管理体制主要指国家管理社会保险事业的组织机构、规章制度与管理方法的总和。如社会保险的立法、社会保险项目管理的规章制度、机构的设置及其职能，更是涉及有关社会保险基金的监督管理、社会保险业务的经办管理等。狭义的社会保险管理体制是指有关社会保险机构的设置及其职能权限的划分。此处主要介绍狭义的社会保险管理体制，我国社会保险制度的建立开始于 1951 年 2 月颁布的《劳动保险条例》，至今大致经历了以下五个阶段。

一、第一阶段（1950～1965 年）

从 20 世纪 50 年代初到 60 年代中期，我国社会保险管理一直采取集中统一的管理体制，主要由劳动部和中华全国总工会共同管理。根据《劳动保险条例》的规定，全国社会保险的最高监督机关为劳动部，负责贯彻有关社会保险政策实施及对社会保险业务执行情况的监督管理。全国社会保险事业的最高领导机关为中华全国总工会，统筹社会保险事业的有序进行。为了顺利执行有关社会保险相关任务，劳动部设有劳动保险局，各省（自治区、直辖市）设有劳动保险处等职能机构，均负责社会保险业务具体的监督检查工作。中华全国总工会以及各级工会组织均设有劳动保险等职能机构，工会基层委员会设有劳动保险委员会并配备专职人员负责社会保险的具体业务工作。1954 年，原政务院根据精简机构的原则，将劳动部的劳动保险工作移交中华全国总工会统一管理，这样使社会保险的管理权限更加集中。但在 1957 年整风运动后期的整改过程中，随着劳动立法制度的改革，又恢复了劳动部门与工会组织共管的局面。

二、第二阶段（1966～1977 年）

1966～1976 年，我国经历了“文化大革命”，社会保险制度几乎停滞不前，甚至一度中断，这使我国的社会保险管理体制发生了极大变化，由原来一定程度的社会化管理逐步蜕变为由企业管理或者单位管理的局面。“文化大革命”开始以后，社会保险的管理体制也受到了一定重创，社会保险管理场面一度达到混乱状态。“文化大革命”结束后，党的十一届三中全会重新强调了社会保险的重要性，尤其是对社会主义经济建设具有重大意义，社会保险管理体制得以恢复活力。

三、第三阶段（1978～1997 年）

“文化大革命”后，20 世纪 80 年代，社会保险工作恢复原来的秩序，重新由劳动部门和工会组织共同管理。与国家有关的社会保险政策、法律法规的贯彻执行都是由各级劳动部门负责的，而各级工会组织则是给予积极配合和举办社会保险集体事业，后来社会保险管理的权限经过多次变化。1979 年，国家劳动总局和各地劳动厅也相应设立保险福利局等，加强对劳动保险工作的领导和管理。各级工会组织也同步开始恢复，与劳动部门一起共同领导和管理企业社会保险工作。1982 年国家机构改革，原国家人事局和国家劳动总局以及其他部门合并，成立了劳动人事部，并明确劳动人事部为综合管理社会保险和职工福利的工作机构。其具体任务是贯彻执行党和国家的方针、政策、法律和指示，结合实际情况，研究拟定有关保险福利工作的具体方针、政策和规章制度，并组织实施；研究改革保险福利制度，拟定改革的规划和实施方案；综合管理保险、福利工作；研究提出发展社会保险事业的办法，指导和管理职工退休、退职工作。1984 年，集体所有制企业的养老保险由中国人民保险公司经办。1986 年，农村社会保险司负责指导、管理和监督农村养老保险工作。1988年，国务院机构改革，撤销劳动人事部，分设劳动部和人事部，分别管理企业和机关事业单位的社会保险工作。1991年国务院发布的《国务院关于企业职工养老保险制度改革的决定》和1995年发布的《国务院关于深化企业职工养老保险制度改革的通知》，确定了由劳动部和地方各级劳动部门负责管理企业职工养老保险工作，由人事部、民政部负责国家机关事业单位和农村的养老保险改革工作，并规定劳动部门所属的社会保险管理机构为非营利性事业单位，负责经办基本养老保险和企业补充养老保险的具体业务，接受财政、审计、银行和工会的监督。

在这一阶段，社会保险管理机构还存在着分散的管理格局，主要表现在社会保险工作长期以来由劳动人事部、民政部、卫生部、中华全国总工会、中央组织部和中国人民保险公司等多个部门分散管理。各级政府劳动部门负责城镇企业职工的社会保险，养老保险又分为地方统筹和行业统筹；人事部门负责机关事业单位职工的社会保险；医疗保险分为两种情况，企业职工的医疗保险称为“劳保医疗”，由劳动部门管理，机关事业单位职工的医疗保险称为“公费医疗”，由各级卫生部门和财政部门组成的“公费医疗办公室”负责管理；各级民政部门负责农村养老保险，民政部的基金管理中心作为基金的管理经办机构，国家经济体制改革委员会和社会保障体制司也对社会保险进行管理。与此同时，养老保险形成了地方统筹和行业统筹并存的局面，铁道、邮电、水利、电力、建筑工程、煤炭、石油、交通、有色金属、民航、银行11个部门和单位分别负责管理养老保险行业统筹的有关事务。由此可见，在这一阶段，劳动人事部、财政部、民政部、卫生部、国家经济体制改革委员会等部门都参与了社会保险的管理，由于多头管理、分散管理、政出多门，容易形成互相掣肘、推诿扯皮的局面，影响社会保险工作的效率。

四、第四阶段（1998～2017年）

1998年，在劳动部的基础上，国家组建了劳动和社会保障部，将以前较为分散的社会保险管理职能集中起来，归劳动和社会保障部管理。如以前由人事部负责的机关事业单位社会保险、由民政部负责的农村社会保险、由卫生部负责的公费医疗管理、由国务院医疗保险制度改革领导小组办公室负责的医疗保险制度改革等职能，统一划归劳动和社会保障部管理。以前由行业统筹的11个部门和单位的社会保险按照其行政区归人民政府管理。养老保险实行省级统筹，医疗保险实行地市级统筹，各项社会保险待遇实行社会化发放。2000年，全国社会保障基金理事会成立。至此，我国社会保险管理相对规范、集中统一，其中，劳动和社会保障部的养老保险司负责基本养老保险、遗属待遇、机关事业单位及企业补充养老保险、养老保险社会化服务等事项的管理；失业保险司负责失业保险的管理；医疗保险司负责医疗、工伤、生育保险的管理；农村社会保险司负责农村养老保险管理；社会保险基金监督司负责社会保险基金的监督管理，进一步理清了社会保险各管理部门的权责关系。2008年，随着大部制的推行，我国组建了人力资源和社会保障部，继续承担社会保险管理职能。

五、第五阶段（2018 年至今）

党的十九大全面推进各方面各领域的改革，不断开创社会保障事业改革发展新局面。根据《中共中央关于深化党和国家机构改革的决定》，2018 年 3 月，国务院职能机构改革方案对社会保险的管理更加精细化和专业化，具体表现在：通过组建国家医疗保障局，将其作为国务院直属机构，将原属人力资源和社会保障部的城镇职工和城镇居民基本医疗保险、生育保险、国家卫生和计划生育委员会的新型农村合作医疗、国家发展和改革委员会的药品和医疗服务价格管理、民政部的医疗救助统一归属国家医疗保障局负责，为促进我国全民健康的制度体系更加完善、健康领域发展更加协调、健康生活方式得到普及、健康服务质量和健康保障水平不断提高等作出了管理层面的组织保障。至此，养老保险司、失业保险司和培训就业司、工伤保险司、农村社会保险司分别承担对应社会保险项目的社会保险管理职责，医疗保障局负责承担有关医疗保障的主要职责。社会保险基金监督司是进行内部监督的重要部门，社会保险事业管理中心则是社会保险业务管理部门，医疗保障事务中心则负责医疗保险业务管理部门。可以看出，这一阶段社会保险管理改革的目标、原则、特征、信息化表现如下。

首先，社会保险管理体制的发展目标是按照社会保障体系要建立城乡居民全覆盖的要求，逐步建立职能划分清晰、科学设置机构及管理人员、规范管理体制，使社会保险机构运作协调，业务操作规范，社保基金运作良好，科学管理、服务高效且便捷的运行机制，全面实现社会保险管理服务的规范化、信息化和专业化。

其次，社会保险管理改革的原则如下。一是法治化原则。社会保险管理应当依法进行，该阶段及未来的社会保险管理体制中，更加注重构建一套完整的社会保险法律体系，促使社会保险管理依法进行相应管理。二是社会性原则。社会保险是面对全体社会公民基本生活的制度安排，目前已经打破分散管理、多头管理的局面，实行社会化管理，其整合效应更加凸显。三是稳定性原则，现阶段社会保险不仅发挥维护社会安定、促进社会公平的作用，也在市场经济的宏观调控、产业结构稳定与发展方面发挥越来越重要的作用。

再次，社会保险管理改革的特征为：一是建立统一的社会保险管理机构，制定和颁布统一的社会保险法律法规，建立相对独立的社会保险基金经办机构，建立专门的社会保险监督组织；二是信息化特征明显加强，科技的发展促使社会保险必须要建立规范化、信息化、专业化的社会保险公共服务网络，将所有资源整合在一起，高效便捷地完成工作，流程化、大数据、云计算的技术普遍得到应用；三是建立社会保险国家管理服务的平台，支撑基础养老金全国统筹，跨地区社会保险关系转续顺畅，跨省医疗保险费用直接结算；四是规范标准统一制定社会保险管理和经办服务条例，使经办机构规范化、信息化、专业化明显增强，实现精确管理和优质服务，统一经办服务规则、标准和流程。

最后，社会保险管理改革的信息化表现如下。社会保险信息管理是指以计算机、通信网络为主体的信息技术在社会保险管理领域中的应用，利用大数据、智能化等技术对社保的信息进行高效便捷的管理。社会保险信息管理系统是以就业服务与失业保险、养老保险、医疗保险、工伤保险和生育保险等业务为基础的计算机网络信息管理系统。社会保险信息系统可以发挥三大功能：一是网上查询，包括社会保险政策法规及其他相关政策法规查询，社会保险业务、办事程序查询，社会保险统计资料及其他有关信息查询等；二是网上对话，通过社会保障网反映情况、意见和建议的窗口开展网上信访等业务；三是网上办事，通过业务管理网络的入口，为单位和个人办理社会保险登记、申报及网上缴费等事务。随着社会保险的发展和计算机技术应用范围的不断扩大，社会保险管理信息系统的基本功能也在不断发生变化。目前，社会保险管理信息系统的功能主要包括：①实现社会保险各险种的基金征缴、拨付、财务管理等基本业务的计算机化，这是其基本功能；②实现社会保险机构的业务辅助、决策辅助、行政管理等办公自动化必备内容的计算机化；③实现与计算机相适应的管理科学化，包括业务流程划分、人员配备、操作权限分配等；④实现与计算机化相适应的安全管理，如数据检查、容错功能、日常的数据备份和故障恢复功能等；⑤实现社会保险基金业务管理的网络化，如通过网络实现同时联机操作，网络中的各站点连接到服务器互相访问，系统主机通过同步数据通信协议与远程网中的各服务器进行数据传递等；⑥实现办公无纸化以及业务批量处理、数据自动检验、数据自动备份等自动化操作。

现行的社会保险管理基本上都采取了信息化管理方式，把管理理念与信息技术结合起来，形成社会保险管理信息系统。如图 4-1 所示，市、区县社会保险经办机构提供核心平台，相关主体都能与之对接，社会保险的管理效率较之前大为改善。

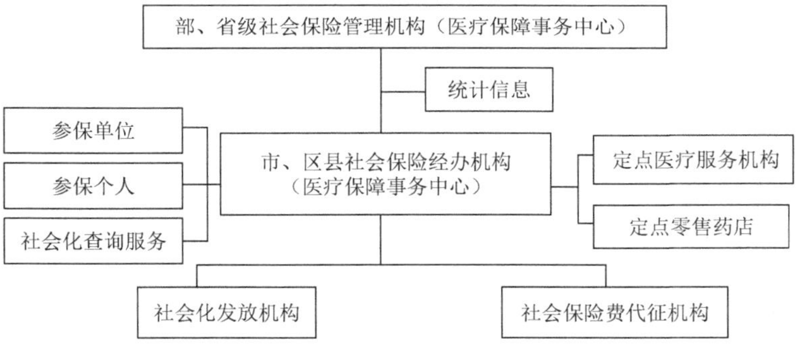

图 4-1 中国社会保险经办机构图示

社会保险管理的信息流程主要是根据各个单位或个人按照有关要求在相应的网站进行申请，后续的步骤里只需携带个人身份证件进行续交即可，后台的信息化管理将所有的信息进行归纳整理保存，当前多实现一卡通应用、一机通自助、一窗口受理、一网式经办，均通过网络化进行管理。网上社保申报、网上社银平台、网上关系转移、网上就医结算、网上待遇支付、网上属地管理、网上资格认证、网上公共查询，与群众零距离，既方便了管理者进行管理，也实现了全方位的、动态式的管理和多元化、精细化的服务。

◎相关案例

实现“更可靠社会保障”的五大维度

“更可靠社会保障”是新时代人民群众对更加美好生活的诉求。如何顺应人民群众对拥有“更可靠社会保障”的新期望，按照党的十九大提出的“兜底线、织密网、建机制”的基本要求，加快建成覆盖全民、统筹城乡、权责清晰、保障适度、可持续的多层次社会保障体系，在提升人民群众获得感上更进一步、更快一步，对于实现“两个高水平”目标意义重大。

制度供给的维度。完备的制度体系是实现“更可靠社会保障”的前提和基础。随着机关事业单位养老保险制度的最后破冰，浙江已全面建立起覆盖全民的社会保障制度体系。但受长期以来渐进性改革方式的影响，现有制度供给的碎片化问题比较明显，城乡、区域和群体之间制度分割依然存在，既损害了社会保障的公平性，又不利于制度整体功能的发挥。推进制度建设的重点，应在进一步填补部分制度缺失的基础上，加快推进制度并轨和整合，提高制度运行效率，最终为建立统一的国民基本养老和医疗保险制度奠定基础。同时，要结合浙江实际，加快推进多层次社会保障体系建设，通过舆论宣传、税收优惠和政策优化，积极引导和鼓励补充养老保险和个人商业性养老保险的发展，切实优化保障结构，满足人民群众多元化的保障诉求。

全民共享的维度。共享发展是社会保障的核心要义。作为国民收入再分配的重要手段，维护社会公平、增进人民福祉、实现全民共享，是社会保障的基本价值理念。对此，一方面，要针对制度覆盖层面的盲区，按照“织密网”的基本要求，聚焦那些未参保群体，通过合理的制度安排和政策创新，引导他们有序加入社保安全网中，到2020年基本实现对法定人员的制度全覆盖。另一方面，针对待遇水平的不平衡，要通过制度优化和创新，提高城乡居民的待遇水平，补齐农村社会保障发展短板。同时，要加快构建与物价和收入水平相挂钩的指数化待遇调整机制，增强待遇调整的科学性和合理性，引导群众形成合理预期，推进社会保障从“人人享有”向“人人公平享有”迈进。

经办管理的维度。经办管理作为社会保障的重要内容和环节，直接影响群众的切身感受、体验和获得感。要通过改进管理体制、优化服务流程、加强部门协同、健全公众参与，以及推进服务标准化等，增强社会保障经办管理的高效性和便捷性，共同打造人民满意的社会保障服务管理体系。一方面，要充分利用政府强大的组织力和号召力，扮演好政府在社会保障服务管理中的领导者角色，充分发挥政府的主导职能。另一方面，要让市场、社会、民众以平等的地位参与到社会保障治理中来，形成多元主体协同治理的模式。同时，要充分发挥现代技术在社会保障服务管理中的积极作用，深入推进互联网与社会保障经办管理的深度融合，以“最多跑一次”改革为引领，打破部门之间、地区之间和不同层级政府之间的信息孤岛，促进数据和信息共享，为社会保障治理现代化提供技术支撑。

基金安全的维度。基金安全是实现“更可靠社会保障”的物质基础。得益于外来劳动力的大量流入，一直以来，浙江各项社会保险基金运行平稳，基本实现收支平衡。但由于社会保险统筹层次较低，各地基金发展非常不平衡，已有部分地区开始出现基本养老和医疗保险基金的当期赤字。随着人口老龄化的不断加剧和待遇水平的不断提高，社保基金的支付压力和风险在不断加大，制度可持续性面临较大挑战。为此，必须未雨绸缪，多管齐下提前做好政策储备，以确保基金安全和可持续运行。一方面，要在依法规范基金征缴的基础上，积极拓展社保基金的筹资渠道，厘清政府、企业和个人的责任。另一方面，要切实加强社保基金的支付监管，把好基金出口关，减少和避免基金流失。同时，要深入推进医疗保险支付方式改革，全面推行以按病种付费为主的多元复合型医保支付方式。进一步完善省级统筹制度，通过制定合理分担机制，在更大的范围内实现风险共担和基金互助，充分发挥社会保险的大数法则。

法治保障的维度。"更可靠社会保障"需要以法治作保障。通过立法来规范制度发展，是国际社会保障发展的基本惯例，也是建设法治浙江的基本要求。经过多年努力，浙江先后出台《浙江省社会救助条例》《浙江省养老保险条例》《浙江省失业保险条例》《浙江省工伤保险条例》等为主要内容的地方性社会保障法律法规，有力推进了社会保障的法治化进程，但与社会保障事业发展的要求相比，依然存在不少立法空白。尤其需重点推进医疗保障领域的地方立法，在广泛征求社会各界意见的基础上，尽快颁布实施《浙江省医疗保险条例》《浙江省医疗保险监管办法》，并及时对已出台的法律法规进行修订和调整，逐步将所有社会保障事项都纳入法治化运行轨道。

资料来源：孙胜梅. 观察丨实现"更可靠社会保障"的五大维度. https://zjnews.zjol.com.cn/zjnews/zjxw/201807/t20180705_7696777_ext.shtml（2018-07-05）.（内容有改动）

本章小结

社会保险管理是指通过特定的机构和制度安排，采取一定的方法和手段对社会保险计划的实施进行计划、组织、协调、控制与监督，以实现社会保险制度目标的过程。社会保险管理具有依法性、协调性、有效性和社会性等特征。

社会保险的管理模式可以分为政府直接管理模式、自治机构管理模式和私营机构管理模式。其中，政府直接管理模式还可以细分为统一管理模式、分散管理模式和统分结合管理模式。与此同时，社会保险管理包括社会保险行政管理、社会保险业务管理、社会保险基金管理以及社会保险监督管理。

回顾分析了我国的社会保险管理经历的五个阶段：第一阶段（1950～1965 年）、第二阶段（1966～1977 年）、第三阶段（1978～1997 年）、第四阶段（1998～2017 年）、第五阶段（2018 年至今）。每个阶段均有每个阶段的特点。其中，我国的人力资源和社会保障部是中央层次的行政管理部门，下设社会保险业务经办机构和基金经营机构，并指导地方各级政府的工作。地方人力资源和社会保障行政部门是地方层次的行政管理部门，下设社会保险业务经办机构和基金经营机构。在基层政府设立基层社会保险办事处。中央和地方各级政府都设立社会保险监督机构，对社会保险的行政管理部门、业务经办机构以及基金经营机构的活动进行监督。因此，形成了现阶段我国权责分明的社会保险管理体制。本章还重点分析了现阶段我国社会保险管理体制的目标、原则、特征及信息化管理流程。

关键术语

社会保险管理　社会保险管理模式　政府直接管理模式　自治机构管理模式　统一管理模式　分散管理模式　统分结合管理模式　社会保险行政管理　社会保险业务管理　社会保险基金管理

复习思考题

1. 社会保险管理具有哪些特征？
2. 社会保险管理模式有哪些？
3. 社会保险管理分为几个阶段？分别是什么？
4. 阐述中华人民共和国成立以来我国社会保险管理的历史沿革。
5. 试述中国未来社会保险管理的模式选择。

第五章　社会保险基金

本章导读

社会保险基金是在国家法律保证下为保障劳动者在年老、伤残、失业、患病、生育等情况时的基本生活需要而采取的向劳动者及其所在单位强制征缴的和以财政拨款形式下发的由专门机构掌握的、专款专用的资金。本章立足我国社会保险基金管理改革实践，广泛吸收国内外社会保险基金管理的长处，努力探索社会保险基金管理运行机制、运行规律的内在要求，着重介绍社会保险基金概述、基金筹集、基金管理、基金投资运营、基金监管，力求较全面地反映社会保险基金管理的知识谱系。

第一节　社会保险基金概述

一、社会保险基金概念

所谓基金是指经过国民收入初次分配和再分配后形成的具有规定用途的物质资料的实物形式和货币形式的统一体。保证社会保险实现其对劳动者基本生活保障功能的经济基础是社会保险基金。

社会保险基金是指为保障社会劳动者在丧失劳动能力或暂时失去劳动机会时的基本生活需要，在法律的强制规定下，通过向劳动者及其所在单位征缴社会保险费，或由国家财政直接拨款而集中起来的资金，用于支付社会保险待遇的专项资金，此种资金购置的资产及其增值部分也属于社会保险基金的范围。

二、社会保险基金特征

（一）法律强制性

社会保险是一种政府行为，是国家的一项社会政策，通过立法手段在全社会强制推行。任何单位和个人都不能根据自己的意愿决定是否参加社会保险，凡属于法律规定范围的成员都必须无条件参加社会保险，并按规定履行缴纳保险费的义务。社会保险的纳费标准和待遇项目、保险金的给付标准等均由国家的法律法规或地方性法规统一确定，劳动者个人作为参保人一方无自由选择与更改的权利。

强制性是社会保险的显著特征之一，也是社会保险的基本特征。之所以如此，是由于只有强制征集社会保险基金，才能获得稳定可靠的经济来源，实现国家的社会与政策目标。国家作为社会全体成员的代言人，有责任保障每个劳动者的基本生存权利，而且劳动者是社会财富的创造者，社会财富是国家乃至全社会赖以生存和发展的物质条件，所以国家应采取强制手段保障劳动者的基本生活。

（二）社会政策目的性

社会保险基金的建立与管理都带有明显的社会政策目的性，即国民在遭受社会风险时，社会保险基金为其提供基本的收入保障，以保证社会稳定和经济、社会的协调发展。社会保险基金的管理和运营虽然具有实现经济目标和促进经济发展的功效，但最终应服从于社会保险应遵循的社会政策目标。

社会政策目的性也表明社会保险基金在很大程度上有别于商业保险基金，政府通过社会保险基金实现其特定社会政策目的，往往会对社会保险基金的管理运营进行不同程度的干预。这种干预在社会保险基金的筹集、精算测定原则、社会保险基金收支平衡上都能得到体现，这种干预还体现在政府以隐性债务的方式承担代际劳动者收入再分配的责任。

社会保险基金的社会政策目的性意味着，国家承认对丧失劳动能力和失去劳动机会的劳动者的基本生活保障是社会的责任，因此需要借助整个社会力量保障劳动者的基本生活；但与此同时，在解决社会风险所引起的生活困难方面，并不排除个人的责任。

（三）特定对象性

社会保险基金对工薪劳动者具有普遍保障责任，是对劳动者采取的一种保障措施。社会劳动者一旦丧失劳动能力或劳动机会，国家就应依法提供收入损失补偿，以保障其基本生活需要；社会保险财务一旦出现赤字，其运行受到影响，国家财政负有最后的责任。

社会保险的保障对象主要是工薪劳动者，这一劳动群体享有劳动收入，只是在发生意外失去劳动收入时才需要接受补偿。因此他们在有劳动收入时，有义务分担社会保险费用。这一特点也表明，社会保险费用不能完全由国家统包，而应由国家、企业和劳动者共同负担。其他社会成员中，没有收入、靠其他人扶养的人，如儿童、青少年、残疾人等，他们的生活保障问题的解决需要依靠社会救济和社会福利部门，他们没有能力缴纳社会保险费用，只能被动地接受保障。随着社会保障制度的不断完善和发展，部分未参加任何社会保险的无保障劳动适龄人口也被纳入社会保险制度的覆盖范畴，我国城乡居民基本养老保险制度正在发挥着补缺功能。

（四）统筹互济性

通常，在现收现付的筹资模式下，社会保险通过国民收入的分配和再分配，形成专门基金，将不同比例的资金统一调剂使用，使社会劳动者共同承担社会风险。一般来说，在形成社会保险基金的过程中，高收入的社会劳动者比低收入的劳动者缴纳更多的保险费；而在使用的过程中，一般都是根据实际需要进行调剂，不是完全按照缴纳保险费的多少给付保险金。可见，社会保险具有较强的统筹互济因素，个人享受的权利与承担的义务并不严格对应。

（五）储存性和增值性

理论上，社会保险基金的运转总是先征集保险费，形成基金，再分配使用。从每个劳动者的生命历程来看，也是在他们具有劳动能力的时候，社会就以各种方式将其所创造的一部分价值逐年逐月进行强制性扣除，经过长年储存积累，在其丧失劳动能力或劳动机会、收入减少或收入中断时，由积累的资金为其提供补偿。社会保险基金的储存性意味着这种资金最终要返还给劳动者，因而这种资金不能移作他用，保险的经办机构只能利用时间差和数量差使之增值，使劳动者因基金增值而得益，从而进一步体现社会保险的福利性。

与储存性相对应，社会保险基金还具有增值性。参保人领取的保险金有可能高于其所缴纳的保险费，其差额除了企业缴纳和政府资助外，还需要保险基金的营运收入来补充。从投保开始到领取给付，物价在不断上涨，基金只有投入营运才能保值增值，否则就达不到社会保险的保障目的。在这一点上，社会保险基金同商业保险基金相似，而不同于财政性后备基金。

三、社会保险基金分类

社会保险基金一般由养老保险基金、医疗保险基金、失业保险基金、工伤保险基金和其他社会保险项目的基金构成，通过个人与企业共同缴纳社会保险费的方式构成法定社会保险基金的基本形式。虽然经过了一百多年的发展，但社会保险基金仍大多通过企业与个人缴费，国家通过税收、利率和财政上资助三方负担原则来筹集社会保险基金，并主要通过货币支付方式提供各类险种的社会保险金。

社会保险基金的种类可以根据基金的不同性质和特征进行划分。研究社会保险基金的类型及其性质，可以为采用科学合理的基金管理方式提供理论依据。

（一）按专门用途及其功能分类

社会保险基金按专门用途及其功能可分为四类。养老保险基金是指在政府立法确定的范围内依法征缴的用于支付劳动者退休养老待遇的专项基金。养老保险基金一般都是由不同层次的基金构成的，主要有基本养老保险基金、企业补充养老保险基金和个人养老保险基金三个层次，每一层次各有相应的资金来源。

医疗保险基金是指以社会保险形式建立的，为劳动者提供治疗疾病所需医疗费用的资金。具体来说，这一保险是通过国家立法，强制性地由国家、企业、个人集资建立医疗保险基金，当个人因疾病需要医疗服务时，由社会保险机构提供医疗费用补偿。但是，各国医疗保险制度类型不同，基金来源也有差异。实行国家医疗保险模式的国家，其基金主要来自国家；实行医疗社会保险模式的国家，其基金主要为企业及个人缴纳的保险费、政府的补贴；而实行商业性医疗保险和储蓄医疗保险模式的国家，其费用主要由个人支付。

失业保险基金是由国家立法，通过强制征收失业保险费而建立起来的、对因非自愿失业而造成的劳动风险损失给予补偿的资金。参加失业保险的有关各方都必须按照法律和政策规定，及时、足额地缴纳失业保险费，以保证失业保险基金有足够的、可靠的、稳定的来源。与其他社会保险基金不同，失业保险基金应当适度征集，以避免丰裕的失业保险基金带来过度标准的失业保障待遇。失业保障待遇标准过高往往会带来不利的社会和经济后果，即造成劳动者对失业保险的过度依赖，不愿接受工资偏低或“不体面”的工作。同时，失业风险本身的特点也决定了失业保险基金规模不宜过大。疾病风险涉及众多的对象，养老风险更是涉及每一个劳动者，相对而言，失业风险只涉及少数劳动者，因此失业保险基金的规模相对较小。

工伤保险基金是指劳动者因工作而受伤、患病、残疾乃至死亡，暂时或永久丧失劳动能力时，从国家和社会获得医疗、生活保障及必要的经济补偿所需要的资金。同其他社会保险基金相比，工伤保险基金具有显著的赔偿性质，因此保险金一般都由企业负担，劳动者个人不缴费。

（二）按筹资模式分类

社会保险基金的筹集按资金调剂范围可分为社会统筹模式和个人账户模式，前者主要体现为社会成员之间横向的收入调剂和风险分担，后者主要体现为职工一生收入的纵向调剂和风险分担。按是否有基金积累可分为现收现付制和基金积累制，基金积累制又可分为完全积累制和部分积累制。在实践中通常是上述两种划分方式的结合，派生出四种模式：一是现收现付社会统筹制；二是个人账户储存基金制；三是社会统筹部分基金积累制；四是社会统筹和个人账户相结合的部分基金积累制。

（三）按基金所有权分类

社会保险基金按基金所有权分类，包括公共基金、个人基金和机构基金。

公共基金为公共所有，其来源有财政拨款、按法律规定由企业或个人缴纳的社会保险费（税）、社会捐赠、国际赠款，例如养老、医疗、失业、工伤、生育等社会保险基金中属于社会“统筹”的部分。

个人基金是归个人所有的非财政性社会资金，但它不同于银行存款和各种有价证券的资金。它是按法律法规、规章缴费并记在个人账户有专门用途的基金，例如个人账户的养老保险基金等。

机构基金是用于单位为其职工建立的福利型社会保险基金，所有权归集体，或部分地归集体，按照国家的政策和单位的规章对符合条件的职工给予补贴的资金，例如用人单位的福利基金等。

（四）按营运管理方式分类

社会保险基金按营运管理方式分类，包括财政性基金、市场信托管理基金、公积金基金。

四、社会保险基金来源

社会保险险种不同，其基金的来源也不同。从各个国家的实际情况来看，除工伤保险基本上完全由企业负担外，其他保险项目的基金一般均由劳动者个人、企业及国家三方出资形成。大体上可以分为四种出资模式，即个人、企业和国家共同分担的出资形式，企业和国家分担的出资形式，个人和企业分担的出资形式，以及个人和国家分担的出资形式。社会保险基金主要来源于个人缴费、企业缴费、政府资助或补贴、基金的投资收益四种形式。

在世界上实行社会保险的国家和地区中，有半数以上在养老保险基金的来源上实行三方负担原则，所有参保人都要按工资收入的一定百分比缴费（或按统一数额缴费），养老保险大都是强制性的，一般是采取定期从工资中扣除的形式；企业按职工工资总额的一定百分比为职工缴纳；国家财政也给予不同形式的支持。

一些国家的失业保险基金的来源与养老保险基金来源相类似。目前，大部分国家的失业保险资金主要来自参保人和企业缴纳的保险费。在另外一些国家，失业保险费全部由企业负担，职工个人无须缴费，如美国。在大多数国家，国家财政负担部分失业保险费用，或者向保险项目提供补贴。例如，在日本，财政一般负担 25%的失业保险费用，如果失业保险出现赤字，国家财政则要负担 13%的费用；德国政府向失业保险项目提供补贴，并负责弥补全部赤字；在加拿大，失业保险所需费用的 80%来自个人和企业缴纳的保险费，20%来自国家财政。

总之，社会保险基金一般实行三方负担原则，首先要求参保人在劳动适龄期间从事有收入的劳动，并且按收入的一定比例缴纳社会保险费，年老退休或发生其他意外时才有资格享受社会保险待遇。同时，企业也要负担部分费用。企业缴费一般是以职工工资总额或工资总额加退休费总额两项之和为基数，采用社会保险主管部门统一确定的比例提取，列入企业的生产成本或营业外支出。对于职工来讲，这是一种福利，而从企业的角度来看，为职工缴纳的保险费是作为对劳动力价格的扣除计入成本的。这笔费用最终要转移到消费者身上，它既是人工成本的一个组成部分，也是利润、产品、服务、价格、收益和税收的一部分。因此，实际上，这部分资金是由全社会负担的。国家在保险资金的来源上也负有一定责任。国家财政向保险基金拨款，用来弥补个人和企业缴纳保险费与实际开支之间的差距，或者直接承担部分保险费开支，或者弥补行政管理费开支。国家的主要资金来源是税收，也有少数来自专门指定用途的税式货物（如烟草、汽油和酒精饮料等）。此外，还有其他经营性收入，如利息、利润以及社会捐赠等也可进入社会保险基金。

第二节 社会保险基金筹集

一、社会保险基金筹集原则

（一）效率性原则

社会保险基金的筹集，要保证社会经济运行的效率性，不能对社会经济发展造成阻碍。发展、效率和保障之间存在着相互联系、相互制约的关系，效率是发展的基础，保障是发展的目标，效率又是社会保障的前提，没有经济效率也难以保证社会保险制度的顺利运行。因此在进行社会保险基金筹集决策的时候，要兼顾促进社会公平和生产效率两个方面，实现收入和财富分配的更加平等。这需要协调安排好社会保障基金的国家、企业和个人的负担比例。国家负担的比例过高，会导致社会保险开支剧增，超过经济发展的承受能力，同时还会助长受保人的依赖思想，削弱劳动者的积极性，造成劳动力资源闲置，效率得不到保证。企业负担比例过高，又必然影响企业的积累和生产投资规模的扩大，削弱企业在市场上的竞争能力，使经济活动能力下降。个人的负担比例增高，国民可支配的现金就会减少，并减少在金融市场中的参与，从而进一步影响宏观的投资和生产过程。因此，应当兼顾三方面的“利益”。

（二）公平性原则

社会保险基金的筹集和支付过程也就是社会收入的二次分配过程。既是分配过程，分担的公平就是至关重要的。若社会保险费的分担存在着不公平，社会保险费的征收就会出现困难。通过社会保险手段实现收入再分配，可以分为垂直面上的再分配和水平面上的再分配，用公平的概念来表述，则是垂直的公平和水平的公平。

通过征集社会保险费用，使高收入者的生活资料和购买力向低收入群体转移，有助于实现垂直的公平。由于市场机会和个人能力等方面的差异，一部分人属于社会的高收入阶层，而另一部分人则会因失业、疾病、年老等特定社会风险而陷入贫困，无法凭借自己的力量维持生计。社会保险通过保险费负担而形成收入的转移，以确保低收入者最低生活水平的维持。

通过向同一收入层面上的人群分散社会风险，按照受益性的原则筹集社会保险费用，有助于形成水平的公平。如果说垂直的公平是救贫扶困的话，则水平的公平更有防贫的功能。按保险的原则，一方面是同一层面上的人们向社会保险机构缴纳保险费或向政府纳税，另一方面则是将现金转移给那些因面临社会风险而陷入困境的人。通过社会保险的纽带把人们连接起来，从而实现水平的公平，强化了社会的整合性。健康者和伤病者之间、在业人员和失业人员之间、工作的一代与退休的一代人之间，以至于不同地区、不同行业、不同职业、不同经济形式的人员之间互助共济，对所有社会成员形成保护机制，以应对各种突发事件，保障人们的基本生活。这是社会保险的基本功能。

（三）稳定性原则

社会保险制度要长期、持续地运转，必须在社会保险方式选择、基金结构、负担比例、筹集模式、基金的管理营运等各个环节建立起相对稳定的制度并有立法作保证。同时，这种稳定的制度是相对的，需要根据现实条件来对相应的制度进行调整。

（四）收支平衡原则

社会保险基金是社会保险制度的物质基础，如果要为丧失劳动能力和失业劳动者提供基本生活保障，就必须满足在这方面的实际开支需求。因此，社会保险基金筹集的总原则就是"收支平衡"原则，即一定时期内社会养老保险基金的筹集总额，按预计需要支付的社会养老保险费用总额为依据来确定，并使二者始终保持大体上的平衡关系。社会养老保险是"以支定收，收支平衡"原则。医疗保险基金遵循"以收定支，收支平衡"原则。

二、社会保险基金筹集模式

（一）现收现付制

1. 现收现付制的含义

现收现付制是世界上多数国家社会保险制度所采取的基金管理模式。这种模式是按照一个较短的时期（通常为一年）内收支平衡的原则确定费率，筹集社会保险基金，即本预算期内社会保险费收入仅仅满足本预算期内社会保险金给付的需要。当然，为了避免费率调整过于频繁，防止短期内经济或其他突发事件可能出现的基金收支波动，一般保留有小额的流动储备基金，即所谓"以支定收，略有结余"。

现收现付制模式一般是实行政府集中管理，国家按"社会统筹"的方式筹集社会保险基金，按"社会互济"的原则在社会成员之间进行再分配。在这种模式下，社会保险基金的来源为税收或由企业、个人以工资为基础的缴费和国家财政的补贴。其中税收一般为收入税，通常是从企业的总收入中扣除，相当于企业支付了一笔费用。此外，由于基金很少有积累甚至没有积累，社会保险给付水平一般不是直接根据职工在职期间的缴费及其投资收益确定。实践中，现收现付制下的社会保险一般采取确定给付方式。

2. 现收现付制与代际收入再分配

现收现付制的本质是"代际赡养"，即正在工作的一代人收入的一部分用于当年已退休的一代人的社会保险给付支出，收入从正在工作的一代人向退休的一代人分配，而现在正在工作的一代人退休后，其社会保险金来源于与其同处一个时期的正在工作的下一代人的收入。因此，这种制度是下一代人供款养活上一代人的制度，属代际收入再分配。显然，费率越高，代际再分配的程度越高。这种制度与传统的家庭养老方式中子女赡养父母的方式类似。在家庭养老方式下，在父母老年失去劳动能力后，由家庭中正在劳动的子女的收入的一部分支付老人的消费，收入从子女一代向父母一代转移，转移的程度取决于家庭收入水平和老人的消费水平、父母一代与子女一代人数的比率、父母一代退出劳动的年龄和寿命等因素。老人消费水平越高，子女一代相对于父母一代人数越少，父母退出劳动的年龄越低、寿命越长，则子女收入中向父母再分配的水平越高。当赡养父母一代的年轻子女到了年老之时，家庭代际转换，他们的子女将继续承担赡养老人的义务，收入不断地从下一代转向上一代。家庭抚养关系中，在子女成长为劳动力之前，父母承担着抚养他们的责任，收入从父母向子女分配。这两个相反方向的再分配，保证了家庭乃至整个人类社会的不断繁衍和延续。工业革命和社会经济的发展，使传统的家庭结构变化，家庭养老保障的功能退化，取而代之的是社会化的养老保险，由全社会正在劳动的一代人赡养已经失去劳动能力的一代人，收入从年轻的正在劳动的一代向已经退出劳动的一代分配，其再分配的程度取决于平均给付水平、正在工作的一代与退休一代人口的比率、平均退休年龄和退休后平均生存年数等因素。需要指出的是，现收现付制还存在代际再分配，即同代人不同收入阶层之间终生收入的转移。因为高收入者一般就业晚，退休后生存年数长，因而缴费少，但一生中领取的年金比低收入者多。

3. 现收现付制的优点

与其他模式相比，现收现付制具有以下优点。

1）制度易建，给付及时

现收现付的社会保险制度一经建立，可以立即用正在工作的劳动者所缴纳的社会保险费去支付已经退休者所需的社会保险金，而无须经过长期的基金积累过程。

2）调整灵活，无通货膨胀之忧

现收现付制一般以年度平衡为基准，便于实施随物价及工资增长幅度而调整的保险金指数调节机制，从而有利于处理通货膨胀风险，保证社会保险目标的实现。

3）再分配功能较强

现收现付制之下，社会保险基金具有代际再分配和同代劳动者之间收入转移的作用。此时，社会保险给付水平一般采用确定给付方式，有助于体现和强化社会保险的收入再分配职能，进而体现社会公平的原则。

4. 现收现付制的局限性

1）现收现付制难以应对人口老龄化的挑战

现收现付制是一代人供养一代人的制度，其供养水平直接受两代人人口比例关系的影响，如果供款一代人规模相对缩小，领款一代人规模相对扩大，将使供款人的平均负担加重。如果不降低社会保险给付水平，则需要增加缴费，缴费增加到一定程度将使供款一代人不堪重负，进而不能保证制度的顺利融资，使制度面临支付困难，进而难以为继。领款一代人与供款一代人的比率称为赡养率，表明每个供款人平均负担领款人的人数，赡养率提高，会使正在工作的一代人的负担加重。赡养率的变动受人口年龄结构变动的影响。随着人口出生率下降，老年人口比率相对增加，同时随着经济发展水平和医疗保险水平的提高，老年人口寿命延长，使老年人口绝对数增加，从而老年人口在总人口中的比率增加，社会开始出现老龄化。人口老龄化使赡养率提高，在现收现付制之下，社会保险基金的负担加重。如果没有其他资金供给渠道，则必然出现财务危机乃至制度运行的危机。世界各国社会保险制度正是在日益严重的人口老龄化压力下，走上改革的道路。

2）现收现付制的收入替代具有刚性

现收现付制之下，社会保险给付一般采用确定给付方式，因此其收入替代具有刚性，以养老保险为例，社会保险计划提供的退休收入与在职期间收入的比率具有调高不调低的特点。在个人工作期间，制度预先做出给付承诺，退休后其养老金水平不能低于承诺的水平，而且随着劳动生产率的提高、经济的发展，为保证退休后一定的生活水平，给付水平将随之提高，这会使退休年龄推迟变得困难。现收现付制的这种刚性会使社会保险金给付水平居高不下，从而使社会保险制度背负越来越重的支付负担，对经济发展产生不利影响。

3）现收现付制可能诱发代际矛盾

现收现付制在其经济内涵上，表现出劳动者代际收入再分配特性。但这一机制往往使制度建立时最早享受待遇的那一代人在职时不缴纳或仅缴纳少量保险费，即在机制上表现出明显的付出少而获益大的再分配特征。当制度运行几代人之后，尤其是在人口结构失衡的条件下，将表现出严重的不平等、不合理格局，即某一代劳动者难以获得由下一代人提供的以代际交换为先决条件而理应得到的经济利益。在特定背景下容易因代际冲突而使社会保险制度瓦解。

（二）完全积累制

1. 完全积累制的含义

完全积累制又称基金积累制、基金制，是指在任何时间点上积累的社会保险费总和连同其投资收益，能够以现值清偿未来的社会保险金给付需要。从基金收支平衡的角度看，完全积累制是根据一个在充分长的时期内收支平衡的原则来筹集社会保险基金。社会保险基金管理实行完全积累制时，既可以采取政府集中型管理方式，也可以采取私营竞争型管理方式。

筹资方式采用完全积累制，其社会保险给付可以采用缴费确定方式，也可以采用给付确定方式。当采取缴费确定方式时，通常企业和个人以工资的一定比率或固定数额的定期缴费，计入个人账户，并交给基金管理机构，缴费和基金投资收益计入个人账户，给付期开始后，从账户中领取社会保险金以实现保障。当采取给付确定方式时，通常根据预先承诺的水平，通过精算确定缴费数额。

2. 完全积累制与生命周期收入再分配

就养老保险而言，从本质上说，完全积累制是“同代自养”，即个人以年轻时的储蓄积累支付退休后的养老金，因而实际上是在生命周期内的收入再分配，是对退休前后储蓄和消费行为的一种跨时安排。如果采取确定缴费制的个人账户方式，收入在个人生命周期的再分配是显而易见的。人们在年轻时，把收入的一部分积蓄起来，包括企业以各种方式为他们个人账户的缴费。为了保持这些资金的购买力，个人账户形成基金，并在资本市场上投资获得收益，个人退休时将获得全部个人账户累计额，用于退休后的生活开支，即退休后生存年数相对于工作年数越长，需要由在职工作期间的收入向退休后再分配的程度就越高。采取个人账户的方式，只存在个人生命周期内的收入再分配，没有代际收入再分配和收入水平不同的人之间的收入再分配。如果采取确定给付方式，则养老保险计划的缴费需要与所有未来给付承诺相对应，从个人生命周期看，在工作期间的缴费积累不一定与退休后的享受完全对等，因而不同收入水平的职工之间存在收入再分配。例如，以固定数额规定养老金水平，而以工资的比率缴费，则收入从高工资者向低工资者再分配，但从整个养老保险计划看，缴费积累与承诺的给付相对应，收入由在职期间向退休期间再分配。

3. 完全积累制的优点

与现收现付制相比，完全积累制具有以下优点。

1）运行机制简便，易被理解和接受

完全积累制的运行机制简明，便于实际操作，并易得到人们的理解与支持，而公众信任对社会保险机制的健康运行具有重要意义。再从技术角度分析，完全积累制与历史悠久的商业保险原理接近，这既有利于人们的认同，又有助于制度稳定运行。

2）预筹养老金，抵御老龄化

由于提前预筹了养老金，完全积累制可以在一定程度上缓解人口老龄化带来的养老金危机。采用完全积累制，从一个较长的时期看，供款水平是相对均衡的，即实现了资金供求在纵向（从人口年轻阶段到老龄阶段）的平衡。

3）缴费与待遇关联，形成激励机制

完全积累制通过积累的保险基金，将个人在就业期间的部分收入以延期支付的形式表现为退休时领取的社会保险金，有助于增强社会保险的内在激励机制，增强个人缴费与社会保险待遇之间的经济联系，从而促进社会保险制度的稳定运行。完全积累制还鼓励人们延长工作年限，有利于减弱提前退休倾向。

4）增加社会储蓄，促进经济发展

完全积累制有助于增加储蓄和资金积累，使社会保险与经济发展联系更为紧密，如通过投资促进经济发展。在人口老龄化加剧的背景下，社会保险制度与经济发展的内在联系受到了广泛的重视。

4. 完全积累制的缺点

完全积累制主要有以下缺点。

1）基金贬值风险较大

作为一项长期的货币收支计划，完全积累制下积累的巨额资金容易受通货膨胀的影响，导致社会保险基金的贬值，从而影响社会保险目标的实现。

2）基金营运风险存在

除了通货膨胀影响之外，完全积累制下积累的巨额资金常常受制于特定的经济条件、资本市场条件和政府干预，社会保险基金的营运面临较大的不确定性，这对基金管理者提出了较高的要求。

3）互济性较弱

完全积累制注重效率而难以体现社会公平的目标。在以缴费数额决定给付水平的完全积累制模式下，低收入者或负担较重的个人往往难以通过自身预提积累的保险金给付，来实现维持最基本生活水平的目标。

（三）部分积累制

部分积累制，又称部分基金制，是完全积累制与现收现付制的结合。这种模式根据两方面收支平衡的原则确定社会保险费率，即当期筹集的社会保险基金一部分用于支付当期的社会保险金，另一部分留给以后若干期的社会保险金支出，在满足一定时期（通常为 5～10 年）支出的前提下，留有一定的积累金。因此可以说，现收现付制是社会保险基金的短期平衡，完全积累制是长期平衡，而部分积累制则是中期平衡。部分积累制既不像现收现付制那样不留积累基金，也不像完全积累制那样预留长期使用的基金，它的储备基金规模比现收现付制的大，比完全积累制的小。这种模式兼具前两种模式的特点。就养老保险而言，这种模式力图在资金的横向平衡（正在工作的一代与退休的一代）和纵向平衡（人口年轻阶段与年老阶段）之间寻求结合点。同时，由于预留了一部分积累资金，现收现付制模式下未来可能遭遇的人口老龄化所带来的沉重的支付压力得以减轻；又由于积累的资金规模比完全积累制的小，通货膨胀中基金贬值的风险得以降低。

实践中，由现收现付制向完全积累制转轨时，由于一次性填补过去现收现付制积累的债务非常困难，通常选择保留一部分现收现付制，同时建立个人账户，这便是部分积累制。20 世纪 90 年代，我国社会养老保险制度改革就采用了这一思路，现行基本养老保险制度就是据此思路设计的。

第三节　社会保险基金管理

一、社会保险基金管理概念

社会保险基金管理是为实现社会保险的基本目标和制度的稳定运行，对社会保险基金的运行条件、管理模式、投资营运、监督管理进行全面规划和系统管理的总称，是社会保险基金制度安全运行的核心环节。

由于社会保险自身的特点决定了社会保险基金管理是一个综合的管理系统，它不仅包括作为长期和短期货币收支计划的基金管理制度和方式，而且涉及经济、社会、法律、人口尤其是财政、金融等诸多复杂领域。社会保险基金管理的绩效直接关系到社会保险制度的成败，对一国的社会稳定和经济发展、财政收支状况、金融市场的繁荣稳定具有重大影响。

二、社会保险基金管理原则

（一）归集原则

在坚持社保基金单位与职工“双负担”的基础上，强化基金征缴力度，积极解决拖欠和扩面问题。针对目前部分企业存在拖欠保险费的情况，各级经办机构应加强催收力度，视具体原因，依据社会保险相关条例法规采取措施。

对符合参保条件、有钱不缴的单位，应由社保经办机构责令限期缴纳，逾期拒不缴纳的，可申请人民法院强制执行；对有参保意识、经济承受力薄弱的单位，可考虑放宽政策期限，采取办理延期缴款或分期缴款等方式，给予适当照顾。强化归集，加大社会保险扩面工作力度，逐步增加基金积累，努力营造“人人自我保障，社会保障人人”的社保大格局。

（二）“以收定支，自求平衡，略有结余”的管理原则

各级财政社保基金专户普遍基金结余量较大，需要引起相关部门注意。结余量大，反映出基金支付能力良好，保障实力雄厚，是一个可喜的现象。但在一定程度上也说明了社保基金征收计划需要更加科学，支付范围和额度的确定需要更加合理，需要更进一步发挥社会保障满足人民基本生活的功能。

（三）专款专用原则

各级财政和社会保障主管部门、经办机构要从讲政治的高度重视和确保基金专款专用。一是要保证基金及时足额支付，确保当年符合享受社会保险待遇条件的群体，全部享受和领到社保救助金；二是要切实采取措施杜绝各级经办机构挤占挪用社保基金问题的发生。

财政、审计部门要从制度的落实和执行上入手，加大对基金经办机构的监管力度。对因制度执行不到位或其他原因造成基金损失的，应给予严惩。若确因经办机构办公经费紧张造成挤占挪用基金的，各级财政要给予必要扶持。

（四）投储结合、保值增值原则

出于支付和资金安全性考虑，各级财政将所管理的社会保险基金用于购置国债和其他安全系数高的金融工具，绝大多数社保基金处于银行储蓄状态，这种基金投资方式未能充分考虑货币时间价值因素的存在，抵御通货膨胀风险的能力较弱。从保值增值的角

度分析，大量的资金闲置难以应对未来非预期的货币贬值风险。沉淀基金管理应采取更为有效的方式。

社会保险基金管理是指为保障劳动者的基本生活，根据国家和个人的经济承受能力，而开展的社会保险基金筹集、待遇支付、基金保值增值等的行为和过程。

社会保险基金管理主要包括：社会保险基金收支管理、社会保险基金的预算和决算管理、社会保险基金投资运营管理、社会保险基金稽核和监督等。

三、社会保险基金管理模式

根据基金管理机构的不同性质，社会保险基金管理模式可以分为政府集中型、私营竞争型以及近些年出现的公私合营型三类。

（一）政府集中型基金管理模式

政府集中型基金管理模式即由政府部门或其委托的公共管理部门负责社会保险的基金管理。一般说来，依照国家立法推行的基本保障项目（如公共养老保险计划）的社会保险基金，采用政府集中型基金管理模式为多，如经济合作与发展组织（Organization for Economic Cooperation and Development，OECD）各国、东欧各国以及亚洲的中国、新加坡、印度、马来西亚等社会保险基金的政府集中管理具有规模经济效应，从而可以降低成本。政府集中管理可以兼顾社会公平，有利于实现社会保险制度的生活保障和收入替代双重目标，同时政府集中管理可以降低市场竞争的成本，最大限度地实现国家社会发展的目标。但政府集中管理容易引起渎职和效率低下，也易受制于政治压力。政府集中管理的社会保险基金可能因为公共经营者——政府的要求，而将基金投资于政府债券，甚至向正在衰落的国有企业提供贷款，其收益率通常低于市场，在通货膨胀期间则实际收益率可能会是负值。这时，社会保险基金比投资于开放的市场时的获利要小，因此常常需要通过提高费率或减少给付来解决基金危机。能否提高政府集中管理的社会保险基金的收益率，关键是要看政府能否有效地利用好相关的资源。新加坡的中央公积金制度（Singapore Central Provident Fund System）是政府集中型基金管理模式的典型代表。中央公积金由新加坡政府的中央公积金局直接进行全面的管理，是一个完全积累的强制储蓄计划。中央公积金面向所有公共和私人部门及其雇员，至于雇主本人和自营劳动者是否加入此计划，可自行决定。中央公积金提供退休养老保障、医疗保障、住房保障、家庭（意外事故）保障。公积金存款利率由政府决定。中央公积金局通过基本投资计划、增进投资计划、非住宅房地产计划、教育计划及填补购股计划等投资计划，实现公积金资产的增值。新加坡政府利用其高度的社会控制能力，要求其社会成员为自己的种种保障进行预防性储蓄。这一制度节省了政府的社会福利开支，又为政府的公共设施建设提供了一个重要的基金来源。新加坡中央公积金局的全部职员不足千人，他们负责整个公积金的全面管理，政府不承担他们的薪水。公积金的管理费用并不是来自会员的缴费，而是公积金积累余额的利息。

（二）私营竞争型基金管理模式

私营竞争型即由私营的基金管理机构运用市场机制管理社会保险基金，同时接受政府的监管。通常，补充性保险项目（如员工福利计划、个人储蓄计划等），以采用私营竞争型基金管理模式为多。当然基本保险项目也有采用私营竞争型管理模式的，如智利基金管理采用私营竞争型，可以通过市场竞争带来效益。一般说来，私营的基金管理机构能使投资决策由经济原因而非政治原因做出，从而产生最佳的资金配置和最高的投资收益，并有助于金融市场发展。当然，市场竞争也使管理更加复杂，管理成本增大。同时分散化的私营投资管理使经济的规模效应消失。此外，社会保险计划的参加者有时难以做出有远见的投资选择，从而给未来带来更大的不确定性。

智利的养老保险基金管理模式是典型的私营竞争型基金管理模式。智利模式产生于20世纪80年代，是对60年前建立的公共社会保障制度的改革。多年来，智利的养老保险基金投资获得了较高的收益率，反映出养老保险基金的分散管理比集中管理有更高的效率，从而引起了世界各国的广泛重视。智利养老保险制度的要点有三方面：其一，以个人资本为基础建立养老保险基金，即基金来源于个人缴费；其二，养老保险基金由养老保险基金管理公司管理，而这种机构是私营的；其三，社会成员可以自由选择参加养老保险基金管理公司管理下的任何一个养老保险基金。养老保险基金管理公司负责托管养老保险基金，把基金投资于资本市场。最初养老保险基金只被允许投资于政府公债，后来随着智利股票市场的繁荣和投资的自由化，养老保险基金的投资逐步扩大到公司证券。后来，投资的重点又转向公共设施的私有化。事实上，私营的养老保险基金已经成为智利资本市场的一个重要的角色。当然，养老保险基金管理公司的行为要受养老保险基金监管局等政府部门的监管。例如，前述任何一种投资工具的采用，都要事先得到法律的许可。

社会保险基金管理的效能在很大程度上取决于管理成本。如果其他因素不变，则基金管理的高成本即意味着给付待遇的降低或缴费的提高。但管理成本的测算并不容易。事实上不同国家和不同类型社会保险制度的目标、规模、融资方式、再分配等存在差异，比如，美国主要是为老年、遗属和伤残者提供福利和收入替代，而欧洲很多国家还包括医疗和失业保障，同时社会保险的覆盖范围、给付水平在不同国家也存在很大差异，因此很难直接比较其社会保险制度的管理成本。一般说来，社会保险基金的管理成本可以分成两个部分：一是基金运行所需要的成本，二是在管理组织机构内部产生的成本，或者说是一个交易成本的问题。

关于政府集中型与私营竞争型的社会保险基金管理成本，在社会保险私有化改革的争论中已经有不少讨论。世界银行从保护劳工利益和促进经济发展的角度出发，主张采取以私营竞争型为主的多支柱模式，认为政府集中管理的社会保险制度使管理成本持续上升，管理效率低下，而私营竞争型的基金在市场机制的作用下，能提高效率，促进经济的发展。国际劳工组织从全面保护劳工利益的角度出发，主张建立国家强制实施的保护老年人和丧失劳动能力者及其遗属的社会保险制度，认为政府集中管理可以带来规模效益，克服私营分散管理带来的效率损失，更好地为老年人提供生活保障。事实上，一方面，政府集中型与私营竞争型社会保险基金管理的成本，往往由于在费用支出上的区别而不能直接比较。例如，政府集中型的基金管理，其办公设施、土地、计算机设备、邮政和电信等方面的开支可能低于市场价格，或者通过行政手段分配得到，不需要实际成本支出；在费用收缴方面的管理成本，比如社会保障税（费）可能由国家税务部门征收；此外，某些必要的成本支出，比如财产折旧等通常不会包括在公布的管理成本之内。而私营竞争型的基金在市场竞争下，通常具有详细的成本开支会计记录。因此，政府集中管理的基金管理成本数据比其实际水平可能要低一些。

另一方面，大多数私营竞争型的社会保险基金，通常以公共部门和私营部门、债权和产权资本相结合的方式进行投资，以积累社会保险基金，这就是提高了管理成本。而大多数政府集中管理的社会保险基金则没有大量的基金储备，即使建立了这种储备，也不承担对投资选择进行评价的责任，因为基金主要被投资于政府债券。此外，为了吸引储蓄，私营基金之间的竞争要发生市场费用。当然，为平衡这些高额费用，私营基金不得不提高效率，因此，政府集中管理具有规模效应，又可避免市场竞争带来的管理成本，其管理成本可能较低，但收益率低，所以其低成本是以牺牲效率为代价的。分散的私营竞争型模式虽然在市场竞争的作用下提高了管理成本，但其投资收益率高，也有利于维护资本市场的平稳运行。

（三）公私合营型基金管理模式

任何事物都不是绝对的一分为二，政府集中型与私营竞争型这两种基金管理模式也不例外。随着政府与市场关系的不断演进，公私合营型模式在社会保险基金管理中逐渐兴起并呈现欣欣向荣发展之势。这一模式是公共部门与私人部门针对基础设施项目而建立的一种共同参与、共担风险、共享收益的项目融资模式，主要适用于具有一定可销售性的基础设施项目。它更多的是一种政府资源和市场资源在数量和禀赋上实现优势互补的理念，具体形式灵活多样，包括特许经营、合同承包、运营和维护的外包或租赁、管理者收购、管理合同、国有企业的股权转让、设立合资企业或者对私人开发项目提供政府补贴等，不同形式下私人部门的参与程度和承担的风险程度各不相同。一般认为，公私合营型模式包括建设—移交、建设—经营—移交、建设—拥有—经营—移交、设计—建设融资—经营、建设—拥有—经营—补贴—移交、建设—租赁—移交等多种运作方式。从国际发展趋势看，在经历了金融危机造成的巨额亏损后，基于公私合营型模式的基础设施投资成为养老基金关注的焦点。公私合营型模式作为社会保险基金投资的一种新模式，受到发达国家决策和管理部门的高度关注。

第四节　社会保险基金投资运营

一、社会保险基金投资原则

任何投资都要兼顾安全性、流动性和收益性的原则，只不过投资要求不同，三者的优先次序有所不同。社会保险基金的社会保障功能决定了其投资原则的排列顺序是：安全性、收益性、流动性，即在保证基金安全的基础上提高基金的收益率，保证其流动性需要。

（一）安全性原则

安全性是指收回投资本金及相关投资收益的保障程度，社会保险基金投资管理以安全性作为首要原则。相对于共同基金和商业保险基金而言，社会保险基金投资对其安全性的要求更高。由于大多数国家的养老保险制度一般采用多层次的模式，在基于养老保险基金投资安全性的前提下，不同层次的养老保险制度对安全性的要求又呈现层次性的特征。

一般而言，现收现付制的基本养老金投资对安全性的要求更高，因此，在基本养老金层次的养老基金投资大多选择一些低风险的金融工具进行投资，较多国家现收现付制的基本养老金大都选择国债和其他高信用级别的企业债券及相关金融工具，一般不选择或者很少比例投资于股票市场。即使投资于股票市场，也仅是对公共养老保险基金盈余的部分进行相对高收益的投资，如瑞典、爱尔兰、中国的社会保障基金。补充养老基金对投资安全性的要求相对低于基本养老金，一般由不同程度的风险性投资工具投资，如选择股票、实业投资甚至风险投资等，而对第三层次的个人储蓄养老金制度的安全性管理相对弱化。

社会保险基金投资的安全性及其安全程度往往与政府责任相关。一方面，社会保险基金投资是在政府制定有关政策、投资规则、监督管理制度的条件下进行的，政府在社会保险基金投资中体现着较强的政府管理与干预责任（特别是对基本养老金的投资）；另一方面，社会保险基金投资安全性及其安全程度直接影响社会保险基金投资的绩效，而投资绩效的高低在不同程度上影响着社会保险基金的收支平衡，社会保险基金收支平衡程度与政府财政的转移支付又不同程度地保持着联系。保持和增强社会保险基金投资安全性的措施一般包括投资模式选择、投资主体确定、投资工具与投资组合规定、投资收益保证或担保、投资信息披露制度建立、对外投资比例、政府担保与政府监督管理等。

（二）收益性原则

社会保险基金投资的收益性原则是指在符合安全性原则的前提下，社会保险基金投资能够取得适当的收益。从一定意义上讲，这是社会保险基金投资最直接的目的。社会保险基金投资收益的大小直接影响社会保险基金的财务平衡，也影响投保人缴费的高低，如智利养老基金的缴费率较低，其费率为缴费工资的 10%，在相当程度上与智利养老基金投资的高收益相关。在养老金累积价值一定和其他变量相对固定的情况下，养老基金投资的收益率越高，则投保人所缴纳的费率则相应越低。

为了实现预定的制度替代率，社会保险基金投资的实际收益率必须达到设定的实际利率水平，并与实际工资增长率保持预定的差幅（即实际工资增长率提高，要求有更高的收益率）；为了抵御通货膨胀风险，防止老年人实际购买力的下降，社会保险基金投资的名义收益率必须剔除价格上涨的因素，即以实际收益率衡量其投资效益，因此，社会保险基金投资的收益率有名义收益率、实际收益率与净收益之分。名义收益率是实际收益率加上通货膨胀率，而净收益一般是指实际收益减去投资相关费用（如手续费、管理费等）。在社会保险基金投资过程中，一些国家还规定了最低收益率，较多国家规定养老基金投资收益不得低于一个以指数确定的基数（benchmark），甚至还规定建立投资收益波动准备金，或者建立投资收益担保制度等。风险（安全性）与收益之间存在着替换关系，即高收益率往往伴随着高风险，而较高的安全性（低风险）就要以较低的收益率为代价。就社会保险基金投资组合的整体而言，社会保险基金投资的风险-收益状况可视为社会保险基金投资组合中风险程度不同的金融工具加权平均的风险程度。在既定的加权平均的风险程度下，投资组合中具有中等偏下的风险程度的金融工具应占较大比重，同时可拥有一些高收益-高风险及低收益-低风险的金融工具，但其所占比重不应太大。

（三）流动性原则

社会保险基金投资的流动性是指投资资产在不发生损失的条件下可以随时变现以满足支付社会保险待遇的需要。社会保险基金不同性质的投资对流动性的要求不同，完全积累的养老金投资对流动性的要求相对较低，对于每个委托人而言，由于基金在到期（退休）前不能提取，因此不具有流动性，可以投资与期限相匹配的长期投资工具以获得较高收益；在到期后，如果个人选择按月定期支取，那么仍会有一个相对稳定的余额可以投资于长期金融工具。对于基金公司所管理的整个基金而言，在保证支付的流动性需要的基础上，也会有一个相对稳定的余额可以进行长期投资。流动性与收益率之间也具有替换关系，投资于流动性差的投资工具，可以获得更高的收益率。以现收现付为主要特征并满足于年度支付的基本养老金对养老基金投资的流动性要求较高，因此一般其投资大都选择短期金融工具，比如选择短期国债、银行存款、高信用级别的企业债券或商业票据等。

需要强调的是，社会保险基金投资的安全性、收益性与流动性原则是社会保险基金投资的基本原则，在实际运用中往往难以同时满足。社会保险基金投资应当在总体上体现社会保险基金的安全性原则，而在具体的投资项目和投资组合上灵活体现投资三原则，以便在组合的投资收益中，既体现社会保险基金的安全性要求，又体现出较高投资收益与合理流动性的要求，从不同层面实现社会保险基金的投资原则。因此，在社会保险基金投资管理中，应特别注意投资期限的合理匹配和各项投资比例的合理组合，注重社会保险基金投资的资产负债管理的有效性。

二、社会保险基金投资工具

社会保险基金可选择的投资工具可以分为两类：金融工具和实物工具。

（一）金融工具

金融工具可以从收益特点、期限等多种角度进行分类。社会保险基金投资的传统金融工具包括银行存款、政府债券、企业债券、贷款合同、公司股票等，各种创新的金融工具包括资产支持证券（asset-backed securities）、衍生证券等。

银行存款具有较高的安全性，但收益率较低，并且存款期限较短。在社会保险基金刚刚进入资本市场时一般占较大比重，随着投资工具选择的多样化，比重会大大降低，只用来作为短期投资工具，以满足流动性需要。

中央政府发行的国债由于没有违约风险，安全性最高，因而是养老金的重要投资工具。但因其投资收益率也低，因而在养老金投资组合中在不同国家有所不同。

企业债券由于有违约风险因而收益率高于国债，但风险低于股票，也是养老金的重要投资工具，特别是实力雄厚、信誉卓著的大公司发行的债券，在社会保险基金的投资组合中占重要地位。企业的资信程度不同，企业债券具有不同的风险等级，各国政府通常对社会保险基金投资的企业债券等级有所限制，以防止过高的投资风险。

贷款合同通常主要是住房抵押贷款及基础设施贷款（以银团贷款的形式参与大型基础设施的项目融资），风险较小，收益稳定。在有些国家，投资于政府的住房计划，往往还有政府做担保。基础设施的项目融资一般有项目建成后的收益现金流及政府税收担保，因而风险也较小。

股票作为股权投资工具，其风险高于固定收益证券，因而也具有更高的收益率。为了保证社会保险基金的收益率，多数国家都允许社会保险基金投资于股票市场，但有些国家限制其投资比例。股票投资的收益来自股票买卖的价差和持股期间的股息收入。

证券投资基金是由专门的投资机构发行基金单位汇集投资者的资金，并由基金管理人管理从事股票或债券等金融工具投资的间接投资。证券投资基金最大的优势在于专家理财、组合投资、规避风险、流通性强等特征。随着世界各国信托投资业务的发展，国际资本流动的速度日益加快，证券投资基金已经成为社会保险基金投资的一个重要投资工具。

除了传统的债务工具和股权工具以外，20 世纪 70 年代以来的金融工具创新为社会保险基金投资提供了更广泛的选择，并且有些创新的金融工具本身就是根据养老基金的特点及其投资要求而“量身定做”的。近年来，社会保险基金投资部分进入可选择性投资（alternative investment），包括风险投资（venture capital）、私募债券（private placement bond）、对冲基金（hedged fund）、期货（future）、期权（option）、互换（swap）等金融工具。

根据全美风险投资协会的定义，风险投资是指由职业金融家投入到新兴的、迅速发展的、有巨大竞争力的私募企业中的一种权益资本，一般以股票或长期可转换债券的形式存在，广义上的风险投资基本包括私人权益资本的全部投资项目。远期合约是指合约的买卖双方约定在将来的某一确定的时间以事先确定的价格交易某一金融商品的合约。期货合约是在交易所交易的标准化合约，并引入专门的清算机构、每日结算保证金的交易制度。期权合约是一种赋予交易双方在未来某一日期以一定的价格买入或卖出一定的金融资产的一种选择权。互换是指交易双方交易一系列现金流。

（二）实物工具

社会保险基金还可以投资于实物，包括房地产、基础设施等。实物投资具有投资期限长、流动性差的特点，但能在一定程度上防范通货膨胀风险，因此是社会保险基金可以选择的投资工具。其中，房地产市场受经济周期波动影响有较大的风险，并且由于较强的专业性，投资的管理成本较高。有些国家对房地产投资在社会保险基金投资中的比重有严格限制。基础设施投资则更多以贷款形式实现。

第五节　社会保险基金监管

一、社会保险基金监管概述

社会保险基金监管是国家授权专门机构依法对社会保险基金收缴、安全营运、基金保值增值等过程进行监督管理，以确保社会保险基金正常稳定运行的制度和规则体系的总称。社会保险基金监管体系的主要内容包括：对社会保险基金营运机构的选择与确定、制定各项监管规则、设计社会保险基金投资营运的指标体系、构建社会保险基金监管的策略框架、实施社会保险基金的现场监管与非现场监管、构建社会保险基金营运的安全保护机制等，以确保社会保险基金的长期稳定运行和实现社会政策目标。

社会保险基金监管在全球范围内是一个崭新的课题。由于欧美国家长期以来实行现收现付财务机制，基金的投资营运虽也需要进行监管，但毕竟范围和规模均相当有限，因此社会保险基金的监管问题并不十分突出，通常由社会保险基金管理机构依法对基金进行监管。随着多数国家社会保险实行部分积累的财务机制，多层次社会保障体系的制度架构受到普遍关注，社会保险基金的规模日益扩大，基金的投资营运，基金同资本市场的互动发展等都使监管问题日益突出，成为各国社会保险改革进程中备受关注的重要问题。

通过何种方式和途径实施社会保险基金监管，谁来实施基金监管，是集中监管还是分散监管，如何构建社会保险基金监管体系，国际社会保险基金监管有何规律可循，如何应对金融混业经营、混业监管背景下对社会保险基金监管的新挑战等，都是社会保险监管理论和实践中有待探讨的新问题。此外，随着改革进程的深化，需要不断从实践中提炼和总结新的监管理论与监管途径。

社会保险基金监管的主要内容至少包括以下几点。

其一，自身监管体系的构建。构建社会保险基金监管体系，批准和建立社会保险基金营运机构，建立健全社会保险基金的各项规则及制度，确定基金的投资组合限额，设计制定基金安全营运的主要指标体系。

其二，社会保险基金监管是一项极为复杂的涉及几代人经济利益关系的社会系统工程。社会保险基金营运系统的复杂性，决定了对其监管注重协调和配套的重要性。基金监管的绩效，既取决于监管体系自身和各项规则的制定，又取决于与金融、经济、税收、法律等部门的综合协调与配套，社会保险基金监管的综合配套是提高监管绩效的重要内容，也是新的发展背景下的客观需要。

其三，社会保险基金监管的首要任务在于确保社会保险基金的安全营运，确保社会保险政策目标的实现。随着社会保险制度的建立健全，社会保险基金规模占资本市场的比重会日益提高，基金的营运无疑会对资本市场和经济发展带来正反两方面的影响。但与其他基金项目的不同之处在于，社会保险基金作为国家社会政策的物质基础，它的运作，不仅会影响资本市场和经济发展，而且更重要的并且是第一位的目标在于实现社会保险政策目标，实现社会稳定。基金营运的任何失误，必然会影响社会保险制度的稳定运行，影响社会公众对社会保险制度的信心，基金营运的失误还会危及社会稳定。因而，实现社会保险基金的长期安全营运是基金监管的首要任务。

二、社会保险基金监管原则

（一）坚持法律监管和政府行政监管并重的原则

社会保险自身的运行特点决定了必须依法对社会保险制度的全过程尤其是养老保险实施管理，政府监管部门应当严格遵循《社会保险法》等法律法规，对社会保险费的征缴、基金投资营运与管理、社会保险金给付、社会保险计划的安全保障实施法律监管。《社会保险法》对社会保险基金监管及安全营运予以高度重视，成为贯穿这部法律文件的一个核心问题。我们知道，社会保险基金有效监管和安全营运乃是社会保险制度长期稳定可持续发展极为重要的制度基础，是社会保险体现社会政策目标、实现社会稳定的重要制度保证，也是实现社会保障制度稳定运行的基本要件，是公众支持社会保险、参加社会保险的信心和信任基础。由于社会保险制度运行的长期性、复杂性及社会公众的高度敏感性，必须将社会保险基金有效监督和安全营运置于更高的战略地位，从立法原则、立法思路、具体的法律条文及法律有效实施的高度予以重视。《社会保险法》对社会保险基金监管和安全营运予以了高度关注，为我国社会保险制度的稳定运行和可持续发展提供了重要的法律及制度保证，社会保险基金管理开始走上法治化轨道。同时，我国的现实国情决定了政府行政监管对社会保险机制稳健发展具有重要意义。社会保险最终必须体现国家的社会政策目标，尤其是基本养老保险体现和贯穿着政府行为，政府监管至关重要。

（二）坚持综合监管、协调发展、区别对待的原则

社会保险是一项非常复杂的系统工程和长期计划，必须充分考虑社会保险的社会政策效应、财政经济效应、政治效应，注重同国家财政政策、金融政策的协调配套，注重保证社会保险计划的近期、中期、长期稳健发展。同时，多层次的社会保险构架，又需

要强调对企业补充保险和其他社会保险计划区别对待的原则，实现多层次社会保障体系的协调发展。

（三）坚持安全第一、风险防范、注重保值增值的基金营运原则

社会保险基金营运必须把基金的安全性原则放在首位，这既是国家职责的体现，又涉及千家万户的切身利益和社会保险运行的公众信任等核心要素。因而，社会保险基金的安全第一、风险防范原则应贯穿社会保险监管过程的始终。同时，应注意寻求适合我国现实国情的基金保值增值途径，强调社会保险基金的适度经营原则。

（四）坚持质的控制和量的监控相结合的原则

社会保险基金的监管，应当首先强调质的控制，如社会保险基金管理模式选择、机构设置、高级管理人员的选拔任用，对于保证我国社会保险体系的健康有序发展具有十分重要的意义。在注重制度构建的同时，必须高度重视以人为本的监管原则。应当纠正当前我国社会保险基金管理研究中偏重投资组合、投资限额，而忽略高素质高级管理人员的选拔、任用的偏向，注重质与量有机结合的监管原则。

三、构筑社会保险基金的安全网

社会保险基金的有效监管需要建立健全管理规律体系。欧美、拉美及东欧国家已在这方面积累了丰富的经验。如制定控制规则、资产分散规则、外部管理规则、投资组合规则、信息披露规则、安全保障规则等。这些规则对于降低系统风险、代理风险和投资风险具有重要作用。

（一）控制规则

在分散的基金管理模式中，社会保险基金管理公司的董事会对基金的投资策略分散管理职责具有重要作用。控制规则一般规定董事会的构成、投票权、董事会成员的权利与义务，有助于强化基金控制和降低代理风险。无论是美国补充养老保险基金的控制规则，还是英国 1995 年的养老保险法，均强调明晰各位董事的职责和注重对管理者的教育培训。在大多数经济合作与发展组织国家，对补充养老保险基金的控制，也在很大程度上凭借特定的法律制度实施。如通过信托法更大限度地强调个人责任，也有通过强制性更换董事会代表的方式降低代理风险。

对于由管理公司运作的开放式基金，管理规则强调基金管理公司必须直接忠实于养老保险基金管理职责，不允许分散和转包其管理职能，每一个经理只允许管理一个基金。在一些拉美和东欧国家，社会保险基金的控制规则都相当严格，对确保基金的安全营运，具有十分重要的作用。

（二）资产分散规则和外部管理规则

制定资产分散规则的目的在于对养老保险基金的收缴、集中与基金管理公司管理的资产进行分散管理，以便保护职工的利益，限制系统风险和代理风险。资产分散规则一般适用于由基金管理公司运作的开放式基金，也适用于满足特定要求的补充养老保险基金的管理方式，但不适用于由保险公司和银行管理的养老金计划。这一点在近年受到批评，尽管银行和保险业历来有谨慎规则的传统，有助于保护职工的权益，但随着银行和保险业系统风险的增大，产生了一些不良后果。因此，强调将基金收缴同基金投资营运严格分散管理，有利于实行风险控制。

另一项旨在降低代理风险的基金监管规则是外部管理规则。通过恰当的外部管理安排，避免基金管理者和资产管理者直接合法地持有养老保险基金，从而限制基金被挪用和流失的机会。外部管理规则也有助于实施谨慎管理条款，避免和防范投资交易过程中的种种风险和暗箱操纵。

（三）信息披露规则

社会保险基金的有效监管，需要政府对基金营运公司的信息披露做出严格的规定，实现社会公众的外部监管目标。一般而言，信息披露要求涉及诸多重要的规则，如资产评估规则，资产评估的变化情况，以及向基金会成员和社会公众披露有关投资收益、成本、资本与准备金水平等方面的重要信息。虽然，对金融部门而言，均需要满足有关信息披露条件，但对确定缴费型的个人账户计划而言，由于职工承担未来的长期投资风险，并且一些国家允许个人可以拥有选择权，信息披露显得更为重要。不同国家、不同的社会保险基金监管模式对信息披露有不同的要求。对基本养老保险基金管理的信息披露的要求较为全面和系统，对补充养老保险而言，经济合作与发展组织国家对信息披露的要求不是十分严格，有些国家虽然要求相关部门提供投资信息，但仅限于年度财务报告书。对拉美国家而言，则要求投资内容广泛和详细的信息披露，如提供日常资产价值信息、每年提供几次会计报告，以及公布由监管部门规定的若干详细信息。

（四）安全保障规则

在社会保险基金投资规则逐步放宽的背景下，基金投资营运的安全保障显得尤为重要。大多数国家，对第二层次的养老保险基金投资都规定了最低投资收益保障条款，通常规定各个养老保险基金投资的平均收益水平或市场投资盈利水平。

构建安全保险基金应注意考虑用于处置何种类型的风险，考虑保障是过度还是不足。同时要考虑安全保障基金的规模，使之能够在必要时发挥稳定基金运作的重要作用。对于系统风险和非系统风险较大的发展中国家，注重构建安全保险基金对于有效防范风险，实现基金的有效营运和增强职工对社会保险制度的信心，具有十分重要的意义。

◎相关案例

养老金入市

（2012 年）春节之前，各方面关于养老金入市的呼吁密集传出，似乎已是箭在弦上。然而，此后有关部门对于养老金"暂时没有入市计划"的表态，又让事态变得渺茫起来。养老金能不能入市？何时可以入市？众说纷纭。就养老金而言，与通胀水平相比，过低的收益率使保值增值的压力越来越大，现实要求养老金不断开辟新的投资渠道。股市作为一个重要的投资场所，规模和流动性等方面的优势明显，自然是应当优先考虑的渠道之一。就股市而言，其发展也需要接纳各种不同类型的投资者，尤其是养老金这种追求稳健投资的长期资金，对股市健康发展有长远积极效应。

存在不同看法的还是入市时机。有人认为，股市经过两年下跌，目前正在低位，投资价值已经显现，正是养老金入市的好时候。还有人认为，养老金如果入市，是一个着眼长远的安排，重要的是股市的长期稳定回报能力，而不是为了低位介入，赚一把就走。而且，庞大的养老金也不太可能在某一个时间点都买成股票。因此，虽然股市低位是一个相对有利的时机，但不应将其当作决定性因素。

还有人认为，将养老金引入股市，可以为市场带来增量资金，尤其是在绵绵下跌之后，急需"援兵"到来。对此也有必要客观看待。养老金毕竟不是一般的资金，而是百姓的保命钱，对安全性的要求远远高于其他资金，不能也不应把稳定市场的责任寄托在养老金上。股市下跌是种种问题的综合反映，解决办法还是要从市场本身入手，历史上 A 股市场也出现过资金推动型的大牛市，可最终都因为缺乏坚实基础，以暴跌收场。

养老金入市时机是否成熟，最重要的考虑因素是，股市能不能提供足够多的长期投资机会。目前，A 股市场的投资属性还没有得到充分体现，无论是各路机构，还是个人投资者，虽然都曾有过价值投资和长期投资的尝试，但最终大多还是选择了趋势性投资。这意味着，对于很多投资者而言，即使有盈利，也并非来自上市公司的直接回报，或者企业的成长，而是从别的投资者口袋里赚的钱。如果让养老金也参与这种财富再分配，与其他投资者"争利"，其长期稳定回报的目标恐怕就难以实现。因此，加快股市各项制度的完善，回归其投资市场的原貌，让养老金的长期价值能在 A 股市场上真正有用武之地，是养老金进入股市的前提。

此外，养老金入市时机的确定，还需要一个重要条件，即一系列规则和制度的配合。国际金融危机发生以来，很多发达国家的养老金在股市上损失惨重，遭受了很大的系统性风险。因此，对养老金入市的运营模式、投资债券和股票的比例等问题，都需要仔细斟酌，以更好地控制投资风险。近年来一直受到严厉监管的公募基金，"老鼠仓"事件等仍有发生。对于养老金而言，也同样面临着如何完善监管、防范道德风险的问题。磨刀不误砍柴工，将各项工作准备充分，养老金入市的步伐才能更加稳健。

资料来源：人民日报：养老金入市是必然趋势. http://hn.cnr.cn/hngbcj/hngbjr/201202/t20120206_509127851.shtml（2012-02-06）.（内容有删改）

本章小结

我国社会保险基金管理经历了四个发展阶段。20 世纪 50 年代初到 60 年代中期，初步建立了城镇职工社会保险制度，社会保险基金管理模式采用集中管理的现收现付制。20 世纪 60 年代中期到 80 年代中期，社会保险演变为单位保险，社会保险基金既没有统筹，也没有积累。20 世纪 80 年代中期以来，社会保险制度开始改革，社会保险基金筹资、支付、运营和监督管理采用新的机制，社会保险费由国家、企业和个人三方共担，社会保险基金管理逐步走向社会化。进入 21 世纪，社会保险基金管理走向专业化和协同创新。

由于社会保险制度改革的经济社会环境的复杂性和改革目标模式本身的原因，我国社会保险基金管理存在以下问题：一是人口老龄化使原有的现收现付制难以为继，而由现收现付制向部分积累制转轨则产生了巨大的历史债务；二是由于制度设计的缺陷和经济环境等因素，社会保险基金危机潜在，其风险因素主要有人口老龄化、筹资渠道单一、缴费基数不实、给付环节不规范、基金保值增值难等；三是社会保险基金管理体制存在缺陷，立法滞后，监督不力，社会保障关系难转移。

针对以上问题，需要采取以下措施强化我国社会保险基金管理：注入国有资产，解决历史债务；做实个人账户，建立基金积累；扩大覆盖范围，建立统一制度；规范基金制度，加强基金监督。

我国社会保险基金管理的发展趋势是，统筹层次逐步提高，建立社会保险基金预算，社会保险费改税，养老保险基金进入资本市场。

关键术语

社会保险基金　现收现付制　社会保险基金管理　社会保险基金管理模式　社会保险基金投资工具　社会保险基金监管

复习思考题

1. 简述社会保险基金的基本特点、概念以及分类。
2. 简述现收现付制、完全积累制和部分积累制三种筹集模式。
3. 简述社会保险基金管理的原则和分类。
4. 试论述社会保险基金投资原则以及使用的投资工具。
5. 简述社会保险基金监管的概念、原则。
6. 谈谈健全社会保险基金有效监管的规则。

第六章 养老保险

本章导读

老年风险是每个人都可能遇到的风险，由年老导致的劳动能力逐渐丧失从而失去维持生活的经济来源是一个不可避免的过程。养老保险在保障劳动者老年生活方面发挥着重要作用，而成为各国社会保障制度的重要内容。本章介绍了养老保险的概念、类型、特征、功能和历史沿革，在此基础上阐述了养老保险制度的实施以及各国养老保险的模式，并对我国养老保险制度的进程进行全面了解。

第一节 养老保险概述

一、养老保险的概念

生老病死是人类无法抗拒的自然规律，而老有所养、老有所终自古以来就是人类社会的一种美好愿景。劳动者在经历了一生的辛劳进入老年之后，其劳动能力已经基本丧失，依靠劳动获取生活资料的能力越来越低。在没有正式的社会养老保障制度的条件下，年老就意味着面临经济无保障的状况：首先，年老会使劳动者丧失劳动能力，即获取生活资料的能力。在工业化社会，这种状况会更加严重。加之劳动者步入老年之后，疾病发生率将会升高，医疗开支和生活护理支出也将会大幅增加，无疑将显著增加其老年生活负担。其次，老年人还将面临长寿风险。一方面，长寿风险的存在将使过早死亡的消费者留下大量的非意愿遗产，降低生命期消费效用。另一方面，即使个人预留有储蓄，但长寿风险的存在也将使非理性的消费者面临晚年储蓄不足而导致生活陷入困境的风险。

养老保险是指国家和社会通过相应的制度安排为劳动者解除老年后顾之忧的一种社会保险，目的是增强劳动者抵御老年风险的能力，同时弥补家庭养老的不足，确保劳动者在退出劳动岗位后能够从国家和社会那里获得维持基本生活需要的收入保障，主要体现如下。

第一，养老保险是对达到法定退休年龄的劳动者提供基本生活需要的一种制度安排，这种安排主要指劳动者完全或基本退出社会劳动生活后才发生作用。所谓“完全”，是指以劳动者与生产资料的脱离为特征；所谓“基本”指的是参加生产活动已不成为主要社会生活内容，其中，法定的年龄界限才是切实可行的衡量标准。

第二，养老保险是以保障老年人的基本生活、满足其基本生活需求、为其提供稳定可靠的生活来源为根本目的。

第三，养老保险是以法律制度为手段实现保障基本生活的目的。具体来说，就是在一定范围内以国家立法强制施行的方式，来保障老年人的基本生活。

综上所述，养老保险是指国家和社会根据一定的法律和法规，在劳动者达到国家规定的法定退休年龄或因年老丧失劳动能力而退出劳动力市场后，为满足劳动者的基本生活需要而提供的一种社会保险制度安排，是社会保障制度的重要组成部分，是社会保险五大险种中最重要的险种之一。养老保险的目的是保障老年人的基本生活需求，为其提供稳定可靠的生活来源。

二、养老保险的特征

养老保险是社会保险体系的重要组成部分，除了具备社会保险强制性、互济性和普遍性等共同特征外，还具有缴费和享受期限的长期性、保障水平的适度性、保障方式多层次性等特征。

（一）强制性

所谓养老保险的强制性是指国家通过立法，强制用人单位和劳动者个人依法参加养老保险，享受法律所赋予的权利并履行相应义务，缴纳养老保险费，待劳动者达到法定退休年龄时，可向社会保险部门领取基本养老金，享受基本养老保险待遇，保障退休后的基本生活需要。

（二）互济性

互济性是基本养老保险的内在属性，是实现制度可持续性的目标所在。养老保险的基金来源一般由国家、企业或单位、个人三方共同负担，当劳动者年老不得不退出劳动市场时，由专门的社会保险机构通过核算给予退休人员发放养老金待遇，养老保险基金在受保成员之间进行横向调剂，充分体现了社会统筹和互济性的特征，与此同时，养老保险的互济性还体现在代际收入再分配，养老保险多按现收现付的方式筹集，实现了在职一代赡养退休一代的养老模式，也就决定了养老保险基金的代际流动，具有明显的代际互济性。

（三）普遍性

年老是每个人必须经历的，人们对养老保险的普遍需求，正是源于化解老年风险的普遍性需求，这也决定着养老问题不仅是一个社会问题，而且是一个全球性问题，关系到一个国家或社会的经济、文明发展，需要予以足够的重视。由于养老保险的实施范围很广，参保人享受待遇的时间较长，费用收支规模庞大，因此，必须由政府设立专门机构，在全社会统一立法、统一规则、统一管理和统一组织实施。

（四）长期性

养老保险的长期性主要体现在缴费和待遇享受的长期性。一般而言，养老保险制度要求劳动者在年轻时参加养老保险，并按法定强制履行缴费义务，劳动者一旦达到享受待遇的条件或取得享受待遇的资格，就可以长期享受待遇直至死亡。其待遇水平基本稳定，通常会根据一个国家或地区的经济发展水平决定。这样一来，一是养老保险的缴费时间长达数十年，如一个男性公民22岁参加工作，60岁退休，其缴费年限长达30多年；二是公民领取养老金的时间主要取决于死亡年龄，如果足够长寿，领取年限也会相应足够长，可长达十多年到数十年不等。

（五）适度性

养老保险的基本功能是保障劳动者在年老时的基本生活需要，这就决定其保障水平要适度，既不能过高，也不能过低，过高会引发基金收不抵支、财政赤字、代际矛盾与冲突等一系列社会问题，过低不能保证老年人的基本生活需要。一般来说，养老保险的整体水平要高于贫困救济线和失业保险金的水平，低于社会平均工资和个人在职时的收入水平。

（六）保障方式的多层次性

广义的养老保险，不仅包括国家法定的基本养老保险，还包括用人单位建立的补充养老保险（企业年金）、个人自愿参加的储蓄型养老保险等。建立和完善多层次的养老保险体系，已成为一种国际趋势，主要有职业年金和企业年金。其中，职业年金是一种补充养老保障制度，既不是社会保险，也不是商业保险，而是一项单位福利制度，是事业单位及其职工依据自身经济状况建立的保障制度，事业单位及其职工承担因实施职业年金计划所产生的所有风险。如2015年，我国《国务院办公厅关于印发机关事业单位职业年金办法的通知》要求机关事业单位实施职业年金制度。企业年金亦是一种补充性养老金制度，是指企业及其职工在依法参加基本养老保险的基础上，自主建立的补充养老保险制度。在实行现代社会保险制度的国家中，企业年金已经成为一种较为普遍实行的企业补充养老金计划，又称为“企业退休金计划”或“职业养老金计划”，并且成为所在国养老保险制度的重要组成部分。

三、养老保险的功能

养老保险作为社会保险体系的一个重要子系统，除具有类似于社会保险的保障人们基本生活、维护社会稳定等一般性功能外，还有一些不可替代的功能。

（一）国民收入再分配功能

养老保险具有调节收入分配、促进社会公平的功能。从微观上看，养老保险是对法定范围内的劳动者因年老（符合法定退休年龄）而退出社会劳动后，能够获得满足其基本生活需要的、稳定可靠的经济来源的社会保险项目。养老保险解决了劳动者年老的后顾之忧，增强了劳动者的安全感与对未来的信心。从宏观上看，养老保险在国民收入中属于再分配的层次，通过养老保险可以使在初次分配中收入差距较大的劳动者在年老退休后领取到的养老保险金数额的差别相对缩小。很多国家都实行弹性养老金制，即根据经济发展水平和通货膨胀情况来调整养老金的发放额度，使退休人员无论贫富都能够分享到经济发展的成果。

（二）社会发展功能

养老保险能够化解多种社会矛盾，不断增进国民福利，并促进老年群体与整个社会的和谐发展。从宏观角度看，养老保险基金规模庞大，不仅能有效促进资本市场规模的扩大和流动性的增强，而且它本身也要求实施稳健的投资策略。这决定了养老保险基金更倾向于选择长期机构投资者，资金投向也以那些能带来长期稳定收益的资产组合为主，从而强化一国证券市场中的长期投资。从微观角度看，劳动者通过领取养老金或享受养老保险提供的服务实现“老有所养”，继而实现“老有所乐、老有所学、老有所为”，使年老者不会因退出劳动领域而感到与社会隔离，产生孤独感，从而可以不断地实现个人的发展。

（三）劳动力更迭功能

劳动者达到法定退休年龄后只有退出劳动力市场，新生劳动力才能获得工作岗位，并且源源不断地补充进劳动者队伍。因此，实行社会养老保险制度能够有效实现代际更替，为社会生产不断更新劳动力。

（四）文化发展功能

养老保险的文化发展功能在于其在实施中既能宣扬中华民族尊重老人的传统美德，又能影响人们在生育问题上的看法。养老保险制度的发展终将塑造新的老龄社会文化、生育文化和孝文化。养老保险突出以人为本，彰显人道主义，是人类文明进步的重要成果与推动力量。例如，养老金制度与老年福利事业的发展，更是使老年人所享受的福利与人类社会的发展进程和人均预期寿命的延长保持了协同，这体现了对年老人群的重视与照顾以及人文关怀精神，彰显了社会养老代替家庭养老的经济社会发展必然成果，最终促进整个社会和谐健康发展。

四、养老保险制度的历史沿革

（一）养老保险的产生

在传统农业社会中，家庭担负着多重责任，它既是生产者、消费者，也是赡养老人的基本单位。我国传统农业社会的家庭养老主要是一种基于反哺模式的养老方式，子代赡养父辈一代，不断传承，确实有成本低、方法灵活、适应性强等特点，但这种家庭养老方式存在着很大的不稳定性，如家庭中主要劳动力的病残或早逝都可能导致家庭养老保障机制的瓦解。随着社会的进步，人类从农业社会发展到工业社会，城市化进程加快，家庭养老存在的政治、经济、社会环境和文化思想基础都发生了巨大的变化，促使养老要探索一种更适合社会现实的新型模式，即实现家庭养老向社会养老保险模式的转化。

社会保险制度首先产生于德国，1889 年德国《伤残和老年保险法》的颁布，标志着现代养老保险制度的建立。具有现代意义的养老保险法案首先产生于德国，其背后有着各种各样的因素推动。第一，从 19 世纪 70 年代，德国新历史学派为国家直接干预经济生活的管理和福利职责的主张提供了理论基础；第二，在马克思主义传播下，德国工人运动高涨，强烈要求政府实施保护农工的政策，充当了养老保险制度产生的催化剂；第三，德国当时正处于有“铁血宰相”之称的俾斯麦执政时期，俾斯麦改变原来的单纯镇压策略，转而采用“胡萝卜加大棒”的方法，将社会保险制度作为“消除革命的投资”。特殊的社会、经济和政治背景促使德国成为世界上最早建立包括社会养老保险制度在内的社会保险制度的国家。由此可见，养老保险是在社会变迁、生产力发展的推动下产生的，并客观上解决了一定的社会问题，它的产生标志着人类文明的发展和社会的进步，为现代社会保险制度提供了一个基本的框架。

但不可否认，德国当时的养老保险制度还不是一个完善的制度，在覆盖范围方面，它仅为有正常工资收入的人提供保障，大批无正常收入的农民工、临时工和低工资群体都被排斥在这一制度之外；在保障水平方面，它提供的养老保障待遇水平很低，不足以维持被保人年老后的基本生活水平；在限制条件方面，它具有明显的政治色彩，对那些积极参加工人运动、反对政府的工人，均以各种限制理由将其排斥在保障制度范围内。

（二）养老保险的发展

继德国之后，其他欧洲国家纷纷进行有关立法，并开始推行养老保险制度。例如，挪威于 1892 年颁布了《养老保险法》；意大利于 1898 年推行强制性老年保险；瑞典于 1913 年颁布《养老和残疾保险法》；法国于 1910 年建立了养老保险制度；英国在 20 世纪 40 年代末建立了无须个人直接缴费的养老金制度，成为世界上第一个福利国家。美国在 20 世纪 30 年代的经济大萧条以后，罗斯福“新政”中的一项重要措施就是颁布《社会保障法案》，建立了老年、遗属和伤残保险。苏联和其他一些东欧国家在十月革命胜利以后，相继建立了覆盖范围广泛的由国家承担全部责任的养老保险制度。我国在 20 世纪 50 年代也建立了类似于苏联的养老保险体系。

下面以美国的社会保险为例，重点分析其产生的过程。1935 年美国颁布了《社会保障法案》，“社会保障”一词第一次出现，且美国的社会保障制度是一个一揽子保障体系，包括了现代保障的多数项目。其主要历程是：1929 年，美国由有效需求不足引发的经济危机迅速波及世界，给美国经济造成严重创伤，出现大批工厂倒闭、工人失业。这动摇了美国人对市场的信仰，使其逐渐相信政府干预的作用。1933 年，为了摆脱经济危机，缓和阶级矛盾，罗斯福总统制定并实施了“罗斯福新政”，高度采纳了凯恩斯国家干预理论，强调国家干预经济生活，其主要手段就是刺激总需求。社会保障作为为退休人口和贫困人口提供收入的重要途径，是增加社会总需求的重要方法，因而社会保障制度成为新政的一个重要组成部分，并用法律的形式固定下来。美国最初的社会保障有五个基本项目，包括两个保险项目和三个救助项目：老年社会保险、失业保险、盲人救济金、老年人救济金、未成年人救济金。此后，美国的《社会保障法案》经过多次修改，其目的是增加社会保障项目、扩大保障覆盖面、提高保障水平。

此后，养老保险制度在各个国家的发展体现了多样化的特征。不同国家都根据自己的实际情况建立了或迥然不同或稍有相似的养老保险制度；就算在同一国家，不同历史时期所采取的养老保险制度也不尽相同。德国作为第一个建立社会养老保险的国家，实行企业和个人共同供款的养老制度；20 世纪 50 年代，新加坡建立了中央公积金制度，是一种“国营强制性储蓄积累”模式；20 世纪 80 年代初，智利进行养老金私有化改革，建立了“民营强制性储蓄积累”的养老保险模式。养老保险制度的多样化发展，表明随着人们对养老保险认识的深化，各国政府对养老保险的驾驭能力加强，各国政府都会趋于理性地分析实际存在的问题，选择与自身国情相适应的养老保险制度。

（三）养老保险的改革

从 20 世纪 70 年代末开始，掀起了一轮从西欧到拉美，再到东欧和东亚国家的世界性养老金制度改革浪潮。在各国养老保险制度发展进程中，既有辉煌成就，也有失败教训；在多国纷纷开展的养老保险制度改革中，既有细枝末节的修补，也有大胆的创新。这些改革都对养老保险制度产生了一定的影响，虽然也存在问题，但从中可以看到人们对养老保险制度的重视以及对发展养老保险制度的不同思路。这轮改革的主要方向是寻求养老金制度由现收现付制向完全积累制转轨；建立包括公共养老金、补充养老金和个人养老金在内的多支柱养老金体系；充分发挥市场在公共品混合提供中的效率作用，实行养老基金运营市场化，具体表现如下。

1. 现收现付制向完全积累制转轨

公平与效率是对立统一的辩证关系，任何一方的增加都要以对方的损失为代价，即促进公平，就要损失效率，而提高效率就要牺牲公平。由于两次石油危机产生的世界性经济危机，加之预期人口老龄化影响，西方“福利国家”开始面临财政危机。与此同时，现收现付制养老金制度的弊端也在这个时期出现，特别是在现收现付制公共养老金制度的覆盖范围逐步扩大和待遇水平逐渐增加的背景下，主要发达国家出现了储蓄率下降、劳动力供给减少、提前退休者增加、企业生产成本上升、国际竞争力削弱等问题。在这种情况下，如何让现收现付制公共养老金制度摆脱危机，使政府从公共养老金制度所造成的财政困境中解脱出来，并设计出一套有利于国家未来经济发展的养老金制度，就成为摆在国外政治家和经济学家面前的一大难题。

20 世纪 70 年代到 90 年代中期，一些国家纷纷探索现收现付制以外的社会保险模式，在社会性养老保险中引入了强制性个人账户制度，以智利最为典型。1981 年 5 月，智利开始改革政府管理的现收现付制养老金制度，完全放弃了 20 世纪 30 年代建立的德国模式，创立完全积累制个人账户管理方式的私人养老金制度。在“智利模式”的影响下，秘鲁（1993 年）、阿根廷（1994 年）、哥伦比亚（1994 年）、乌拉圭（1995 年）、墨西哥（1996 年）、玻利维亚（1996 年）、萨尔瓦多（1996 年）7 个拉美国家分别进行了程度不同的养老金私人管理方式的改革。从现收现付制养老金制度向完全积累制养老金制度转轨的意义非常重大，首次明确了养老金制度不仅是一项社会政策，而且还应具有明显的经济政策功能，即提高经济效益，进而推动经济增长。

2. 从单支柱走向多支柱

20 世纪 90 年代中期至今，养老金制度改革方式由单一支柱养老金制度向多支柱养老金制度转轨。人口老龄化已成为当今世界一个共同的社会问题。退休人口数量增加、人类寿命延长以及“少子化”已使劳动力短缺，加重了劳动人口与整个社会的负担。由人口老龄化而引发的养老金危机已经成为各国政府面临的突出困难。对于养老金体系而言，任何一种单一的制度安排都不能确保养老金体系的功能作用达到最优，从而也就不能保证经济沿着最优的路径发展。因此，在设计养老金体系时，不得不考虑各种养老金制度功能发挥所依赖的社会经济条件，使各种制度在功能上互相补充，产生互动，以使整个养老金体系趋于最优。

该时期完全积累制养老金制度暴露了缺乏再分配效应、管理成本高昂、个人独自承担巨大风险等弊端，加之 20 世纪 90 年代末以来经济滑坡，全球经济再次陷入困境，使得完全积累制下的养老金制度积累的基金大幅缩减，甚至出现巨额亏损，严重影响和削弱了完全积累制养老金制度的保障能力，使得单一支柱养老金制度无法同时实现公平和效率的政策目标。因此，从 20 世纪 90 年代中期开始，在世界银行、国际劳工组织、国际货币基金组织、经济合作与发展组织等国际组织的倡导下，世界许多国家开始实行多支柱养老金制度改革，特别是世界银行 1994 年提出的三支柱养老金模式已然成为许多国家养老金制度改革的样板。随后，五支柱方案被提出，在原方案基础上加入了零支柱和第四支柱，其组成主要包括：第一，非缴费型养老金即零支柱；第二，与个人收入水平相挂钩的缴费型养老金制度，即第一支柱；第三，强制性的个人储蓄账户，即第二支柱；第四，灵活多样自愿性的保险，即第三支柱；第五，非正规保障模式，为家庭成员或代际对老年人提供的物质和精神上的援助，即第四支柱。

3. 政府经营走向市场化运作

养老金市场化运作包含着两方面含义：一是政府为养老金制度提供法律上的保障，给予计划参与者税收优惠，在遵循市场化前提下，通过基金营运实现自我平衡；另一层含义是，政府只对基本保障项目进行管理，并制定全国统一标准，其他项目交给非营利性机构或商业机构负责。政府的职能只限于进行法律监督、业务指导和最后担保，并不直接参与经营。养老金制度的发展离不开政府，即使在市场经济条件下也是如此，因为市场不是万能的，市场不可能实现对居民自动保障，必须依靠政府进行组织和推动。但与此同时，政府也不是万能的，其行为同样存在失灵问题。因此，完全依靠政府直接组织和管理的养老保障制度通常都会出现各种各样的问题。世界银行的数据表明，只有具备独立经营权或交给有利益约束的私营机构进行商业化经营的养老金制度，才能真正实现基金的保值增值，从而最终保证保障对象的利益。例如，智利将养老基金交给具有竞争性的私营公司经营，年收益率达到了 13%以上，这既为国家积累了巨额资金，又切实保障了基金的支付能力。在这方面，美国的三支柱养老保险体系也给我们重要启示，美国的三支柱稍有不同于世界银行提出的社会养老保险、强制性企业年金制度和自愿性养老储蓄的方案，由于其社会养老保险提供的退休金替代率水平相较其他高收入国家较低，所以美国政府在直接作用组织第一支柱同时，重点鼓励企业建立缴费确定（defined contribution）计划（简称 DC 计划）的企业年金制度和自愿的个人退休储蓄账户，组织过程中政府完全放开，强调企业、个人和商业经营机构的市场运作机制，实现基金保值增值的目的。

第二节　养老保险制度模式

以 19 世纪 80 年代德国制定并实施的养老保险法案为起始标志，现代养老保险制度发展已有 130 多年的历史，已从单一项目的制度安排逐渐发展成一个包含多个子系统及众多保障项目在内的安全保障体系。然而，由于社会制度、经济发展水平及传统文化等的差异，各国建立的养老保障制度也不尽相同，从而形成不同的养老保险模式。从各国的养老保险制度的具体安排出发，可以分为四种模式，即福利国家型、社会保险型、强制储蓄型、混合型。

一、福利国家型模式

1942 年，“福利国家”一词出现在《贝弗里奇报告》中，它在社会保障领域意味着全民福利。

福利国家型模式又称为普遍保障型养老保险模式。福利国家型模式下劳动者无须缴纳任何费用，只要满足一定条件就可在达到一定退休年龄后获取一定数额的养老金。其模式最早为英国创设，目前适用该类型的国家还包括瑞典、挪威、澳大利亚、加拿大、日本等。

福利国家型养老保险基金主要来源于国家一般税收，基本由国家和企业承担，个人不缴纳保险费或仅缴纳低标准的养老保险费用。养老保险覆盖全体国民，具有“普遍性”和“全民性”的原则，目的在于保证所有达到老龄段的公民，无论其是否参加过工作，也无论其本人收入多寡，均享有最低生活保障。如瑞典强调只要年满 65 岁，不论其经济地位和职业状况，都可以获得同一金额的基本养老金。需要强调的是，该模式下养老金保障水平相对较低，通常只能保障最低生活水平而不是基本生活水平。

该模式的优势在于运作简单易行，通过国民收入再分配的方式，为老年人提供基本生活保障，以抵消市场经济带来的负面影响。劣势在于为了维持庞大的社会保障支出，政府必须采取高税收政策，这样加重了企业和纳税人的负担；同时，社会成员普遍享受养老保险待遇，缺乏对个人的激励机制，只强调公平而忽视效率。

二、社会保险型模式

社会保险型模式是最早出现的现代社会保障模式，亦被称为传统型或自保公助型养老保险模式，该模式强调待遇与工资收入及缴费（税）相关联，因此也可称为"收入关联型养老保险"。它起源于 19 世纪 80 年代的德国，后来被世界上许多国家引进，包括美国、德国、法国等在内的许多发达资本主义国家和部分发展中国家。

社会保险型养老保险基金来源于国家、企业、个人等缴费，是一种"三方负担"的养老保险制度。该模式是社会养老保险制度发展的主流模式，也是许多国家实行的多层次养老保险模式中最重要的层次。养老保险是以工薪劳动者为核心覆盖群体，围绕着劳动者在年老风险下设置的保险项目，目的是满足因年老不得已退出劳动社会的居民的基本生活需求。该模式强调企业与劳动者个人分担养老保险缴费责任，国家财政给予适当支持，遵循责任分担和风险分担的原则。在这种模式下，退休金的领取一般要具备三个条件：一是劳动者在职期间按月缴纳养老社会保险费（领取低工资的劳动者可以免缴而由用人单位代缴）；二是劳动者在职期间须缴足规定期限的养老保险费；三是达到法定退休年龄。在社会保险型模式下，劳动者享受待遇的权利与缴费义务相联系，但二者并不完全对等，在缴费和给付方式上通过特定的技术机制，使同代人共担风险和共享资源，同时可以实现代际互济。社会保险型模式的筹资方式以现收现付为主。

该模式的优势在于强化责任分担意识，在追求公平的同时亦体现了效率原则。不仅如此，养老保险基金在社会成员之间统筹使用，符合风险管理中的大数法则，具有互助互济的特征。另外，该制度中实行的多层次养老金制度下的工资挂钩退休金制度，一方面使养老金随着在职劳动者平均工资的增加而增加，另一方面也可以抵御一部分由通货膨胀而导致的基金贬值的风险。但由于需随物价指数变化调整退休金给付标准以保证退休者的生活水平，因此技术性比较强，资金管理难度大，成本高。

三、强制储蓄型模式

强制储蓄型模式是指国家依法要求企业和个人缴纳定额保险费，从而建立特别基金，专款专用，分别计入职工的个人账户，由国家设立基金会对养老保险基金进行管理，并通过市场机制实现有偿运营，当职工年老或发生意外时把其全部储蓄和利息按规定定期或者一次性返还于个人。这种养老保险制度有利于发挥个人的自我保障功能，体现多劳多得的原则，也能够保障劳动者退休后的基本生活，激发了劳动者的生产积极性和提高业务水平的主动性；又由于账户制要求资金不断积累，激发了投保人的主人公意识及理财透明化。该模式的典型代表国家为新加坡和智利。

强制储蓄型模式的劣势是政府承担的责任很小，缺乏互济性和分担风险的功能，也难以减少不公平和维护公平，并普遍追求较高的基金投资收益率，容易在持续通货膨胀和金融危机时出现困难。在实行该模式的国家中，对低薪工人或年轻时丧失劳动能力使得工龄很短的投保人来说，由于没有足够的养老金积累额，又无余力购买商业保险，其能否真正解决劳动者的养老问题有待检验。

新加坡养老保障制度以公积金制度为主体，强调劳动者自食其力、自力更生，采取统一的个人储蓄而不是分散的个人储蓄。资金筹集方面由劳动者个人、企业共同负担养老保险费用，政府根据经济发展状况、工资收入及公积金储蓄比例不断调整纳费比例。智利采取的是一种私营管理储蓄积累模式，养老保险基金不由政府统管，由众多基金管理公司按自愿投保、自愿退保原则分别管理，各家公司为争取投保人，必须努力做好服务，降低管理费用，促进了社保基金管理行业的良性竞争。

四、混合型模式

随着老龄化社会不断迅猛发展，现阶段原来实行福利国家型养老保险的国家大多已经或正在向一种混合型制度转轨，即福利国家型养老保险与“收入关联型养老保险”同时并存，共同构成第一支柱的基本养老保险。如在日本，政府建立了“厚生年金”；在英国称为“附加养老金”；在加拿大称为“收入关联年金”。这种收入关联型养老保险的资金主要来源于企业和个人的缴费以及基金的投资收益。

第三节　养老保险的收支平衡、缴费和给付模式

一、养老保险的收支平衡模式

养老保险是社会保障体系中收支最大的项目，社会保险乃至整个社会保障制度的财政状况是否良好，在很大程度上取决于养老保险制度的财政状况是否良好。因此，各国均对养老保险的筹资模式给予高度重视。概括起来，世界各国的养老保险筹资模式主要有现收现付式、完全积累式、部分积累式等三种。

（一）现收现付式

现收现付式是一种以横向平衡原则为依据，即以同一个时期在职缴费的一代人的缴费来支付已经退休的一代人的养老保险财务模式。它从当年或近二三年的社会保险收支平衡角度出发，要求当年或近期内所有参保单位按照统一比例提缴社会保险基金，不为以后提供储备基金的一种基金筹集方式。其特点是以支定收，短期横向平衡为其理论依据，按社会统筹方式管理资金，体现着养老保险负担的代际转移。

现收现付式的优点是收支关系简单，管理方便，避免了物价上涨或通货膨胀带来的资金贬值的风险与保值增值的压力。其缺点是：一是因各期支付额不同而造成费（税）

率波动大，给企业的成本核算带来负面影响；二是养老金的完全代际转移不仅使劳动者社会保险的权利义务关系难以准确体现，容易激化劳动者的代际矛盾；三是以现收现付为基础，缺乏长期规划，没有必要的基金积累，难以应付未来人口老龄化带来的养老费用逐年增加，由此出现基金收不抵支或者被迫连年提高费率的被动局面。

（二）完全积累式

完全积累式是指在对有关社会经济发展指标如退休率、死亡率、新增就业率、工资增长率、利息率等进行宏观上的长期测算后，从追求养老保险收支的长期平衡角度出发，确定适当费率标准，将养老保险支出总和按比例分摊向企业和个人征收，当劳动者退休时，社会保险机构根据参保人投保时间的长短，规定其享受待遇标准的一种筹集养老保险基金的方式。其特点是强调长期纵向平衡，从而确定一个长期的收支平衡费率，且费率较为稳定。

完全积累式的优点有：一是体现了社会保险基金的储备职能，有较为稳定的经济保证，能较好预防人口老龄化冲击，减少政府财政支付压力；二是劳动者的权利与义务关系较为紧密，可以增强劳动者的社会保险意识。其缺点有：一是由于养老基金要在其退休后才能支付，存在物价上涨和通货膨胀导致基金贬值的风险；二是由于投资机构追求投资高回报率，基金面临较大投资风险；三是该模式强调个人（同代）自养，不具有互助互济功能，再分配促公平的功能较弱；四是庞大的资金管理和监督存在各种风险因素，管理成本大。

（三）部分积累式

所谓部分积累式亦称为部分基金式，主要是指要求一部分基金采取现收现付式，以保证当前开支需要；另一部分基金采取积累式，以满足未来不断增长的开支需求。该模式根据分阶段以支定收、略有结余的原则确定征缴费率，保持养老保险基金在一定时期内的收支平衡。

在现实运行中，尽管现收现付式与完全积累式均有自己的特点和长处，但单独采用又存在难以避免的困难。因此，越来越多的国家采取兼具上述两种筹资模式特点的混合筹资模式。部分积累式这种方式的优点是避免了现收现付式和完全积累式的局限性，按照当前实际需要，既可用于当前的费用支付，避免储蓄过多遭受货币贬值损失，又有一定数额储存以应对人口老龄化和可能出现的经济波动。

事实上，一个国家或地区在考虑使用哪种养老保险筹资模式时，须综合考虑人口老龄化、养老保险隐性负债、个人账户“空账”运行及养老保险长期支付等几个主要因素，我国则采取现收现付的社会统筹与积累式的个人账户相结合的统账结合模式。

二、养老保险的缴费模式

养老保险的缴费模式主要包括给付确定型和缴费确定型。

（一）给付确定型

给付确定型模式是指通过事先确定职工退休后每月的养老金待遇水平，再根据养老保险基金的运营状况、职工年龄、服务年限等因素，逐年确定参保人的缴费水平和比例，以实现养老保险基金的整体平衡。在计算缴费时，须将参保人可获得的未来养老金收益分摊到其在职期间每个缴费年度，每年的缴费水平一般等于每年的年成本。因此，这种模式实质是“以支定收”模式。给付确定模式维持的是短期内的横向平衡，一般没有结余，通常和现收现付模式联系在一起。

（二）缴费确定型

缴费确定型模式是结合未来的养老负担、基金保值增值、通货膨胀率、现行劳动力市场和工资水平等因素确定缴费水平，再根据缴费标准筹集养老保险基金，并完全或部分放入劳动者个人账户，在劳动者失去劳动年龄后，以其个人账户中的金额作为养老保险金的一部分。所以，此模式下的养老基金给付水平由养老保险缴费及其投资状况决定，且并不需要对养老成本进行估计。这种模式实质上是“以收定支”，维持的是长期的纵向平衡，通常和完全积累式或部分积累式联系在一起。

三、养老保险的给付模式

按照给付标准是否与享有者工作期间的收入水平有关，可将养老保险的给付模式分为普遍生活保障模式和收入关联模式。

（一）普遍生活保障模式

普遍生活保障模式强调为所有老年居民均提供养老保险，且养老保险金的标准线统一均等无差异，保障水平高低仅与消费水平有关，而与老年人是否为工薪阶层劳动者、退休前的工资收入、缴费年限等均没有关系，一般是保障老年居民的基本生活水平。普遍生活保障模式主要与福利国家型养老保险联系在一起，养老保险的健康可持续运行与强有力的财政支持息息相关。

（二）收入关联模式

收入关联模式强调社会保险费一般由国家、企业和个人三方共同负担，社会保险的缴费额度和养老保险金的给付标准都与劳动者退休前的工资收入有关联。由于这是一种与收入水平有关联的制度模式，其缺点是由于该制度存在排外性，即那些未能参保、未缴费的公民（如农民工、灵活就业人员等）不被包括在该制度之内。收入关联模式更强调权利与义务的平衡，主要与部分积累制和完全积累制密切联系。

第四节 补充养老保险：企业年金

由于世界各国养老保障制度面临越来越大的压力，单一的社会保障制度已经无法应对日益加深的人口老龄化问题，国际上诸多国家相继提出了“多支柱”养老保障体系，即公共养老保险、企业年金和个人储蓄型养老保险三支柱结合的社会养老保险体系。

在发达国家大多数企业的员工福利方案中，企业年金是较具普遍意义的一种员工福利计划，它作为员工现期工资收入的延期支付，对保障和提高员工养老退休后的收入有重要影响。又由于其在制度设计上具有一定灵活性，因此各国的企业年金制度在缴费、给付、运营、管理、投融资模式等方面存在较多的差异。在我国，补充养老保险主要包括以机关事业单位为主的职业年金和以企业为主的企业年金。

一、企业年金的定义

自 1875 年美国快递公司制订的世界上第一个企业年金计划以来，至今企业年金已经实行了 140 余年，在实行养老保障的国家中，已有超过 1/3 的国家实行了企业年金制度，且均普遍形成了固定的法律和监管体系、灵活的市场化运作模式、稳定的税收优惠政策以及合理的给付模式等，在很大程度上有效解决了这些国家的社会养老保障问题，缓解了政府财政压力，分散了社会养老保障责任。国际上该制度在基础理论、制度设计、企业实践等方面都已经比较成熟。相较而言，我国企业年金始建于 20 世纪 90 年代，起步较晚。

企业年金是指在政府强制实施的基本养老保险之外，企业在国家政策的指导下，根据自身实力和经济状况建立的，旨在为本企业职工提供一定程度退休收入保障的制度。从社会角度来看，它既不同于基本养老保险，也不同于商业性的人寿保险，是由国家、企业、个人、市场等多方参与，为提升养老保障水平的补充性养老保险制度；从企业来看，企业年金是为吸引个人长期为企业服务，提升人力资源管理水平和提高劳动生产率的方式。2004 年我国发布的《企业年金试行办法》指出，企业年金，是指企业及其职工在依法参加基本养老保险的基础上，自愿建立的补充养老保险制度。建立企业年金，应当由企业与工会或职工代表通过集体协商确定，并制定企业年金方案。

二、企业年金和社会基本养老保险的区别

企业年金与社会基本养老保险（又称公共养老保险）之间既有区别又有联系。两者的联系主要体现在两种养老保险保障水平的互补性，并且都是为参保人退休后提供一定的经济补偿，以保障他们的基本生活，其区别主要表现在以下几方面。

（一）保障目的与保障程度不同

首先，二者的保障目的不同。其中，社会基本养老保险的保障目的在于为参保人员

提供最基本的生活保障，它是参保人员达到法定退休年龄或丧失劳动能力而按国家规定退出工作岗位时，享受国家给予帮助的一种社会保险，是社会保障体系的基础；而企业年金则是在此基础上提供的补充保障，以提高职工退休后的生活质量，是一项旨在保证员工退休后仍能获得一部分补充养老金的制度，属于企业保障计划和企业福利制度的范畴。其次，两者在保障程度上也存在较大差异。其中，社会基本养老保险是政府对国民应尽的责任，国民享有得到政府保障的权利，而企业年金主要取决于该企业的缴费和经营状况，并非所有企业员工均可以获得。

（二）保障范围不同

首先，社会基本养老保险通常通过国家立法强制实施，制度覆盖范围内的企业和个人均必须参保。资金的筹集和待遇标准由国家统一规定，资金筹集渠道包括国家、企业和个人。国家负担的养老保险资金可以纳入国家财政预算体系，当养老保险基金出现收支不平衡、支付困难时，政府财政承担兜底责任。企业年金则是在国家政策的规范下，按照自愿原则，根据企业的经济能力为职工提供的一种额外福利，一般年金费用来自企业和员工的缴费。其次，企业年金计划一般由独立的经济主体经办，通过个人账户的形式积累个人的养老储备基金，企业年金积累的资金可以由企业行政代表和职工代表组成的基金理事会负责管理，也可以委托专门的基金会负责管理。

（三）基金积累和运营方式不同

首先，二者基金的积累方式不同。其中，企业年金基金一般采用完全积累的方式并进行市场化运营。社会基本养老保险基金则可以采用三种筹资模式，即现收现付制、完全积累制和部分积累制。例如，智利等国采用完全积累制，将公共养老保险基金进行长期积累；还有一部分国家如中国，采用部分积累制，将公共养老保险基金的一定比例进行积累。可以看出，在基金积累方式上，企业年金通常采用长期积累，而养老保险则是长期积累与当期支付相结合。其次，基金的运营方式不同。其中，企业年金的资金主要来源于企业缴费、个人缴费和投资收益等，即通过市场化运作来保障其保值增值，但政府在企业年金制度中必须承担起监管和调控责任，以防范市场风险；而养老保险基金则是由专门的基金理事会按照国家相关规定进行固定渠道的投资和运营。

三、类型划分

（一）按给付方式划分

可以分为待遇确定型（defined benefit，DB）、缴费确定型（defined contribution，DC）或二者结合。如美国的401（K）计划实行缴费确定型管理模式，英国的职业养老金计划采取待遇确定型管理模式。

（二）按责任主体划分

可以分为职业养老金计划和个人养老金计划。在职业养老金计划中，企业是计划参与者与计划相关主体之间的调解人；个人养老金计划则由金融机构在零售市场上直接提供，企业责任主要是供款，监督并要求提供养老金计划的金融机构向计划参与者披露相关信息，如英国的强制性职业养老金计划和自愿性个人养老金计划。

（三）按选择自由度划分

可以分为强制性企业年金计划、自愿性企业年金计划和集体谈判型企业年金计划。其中，强制性企业年金由国家立法规范要求企业必须设立，员工个人不能退出。由于强制性企业年金对计划的管理和基金的充足性提出更加严格的要求，其结果是强制性计划的治理主体比自愿性计划要承担更多法律责任，如英国的强制性职业养老金计划。自愿性企业年金计划是大多数国家采用的企业年金方式。通过集体谈判确立企业年金的方式通常采用较少，只有瑞典等少数国家采用。

四、企业年金的功能和意义

企业年金的功能由企业年金的性质决定。从 1991 年开始我国企业年金制度已有 30 余年，总体上已经有了较大发展。在实践运行中，企业年金发挥了其特有的功能。归纳起来，主要有以下几方面。

第一，补充基本养老保险，提高退休待遇水平。我国在未正式提出企业年金制度前，一直将其称为“企业补充养老保险”，强调其补充性。企业年金作为养老保障体系的一个重要支柱，其实质就是对社会养老保险制度的补充，进而提高养老金替代率，使退休老年人能够享受更高的生活水平。多项研究表明，如果养老金替代率保持在 70%～80%，就能保持职工退休后的生活水平不下降，至于替代率如何在三支柱养老保险体系中分配，各国实践和研究普遍认为，基本养老保险、企业年金和个人储蓄所占保险比分别为 40%～50%、20%～30%、10%比较合理。

第二，促进资本市场和劳动力市场完善，改善劳资关系。企业年金属于长期积累型，采取个人账户制，每个人的企业年金账户存续期均长达数十年，所以它在制约消费基金膨胀、提高国民储蓄率的同时，又能够形成可以用于长期投资的资本，衍生出长期投资和高收益的金融工具。同时企业年金的本质是劳动工资收入的延期支付，工资和企业年金的相互作用可以促进“按劳分配”，减少员工辞职或故意违反劳动合同现象。企业年金的实施又能在一定程度上促进工会等雇员组织的发展，从而对劳动力市场的良性发展和改善劳资关系产生促进作用。

第三，提高劳动生产率，增强企业凝聚力。福利越好的企业对劳动者就越具有吸引力和凝聚力。企业年金按照效率、激励原则建立，工资收入高、工作年限长的员工可积累的企业年金越多，越有利于树立员工长期服务意识。同时，企业年金属于企业自主创立，企业年金的实施可将企业和员工的利益紧密联系在一起，使员工真正产生归属感。

第四，减轻政府负担和养老保险承受能力。企业年金作为养老保障体系的重要支柱，能较好地起到缓解国家财政压力的作用。从替代率来看，如果企业年金在养老保障体系中所占的比例为30%左右，能有效缓解养老保险制度的支付压力，减轻政府在筹资、管理和支付等方面的负担。

第五节　我国基本养老保险制度

养老保险作为我国社会保险中最重要的项目，在中华人民共和国成立以来的70余年里逐步建立并不断发展，走出了一条由国家承担责任到国家与单位责任并重，再到逐渐由政府主导与社会各方共担责任的发展道路。当前，基本养老保险是我国养老保险的第一支柱，由企业职工基本养老保险与城乡居民基本养老保险两部分构成。企业职工基本养老保险制度是由机关事业单位工作人员养老保险制度与企业职工基本养老保险制度“并轨”形成；城乡居民基本养老保险制度是由城镇居民养老保险与新型农村社会养老保险合并形成。另外，职业年金、企业年金是我国养老保险的第二支柱，本节主要介绍我国的企业年金制度。

一、企业职工基本养老保险制度

（一）建立阶段（1949～1956年）

1949年中华人民共和国成立，面临着诸多制度的破旧，社会保险作为惠及每个公民的切身利益，其制度建立成为中华人民共和国成立之初的首要任务。1949年中国人民政治协商会议第一届全体会议通过的《中国人民政治协商会议共同纲领》提出了“逐步实行劳动保险制度”，为我国建立统一的劳动保险提供了最基本的法律依据。中华人民共和国成立初期是我国恢复国民经济最困难的时期，面对旧中国留下的烂摊子，一切百废待兴。在一些大中城市，市场停滞，工商业凋零，甚至工厂关厂、停业，造成大批工人失业。我国的部分省、市和少数产业部门根据实际情况，自行制定了本地区的社会保险暂行办法，但各地区社会保险的险种不同，保险待遇高低不一，组织架构也不健全，管理起来相当烦琐。在这种背景下，1951年政务院颁布《劳动保险条例》，该条例的颁布全面确立了适用于中国城镇企业职工的劳动保险制度。1955年，国务院发布《国家机关工作人员退休处理暂行办法》《国家机关工作人员退职处理暂行办法》《国务院关于处理国家机关工作人员退职、退休时计算工作年限的暂行规定》等，标志着我国国家机关事业单位工作人员退休制度的确立，为国家机关事业单位工作人员在生、老、病、死、伤、残等方面的待遇享受提供了相应法规依据。但是这一时期并未形成国家机关事业单位工作人员的退休制度与企业职工的退休制度并行的格局，由于双方具有各自的法律规范，缺乏统一性，工人与干部之间存在的待遇差别，一定程度上影响了我国后期养老保险制度的改革与发展。

1956 年，我国已经初步建立了以国家为主要责任主体、单位担负共同责任并一起组织实施的养老保险制度。在这种制度安排下，国家直接承担着国家机关事业单位工作人员养老保险费用的供款责任，城镇企业单位负责缴纳职工的劳动保险费用，使得我国的养老保险制度向一种典型的“国家-单位”保障模式发展。

（二）调整阶段（1957～1966 年）

1957～1966 年是我国养老保险制度的调整期，养老保险的范围逐渐扩大，条件逐步放宽，待遇不断提高。1956 年底，“三大改造”基本完成，社会主义制度在我国基本确立，国家转入有计划地全面进行社会主义经济建设的时期，为适应新形势发展，中央政府开始对养老保险制度进行有计划的调整。为此，国务院修改、补充了干部和工人退休、退职的规定，使退休、退职制度更为健全。

1955 年 12 月，国务院发布《关于国家机关工作人员退休和工作年限计算等几个问题的补充通知》，该补充通知的下发在很大程度上解决了国家机关工作人员退休后的实际养老问题，消除了退休人员的后顾之忧，从而保证了国家机关工作人员退休工作的顺利进行。1958 年，《国务院关于工人、职员退休处理的暂行规定》开始实施，并重申和强调了 1953 年《劳动保险条例》及有关文件确立的原则，同时在原有基础上进行修改和增补，将企业职工的养老保险制度单独独立出来。同年 3 月，全国人民代表大会常务委员会第九十四次会议通过《国务院关于工人、职员退职处理的暂行规定（草案）》，该规定在全国工人、职员中统一了退职条件和退职待遇标准，放宽了退职条件，适当提高了退职待遇标准，使工人、职员的退职问题得到较为妥善解决。1964 年，第二轻工业部和全国手工业合作社公布《关于轻工业、手工业集体所有制企业职工、社员退休统筹暂行办法》，将集体所有制企业职工也纳入养老保险范围。

（三）停滞阶段（1967～1976 年）

“文化大革命”期间，我国政治、经济、文化等各领域都遭到严重破坏，养老保险制度自然也不例外，《劳动保险条例》受到根本性否定和批判。专门管理企业职工劳动保险业务的各级工会组织被解散，劳动部被撤销，工作人员被调离，使社会保险工作处于瘫痪局面，国家已经无法有效掌控劳动保险制度的实施。1969 年 2 月，财政部颁布《关于国营企业财务工作中几项制度的改革意见（草案）》规定，“国营企业一律停止提取劳动保险金”，“企业的退休职工、长期病号工资和其他劳保开支改在企业营业外列支”。这使社会保险由原来全国统一的社会保险蜕变为“企业保险”模式，失去了它固有的统筹调剂职能。各项保险待遇由企业自己承担，造成退休人数多的企业负担重，影响了企业的正常生存和发展，也给国家带来沉重负担。因此，“国家-单位”保障的责任重心由国家转向单位，城镇企业、事业单位包办社会的现象迅速扩张，养老保险在很大程度上走向自我封闭的单位化。

（四）改革与发展阶段（20 世纪 80 年代中期~2014 年）

改革开放以来，随着市场经济体制的建立，我国的养老保险制度发生较大变化，表现为原有的退休、离休制度逐渐被养老保险制度所替代，并确立了由政府主导的社会统筹与个人账户相结合的基本养老保险制度。经过近 30 年的发展，我国逐步形成了包括基本养老保险、企（职）业年金和个人储蓄性养老保险及商业养老保险“三大支柱”的养老保险制度，其改革与发展主要分为两个阶段。

1. 改革探索阶段（1986～1997 年）

随着我国市场经济体制的建立、发展及人口老龄化社会到来，退休人员迅速增加，退休金增长迅速，国家在此阶段提出了社会保障社会化原则，并通过中央政府的强有力推动使得国家责任得到适度控制和调整，改变了原来单位包办的局面，居民个人开始承担养老保险的缴费责任等。

1986 年，国家为与企业劳动制度改革相配套，发布了《国营企业实行劳动合同制暂行规定》，规定劳动合同制工人缴纳的退休养老基金数额为不超过本人标准工资的 3%，企业缴纳的退休养老基金，在缴纳所得税前列支，缴纳的数额为劳动合同制工人工资总额的 15%左右。改变了过去完全由国家和企业负担的方式。

1991 年 6 月，国务院发布了《国务院关于企业职工养老保险制度改革的决定》，明确规定养老保险实行社会统筹，费用由国家、企业和个人三方负担，基金实行部分积累，并开始探索建立国家基本养老保险、企业补充养老保险和个人储蓄型养老保险相结合的多层次养老保险体系。

1993 年，党的十四届三中全会通过了《中共中央关于建立社会主义市场经济体制若干问题的决定》，开始探索企业职工养老保险“统账结合”模式，强调国家、企业和个人三方承担责任，明确了养老保险基金实行“社会统筹与个人账户相结合”的原则，使得我国社会保险制度改革具有了里程碑意义的重大突破。

1995 年 3 月，国务院发布了《关于深化企业职工养老保险制度改革的通知》，进一步明确了“统账结合”是我国城镇企业职工基本养老保险制度改革的方向。文件规定养老保险制度改革的目标是：到 20 世纪末，基本建立适应社会主义市场经济体制要求，适用城镇各类企业职工和个体劳动者，保障方式多层次、社会统筹与个人账户相结合、权利与义务相对应、管理服务社会化的养老保险体系。然而现实运行中，却出现了各地管各自、养老金互相攀比、中央难管控等局面。针对上述情况，1997 年 7 月国务院颁布了《关于建立统一的企业职工基本养老保险制度的决定》，标志着社会统筹与个人账户结合的企业职工基本养老保险模式初步确立，我国养老保险制度开始走向新的发展时期。

2. 改革深入阶段（1998～2014 年）

我国养老保险制度的改革已经迈出实质性的步伐，但是改革过程中，还存在诸如养老保险制度不健全，基金收不抵支，区域间、不同群体间差异较大等问题。

2000 年 12 月，《国务院关于印发完善城镇社会保障体系试点方案的通知》成文，决定调整个人账户的规模，个人账户规模由本人缴费工资的 11%调整为 8%。职工个人缴费比例为本人缴费工资的 8%，个人账户储存额的多少，取决于个人缴费额和个人账户基金收益，由社会保险经办机构定期公布。企业依法缴纳基本养老保险费，缴费比例一般为企业工资总额的 20%左右。企业缴费部分不再划入个人账户，全部纳入社会统筹基金，并以省（自治区、直辖市）为单位进行调剂。

2005 年底成文的《国务院关于完善企业职工基本养老保险制度的决定》提出，统一城镇个体劳动者和灵活就业人员的缴费政策，城镇各类企业职工、个体工商户和灵活就业人员都要参加企业职工基本养老保险，并以非公有制企业、城镇个体工商户和灵活就业人员参保工作为重点，扩大基本养老保险覆盖范围。2010 年，《社会保险法》由中华人民共和国第十一届全国人民代表大会常务委员会第十七次会议通过，其明确基本养老保险覆盖对象为职工、无雇工的个体工商户和未在用人单位参加基本养老保险的非全日制从业人员和其他灵活就业人员。

与此同时，这一阶段企业年金、补充养老保险制度进入发展轨道。2000 年 12 月，国务院发布《国务院关于印发完善城镇社会保障体系试点方案的通知》，并选择辽宁省作为试点省份，首次将企业补充养老保险更名为“企业年金”，并给予了企业年金举办单位享受税前列支的税收优惠政策，即企业缴费在工资总额 4%以内的部分可以从成本中列支，企业年金实行市场化管理和运营。2004 年是我国企业年金发展的重要年份，如 1 月劳动和社会保障部发布《企业年金试行办法》；同年 2 月劳动和社会保障部、中国银行业监督管理委员会、中国证券监督管理委员会、中国保险监督管理委员会共同发布了《企业年金基金管理试行办法》，2011 年《企业年金基金管理办法》正式出台，为我国企业年金在补充城镇基本养老保险方面提供了政策和法律层面依据，促进了我国企业年金健康发展。

总结起来，该阶段我国养老保险制度改革的特点如下：第一，改革传统的现收现付制为部分积累制，建立新的资金运作方式；第二，建立社会统筹与个人账户相结合的制度，实行区别对待的“老人老办法，新人新制度”；第三，扩大保险金来源，实行国家、企业和个人共同负担养老保险费的办法；第四，进一步扩大养老保险覆盖面，对城镇大多数劳动者（包括临时工等非正规职工）、城镇居民实行养老保险；第五，建立养老基金保值增值机制，开辟基金投资渠道，避免贬值风险；第六，建立退休金与社会经济发展相挂钩的机制，使退休人员共享经济发展成果。

（五）完善阶段（2015 年至今）

进入新时代，在以人民为中心的发展理念下，秉承协调、共享的新发展理念，借助推进国家治理现代化的契机，我国养老保险制度获得了长足发展，制度统筹、结构整合、管理服务能力提升成为养老保险制度发展的典型体现。

一是机关事业单位工作人员养老保险制度与企业职工基本养老保险并轨。2015 年国务院发布《国务院关于机关事业单位工作人员养老保险制度改革的决定》，机关事业单位工作人员养老保险与企业职工基本养老保险正式“并轨”。此项改革采取机关与事业单位同步改革的方式，针对不同类型事业单位采取差异化改革，实施与企业相同的社会统筹与个人账户相结合的模式，防止了制度设计的“碎片化”。“并轨”后更加有利不同职业群体间的人员流动，有效应对养老保险面临的财务危机，彰显了制度设计的公平、公正。同时，2015 年后，我国发布了多项职业年金办法，为机关事业单位工作人员构建“第二支柱”养老金。

二是完善多层次的社会保险体系建设。“多层次”是各国社会保险发展的根本趋势和基本取向。党的十九届四中全会提出，要坚持和完善统筹城乡的民生保障制度，满足人民日益增长的美好生活需要，这对各类补充性保险的建设与发展提出了更高的要求。为此，我国优化企业年金计划设计，支持更多中小微企业加入企业年金计划，稳步提高企业年金覆盖面；推出以个人商业养老资金账户为基础、个人所得税优惠政策为激励、个人和家庭自主选择参加的税收递延型商业养老保险试点政策。

三是推进社会保险费征收体制改革。为减轻企业负担，我国一直致力于企业降费减负工作。2015 年中央经济工作会议提出在供给侧结构性改革进程中，将“降低社会保险费”作为“降成本”的重要内容，同时下调了企业职工基本养老保险单位缴费比例。2018 年 3 月，国务院印发的《深化党和国家机构改革方案》规定由税务部门全责征收社会保险费，时间自 2019 年 1 月 1 日起。这一方面提高了社会保险资金征管效率，另一方面也大幅降低了企业的运行成本，减轻了企业压力，为公平竞争的市场环境创造了有利条件。征税体制改革也为实现统一养老保险政策、统一基金收支管理、统一责任分担机制、统一集中信息系统、统一经办管理服务、统一考核奖惩机制，以及加快推进企业职工基本养老保险省级统筹奠定了坚实基础。2018 年 6 月，国务院印发的《国务院关于建立企业职工基本养老保险基金中央调剂制度的通知》中提到，决定建立养老保险基金中央调剂制度，具体内容如下。

（1）中央调剂基金筹集。中央调剂基金由各省份养老保险基金上解的资金构成。按照各省份职工平均工资的 90%和在职应参保人数作为计算上解额的基数，上解比例从 3%起步，逐步提高。

各省份在职应参保人数，暂以在职参保人数和国家统计局公布的企业就业人数二者的平均值为基数核定。

某省份上解额 =（某省份职工平均工资×90%）×某省份在职应参保人数×上解比例。

（2）中央调剂基金拨付。中央调剂基金实行以收定支，当年筹集的资金全部拨付地方。中央调剂基金按照人均定额拨付，根据人力资源和社会保障部、财政部核定的各省份离退休人数确定拨付资金数额。

某省份拨付额 = 核定的某省份离退休人数×全国人均拨付额。

其中：全国人均拨付额 = 筹集的中央调剂基金/核定的全国离退休人数。

（3）中央调剂基金管理。中央调剂基金是养老保险基金的组成部分，纳入中央级社会保障基金财政专户，实行收支两条线管理，专款专用，不得用于平衡财政预算。中央调剂基金采取先预缴预拨后清算的办法，资金按季度上解下拨，年终统一清算。

各地在实施养老保险基金中央调剂制度之前累计结余基金原则上留存地方，用于本省（自治区、直辖市）范围内养老保险基金余缺调剂。

（4）中央财政补助。现行中央财政补助政策和补助方式保持不变。中央政府在下达中央财政补助资金和拨付中央调剂基金后，各省份养老保险基金缺口由地方政府承担。省级政府要切实承担确保基本养老金按时足额发放和弥补养老保险基金缺口的主体责任。

再有，企业职工基础养老金已经启动全国统筹。习近平总书记在党的十九大报告中提到："完善城镇职工基本养老保险和城乡居民基本养老保险制度，尽快实现养老保险全国统筹。"而这一目标实现的基础就是省级层面要率先完成养老金的统筹改革。截至2020 年底，我国各省份都实现了企业职工基本养老保险基金省级统收统支，解决了省内地区间基金负担不均衡的问题。2022 年 2 月 22 日，人力资源和社会保障部对外宣布，1 月起企业职工基本养老保险启动全国统筹：①全国统筹制度实施后，将在全国范围内对地区间养老保险基金当期余缺进行调剂，从制度上解决了基金的结构性矛盾问题，困难地区的养老金发放更有保障；②中央和地方怎么分担职责，是全国统筹制度落实的基础。全国统筹实施以后，将建立中央和地方政府的支出责任分担机制。一方面，中央财政对养老保险的补助力度不会减小，保持稳定性和连续性；另一方面，地方政府的支出责任将更加明确，各级政府的责任都将进一步压实；③人力资源和社会保障部将在全国统筹以后，通过加强对养老保险政策、基金管理、经办服务、信息系统等方面的统一管理，进一步提升整体保障能力，增强制度的统一性和规范性，更好地确保养老金按时足额发放，为参保企业和参保人员提供更加方便、快捷的服务。

四是优化养老保险制度社会化管理和服务。为了规范社会保险经办，优化社会保险服务，维护用人单位和个人的合法权益，2021 年人力资源和社会保障部发布关于《社会保险经办管理服务条例（征求意见稿）》公开征求意见的通知，其中提到："社会保险经办机构应当优化服务流程，运用互联网、大数据、人工智能等信息技术，拓宽服务渠道，提升服务效能。"各级社会保险经办机构规定统一使用全国社会保险关系转移系统办理养老保险关系转移接续业务，传递相关表单和文书，减少无谓证明材料。

二、城乡居民基本养老保险制度

2014 年 2 月，《国务院关于建立统一的城乡居民基本养老保险制度的意见》发布，标志着我国的城乡居民基本养老保险制度的建立。同年，《城乡养老保险制度衔接暂行办法》发布，自 2014 年 7 月 1 日开始实施。农村社会养老保险和城镇居民养老保险的统一，标志着我国基本养老保险的"碎片化"得以进一步整合。统一的城乡居民基本养老保险制度，有利于缩小城乡差距、适应经济发展水平、促进城乡协调发展等，在发挥财政优势和解决社会问题中具有重要作用。追溯我国城乡居民基本养老保险制度的前身，主要由城镇居民和农村养老保险整合发展而来。

（一）农村社会养老保险制度（1949～2008 年）

我国农村社会养老保险制度经历了从探索、建立到停顿，再到新型农村社会养老保险制度建立和发展的曲折过程。

1949～1978 年，我国农村社会保障的经济基础主要是集体经济，以农户家庭自我保障为主，集体经济适当扶持。在以后较长时期内，我国内地农村的养老保障突出体现为“五保”供养制度，并发挥了重要的作用。“五保”即对“三无”人员即无法定抚养义务人，无劳动能力、无生活来源的老年人、残疾人，以及未成年人提供保吃、保穿、保住、保医、保葬的社会救助。严格来说，“五保”供养制度实质上属于社会保障体系中最底层的社会救助制度，覆盖面有限，并非真正意义上的社会养老保险。但该制度对我国农村社会养老保险制度的产生和发展有着重要的启示和借鉴意义。

20 世纪 80 年代初，我国少数农村地区开始尝试建立老年农民养老保险制度。1982 年，全国有 11 个省（自治区、直辖市）3457 个生产队实行养老金制度，养老金由大队、生产队根据经济状况按比例分担，构成我国最早的较完全意义上的农村社会养老保险实践。为适应计划生育政策和家庭联产承包责任制的普遍推行，国家“七五”计划提出“建立中国农村社会保障制度雏形”的任务。据此，民政部于 20 世纪 80 年代中期开始要求并指导各地探索建立农村社会保障新制度。1990 年，国务院会议做出了关于农村社会保险由民政部负责的决定。1991 年，民政部开始在山东省组织较大规模的试点，并于 1992 年将《县级农村社会养老保险基本方案（试行）》印发全国。1993 年，国务院批准民政部成立农村社会保险司，1994 年组建农村社会养老保险管理服务中心，加强了对农村养老保险制度的组织与管理。此后，民政部依照国务院部署以及《中华人民共和国国民经济和社会发展“九五”计划和 2010 年远景目标纲要》的要求，结合对试点经验的总结，有计划地扩大试点，进一步在有条件的地区建立农村社会养老保险制度。1995 年 10 月，《国务院办公厅转发民政部关于进一步做好农村社会养老保险工作意见的通知》指出：“在农村群众温饱问题已基本解决、基层组织比较健全的地区，逐步建立农村社会养老保险制度。”为此，民政部先后下发了《关于农村社会养老保险基金风险管理的通知》《县级农村社会养老保险管理规程（试行）》等一系列文件。

2002 年 10 月，劳动和社会保障部向国务院递交了《关于整顿规范农村养老保险进展的报告》，提出农村社会养老保险工作要坚持在有条件的地区逐步实施，同时研究探索适合农民工、失地农民、小城镇农转非人员特点的养老保险办法。以此为标志，农村社会养老保险工作进入新的发展阶段。

归纳起来，旧农村养老保险制度经历了从繁荣到衰退的变迁，形成了具有鲜明时代特色的养老保险制度。其特点包括：以农民自我保障为基础，采取以个人缴费为主、以集体补助为辅、国家予以政策扶持的筹集资金方式，体现了“自助为主、互助为辅”的原则；建立个人账户，明确资金所有权，按账户中的积累额确定发放标准；制定不同的缴费标准，使制度更具灵活性，适应农民收入不稳定的特点；实行农村务农、务工和经商等各类人员社会养老的一体化，有利于农业劳动者在不同岗位之间的自由流动。但这一时期的农村养老保险金缺乏社会性、福利性和互助共济的功能，存在保障水平过低、受益范围过小等问题。

（二）新型农村社会养老保险制度（2009～2013 年）

1. 发展历程

2008 年，党的十七届三中全会审议通过《中共中央关于推进农村改革发展若干重大问题的决定》，决定提出按照个人缴费、集体补助、政府补贴相结合的要求，建立新型农村社会养老保险制度。2009 年 9 月，《国务院关于开展新型农村社会养老保险试点的指导意见》发布，我国正式启动新型农村社会养老保险试点工作。2010 年 3 月，政府工作报告中提出，扎实推进新型农村社会养老保险试点，试点范围扩大到 23%的县。人力资源和社会保障部发布的 2011 年全国社会保险情况显示，截至 2011 年底，全国有 27 个省、自治区的 1914 个县（市、区、旗）和 4 个直辖市的部分县纳入国家新型农村社会养老保险试点，总覆盖面约为 60%，并计划在 2020 年之前基本实现对农村适龄居民的全覆盖。为此，亿万农民将和城市居民一样具有基本生活保障，农村沿袭几千年的“养儿防老”传统，逐渐被基本性、公平性、普惠性的新型农村社会养老保险制度所取代。

2. 参保范围

根据《国务院关于开展新型农村社会养老保险试点的指导意见》，新型农村社会养老保险试点采取“保基本、广覆盖、有弹性、可持续”的基本原则，将参保对象界定为年满 16 周岁（不含在校学生）、未参加企业职工基本养老保险的农村居民，可以在户籍地自愿参加新型农村社会养老保险。制度的实施过程是否真的做到了四个基本原则，就要检验其基础养老金是否无条件地发放以及是否体现收入再分配和互助共济的功能。

3. 资金筹集

（1）个人缴费：分为每年 100 元、200 元、300 元、400 元、500 元 5 个档次。

（2）集体补助：集体补助标准由村民委员会召开村民会议民主确定。鼓励其他经济组织、社会公益组织和个人为参保人缴费提供资助。

（3）政府补贴构成：地方政府应当对参保人缴费给予补贴，补贴标准不低于每人每年 30 元；对选择较高档次标准缴费的，可给予适当鼓励，具体标准和办法由省（自治区、直辖市）人民政府确定。对农村重度残疾人等缴费困难群体，地方政府为其代缴部分或全部最低标准养老费。

4. 养老金待遇

养老金待遇由基础养老金和个人账户养老金组成，支付终身。基础养老金标准为每人每月 55 元。地方政府可以根据实际情况提高基础养老金标准，对于长期缴费的农村居民，可适当加发基础养老金，提高和加发部分的资金由地方政府支出。

个人账户养老金的月计发标准为个人账户全部储存额除以 139。参保人死亡，个人账户中的资金余额，除政府补贴外，可以依法继承，政府补贴余额用于继续支付其他参保人的养老金。

5. 养老金待遇领取条件

年满 60 周岁、未享受企业职工基本养老保险待遇的农村有户籍的老年人，可以按月领取养老金。新型农村社会养老保险制度实施时，已年满 60 周岁、未享受企业职工基本养老保险待遇的，不用缴费，可以按月领取基础养老金，但其符合参保条件的子女应当参保缴费。距领取年龄不足 15 年的，应按年缴费，也允许补缴，累计缴费不超过 15 年；距领取年龄超 15 年的，应按年缴费，累计缴费不少于 15 年。

6. 基金管理

新型农村社会养老保险基金纳入社会保障基金财政专户，实行收支两条线管理，单独记账、核算，按有关规定实现保值增值。在试点阶段，新型农村社会养老保险基金暂实行县级管理，随着试点范围的扩大和普及，逐步提高管理层次，有条件的地方也可直接实行省级管理。

新型农村社会养老保险制度的建立，是中央继免除农业税、实行农村直补和新型农村合作医疗之后又一重大惠农政策，是我国建立覆盖城乡居民的社会保障体系的又一重大突破。根据 2018 年 12 月 29 日第十三届全国人民代表大会常务委员会第七次会议《关于修改〈中华人民共和国社会保险法〉的决定》修正的《社会保险法》再次明确：新型农村社会养老保险待遇由基础养老金和个人账户养老金组成；参加新型农村社会养老保险的农村居民，符合国家规定条件的，按月领取新型农村社会养老保险待遇。

（三）城镇居民社会养老保险制度（2010～2013 年）

针对部分城镇居民因无法享受职工基本养老保险和农村养老保险而处于制度“盲区”，产生“老无所养”的状态，一些地方开展了城镇居民养老保险制度的试点探索。上海、北京、苏州、杭州、广州等经济发达城市，依靠地方财政力量，率先探索了城市居民养老保障办法，天津、重庆、成都、郑州等地也出台了城乡一体化的居民养老保险政策。这些举措对于保障无职业、无收入、年龄较大的城镇弱势群体居民，对实现基本养老保险在制度上的全覆盖具有重要意义。

2011 年《国务院关于开展城镇居民社会养老保险试点的指导意见》发布，宣布自 7 月 1 日起启动城镇居民社会养老保险试点，这使我国社会养老保险制度的最后一片盲区得以覆盖。城镇居民社会养老保险制度按照“社会统筹与个人账户结合、政府主导与居民自愿结合、个人缴费与政府方面补贴结合、筹资标准和待遇水平与经济发展及各方面承受能力相适应”的原则，2012 年基本实现城镇居民养老保险制度全覆盖。

《国务院关于开展城镇居民社会养老保险试点的指导意见》规定其参保对象为满 16 周岁（不含在校学生）、不符合职工基本养老保险参保条件的城镇非从业居民。

需要指出的是，目前关于城镇非从业居民没有统一规定，从各省（自治区、直辖市）城乡居民基本养老保险制度的实施情况来看，主要包括以下几类人群：第一，城镇失业居民；第二，城镇残疾居民；第三，城镇 60 周岁以上没有社会养老保险的城镇居民；第四，城镇就业不稳定人员；第五，城镇灵活就业人员。虽然灵活就业人员被纳入企业职工基本养老保险的参保范围，但由于其收入不稳定，难以承担企业职工基本养老保险的缴费负担。故对于缴费确有困难的城镇灵活就业人员，可以自愿参加城镇居民社会养老保险。

（四）城乡居民基本养老保险制度（2014 年至今）

1. 发展历程

新型农村社会养老保险制度和城镇居民社会养老保险制度的分割运行是我国长期以来城乡二元结构的重要体现。但是经济社会的发展、城乡统筹的深化对建立城乡统一的社会养老保险制度提出了要求。从制度本身来看，新型农村社会养老保险和城镇居民社会养老保险的制度设计存在很大相似之处，为两者整合奠定了基础。从具体实践来看，2011 年城镇居民社会养老保险建立之时，一些省份将其与新型农村社会养老保险合二为一，作为一个制度来运行。

2014 年 2 月，国务院在总结新型农村社会养老保险制度和城镇居民社会养老保险制度实施经验的基础上，发布《国务院关于建立统一的城乡居民基本养老保险制度的意见》，决定将新型农村社会养老保险和城镇居民社会养老保险制度两项制度合并实施，在全国范围内建立统一的城乡居民基本养老保险。明确“十二五”末，在全国基本实现新型农村社会养老保险和城镇居民社会养老保险制度合并实施，并与职工基本养老保险制度相衔接。2020 年前，全面建成公平、统一、规范的城乡居民基本养老保险制度，与社会救助、社会福利等其他社会保障政策相配套，充分发挥家庭养老等传统保障方式的积极作用，更好保障参保城乡居民的老年基本生活。

城乡居民基本养老保险缴费档次在新型农村社会养老保险和城镇居民养老保险的基础上，增加到 12 档，增设了 1500 元和 2000 元两个档次；取消了农村年满 60 周岁，未享受企业职工基本养老保险待遇的，不缴费，按月领取基础养老金中“其符合参保条件的子女应当参保缴费”这一条件；2014 年 7 月 1 日起，全国城乡居民基本养老保险基础养老金最低标准由原来的 55 元/（人·月）增加到 70 元/（人·月）；增加了城乡居民之间、城乡居民与企业职工之间的制度转移接续。近年来，多地不断出台城乡居民基本养老保险基础养老金上调方案，适当提高本地区基础养老金最低标准。

2. 参保范围

《国务院关于建立统一的城乡居民基本养老保险制度的意见》规定，城乡居民基本养老保险制度的参保范围为年满 16 周岁（不含在校学生），非国家机关和事业单位工作人员及不属于职工基本养老保险制度覆盖范围的城乡居民。

3. 基金筹集

城乡居民基本养老保险基金由个人缴费（标准划分为每年 100 元、200 元、300 元、400 元、500 元、600 元、700 元、800 元、900 元、1000 元、1500 元、2000 元 12 个档次）、集体补助、政府补贴构成。其中，中央财政对中西部地区按中央确定的基础养老金标准给予全额补助，对东部地区给予 50%补助；地方人民政府应当对参保人缴费给予补贴，对选择最低档次标准缴费的，补贴标准不低于每人每年 30 元；对选择较高档次标准缴费的，适当增加补贴金额。

4. 建立个人账户

个人缴费、地方人民政府对参保人的缴费补贴、集体补助及其他社会经济组织、公益慈善组织、个人对参保人的缴费资助，全部计入个人账户。

5. 养老保险待遇及调整

城乡居民基本养老保险待遇由基础养老金和个人账户养老金构成，支付终身。

中央确定基础养老金最低标准，建立基础养老金最低标准正常调整机制，根据经济发展和物价变动等情况，适时调整全国基础养老金最低标准。地方人民政府可以根据实际情况适当提高基础养老金标准；对长期缴费的，可适当加发基础养老金，提高和加发部分的资金由地方人民政府支出，具体办法由省（自治区、直辖市）人民政府规定，并报人力资源和社会保障部备案。

个人账户养老金的月计发标准，目前为个人账户全部储存额除以139。如参保人死亡，个人账户资金余额可以依法继承。

由于城乡居民基本养老保险制度建立时间不长，还存在着保障水平较低、待遇确定和正常调整机制尚未健全、缴费激励约束机制不强等问题。2018年3月，《人力资源社会保障部 财政部关于建立城乡居民基本养老保险待遇确定和基础养老金正常调整机制的指导意见》发布，明确了主要任务：完善待遇确定机制，建立基础养老金正常调整机制，建立个人缴费档次标准调整机制，建立缴费补贴调整机制，实现个人账户基金保值增值。该意见对于进一步完善城乡居民基本养老保险制度具有重大意义，标志着城乡居民基本养老保险跨入全面发展的新时代。

6. 养老保险待遇领取条件

《国务院关于建立统一的城乡居民基本养老保险制度的意见》中指出，参加城乡居民基本养老保险的个人，年满60周岁、累计缴费满15年，可以按月领取城乡居民基本养老保险待遇。新型农村社会养老保险或城镇居民社会养老保险制度实施时已年满60周岁，在本意见印发之日前未领取国家规定的基本养老保障待遇的，不用缴费，自本意见实施之月起，可以按月领取城乡居民基本养老保险基础养老金；距规定领取年龄不足15年的，应逐年缴费，也允许补缴，累计缴费不超过15年；距规定领取年龄超过15年的，应按年缴费，累计缴费不少于15年。

7. 转移接续与制度衔接

参加城乡居民基本养老保险的人员，在缴费期间户籍迁移、需要跨地区转移城乡居民基本养老保险关系的，可按照迁入地规定继续参保缴费，缴费年限累计计算。这样极大程度解决了社保因异地工作缴不上保险而选择“断保”的问题，解决了异地缴费争议问题，更加普惠于民。《中华人民共和国2022年国民经济和社会发展统计公报》的数据显示，2022年，我国城乡居民基本养老保险参保人数为54952万，比上年末增加155万人。可见，城乡居民基本养老保险制度已成为我国社会保障体系的重要组成部分。城乡社会养老保险政策的衔接符合我国城乡一体化发展战略，加快了城乡协同发展布局，为建立公平、公正、可持续发展的养老制度奠定了坚实的基础。

三、我国基本养老保险的重要补充：企业年金

（一）制度构架

1. 运行主体

我国企业年金主要包括参与职工、企业、政府部门和市场运营主体等四个方面，责任体系较为明晰。其中企业是企业年金建立和制定方案的主体，在企业年金运营过程中，以“维护职工和企业利益”为中心对受托人等进行合理的选择委托与监督；职工则是企业年金主要的受益人和最终委托人，在遵守法律的限制性条款下，企业职工自愿参与企业年金计划并且在与企业协商一致的情况下确定缴费比例和归属期限，履行缴费义务以及享受领取权益；政府则是企业年金的监管主体，负责企业年金的制度制定、规范、监管与提供必要的服务；市场是企业年金基金的运行主体，参与者主要包括各个金融、债券、保险、基金和商业银行等企业。

2. 管理方式

我国已经基本确立了市场化的信托管理基本模式。为了保障企业年金发展的安全性，早在 2004 年前我国企业年金运作主要实行的就是“非市场化”管理方式，主要由企业、各地社会保险经办机构和商业银行进行管理运作。2006 年之后，我国企业年金正式进行“市场化”运作模式，2017 年在《企业年金办法》中进一步明确该模式。

3. 监管方式

我国坚持分级管理和属地原则，对企业年金基金的运营实行严格数量管控。按照该原则，人力资源和社会保障部门主要负责对所属区域内各个企业以及受托人进行行政类分级监管，包括审批企业年金计划，制定基金管理有关政策，调整投资范围、投资比例和管理费用等工作；国有资产监督管理委员协助相关部门对中央企业企业年金监督监管。证监会、银监会和保监会主要负责对市场运行主体进行专业化金融监管；在投资监管方面，我国政府则采用严格数量监管模式，对投资范围等进行严格数量控制。

4. 税收和给付

在给付模式的选择中，国际上普遍存在 DC 计划模式、DB 计划模式和混合模式三种。我国采用的是 DC 计划模式，在税收优惠政策上，采用延迟纳税（exemption exemption taxation，EET）税收优惠模式，这是一种延迟税收优惠模式，其中在补充养老保险业务的购买阶段和资金运用阶段免税，在养老金领取阶段征税。具体来说，EET 模式意味着对企业和职工向企业年金计划的缴费以及企业年金计划的投资收益给予免税待遇，但对退休职工从企业年金计划领取的养老金要进行征税。

（二）我国企业年金的发展历程

1. 探索阶段（1991～1999年）

1991年，《国务院关于企业职工养老保险制度改革的决定》中首次提出“国家提倡、鼓励企业实行补充养老保险”。这标志着企业年金制度作为我国养老保障体系“第二支柱”的一部分正式启动。

1997年，《国务院关于建立统一的企业职工基本养老保险制度的决定》发布，鼓励各个地区在制度规范要求内积极发展企业补充养老保险，并积极改革基本养老保险制度。

我国东部经济发达地区相继发布符合地方经济发展情况的地方性企业年金政策性文件，并以税收优惠等方式给予一定鼓励，推动了地方企业年金的发展，为企业年金制度在全国范围内开展奠定基础。国家在企业年金制度探索阶段，虽然明确了管理主体、决策程序、给付模式等企业年金等内容，但可看出，该阶段并未明确提出“企业年金”的制度内涵和制度安排，仍然以补充养老保险的模糊形式出现。

2. 试点阶段（2000～2003年）

2000年，《国务院关于印发完善城镇社会保障体系试点方案的通知》发布，该文件首次提出“企业年金”，并规定了市场化运作、员工缴费比例、账户积累形式等方面内容。2001年，辽宁省率先进行了企业年金的试点工作，并出台《辽宁省完善城镇社会保障体系试点实施方案》，该规定中明确提出了企业年金建立的三个条件，可采取自办或者专业机构经办的方式进行，其管理与经营须获得国家相关部门的批准与认可，其他内容则与《国务院关于印发完善城镇社会保障体系试点方案的通知》中的内容大体一致。该阶段国家明确了企业年金的市场化运营、员工缴费比例等内容，确定了与基本养老保险所采用的现收现付制不同的完全积累制的筹资模式，并积极开展试点工作，为后续企业年金发展奠定了制度基础。

3. 初步形成和发展阶段（2004年至今）

2004年是我国企业年金发展的重要年份，国家发布了多项企业年金的规章制度，对企业年金的建立与运行进行了相应规范。其中，2004年1月国家发布《企业年金试行办法》，2004年2月又发布了《企业年金基金管理试行办法》，促进企业年金在全国范围内推广施行。

2013年，财政部等部门联合发布《关于企业年金 职业年金个人所得税有关问题的通知》，明确了我国实行EET的税收优惠模式，被称为中国的“401（K）”计划。该文件的出台提升了税收优惠的激励性，降低了企业缴费成本。2011年《企业年金基金管理办法》正式出台，进一步提升了企业年金基金运作的规范性。

2017年，《企业年金办法》正式发布，作为企业年金制度的“根本大法”，此次修改表明了我国发展企业年金制度的决心，为更好推动企业年金发展起到十分关键的作用。

（三）我国企业年金存在的问题

1. 企业和职工对年金认识不足

企业年金的推广离不开企业的建立与支持。《2021 年度全国企业年金基金业务数据摘要》显示，截至 2021 年末我国企业年金积累基金 2.64 万亿元，11.75 万个企业建立了企业年金制度，参加职工人数达 2875.24 万人，企业年金已经初具规模。但当前我国企业年金的覆盖率、基金规模均较低，究其原因，企业积极性低是主要因素之一。主要表现如下：首先，企业社会责任意识不强，对企业年金的认识存在偏差，对企业年金的建立、运营、收益等机制认知不够，简单认为企业年金只会增加企业经营负担，而看不到企业年金在优化薪资结构、提升企业形象、防止人才流失等方面的积极作用。其次，部分企业的薪酬福利制度不完善。现阶段我国一些企业尤其是一些中小企业的薪酬福利制度不完善，在选择员工激励方式时普遍倾向于选择现金奖励或者股权激励计划、带薪休假等，而那些经过长期和复杂运作才能见到收益的企业年金制度则不受青睐。

2. 资金投资渠道不畅与投资风险并存

我国企业年金基金投资还处于起步阶段。相较而言，我国金融市场的整体发展水平不高，整体处于由政策性银行向商业性银行的转型阶段。因此，企业年金在金融市场中的运行规则与运行程序短期较难成型，总体上呈现投资渠道狭窄，基金运营活力不够。在企业年金基金资产分布中，银行存款和债券投资占企业年金资产总额的比重较高，存入财政专户和现金、股票等其他形式的资产相对不足。

事实上，人力资源与社会保障部发布的《2021 年度全国企业年金基金业务数据摘要》数据显示，2015～2021 年，我国建立企业年金制度的企业从约 7.55 万个增加到 11.75 万个；参加制度的职工约从 2316 万人发展到 2875 万人，累计积累基金从 9525 亿元增长到 26406 亿元，企业年金基金当年加权平均收益率从 2015 年的 9.88%降到 2021 年的 5.33%，呈现出不稳定态势，企业年金收益率较不稳定，对增强制度信心以及保持稳定增值方面会产生负面影响。

3. 税收优惠政策不到位

从税收规范性看，我国关于企业年金制度的税收法律条文不清晰。关于企业年金税收优惠的政策规定，主要体现在 2013 年由财政部、人力资源和社会保障部、国家税务总局三部委共同发布的《关于企业年金 职业年金个人所得税有关问题的通知》中，但该文件关于企业年金的税收政策篇幅较短且较为不明确，容易产生政策漏洞，会降低人们对企业年金制度的信任度，影响企业年金的参与率。从税收优惠力度看，我国企业年金税收优惠力度偏低。较强的税收优惠力度是提升覆盖率的重要方式，但从我国当前的政策来看，企业年金缴费和企业年金税收优惠政策中，缴费上限和扣除比例均偏低。事实上，国家对企业年金税收优惠不足，一定程度上会影响企业开展企业年金的动力。为此，为促进我国企业年金健康可持续发展，需要国家相关部门尽快出台具体、明确及优惠力度较大的税收优惠政策。

四、现阶段我国养老保险制度运行存在的问题及对策建议

（一）养老保险制度运行存在的问题分析

1. 人口老龄化下养老保险财政收支负担加大

人口老龄化即人口年龄结构的老龄化，是指 60 岁或 65 岁以上老年人口比例在人口年龄结构中持续增长的态势，超过一定比例标准后，我们就说这个社会的人口年龄结构正在逐渐进入老龄化，并根据不同的比例判定老龄化的程度。1956 年联合国《人口老龄化及其社会经济后果》对划分老龄化国家给予了明确指标：如果一个国家或地区 65 岁以上老年人口占人口总数的 7%，那么，这个国家或地区就进入人口老龄化社会。第七次全国人口普查数据显示，我国 60 岁及以上人口有 2.6 亿人，占全国人口比重 18.7%，其中 65 岁及以上人口 1.9 亿人，占全国人口比重 13.5%，可见我国老龄化程度之深。人口年龄结构的老龄化对未来社会的经济活力、社保基金、抚养比、养老事业、文化等方面，以及对中国现代化进程的推进将产生一系列的深远影响。

在养老基金方面，随着我国社会老龄化程度持续加深、加速，领取养老金的人数也日渐超出养老金正常运营的资金循环能力，养老金保险收不抵支情况日趋严重，相较于 2015 年，2022 年企业职工和城乡居民养老基金收入增长了约 113.32%，基金支出却增长了约 125.03%，基金支出增长幅度超过基金收入幅度约 11.71 个百分点。①

在持续老龄化与社会不确定风险增加的情况下，养老保险基金收支压力不断显现，为此，2022 年 1 月我国实现了企业基础养老金的全国统筹，如何持续加强全国养老统筹工作的有序推进，有效应对老龄化社会带来的养老保险基金的可持续性问题，成为当前及今后很长一段时期内我国需要关注的重点。

2. 养老金待遇水平和待遇调整机制有待完善

一是城乡居民基本养老保险待遇与企业职工差距较大。虽然城乡居民月人均基本养老金近年来呈现出稳步上升的趋势，但全国城乡居民基本养老保险的待遇水平始终远低于同时期的企业职工月人均养老金，也低于农村低保标准，仅依靠基本养老金收入，难以保障最基本的生存需求。当前，城乡居民月基本养老金与企业职工月基本养老金相比差距在 20 倍左右，与机关事业单位工作人员基本养老金差距更大，并呈持续加剧的态势。②

二是企业退休人员与机关事业单位人员的基本养老保险待遇差距大。2015 年，《国务院关于机关事业单位工作人员养老保险制度改革的决定》发布，对机关事业单位工作人员养老保险制度进行改革。同时决定，统一提高全国城乡居民基本养老保险基础养老金最低标准，再次提高全国企业退休人员基本养老金标准。《国务院关于机关事业单位

---

① 根据 2015 年和 2022 年人力资源和社会保障事业发展统计公报数据计算而得。

② 陈起风，李春根. 从社会主要矛盾转化看基本养老保障制度改革：契机与路径. 华中农业大学学报（社会科学版），2019（6）：130-138，166.

工作人员养老保险制度改革的决定》规定，机关事业单位实行社会统筹与个人账户相结合的基本养老保险制度，由单位和个人共同缴纳基本养老金，计发办法、待遇水平与缴费相关联，建立了多缴多得、长缴多得的养老金激励机制。制度上，机关事业单位工作人员养老纳入了养老保险制度的范畴，但就待遇来看，近年来虽然国家未曾主动公开机关事业单位工作人员基本退休（养老保险）待遇，但远高于企业退休人员基本养老金水平已然是不争的事实。有学者测度发现，从 2005 年起，国家将企业退休人员基本养老金纳入正常调整机制，机关事业单位退休职工与企业退休人员基本养老金待遇差有所缩小。可以看出，目前基本养老保险待遇呈现不同群体待遇不同的特点，待遇从高到低依次是机关事业单位退休职工＞企业退休人员＞城乡居民。

三是常态化养老金待遇调整机制有待完善。2005 年《国务院关于完善企业职工基本养老保险制度的决定》确立了城镇企业退休人员基本养老金的正常调整机制，待遇调增具有规律性、主动性。2005～2024 年我国不断提高退休人员养老金，实现养老金 19 年连涨。其中，2005~2015 年，除 2006 年涨幅为 23.7%以外，其他年份每年以 10%左右的幅度增长。2016 年起增幅降低，其中，2016 年为 6.5%，2017 年为 5.5%，2018 年、2019 年、2020 年均为 5%，2021 年为 4.5%，2022 年为 4%，2023 年为 3.8%，2024 年为 3%，可以看出，伴随着我国经济发展进入新常态，我国企业退休人员养老金标准逐步调整到与经济发展相适应的轨道上来，确保养老金待遇增幅与经济增幅基本实现“同频共振”。需要指出的是，在城乡居民基本养老保险基础养老金调整标准上，还存在调整力度不大，调整频率不高，涨幅相对较小，远不及企业职工基本养老金年均增长幅度的问题。

3. 养老保险缴费机制规范性不够

基本养老保险实行“并轨”以来，机关事业单位工作人员与企业职工均按照《社会保险法》执行参保缴费政策与计发办法，养老金与缴费年限、缴费基数挂钩，体现多缴多得。但现实情况是企业职工在缴费基数和缴费年限呈现出诸多差异，尤其是在原来人力资源和社会保障部门的征缴体制下，主要表现在体制内外的缴费基数的差别。机关事业单位社保相关管理制度相对规范，缴费基数较实；而企业尤其是中小微民营企业，出于市场环境、企业成本、利润空间等的考虑，在企业上报缴费基数时习惯于低报缴费基数，一些地方政府出于地区发展考虑，对一些企业低报缴费基数甚至按照较低费率进行缴费的行为不予以追究。为更好理顺工作年限和缴费年限的关系，并轨后体制内工作年限视同缴费年限成为计发过渡性养老金的重要依据。可见并轨运行保证了机关事业单位工作人员的人事关系稳定性和基本养老金享受权益，但企业尤其是中小微民营企业人员工作变动的可能性，使其劳动关系稳定性差，尤其在经济不景气、失业风险加大的情况下，失业现象增加可能导致缴费中断。

4. 多层次、多支柱养老保险体系发展不平衡

我国多层次、多支柱养老保险体系的第一支柱是基本养老保险，包括企业职工基本养老保险和城乡居民基本养老保险。第二支柱是企业年金和职业年金，由用人单位和职工个人共同缴费，通常采取完全积累的方式，国家给予税收优惠等政策扶持。具有公共

养老金性质的第一支柱基本养老保险"一支独大"，企业年金受到第一支柱较高缴费率以及企业缴费动力不足等因素的影响，发展缓慢，且地区发展存在差异。如前所述，我国企业年金市场主体参与程度逐步上升，但覆盖人群有限。当前我国企业年金覆盖范围较小，中小微民营企业覆盖占比较低，只有少数人才能享受到企业年金的待遇。从地区分布来看，上海、北京、江苏、广东、浙江等发达地区企业年金资产金额较高，而二三线地区的企业年金资产金额较小，发展力度较小。与企业年金不同，职业年金的覆盖对象是机关事业单位人员，但是我国职业年金制度建立得比较晚，仍有待进一步发展。

第三支柱是个人储蓄性养老保险和商业养老保险，具体包括个人养老金制度和其他个人商业养老金融业务两个部分，但总体规模较小。总之，目前我国养老保险体系存在第一支柱"一支独大"，第二支柱是"一块短板"，第三支柱则发展较为滞后的困境。

5. 区域间养老保险发展差异较大

随着省级统筹的不断推进，我国 31 个省（自治区、直辖市）的养老保险基本完成省（自治区、直辖市）级统筹，大致实现基本养老保险的省内自平衡，同时在省域范围内互助互济，参保缴费、待遇计发办法在省级行政区达成了统一，省域范围内不平衡的问题基本得到解决。然而，现阶段基本养老保障制度的主要矛盾集中体现在区域间、省份间的差异，尤其是抚养比和基金收支方面的差异。第一，省际老年抚养比差异较大。一般而言，人口流动呈现出从欠发达地区到发达地区流动的特点，影响着不同地区的老年抚养比。我国老年抚养比从 1982 年的 8%上升到 2023 年的 22.5%，其中，广东省青壮年人口聚集较多，养老负担较轻。而历史包袱较重的东北老工业基地及内蒙古、甘肃等人口净流出的地区，缴费供款人数少，待遇领取人口占比高，造成这些地区当期收不抵支，而且累计结余已穿底，基本养老保险制度的可持续性面临巨大挑战。第二，省际养老保险基金收支状况差异较大。收支平衡，略有结余是养老保险基金健康可持续运行的基本表现，一般来讲，养老保险基金要求至少有 9 个月的备付期。伴随着经济发展、人口流动等因素的影响，31 个省（自治区、直辖市）间的职工基本养老保险基金当期结余、累计结余、支付能力差距进一步拉大。2013 年，黑龙江的企业职工基本养老保险基金出现当期收不抵支的情况，2014 年当期收不抵支的省（自治区）增至黑龙江和宁夏 2 个，2015 年增至 7 个省（自治区），分别是黑龙江、西藏、辽宁、河北、吉林、陕西和青海；2020 年出现当期收不抵支的省（自治区）高达 22 个。同时，经济发展较好，人口净流入的省（直辖市）如广东、北京、江苏、浙江等，基金收入大于支出，职工基本养老保险基金累计结余占全国职工基本养老保险基金结余额的一半以上。可见，东部地区的省（直辖市）基金积累规模将持续加大，而东北、西北地区的省（自治区）基金压力将持续增大。

（二）完善养老保险制度的政策建议

1. "开源节流"实现养老保险收支平衡

养老保险基金可持续性问题的解决关系到我国社会的转型发展和人民的福利，也影响着退休职工的福利待遇。总而言之，缓解养老保险基金收不抵支的问题对社会养老保险体系的发展有无比重要的意义，对养老保险基金“开源节流”是最好的办法，主要可以从以下两个方面入手。

“开源”：继续扩大参保覆盖面。通过增加参保人数来降低老年抚养比，缓解地区间基本养老保险收支失衡的问题。党的十九大提出“全面实施全民参保计划”。如今在我国企业职工基本养老保险覆盖的人群中，企业职工、城镇个体工商户、灵活就业人员以及农民工群体的参保率已经有所提高，但由于受参保意识、收入水平和流动性等因素的影响，灵活就业人员参保率依旧较低，且中断参保的现象时有发生。可根据灵活就业人员工作的流动性与收入的波动性来改革养老保险制度，重点从降低缴费基数，增强对灵活就业低收入者参保激励的角度出发。

“节流”：推行渐进式延迟退休年龄政策。2023 年，我国居民人均预期寿命已达到 78.6 岁，养老保险基金收不抵支的问题也早已显现出来。通过借鉴发达国家的经验，为了深入贯彻落实党中央关于渐进式延迟法定退休年龄的决策部署，适应我国人口发展新形势，充分开发利用人力资源，2024 年 9 月，第十四届全国人民代表大会常务委员会第十一次会议通过《全国人民代表大会常务委员会关于实施渐进式延迟法定退休年龄的决定》，同步启动延迟男、女职工的法定退休年龄，用十五年时间，逐步将男职工的法定退休年龄从原六十周岁延迟至六十三周岁，将女职工的法定退休年龄从原五十周岁、五十五周岁分别延迟至五十五周岁、五十八周岁。相关学者发现，延迟退休延长了缴费年限，促进了养老保险基金积累，有利于养老金替代率的提升。实行延迟退休政策需要考虑到各种现实的情况，慎重选择政策实施的时间、实施的周期以及实施的速度。首先，关于延迟退休政策的实施时间，需要在合理调查和对政策分析论证的基础上，结合就业率、CPI 等其他经济指标，选择最适合的时机去实施。其次，延迟退休对养老保险基金收支平衡的影响较大，所以推行渐进式延迟退休年龄政策方案时，应制定合理的实行时间，使其效果能够一直维持。另外，延迟退休政策应该考虑到性别的问题，兼顾男女公平。解决养老金可持续性问题是一个牵扯多方面因素的问题，实行组合拳才会有效，调整生育政策、完善缴费机制和提升投资回报率等都是长期有效的措施，应该在长时间内坚持。

2. 提高养老金待遇水平，完善待遇调整机制

2020 年，经过 8 年持续奋斗，我们如期完成了新时代脱贫攻坚目标任务，现行标准下农村贫困人口全部脱贫，贫困县全部摘帽，消除了绝对贫困和区域性整体贫困，近 1 亿贫困人口实现脱贫，取得了令全世界刮目相看的重大胜利。发展乡村振兴、统筹城乡发展成为促进新时代农村人口幸福生活的重要一步，而城乡居民基本养老保险的待遇水平也应适当地调整，以平等享受经济发展、社会进步的成果为主。首先，城乡居民基本养老保险作为治理贫困的重要工具之一，应随着经济发展水平而调整，并相应提高待遇水平。其次，现行的城乡居民基本养老保险基础养老金调节相对滞后，要实现乡村振兴，建立指数化与自动化调整相结合的养老金常态化动态调整机制十分必要。最后，城乡居民基本养老保险财政补贴标准的调整缺乏长效机制，补贴标准调整的不确定性较大，不利于参保者形成稳定的待遇增长预期。建议为基础养老金财政补贴标准确定及调整的幅

度和频率提供明确的测算依据，对中央政府以及地方政府所负责的基础养老金的最低补贴进行明确规范。建立和完善国家基础养老金调节机制，明确财政补贴的调整办法具有重要意义。在开启全面建设社会主义现代化国家新征程的进程中，共同富裕成为时代的核心议题，加快调整不同群体基本养老保险待遇，形成常态化科学合理的调整机制，注重公平，不断发挥基本养老保险的收入分配调整作用十分重要。

3. 完善缴费机制与设计

近些年来，国内社保体系不断完善，覆盖面不断扩大，切实保障了企业员工的再生产能力和社会的稳定发展。但从经济角度来看，社保费的增加会直接提高企业的运营成本，而养老保险缴费基数的标准不仅决定了养老基金收入的多少，也决定了员工养老保险最终的所获金额。针对体制外企业为降低成本，谎报、虚报缴费基数的行为，应采取相应的措施。

第一，适当降低社会保险费率。这就要求政府承担更多的支付责任，增加财政支持。还需要加大对民营企业财政上的支持，让利于民，并使得相关优惠政策能够落实，让民营企业切实感受到减税降费的效果。需要指出的是，降低保险费率在适当降低企业经营成本方面效果尤为显著，切实让企业享受到减负红利，有利于增强企业市场竞争力，使企业发展得到强劲的后动力。自 2019 年开始，社保费统一由税务部门征收，征缴力度更大，企业缴费减负效果需进一步观察。第二，适度调整缴费基数。除了要降低企业社会保险费率外，还应当适度降低社会保险缴费基数。我国社会保险缴费基数是按照在岗职工平均工资来进行调整的，但是在这中间并没有考虑到民营企业和国有企业工资增长之间存在的差异，基数调整对民营企业的影响将会更大，因此国家应及时改革社会保险缴费基数的计算办法，避免因缴费过高对低收入群体产生制度性挤出效应，也让广大职工的权益得到切实保障。第三，完善缴费基数核定的社保法律体系，以法律的形式对社保管理工作以及相应的稽核程序进行综合构建，使企业在社保缴费基数核定工作中能够有明确的法律依据，充分做到依法参保，并且确保企业在具体的申报过程中据实申报，为惩戒谎报基数的企业提供法律上的依据。

4. 优化第二、第三支柱发展，强化单位与个人责任

第二支柱养老保险是与职业相关联的养老制度安排，分为强制性的职业年金制度和自愿性的企业年金制度，应在完善第一支柱养老保险的基础上，逐步加强税收优惠等政策支持，在时机成熟时，逐步将职业年金和企业年金并轨统一为职业养老金。首先，在统一初期可继续保持职业年金和企业年金的独立核算及运营，逐步打通二者之间转移接续的通道，形成二者自由转移接续的机制，同时逐步统一职业年金和企业年金税收优惠的标准，并设定统一的税收优惠限额标准，最终统一运行。其次，进一步完善职业养老金投资运行机制，在加强监管的前提下，扩大职业养老金的投资运行范围；通过改革评价机制，鼓励企业年金和职业年金实现长期投资和价值投资，改变目前长期资金短期化的养老金资金管理模式。

第三支柱首先要建立专属账户制度，即账户与个人绑定，且第三支柱账户可以随投

保人职业的转换以及居住地理空间的迁移而发生变动，同时该账户投资个人养老产品不仅享受税收优惠的支持，而且由投资者对账户进行自我管理，按照监管标准对投资品种、税收优惠等进行自由选择；其次，逐步畅通“三大支柱”账户机制：一方面，允许符合相关政策要求的投保人将第一支柱中的个人所缴部分转移至第二支柱或第三支柱，在此基础上进行市场化投资与管理；另一方面，支持离职人员将第二支柱账户中归属个人的资金转移到第三支柱。畅通后的三大支柱账户封闭运行，既可用于保险人缴费，也可归集投资收益以及缴纳个税等。

5. 改善地区间收支不均，加快养老保险全国统筹

首先，建立地方政府配套奖惩机制，在地方政府年度考核中纳入养老保险征缴率指标的考核。加强对各省（自治区、直辖市）养老保险参保人数及收支状况的审计和督查，同时根据各省（自治区、直辖市）的经济发展状况、就业率、参保人员结构等建立应参保人数动态预测模型。其次，提高保险征缴率。自 2019 年 1 月起，我国养老保险的征缴工作由税务机关统一负责。建议税务机关将互联网等技术手段运用到养老保险的缴费当中，对失信企业进行甄别并纳入黑名单，将缴费基数的核定与个人所得税 App 汇总的工资信息进行比对，减少低报缴费基数的行为。最后，合理处理各地区结余基金问题，针对区域间养老基金收支差异问题，以提高统筹层次为指导，多举措克服地区间经济发展和财政收支差异。一是完善中央调剂金制度。现阶段我国暂时实行中央调剂金制度，让结余较多的省（自治区、直辖市）共同拿出一部分资金来补贴收不抵支的地区，借此平衡地区间的养老负担。对贡献大的、经济发展好的省（自治区、直辖市）给予奖励或政策优惠，对于经济落后、接受调剂金的地区用统筹考核的手段来激发其自筹资金的主动性。二是合理划分央地政府权责，为养老金全国统筹奠基。中央负责养老保险的制度预算和政策制定，在此过程中注意要考虑地方的经济和人口结构的差异。三是划拨部分国有资本到养老保险基金，减轻地方财政支出压力。

◎相关案例

全国人民代表大会常务委员会关于实施渐进式延迟法定退休年龄的决定

为了深入贯彻落实党中央关于渐进式延迟法定退休年龄的决策部署，适应我国人口发展新形势，充分开发利用人力资源，根据宪法，第十四届全国人民代表大会常务委员会第十一次会议决定：

一、同步启动延迟男、女职工的法定退休年龄，用十五年时间，逐步将男职工的法定退休年龄从原六十周岁延迟至六十三周岁，将女职工的法定退休年龄从原五十周岁、五十五周岁分别延迟至五十五周岁、五十八周岁。

二、实施渐进式延迟法定退休年龄坚持小步调整、弹性实施、分类推进、统筹兼顾的原则。

三、各级人民政府应当积极应对人口老龄化，鼓励和支持劳动者就业创业，切实保

障劳动者权益，协调推进养老托育等相关工作。

四、批准《国务院关于渐进式延迟法定退休年龄的办法》。国务院根据实际需要，可以对落实本办法进行补充和细化。

五、本决定自 2025 年 1 月 1 日起施行。第五届全国人民代表大会常务委员会第二次会议批准的《国务院关于安置老弱病残干部的暂行办法》和《国务院关于工人退休、退职的暂行办法》中有关退休年龄的规定不再施行。具体办法如下：

坚持以习近平新时代中国特色社会主义思想为指导，深入贯彻党的二十大和二十届二中、三中全会精神，综合考虑我国人均预期寿命、健康水平、人口结构、国民受教育程度、劳动力供给等因素，按照小步调整、弹性实施、分类推进、统筹兼顾的原则，实施渐进式延迟法定退休年龄。为了做好这项工作，特制定本办法。

第一条　从 2025 年 1 月 1 日起，男职工和原法定退休年龄为五十五周岁的女职工，法定退休年龄每四个月延迟一个月，分别逐步延迟至六十三周岁和五十八周岁；原法定退休年龄为五十周岁的女职工，法定退休年龄每二个月延迟一个月，逐步延迟至五十五周岁。国家另有规定的，从其规定。

第二条　从 2030 年 1 月 1 日起，将职工按月领取基本养老金最低缴费年限由十五年逐步提高至二十年，每年提高六个月。职工达到法定退休年龄但不满最低缴费年限的，可以按照规定通过延长缴费或者一次性缴费的办法达到最低缴费年限，按月领取基本养老金。

第三条　职工达到最低缴费年限，可以自愿选择弹性提前退休，提前时间最长不超过三年，且退休年龄不得低于女职工五十周岁、五十五周岁及男职工六十周岁的原法定退休年龄。职工达到法定退休年龄，所在单位与职工协商一致的，可以弹性延迟退休，延迟时间最长不超过三年。国家另有规定的，从其规定。实施中不得违背职工意愿，违法强制或者变相强制职工选择退休年龄。

第四条　国家健全养老保险激励机制。鼓励职工长缴多得、多缴多得、晚退多得。基础养老金计发比例与个人累计缴费年限挂钩，基础养老金计发基数与个人实际缴费挂钩，个人账户养老金根据个人退休年龄、个人账户储存额等因素确定。

第五条　国家实施就业优先战略，促进高质量充分就业。完善就业公共服务体系，健全终身职业技能培训制度。支持青年人就业创业，强化大龄劳动者就业岗位开发，完善困难人员就业援助制度。加强对就业年龄歧视的防范和治理，激励用人单位吸纳更多大龄劳动者就业。

第六条　用人单位招用超过法定退休年龄的劳动者，应当保障劳动者获得劳动报酬、休息休假、劳动安全卫生、工伤保障等基本权益。

国家加强灵活就业和新就业形态劳动者权益保障。

国家完善带薪年休假制度。

第七条　对领取失业保险金且距法定退休年龄不足一年的人员，领取失业保险金年限延长至法定退休年龄，在实施渐进式延迟法定退休年龄期间，由失业保险基金按照规定为其缴纳养老保险费。

第八条　国家规范完善特殊工种等提前退休政策。从事井下、高空、高温、特别繁重体力劳动等国家规定的特殊工种，以及在高海拔地区工作的职工，符合条件的可以申请提前退休。

第九条　国家建立居家社区机构相协调、医养康养相结合的养老服务体系，大力发展普惠托育服务体系。

资料来源：新华社. 全国人民代表大会常务委员会关于实施渐进式延迟法定退休年龄的决定. https://www.gov.cn/yaowen/liebiao/202409/content_6974294.htm（2024-09-13）.（内容有删减）

本章小结

养老保险是国家和社会通过相应的制度安排为劳动者解除养老后顾之忧的一种社会保险，其目的是增强劳动者抵御老年风险的能力，同时弥补家庭养老的不足。养老保险不仅是社会保险制度中的核心组成部分，也是现代社会保障体系中最重要的项目。养老保险具有强制性、互济性、普遍性、长期性、适度性和保障方式的多层次性等特征。养老保险作为社会保险体系的一个子系统，除具有保障人们基本生活、维护社会稳定等一般性功能外，还具有保障国民收入再分配、社会发展、劳动力更迭、文化发展等不可替代的功能。

基于各国社会保障制度的主要特点，世界上的社会保障模式主要有四种，即福利国家型模式、社会保险型模式、强制储蓄型模式和混合型模式。就收支平衡模式而言，养老保险有现收现付式、完全积累式、部分积累式；就缴费模式而言，养老保险有给付确定型和缴费确定型。

中国社会养老保险制度经历了建立、调整、停滞到改革与发展阶段，经过 70 多年的发展，整体实现了由“国家-单位”保障模式向“国家-社会”保障模式的转型，实现了国家、企业、个人三方负担下的个人账户与社会统筹相结合。当前，基本养老保险是我国养老保险的第一支柱，由企业职工基本养老保险与城乡居民基本养老保险两部分构成。企业职工基本养老保险制度由机关事业单位工作人员养老保险制度与企业职工基本养老保险制度于 2015 年“并轨”形成；城乡居民基本养老保险制度是由城镇居民养老保险与新型农村社会养老保险于 2014 年 7 月合并形成。

企业年金是指在政府强制实施的公共养老金或国家养老金制度之外，企业根据自身经济实力和经济状况建立的，旨在为本企业职工提供一定程度退休收入的补充保障制度。按给付方式划分，企业年金可以分为待遇确定型、缴费确定型或二者结合；按责任主体划分，可以分为职业养老金计划和个人养老金计划；按选择的自由度划分，可以分为强制性企业年金计划、自愿性企业年金计划和集体谈判型企业年金计划。企业年金在补充基本养老保险、促进资本市场和劳动力市场的完善、提高劳动生产率、减轻财政负担等方面具有不可替代的重要意义。尽管当前我国企业年金取得阶段性发展，但相关的配套政策发展不够完善，机制设计和制度运行中亦出现一些问题。

关键术语

养老保险　现收现付式　完全积累式　社会统筹与个人账户结合　企业职工基本养老保险　城乡居民基本养老保险　企业年金

复习思考题

1. 比较各国养老保险模式有哪些特点，带来哪些启示。
2. 比较养老保险的筹资模式。
3. 全面论述世界性养老金制度改革的主要方向。
4. 试分析我国养老保险制度存在的主要问题。
5. 进一步完善我国城乡居民基本养老保险制度应采取哪些措施？
6. 简述企业年金制度的基本框架。

第七章　医 疗 保 险

本章导读

健康是人类社会永恒的主题，人民健康更是民族昌盛和国家富强的重要标志。医疗保险的发展，首要意义在于当国民遇到风险、遭到损失时能够最大限度地为其分散风险，在一定程度上减轻了疾病风险给人类带来的伤害，推动了人类健康保障的发展，各国政府将医疗保险的实施作为一项支持国家健康发展的重大举措。基于此，本章介绍医疗保险概述、医疗保险制度模式、医疗保险筹资模式、医疗保险的给付，以及我国医疗保险制度等内容，帮助我们更好地理解医疗保险，保障国民健康。

第一节　医疗保险概述

一、健康与疾病风险

健康是人类社会永恒的主题，在世界范围内普遍受到高度重视。医疗保险作为分散疾病风险的重要制度安排，对分散疾病风险、降低医疗卫生服务相对价格、增强医疗卫生服务可及性进而改善人民健康至关重要。

事实上，人的生理机能较为脆弱，容易受到各种风险侵害，例如，大自然变化多端的气候、工业化革命后产生的环境污染、自然灾害等，使得疾病发生并造成损失不可避免，当然疾病的发生又具有偶然性和不确定性（时间、损失程度），正是这种必然性与偶然性的对立统一，形成疾病风险，一旦疾病风险发生就会造成个体劳动能力暂时或永久性丧失，劳动者的正常生活来源必然会出现中断，影响自身及家庭成员的基本生活。疾病风险有狭义和广义两层次：狭义疾病风险是指人体由患疾病导致的风险；广义疾病风险指除了疾病所导致的风险外，还包括生育以及意外伤害等方面所引起的风险。与其他风险一样，疾病风险也具有客观性和不可预知性等共同点，同时也具备自身的特点。

（一）普遍性、外溢性

如上所述，虽然疾病发生具有偶然性和不确定性，但每个人都会面临各种疾病的风险，即每个人面临风险具有普遍性，且风险发生可能会造成个体劳动能力暂时或永久性丧失，导致劳动者生活来源中断，进而影响自身健康及家庭成员的基本生活。与此同时，疾病造成的损失不仅影响患者个人和家庭，还会具有社会外溢性，这种外溢性表现在工作、学习等会出现中断，影响工作、学习、生活等的秩序。疾病风险是一种人身风险，它必然损害人体健康，可能造成暂时或永久性劳动能力丧失，甚至死亡。这种危害带来的损失不仅是经济的，更主要的是危害人类的健康甚至生命，往往难以用金钱来补偿。疾病风险是每个人都可能遇到并且难以回避的，相对而言，生育、失业、工伤、残疾甚至老年风险就不是每个人都会遇到的，发生的概率相对小一些。

（二）补偿方式多样化

与其他风险不同，其他风险可以通过采用经济上的定额补偿方法，减轻和消除风险带来的损失；而源于健康的损失不仅体现在物质、心理、精神层面，疾病风险还面临因人而异、因病而异的千差万别的情况，这使得对其的补偿难以用单一的维度去进行，也就决定了难以采用定额经济补偿的办法补偿损失，而应该采取多样化方式去补偿。

（三）复杂性

疾病风险的复杂性表现在两个方面。一是疾病种类复杂多样，每种疾病因个体不同而显得千差万别，如治疗过程、费用、效果因人而异，且还存在一些未知的、潜在的、不可控的疾病；二是疾病风险的可致因素复杂。疾病风险不仅可因自然灾害、意外事故发生，而且生理、心理、社会、环境、生活方式等诸多因素均可导致疾病风险的发生。

二、医疗保险的概念、特征

（一）医疗保险的概念

德国于20世纪80年代最早建立医疗保险制度，1883年，德国颁布《疾病保险法》，规定在保险人由疾病导致失去劳动收入时，保险机构按照相关标准补偿支付一定的医疗费用。国际劳动组织将医疗保险定义为：劳动者在遭遇受伤、患病等导致损失时，按照一次性或者定期的方式提供一定数量保险金的社会保障制度。

医疗保险是指政府以依法强制征收医疗保险费用的形式形成医疗保险基金，当劳动者因遭遇患病、受伤等而发生风险时，为确保参保人基本生活和劳动能力康复，由保险人（特定的组织或机构）提供经济补偿的一项社会保险制度。

医疗保险遵循大数法则，通过保险的方式分散个人患病所造成的经济损失。对某一人来说，生病、受伤具有偶然性，难以预测，但从群体出发，可以找到一定规律，将其转化为能预测的。总的来看，医疗保险是一个比较宽泛的概念，从保险的利益主体来看，可以是专门由政府组织的社会医疗保险，也可以是由市场提供的商业医疗保险，而本教材所指的是由政府组织的社会医疗保险；从保障范围来看，有广义与狭义之分，从广义上看，医疗保险是指健康保险，补偿人们因患病产生的直接损失（医疗费用）以及间接损失（误工费）；从狭义来看，医疗保险又称为疾病保险，仅补偿因疾病治疗产生的直接费用。

（二）医疗保险的特征

医疗保险是构成社会保险体系的重要组成部分，是社会保险的子系统；医疗保险具有社会保险的共性又有其个性。

1. 利益主体复杂性

一般社会保险体系中如失业保险、养老保险的主体是国家、企业与个人，三者之间利益关系相互交织，而医疗保险不仅涉及国家、企业与个人各方利益，还涉及医疗服务的供给方如定点医疗机构、定点零售药店、制药厂商等诸多相关利益主体，医疗资源和医疗服务的配置较为复杂。

2. 保障对象全民性

疾病是每个公民均会面临的健康风险，这决定着医疗保险所承保的疾病风险是客观存在的普遍现象，作为社会保险中保障对象最为广泛的项目，医疗保险原则上应该覆盖全体公民。相对而言，在人的生命中，失业、工伤、生育等风险并不一定发生，但难以回避疾病风险的侵害。所有人不论年龄、性别、地位、职业等，都有均等机会享受医疗保险的保障。

3. 保障内容交叉性

医疗保险不仅包括对被保险对象的医疗费用进行的经济补偿，还包括一系列所提供的医疗服务，同时医疗保险还与养老、失业、工伤、生育等其他社会保险项目密切交织在一起。

4. 保障方式服务性

在社会保险体系中，其他保障项目多数是以现金支付方式为符合条件的社会成员提供生活保障，而医疗保险则一般以提供医疗服务为主，包括为社会成员提供免费、低费或部分收费服务。这种区别是因遭受风险的性质不同，如工伤保险对象是在工作过程中发生工伤的劳动者，带有经济补偿和抚恤的性质，其待遇应优厚一些，而医疗保险则是使所有参加医疗保险的公民因疾病或意外受伤获得医疗资助，带有物质帮助的性质，待遇应低些，患者本人还需分担部分费用。

（三）医疗保险制度的功能

医疗保险是减轻患病社会成员的医疗负担，维护参保人的健康，保障民众基本生活需求，促进社会经济发展的重要举措，具有如下功能。

1. 保障功能

医疗保险制度的建立，为国民及其家庭成员的基本健康权和生存权提供了有力保障。

医疗保险通过政府、单位、个人等筹集保险基金为参保人员分摊疾病风险，满足其基本医疗服务。医疗保险制度聚集多方力量互助共济，有利于各国政府采取各种有效的预防措施防止疾病侵袭，保障劳动者健康，促进劳动力的再生产，对消除社会不安定因素、稳定社会秩序起着重要作用。

2. 调控功能

医疗保险涉及政府、医疗保险机构、参保人、医疗服务提供者等多方利益主体，通过医疗保险的运行可以协调疾病诊疗、医疗费用支付等环节的资源配置，通过对保障范围报销范围的划分以及报销比例参数的设置，可协调各种利益主体的利益关系，引导或调控民众对医疗服务的需求，发挥调控功能。同时，医疗保险政策还直接或间接调控其相关领域的资源配置。

3. 再分配功能

医疗保险的再分配功能体现在通过征收的医疗保险金和偿付医疗保险服务费用来调节收入差别。患病具有不确定性，依据风险共担、互助共济原则，将筹集的医疗保险金依据一定规则重新分配给患病参保人。这种方式在一定程度上体现了社会公平，是政府一种重要的收入再分配手段。

4. 促进发展功能

医疗保险作为一种主动、积极、稳定的保障机制，通过为参保人提供医疗服务包括预防、治疗、康复等基本医疗待遇，可有效保障劳动者的健康，促进劳动力再生产，提高劳动生产率，维护社会安定，推动社会经济发展。除此之外，医疗保险不断完善可以促进医疗服务更具科学性、规范性、有效性，从而推动医疗卫生事业的发展与完善。

5. 服务功能

医疗保险待遇一般包括医疗服务、疾病津贴、被抚养家属医疗服务、被抚养家属现金补助等，其中医疗服务是主体内容。医疗保险制度作为国家的社会政策安排，服务功能是其基本功能。现代医疗保险不仅补偿人们由疾病带来的经济损失（如医疗费用、误工工资等），也趋于强调服务功能，一些发达国家已开始涉及疾病预防、卫生保健、宣传教育等一系列工作。

（四）医疗保险原则

1. 强制性原则

国家通过立法规定医疗保险的实施范围、相关主体权利义务、医疗保险费率及待遇水平等相关内容。所谓强制实施是指任何单位和个人都应参加医疗保险，各级医疗保险机构不得拒绝符合参保条件的单位或个人参加医疗保险。

2. 风险共担原则

医疗保险的风险共担原则表现为政府、社会机构、参保人员间的“互助共济、风险分摊”，医疗保险所承保的受伤、疾病等风险是客观存在的普遍现象，一般应采取共济和政府补助原则，医疗保险通过国家、企业、个人缴纳医疗保险费等形式聚集医疗保险基金，当疾病风险发生时通过为参保人员提供医疗服务、资金补偿等形式将风险分散，实现了患者与未发生疾病风险的参保人间的互济互助，一定程度上实现了医疗保障资源的充分利用，体现了医疗保险风险分担的有效性。

3. 适应性原则

医疗保险适应性原则表现为医疗保险的服务水平、形式与当前国家生产力发展水平、社会各方承受能力相适应。医疗保险提供的医疗服务形式、补偿的资金多少取决于当期国家的经济发展水平、财政给付能力、企业和参保人员承受能力及当前医疗服务水平。一般而言，医疗保险水平过高会刺激医疗服务需求急速增加，导致国家、企业、个人负担加重，最终影响医疗保险制度的健康、可持续运行；保障水平过低，参保人员得不到有效医疗保障，会导致制度形同虚设甚至产生负面效应。

4. 约束性原则

医疗保险基金由国家、企业、个人等主体共同筹资而得，基金使用必须严格遵守专款专用的原则，不能挪作他用。为确保医疗保障制度的有序运行，一定要严格管理，杜绝医疗卫生资源滥用、医疗保险金不合理使用、弄虚作假骗取医疗补偿金等行为，切实贯彻“保证医疗、克服浪费、有利生产、节约开支”的原则。加强监管环节，从源头控制医疗保险基金的不合理开支，让每一笔保险基金充分利用，确保医疗保险制度健康可持续发展。

5. 机会均等原则

机会均等原则是指凡缴纳医疗保险的参保人员有均等享受待遇机会的原则，参保人员只要符合医疗保险规定，就可以直接依据病伤情况享受医疗服务、治疗费用补偿，不受到个人的经济因素、政治因素、社会因素限制和影响。机会均等不同于平均主义，在医疗保险中，同等条件下应对危重患者、因工残疾者、年幼者、孕妇等弱势群体优先照顾。

三、医疗保险的产生与发展历程

（一）医疗保险的产生

17 世纪以前西欧的民间“互助保险社”组织形式是医疗保险的最初形态，当时医疗保险金由劳动者自愿组织各种基金会、互助救助组织等筹集，国家并未参与其中。1834 年英国颁布了《新济贫法》，使得医疗救助的内容扩大到提供生活救济金和医疗服务，且医疗救助体现在综合的社会救助中，现代医疗保障制度开始萌芽。当然，此时的医疗救助并未形成专门的独立法律体系。

真正意义上的医疗保险最早起源于18世纪产业革命时代的欧洲大陆，是资本主义发展到一定阶段的产物，伴随着失业保险、养老保险及工伤保险制度的产生而创立。1883年，德国通过了《疾病保险法》，医疗保险以法律的形式确定下来，并强制规定收入低于一定标准的工人必须参加疾病基金会，基金由雇主和工人共同缴纳，强制筹集，基金用于工人的医疗救助。之后，欧洲其他国家如奥地利、挪威、英国、法国等，亚洲的日本也以立法的形式相继在各地为劳动者提供医疗救助，实施医疗社会保障。

（二）医疗保险的发展时期

1944年，国际劳工组织在美国费城发表了《费城宣言》，提出“要提供完备的医疗，扩大社会保障”。第二次世界大战以后，各国的医疗保险范围逐渐扩大，较典型的是以英国为代表的国家宣布建立福利国家，疾病医疗保险制度被国民保健制度代替，医疗疾病救助的对象由工薪劳动者转变为更多更广泛的国民，其他欧洲国家的医疗保险范围也进一步扩展，医疗保险待遇水平不断提高。1952年，国际劳工组织制定并通过了《社会保障最低标准公约》，该公约对疾病津贴、医疗护理、工伤补偿等均做了规定，虽没有实质的约束力，但促进了医疗保障制度建设的蓬勃发展。

英国实行全民免费医疗，在公立医院个人只需要付处方费，而无须额外支付其他费用，有效促进了国民健康。其他国家也纷纷效仿，一些国家由于受限于生产力发展水平，仅对部分国民实行免费医疗，一些国家实行全民医疗保险，但患者需要负担部分费用，例如支付门诊费或按规定自付比例支付。

（三）医疗保险制度改革时期

20世纪70年代，资本主义国家遭遇经济危机，由经济危机引起的通货膨胀和失业带来了严重的社会问题，资本主义国家的经济陷入滞胀阶段。在此背景下，伴随着医疗科技发展，医疗保险所需医疗成本提高，且人口老龄化带来人均医疗费用增长，发达资本主义国家的医疗保障制度开始出现收不抵支、入不敷出的支付危机。以英国为代表的“福利国家”由于实施全民免费医疗，保障人群数量与支出费用急速增长，超过了经济增长速度，有的国家甚至到了依靠举债支撑社会福利开支的地步。医疗保险为适应社会发展，陷入各种各样的困境，为应对危机，各国不断地对社会保障、医疗保障进行研究、探索、尝试，以便在其中找出一条出路，重新构建适应时代发展的医疗保障体系。

近年来，有的国家根据实际需求探索出一种新的医疗保险制度，通过医疗银行和医疗储蓄制度来减轻国家过重的医疗费用负担。即国家拨出一定经费给医疗银行作为机动经费，职工从工资中拿出一定比例资金存入医疗银行，患者从银行的储蓄中开支医疗费用。尤其是 2008 年以后，各国都不同程度地掀起了新一轮的医改浪潮，如追求医疗保险范围全覆盖、不断改进支付方式等。

第二节　医疗保险制度模式

医疗保险制度模式是指医疗保险制度的组织形式。鉴于政治制度、经济发展水平、文化差异、卫生服务水平等不同，各国采取的社会保险制度模式不尽相同。目前国际上关于医疗保险的制度模式主要有国家医疗保险模式、社会医疗保险模式、个人储蓄医疗保险模式以及商业医疗保险模式等几种类型。

一、国家医疗保险模式

（一）国家医疗保险模式概念

国家医疗保险模式又称为全民健康保险模式、政府医疗保险模式或福利型医疗保险模式。国家通过税收形式筹集医疗保险基金，一般采取财政预算拨款给国立医疗机构的形式，向全体国民提供免费或低收费的医疗服务。这里的国立医疗机构属于由国家或政府直接建立和管理的医疗卫生事业机构，其中的医务人员工资、福利待遇均由政府财政拨款，医疗资源全由国家、政府提供，医疗服务活动具有国家垄断性。采用这种医疗保险模式的国家主要有英国、瑞典、加拿大、丹麦、爱尔兰等，其中最为典型的是英国以及瑞典。就英国而言，其实行的是一种典型的全民免费医疗的国家医疗保险模式。1948 年，英国提出“全民免费医疗”，正式实施国家健康服务（National Health Service，NHS），医院全部属于国家所有，医院职工属于国家公务员，向英国公民提供免费的医疗服务。1946 年英国出台《国民健康服务法》，明确规定属于英国的国民不论个人经济收入、职业、性别，在国立医院均可享受免费医疗服务。当然，门诊处方和牙科门诊费以及享受较高档次的医疗服务需要患者自付，其他的在法案覆盖范围内的治疗均免费。在英国，国立医疗机构的经费 95%来自政府拨款，其中，81%来自普通税收，14%来自医疗方面的国民保险收入。另外的 5%来自服务收费等。[①]英国的医疗费支出是在国家的预算控制之下，属于一种典型的全民免费医疗的国家医疗保险模式。就瑞典而言，1955 年瑞典建立医疗卫生制度，开始实行强制性的惠及全民的医疗保险制度，保险对象是所有公民，其医疗保险基金主要来自政府的拨款，个人缴纳的保险费只占很少一部分，且规定只要家庭有一个成员有劳动收入，全家均有权享受国家提供的医疗服务。

（二）国家医疗保险模式的特征及优缺点

国家医疗保险模式主要具备以下几个特点：一是惠及全民，不受职业、经济收入、

① 吕学静. 社会保障国际比较. 2 版. 北京：首都经济贸易大学出版社，2013：164.

性别等因素影响，全民均在国家医疗保险覆盖范围内，均享有免费或低收费医疗服务，体现了社会公平及福利性；二是保险基金主要来源于财政拨款，医疗保险的资金由政府负担，绝大多数通过税收获取，医疗费用的多少取决于政府的资金投入。三是医疗服务具有垄断性，全民免费医疗取决于国家、政府管理的国立医院，医疗资源、医务人员的工资待遇由国家提供，国家医院的建立以及运行都在国家的管理范围之内；四是医疗卫生资源配置通过计划体制和行政手段实现，例如医疗服务的价格调控。市场机制在资源配置、价格调节等方面的作用不明显。

国家医疗保险模式的优缺点表现如下。其优点为：一是惠及全民，满足绝大多数人对医疗保障的需求，减少因疾病难以保障基本生活引起的社会混乱，体现了医疗卫生服务的公平性和福利性；二是相关医疗保障政策的有效落实，医疗保险费由国家承担，医疗费用由政府控制，有利于初级卫生保健的实施和有计划的疾病预防。其缺点是：一是供需双方都缺乏费用意识，医疗费用增长速度快，政府财政负担大；二是医疗机构运行缺乏活力，服务效率低，医疗服务供需矛盾突出。近年来，实行国家医疗保险模式的国家纷纷推出改革方案，其目的就是要通过改革降低国家对医疗保险的过高承担，缓解支付压力，提高医疗保险的运行效率。

二、社会医疗保险模式

（一）社会医疗保险模式的概念

社会医疗保障模式是指国家通过立法形式强制实施，由企业和个人按照一定比例缴纳医疗保险费用，建立医疗保险基金强制分散疾病风险的社会保险制度。具体来说，国家以法律的形式，规定了医疗保险的保障范围、内容及参与对象等，企业和个人按一定比例缴纳保险费，通过这种方式筹集的保险金用于工薪劳动者及其家属因患病、受伤或生育等产生的医疗费用，与此同时，在特殊情况下国家财政实行财政兜底、酌情补贴。目前，该模式是被采用最多的医疗保险模式。例如德国、法国、日本、芬兰等 100 多个国家采取这种模式。

以德国为例，德国是世界上第一个以立法实施社会保险制度的国家，其医疗保险体系发展较为完善，对世界多个国家的社会保障制度的发展产生重大作用。1883 年颁布《疾病保险法》、1884 年颁布《意外事故保险法》、1889 年颁布《伤残和老年保险法》，标志着德国成为建立社会保险制度最早的国家。经历不断的修订，1977 年颁布《疾病保险费用控制法》、2004 年颁布《法定医疗保险现代化法》，标志着德国医疗保险制度不断完善。2007 年德国颁布《法定医疗保险强化竞争法案》，规定建立全国统一的健康基金，由法定社会医疗保险、私人医疗保险、其他医疗保险组成，参保人员含义务参保人、自愿参保人、连带参保人（义务参保人的配偶及子女）。其医疗保险提供的保障利益包括实物支付和现金支付两大类，包括门诊医疗、住院治疗、药品、康复、辅助器具供给等必要医疗措施，还包括如门诊和住院治疗形成的费用、心理疾病的社会治疗等补充性供给。其筹资水平大致为企业按照工资收入的 7.3%缴纳医疗保险费，个人按照工资收入的 8.2%进行缴费。

以德国医保制度为原型，日本于 1922 年通过了《健康保险法》，并于 1927 年正式实施医保制度。为了救济农民，也为了确保健康兵力，1938 年日本正式颁布并实施《国民健康保险法》，该法兼有战时立法的特征。这一时期的国民医保是针对农村居民和城市个体经营者的自愿性制度，以合作的形式运营。1939 年以白领职员为保障对象的《职员健康保险法》出台，规定医疗保险作为自愿性利益适用于家庭。在 1942 年的《健康保险法》修正中，日本将原《健康保险法》与《职员健康保险法》进行合并，参保人的家属也开始被强制纳入医保制度之中。1958 年颁布的新《国民健康保险法》规定，所有市町村都有义务实施国民医保，除雇员医保参保人以外的全体居民都必须加入国民医保制度。由此，日本正式确立了市町村强制设立、居民强制参保的原则。1961 年，日本“全民皆保”得以实现。①

（二）社会医疗保险模式特征及优缺点

医疗保险基金是主要由企业、个人承担的社会医疗保险模式，具备以下几个特点：一是强制为主，自愿为辅，国家立法，强制执行，国家通过立法的形式强制施行缴纳保险制度，并实行法定医疗保险与自愿医疗保险相结合；二是多渠道筹集医疗保险基金，医疗保险基金主要来源于企业和个人按照工资的一定比例缴纳的保险费，根据收支情况，国家财政进行相应的财政补贴；三是采取现收现付的财务模式；四是医疗保险基金统筹使用，疾病风险互助分担，将健康、富裕人群的部分收入通过医疗保险基金转移支付到处于疾病风险的人群；五是患者参保人负担少量医疗费用，缴纳的保险基金不能全部抵消诊断、治疗、康复等费用，需要就医患者承担少量医疗费用；六是一般保障形式有两种，即直接提供医疗服务或者患者垫付医疗费后由社会医疗保险机构补偿。

社会医疗保险模式的优点主要有：一是实现了将个人、国家、社会的权利与义务对等、互助共济、疾病风险分担的功能，在一定程度上充分利用医疗资源，即做到了医疗资源配置的优化；二是形成医疗机构之间的良性竞争，提高了医疗机构的服务质量。其缺点主要体现在：由于社会医疗保险模式主要是通过单位、企业与个人签订合同实现医疗保障，合同外的职工则游离于该项制度之外，难以享受这种医疗服务。除此之外，该模式实行的是现收现付财务模式，难以有效应对老龄化及代际转移问题。

三、个人储蓄医疗保险模式

（一）个人储蓄医疗保险模式的概念

个人储蓄医疗保险模式又称为强制储蓄医疗保险模式，是指国家通过立法强制要求个人或单位缴纳医疗保险费用，具体而言，要求劳动者在指定的金融机构以个人名义单

---

① 蒋浩琛，李珍. 从参保机制看日本医疗保险制度的经验与教训. 社会保障研究，2021（5）：103-111.

独设立医疗储蓄账户，保障身心健康所需的医疗费用，并专门用于劳动者在遭遇疾病、健康风险时的社会医疗保险制度。个人储蓄医疗保险模式强调个人责任，采用这种制度模式的国家主要有新加坡、智利等。

就新加坡而言，1984 年 4 月，新加坡推出全民保健储蓄计划，保障劳动者及其家属的健康，该制度以个人责任为基础，政府负担部分费用并严格控制费用增长，以确保政府和个人都能承受基本的医疗服务。新加坡医疗储蓄账户是公积金制度下个人账户的一部分，由企业和个人共同缴费，用于支付个人及家庭成员的住院费用和部分门诊检查治疗项目费用。按照年龄不同，医疗储蓄账户缴费率略有差异，其中 35 岁以下缴费率为 6%，35～44 岁缴费率为 7%，45 岁及以上缴费率为 8%。[①]为了有效控制医疗费用，新加坡规定公民在提取医疗储蓄金用以支付医疗费用时，须按住院床日费用和不同的手术费用限额提取，还要求住高级病房者除了动用储蓄金外，须自己支付部分费用。与此同时，1992 年，新加坡开始实施健保双全计划，以帮助参保者支付大病或慢性病的医疗费用，公民自愿参加，也按照不同年龄实行不同缴费标准，当参保人发生风险时，可以直接从医疗储蓄账户中扣除现金支付。准确来讲，起付额以上的费用，当事人支付 20%，大病保险计划支付起付额以上部分的 80%。[②]1993 年，新加坡建立保健基金，该基金主要来源于捐赠，用于给那些不能支付医疗费用的穷人提供医疗救助保障，以确保每一个公民都能获得基本的医疗服务。具体做法是政府将筹集到的基金和利息收入分配给国立医院，当穷人就医时，就由国立医院的保健基金委员会来审批和发放。

（二）个人储蓄医疗保险模式的特征及优缺点

医疗保险金主要由个人或者单位缴纳保险费筹集，或由公积金转化的个人储蓄医疗保险模式，具备以下几个特点。

一是具有国家强制性，国家立法强制执行，国家通过立法的形式强制缴纳医疗保险金。

二是强调个人责任，由企业、个人按照法律建立个人医疗储蓄账户，突出个人责任感，有利于医疗资源的充分利用，每一代解决自身的医疗保险需求。

三是政府负担较轻，医疗保险是介于政府统筹和市场调节之间的医疗保险制度，采用公积金医疗储蓄账户，根据不同的疾病等级由政府实行差额补贴，不需要个人或国家负担所有的医疗费用。

该模式的主要优缺点是：一是社会成员的费用意识强烈，有助于控制医疗费用的非正常增长，实现医疗资源的充分利用；二是个人储蓄医疗保险模式通过个人医疗储蓄账户以及政府建立的健保双全计划和保健基金计划形成医疗保障体系，三位一体的保险制度覆盖面积广，涉及所有的工薪劳动者、个体业主、参保家属，提高了医疗服务的公平性和可及性，但过于强调个人责任，基金储备在个人账户内无法体现社会保险的互助互济原则，社会互

① 孟军，秦莉，沈勤. 社会保障国际比较. 北京：清华大学出版社，2013：89.

② 孟军，秦莉，沈勤. 社会保障国际比较. 北京：清华大学出版社，2013：90.

济性较差，难以起到风险分担的作用；三是医疗储蓄账户积累容易面临资金贬值的风险，难以应对老龄化和疾病风险加大而导致的医疗费用上涨；四是由于个人医疗储蓄账户是在指定的机构办理，个人储备资金的很大一部分需要企业分摊，使得企业缴费率高。

四、商业医疗保险模式

（一）商业医疗保险模式的概念

商业医疗保险模式是把医疗保险作为一种特殊商品，按照市场法则自由经营的医疗保险模式，其基金主要来源于个人及企业所缴纳的保险费。具体而言，商业医疗保险模式也称自愿保险模式，是由个人、民间团体、企业自愿投保，由第三方的商业保险公司依据市场运行机制提供医疗保险服务的一种医疗保险模式。该模式投保人自愿投保，商业保险公司以营利为目的，根据投保人的需求以经济收入为标准提供多层次、多类型的医疗服务，该模式遵循市场调控机制，政府干预少。美国为商业医疗保险模式的典型代表国家。

美国实行联邦制，权利系统比较复杂，在医疗保险领域，美国各个州的法律法规存在较大差别，没有像其他发达国家那样形成统一的医疗保险制度，医疗保障制度以高度市场化为主要特征，医疗保险主要依托第三方商业保险公司。美国的医疗保险体系主要由社会医疗保险和私营医疗保险组成。其中，社会医疗保险主要包括美国政府实施的公共医疗保险制度，如医疗照顾计划、医疗救助计划、工伤补偿制度及特殊人群的免费医疗制度。一是医疗照顾计划主要针对 65 岁及以上老人、领取社会保障伤残保险津贴超过 24 个月的残疾人及晚期肾病的患者等群体；二是医疗救助计划是专门针对贫困弱势群体的社会救助项目，资金来自美国联邦和州及地方政府的财政收入，为保障对象提供住院、门诊、护理等医疗服务，成为美国政府构筑的医疗保障兜底网；三是美国联邦和州及地方政府还为不同的特殊人群设立了独立的医疗保障系统，如军人医疗保障（miliary medical care），退伍军人管理（veterans administration，VA）、公共卫生部门等领域人员的医疗保健以及印第安人医疗服务等，由政府及相关组织直接提供免费的医疗服务。但以上几种公共医疗保险制度的覆盖人群数量有限。与此同时，美国大部分居民在退休前没有公共医疗保险项目，主要参加由各种营利和非营利机构举办的、市场化运作的私营医疗保险计划，该计划强调自愿参加商业性医疗保险获得卫生服务，医疗卫生服务以私营为主，构成了美国医疗保障制度的主体。美国多数企业均会为雇员向私人医疗保险公司购买医疗保险，资金由企业支付，医疗保险费免缴所得税和社会保险税。在医疗待遇上，私人医疗保险由许多不同的产品构成，主要包括：基本住院费用险、基本外科费用险、基本医疗服务费用险、主要医疗费用险和综合医疗险。

（二）商业医疗保险模式的特点及优缺点

商业医疗保险模式具备以下几个特点。

一是将医疗保险看成商品，根据市场交易规则自由买卖。医疗服务的供求关系由市场调节。

二是自愿投保，个人、民间团体、企业根据自己的需求自愿投保，医疗保险基金主要来源于参保对象所缴纳的保险费用。

三是医疗保险服务以营利为目的，参保人根据自身经济实力、服务需求等自愿确定购买相应等级的医疗保险，私营医疗保险机构根据投保人的经济实力、需求提供多种层次、多种类型的卫生医疗服务。

四是缔结契约关系，保险人和被保险人签订合同，双方确定权利和义务。被保险人有按合同约定缴纳保险费的义务，有获得医疗保险保障的权利。

该模式的优点有：一是医疗保险的类型多样，参保方式自由，个人可以根据实际需求进行选择，适应社会成员多层次的需求；二是医疗保险作为商品，依据市场进行分配调节，医疗保险机构之间能形成竞争关系，促进医疗保险服务效率和质量的提高，推动医疗服务的发展。

该模式缺点有：一是不同参保对象之间收入水平不同造成医疗保障待遇差距较大，社会公平性较差；二是由于医疗服务供求关系完全由市场调节，容易出现市场失灵，如供方的诱导需求，导致医疗消费膨胀，社会医疗总费用失控。

第三节　医疗保险筹资模式

医疗保险基金是医疗保险制度得以运行的物质基础，医疗保险的资金累积离不开筹资渠道，一般情况下医疗保险基金是国家立法，医疗保险机构根据法律法规授权向保障范围的工薪劳动者、个体户、企业等主体筹集医疗保险金，为保障参保人的健康提供医疗卫生服务的专项资金。通常体现出强制性、费用共担及收支平衡的原则。医疗保险基金筹资模式一般可以分为国家医疗保险的筹资模式、社会医疗保险的筹资模式、个人储蓄医疗保险的筹资模式以及商业医疗保险的筹资模式四种情况。

一、国家医疗保险的筹资模式

国家医疗保险的筹资方式是政府筹资，税收是医疗保险基金的主要来源，即国家以财政预算拨款的方式将税收筹集给国立医疗机构，政府既负责筹资又负责提供服务，医疗保障的全过程主要是政府行为，政府直接参与医疗卫生服务机构的管理和建设。政府对医院按计划给予预算补偿，医院的医生是国家公职人员。医疗保险提供的医疗服务基本为免费服务或低收费服务。

二、社会医疗保险的筹资模式

一般来说，社会医疗保险采取的是现收现付制，即通过以支定收，使社会保险收入与支出在年度内大体保持平衡，遵循“以支定收，收支平衡，略有结余”原则。社会医疗保险的具体筹资方式主要是企业和个人双方缴纳保险费筹集医疗保险金。目前大多数国家选择这种类型的社会医疗保险筹资模式，具体的计征方式如下。

（一）固定保险费金额制

根据国家颁布的法律法规，在保险范围内的人群都必须缴纳同等金额的保险费，保险费固定，不受人群的职业、经济收入、性别、年龄等因素影响。该计征方式简单，但是却难以体现医疗保险的公平性，保险费在收入高的人群工资中所占比例较低，在收入低的人群工资中所占比例较高。

（二）工资比例制

根据劳动者的工资，以百分比的形式缴纳保险费的形式目前在世界各地采用比较广泛。一般采用统一的比率和累进的方式，征收不同工资。该计征方式的优点是操作简单方便，体现了公平原则，充分考虑到了每个人的支付能力。其缺点是贫富差距较大的人群，最终的缴款金额差异也大，在一些层面会出现不平等的情况。为此，一些国家通过立法的形式规定了缴款工资的最高限额，超过限额的部分不计征，如德国、荷兰等国。

（三）收入比例制

顾名思义，根据劳动者的个人收入，以百分比的形式缴纳保险费，与工资比例制类似，但收入包含了工资以外的收入。

（四）区域级差制

因地制宜，根据各区域内医疗卫生的基本设施条件，确定不同的缴费标准。缴费标准主要采取上述三种计征方式中的一种或几种的组合。这种计征方式的优点是可以避免医疗保险费从贫困地区向富裕地区转移的逆向运动，其缺点是不便于统一管理，难以确定不同收入水平地区的保险费率及其对整体医疗服务成本影响的大小。

三、个人储蓄医疗保险的筹资模式

个人储蓄医疗保险的筹资模式是私人筹资，个人或者单位缴纳保险费筹集医疗保险金。依据法律法规在指定的金融机构以个人名义单独设立医疗储蓄账户，私人筹资购买公立医院服务，通过市场调节供给。需要强调的是，此处的个人储蓄医疗保险与一般的储蓄不同，不仅体现在立法强制，还体现在用途上，个人储蓄医疗保险的储蓄主要用于支付医疗费用和医疗服务。

四、商业医疗保险的筹资模式

商业医疗保险的筹资模式是在商业保险法规的规范下，由专业性的保险机构按照市场法则，自由经营医疗保险进行筹资的一种模式。其基本目标是通过市场竞争，提高医疗服务的质量与效率；并通过市场筹集医疗保险基金，一方面为国民提供医疗保障，另一方面为经济发展提供资金支持。该模式个人参加医疗保险是自愿的，不具有强制性。在医疗保险市场上，医疗保险的卖方通常是保险公司，而买方既可以是个人，也可以是企业或社会团体等。筹资主要来源于参保者个人或企业所缴纳的保险费，通常情况下，政府财政既不出资，也不提供补贴。

第四节 医疗保险的给付

医疗保险给付是指被保险人患病后医疗保险机构根据事先合同约定为其提供医疗服务或报销医疗费用。事先合同约定明确了参保人享有的待遇标准，参保人只有获得了医疗服务给付的资格，遵守相关规章制度，才能办理必要的手续，例如凭证医疗、定点就医、逐级转诊等，在患病时才能获得医疗保险给付。

一、医疗保险的给付项目

由于各国社会经济发展、医疗技术水平不同，其医疗保险制度也不同，导致各国医疗保险的给付项目不一致，例如一些福利国家，如德国已经将预防、免疫等疾病的早期保健、诊断纳入给付项目，而多数国家的给付项目停留在患者治病的医疗费用上。一般只要是符合医疗保险给付资格的劳动者，均享受医疗保险待遇。医疗保险给付项目主要由医疗服务、疾病津贴、被抚养家属医疗服务及现金补助和病假等项目构成，具体如下。

（一）医疗服务

医疗服务是社会医疗保险的主要内容，包括为患者提供的门诊、检查、治疗、药品、住院等各种医疗护理服务。该服务的特点是依病情而定，根据病情进行治疗直至痊愈，费用一般是免费或者低收费。

（二）疾病津贴

疾病津贴是医疗保险待遇中的重要组成部分，指被保险人因患病而暂时失去生活来源时社会保险机构提供现金补偿保障其基本生活。疾病津贴给付主要有两种方式：一是均等给付制，按照统一的标准给付而不考虑被保险人工资水平的高低，如爱尔兰；二是薪资比例制，以被保险人患病前的工资水平为基础，按规定的百分比计发津贴额，其特点主要有在患病初期，给付比例往往比较高，在给付期内，随着时间的延长，给付比例逐渐降低，给付比例往往与工龄长度有关，与劳动贡献挂钩。

疾病津贴的给付是有时限的。在大多数国家，被保险人因病失去劳动能力三天以上才能领取疾病津贴。疾病津贴也不能无限期给付。1952 年国际劳工组织通过的《社会保障最低标准公约》建议每次患病的疾病津贴给付最长为 26 周，如果给付期满后仍未痊愈，则改为按社会救助方式对待。

（三）被抚养家属医疗服务及现金补助

许多实行社会医疗保险制度的国家，不仅为参保的工薪劳动者提供医疗服务，也为被保险人所抚养的家属（配偶及其年幼子女）提供优惠的医疗服务。当参保人患病时，以参保人经济收入维持生活的配偶以及年幼子女会受到影响，为保证他们的基本生活，在给予患病劳动者津贴外，一般也向其亲属给付一定数额的现金补助，家属补助一般要低于疾病津贴。

（四）病假

病假是社会医疗保险待遇的组成部分，指参保人在领取疾病津贴的同时享受病假待遇，该假期是被保险人因患病需要停止工作、接受治疗、进行康复、调整身体机能所必需的假期。

二、医疗费用偿付方式

医疗费用偿付方式又称医疗保险的支付方式，是医疗保险费用的支付办法和途径。概括起来，医疗费用偿付方式可以分为后付制（fee for service）和预付制（budget control）。后付制指按服务项目付费，预付制指按人头预付、总额预付、工资制、按病种付费等。

（一）按服务项目付费

按服务项目付费是指医疗保险经办机构按照签订的协议或合同根据医疗机构上报的医疗服务项目和服务量向其支付费用，一般有两种形式：一种是患者预先垫付医疗服务所需的一切费用，然后按比例向社会保险机构报销，社会保险机构偿还患者所交医疗费的部分或全部，例如德国、日本、法国；另一种是先由参保人享受医疗服务的医疗单位付费，之后医疗单位与医疗保险机构结算。该项偿付方式属于事后付费，是医疗保险中最传统、目前应用最广泛的支付方式。该方式具有实际操作方便、偿付费用与服务内容直接相关的特点，能调动医生服务的积极性，提供更优质的医疗服务，但也会使医疗机构滋生提供过度服务甚至虚报的动机，容易刺激医生诱导需求，不利于降低管理成本。在日本实行的基本医疗保险中，大多数是采用按服务项目付费的方式，该方式用于各地被保险者缴纳医疗保险费后，在保障区域内，如患病产生医疗服务相关费用，则按照医疗服务项目付费并与医疗机构进行结算。

（二）按人头预付

按人头预付也称平均定额付费，是指在一定时期内，医疗保险机构根据接受医疗服务的参保人数和提前制定的偿付标准，预先向提供医疗服务的医疗机构支付相关费用的支付方式。医疗机构严格按照合同执行，提供合同中所需要的一切医疗费用，不再另行收费。医院的收入与病患的人数成正比，随着患者人数的增加医院的收入也会增加；此外，按人头付费方式下，医疗机构的利润主要来源于医疗保险机构给予的支付费用的结余，超支自付，从而形成了内在的成本制约机制，医疗机构根据医疗费用情况控制医疗卫生资源的合理利用。此付费方式操作简单，便于施行；在一定程度上减轻了医疗保险机构的管理负担；形成的内在成本制约机制，有利于节省医疗费用，抑制医疗费用的过度增长；推动健康管理的主动开展；但是也可能使医疗机构为降低医疗费用而减少医疗服务提供或降低服务质量，并且在该支付方式下，医疗保险多要求患者必须到定点医疗机构就医，不利于医疗机构间的竞争。目前丹麦、荷兰等国家实行此偿付方式。

（三）总额预付

总额预付又称为总额预算制、总额预算付费制、总额预算包干制，是指医疗保险机构或政府与定点医院根据一些指标协商确定年度预算总额支付医疗费用的方式，参考的指标内容有往年实际发生的医疗费用、服务地区的人口密度、死亡率、医院规模、医疗基础设施情况、参保人数变动、通货膨胀、医药科技进步等。医保机构根据“结余留用，超支不补”的原则支付给医疗服务机构，即不论实际费用支出多少，该预算总额均作为支出的最高限度，且医疗机构必须按照规定给予参保人相应的医疗服务，该支付是强制性控制支付。这种付费方式的特点是医疗机构自负盈亏，能激励医疗机构主动控制成本以及费用，消除过度医疗的机制，有利于合理安排卫生资源，降低医保管理成本。但要科学确定年度预算总额很难，可能刺激医疗机构为减少费用而降低医疗卫生服务质量或减少服务。目前加拿大、澳大利亚等国家采用这种付费方式。

（四）工资制

工资制又称薪金支付制，指医疗保险机构向提供医疗服务的医务人员发放固定的工资，工资制是事先与医疗服务单位签订合同，按标准补偿医疗机构人力资源消耗的支付方式。工资制的目的是阻断医院盈利与医生收入的直接关系，以防止医生为谋求利益向患者提供过度医疗服务。工资制有利于医疗保险机构较好地控制医院的总成本和人员开支，医务人员的收入有保障。但由于医疗保险机构支付给医务人员的费用固定，与医务人员所提供服务的数量、质量无关，不易形成激励机制，可能导致医疗服务质量的下降。该方式广泛应用于芬兰、瑞典、西班牙、葡萄牙、希腊、土耳其、印度以及拉美等地的一些国家。

（五）按病种付费

按病种付费（diagnosis related groups，DRGs）也称按疾病诊断分类定额支付。这种方式是根据国际疾病分类标准先将罹患不同疾病的患者分为若干组，然后再根据患者的年龄、性别、临床诊断、严重程度、有无并发症及转归等因素把患者分为若干诊断相关组，每组对应不同级别，依据级别制定不同价格标准，医疗保险机构按照指定价格对该组某级疾病治疗的全过程进行一次性支付，其实质就是依据患者病种进行定额付费。医疗保险机构支付给患者的费用只与诊断病情有关，与提供的服务的质量、患者的实际治疗费用无关。该方式可能激励医院为获得利润而主动降低成本，缩短平均住院时长，促进医疗服务规范化。但是这种方式难以针对水平不同的医院的服务项目、质量以及病例的组合建立准确、恰当的分类系统，尤其是当诊断界限不明时，容易诱使医生诊断升级，以获得较多的费用支付；且确定疾病分类、制定支付标准比较复杂，难度大，管理成本较高。

由此可见，支付方式是规范医疗服务行为和引导医疗资源整合的重要杠杆，且对于控制医疗费用不合理增长具有重要作用。无论哪一种支付方式，均是围绕医疗费用的发生，保险市场三方存在着激烈的博弈。为控制医疗服务市场的道德风险，医疗保险第三方经历了从控需方（患者）到控供方（医疗服务提供方）的转变，实践表明，医疗费用不合理增长的局面并不能从根本上得到遏制，从而使得控供方不得不尝试以医疗费用支付方式为核心的改革，逐渐把以按服务项目付费为主的后付制改为按住院床日支付、按病种支付、按人头预付和总额预付等“预付制”，或其相互组合的混合支付方式。可以看出，支付方式的改革在一定程度上有效控制了医疗费用的增长和医疗资源的浪费，但医疗服务提供方为追求收入的增加则会采取博弈手段应对第三方的控制，进而带来医疗服务质量的下降或从其他方面增长医疗费用开支。如此一来，医疗保险机构又将诉诸新的费用控制机制以回应供方的行为，形成新一轮博弈，使得双方的博弈不断升级。

就我国而言，2017 年《国务院办公厅关于进一步深化基本医疗保险支付方式改革的指导意见》发布，明确了医保支付在深化基本医保管理和深化医改中的重要作用，加强医保基金总额预算管理，全面推行以按病种付费为主的多元复合式医保支付方式，开展按疾病诊断相关分组付费试点。为推进按疾病诊断相关分组付费试点工作，国家医疗保障局于 2019 年选择了 30 个城市作为 DRG 付费国家试点城市，按照“顶层设计、模拟测试、实际付费”三步走的思路开展 DRG 付费工作，2020 年开展模拟运行，2021 年启动实际付费。2021 年 5 月国家医疗保障局办公室印发《按病种分值付费（DIP）医疗保障经办管理规程（试行）》，推进以大数据为支撑，把点数法和区域总额预算相结合的付费方式，从而合理控制医疗费用，提高医疗服务质量，有序推进与定点医疗机构按病种分值付费方式结算。2021 年 9 月，《国务院办公厅关于印发“十四五”全民医疗保障规划的通知》提出持续深化医保支付方式改革。在全国范围内普遍实施按病种付费为主的多元复合式医保支付方式，推进区域医保基金总额预算点数法改革，引导医疗机构合理诊疗，提高医保资金使用效能。制定医保基金总额预算管理、按床日付费、按人头付费等技术规范。完善紧密型医疗联合体医保支付政策。深化门诊支付方式改革，规范门诊付费基本单元，逐步形成以服务能力、服务项目、服务量为基础的支付方式。

三、医疗费用支付办法

各国由于生产力、经济发展水平、社会制度等不同，社会保险的政策存有差异，医疗保险费用的支付方式概括起来主要有以下几种。

（一）直接支付

直接支付是指由医疗保险机构或公共医疗系统将医疗费直接支付给提供医疗服务的医院和其他服务提供者，患者本人与提供服务的医生、医院之间不直接发生经济关系。由于各国医疗保险制度存在差异，直接支付的情况也不同，一般有两种情况。一是政府或社会保险系统自己设立医疗设施，例如医院、诊所等，直接为被保险人提供医疗服务。由于医院、诊所及其他相关机构均由政府或社会保障系统掌控，医生及其他医务人员均享受国家统一规定的工资待遇，被保险人只要按规定缴纳保险费，便可享受免费医疗服务。二是医疗保险机构与提供医疗服务的部门签订合同，合同条款明确服务项目、类别、人数以及服务后的医药费用标准、支付办法等。这种支付方式主要存在于西方福利国家（如英国、瑞典等国）和之前的苏联，以及医疗保险制度改革前的中国。

（二）患者报销医药费用

患者报销医药费用不同于医疗保险机构或公共医疗系统直接支付医疗费用，它是患者自行缴费再报销医药费用的一种间接支付方式，具体来说，是先由患者按其所得到的服务，向医生、药店或医院缴费，由患者预先垫付医疗所需的一切费用，然后按比例向社会保险机构报销，社会保险机构偿还患者所交医疗费的一部分或全部，报销医疗费有时有最高限额的规定，德国、日本、法国均属于此种支付方式。这种支付方式有两个缺点：一是不利于降低管理成本；二是社会保险机构很难保证有足够的人力、物力去鉴别每份账单的真假，会出现报假账的现象。

（三）直接向患者提供服务

直接向患者提供服务是患者通过购买该项医疗保险，根据合同到与该医疗保险机构合作的医院单位享受各项医疗服务，所产生的医疗服务费用由该医院向医疗保险机构收取。该种方式的前提是医疗保险机构与医院或开业医生签订合同，根据合同，医院或开业医生直接为患者提供服务，随后向医疗保险机构收取费用。

第五节　我国医疗保险制度

20 世纪 50 年代，我国开始建立医疗保险制度，由于受历史、政治、经济等因素影响，我国医疗保险制度建立之初就处在城乡二元经济发展的背景之下，逐渐形成面向城镇居民的公费医疗与劳保医疗以及面向农村居民的农村合作医疗等三种制度。1978 年改革开放后，在计划经济向市场经济的转变过程中，我国医疗保险制度不断改革。1998 年发布的《国务院关于建立城镇职工基本医疗保险制度的决定》提到，医疗保险制度改革的主要任务是建立城镇职工基本医疗保险制度。之后我国医疗保障制度又历经数次改革与发展，逐步建立起以城镇职工基本医疗保险、城乡居民基本医疗保险、医疗救助为托底，大病保险、商业健康保险、慈善救助等为补充的多层次、广覆盖、保基本的医疗保障体系。

一、计划经济时期的医疗保险制度

（一）城镇医疗保险制度

1. 公费医疗

在 20 世纪 50 年代初期，为适应中华人民共和国成立后高度集中的计划经济体制，我国医疗保险制度主要有公费医疗和劳保医疗两种形式。其中，公费医疗制度是根据 1952 年中央人民政府政务院发布的《政务院关于全国各级人民政府、党派、团体及所属事业单位的国家工作人员实行公费医疗预防的指示》建立的，公费医疗覆盖范围为国家机关和事业单位的全体工作人员；国家教委核准的高等院校的在校学生（包括研究生）；复员退伍返乡二等乙级以上残疾军人；国家机关和事业单位的离退休人员。公费医疗范围主要包括疾病预防和治疗、非责任伤害、生育等项目，就医时一般需到指定医院。其经费主要来源于政府财政拨款，由国家财政部门按每人每年享受公费医疗待遇的预算定额将经费拨付给地方管理使用，实际超出部分由地方财政补贴，职工凭公费医疗证在医疗机构免费就医，医疗机构与用人单位按实际发生的医疗费用进行结算，也有的单位还实行职工凭医疗单据回本单位全额报销的办法。

2. 劳保医疗

1951 年政务院颁布《劳动保险条例》，标志着劳保医疗制度的初步建立，劳保医疗实施范围包括全部国有企业、部分城镇集体所有制企业的职工及其供养的直系亲属，还有这些企业的离退休人员，劳保医疗制度对保障职工及家属的健康、促进社会稳定均发挥了重要作用。但此时的《劳动保险条例》在资金筹集、费用控制、管理体制等方面还存在诸多问题，表现在两方面：一是医疗经费由国家和企业包揽，个人基本不付费，故而缺乏费用意识，造成卫生资源严重浪费，医疗费用迅速增加；二是劳保医疗事实上是企业保险，但此时的企业医疗经费间接地由国家财政负担。虽然改革后，企业走向了市场，实行自主经营、自负盈亏，但随着经济体制改革的不断深化，私营企业、“三资”企业得到大力发展，企业的所有制结构发生了很大变化，劳保医疗的覆盖面不断缩小，劳保医疗的作用越来越小甚至有些畸形。

（二）农村合作医疗

正如前文所述，农村合作医疗与城镇的公费医疗和劳保医疗共同构成了当时我国城乡居民的医疗保障体系，农村合作医疗制度萌芽于20世纪40年代的陕甘宁边区的医药合作社，资金由大众合作社和保健药社投资，并吸收团体和私人资金股金，政府予以一些补助，以“合作制”的形式举办，这成为合作医疗制度的雏形。1955年，山西高平在农业社会保健站采取社员群众出“保健费”和生产合作社公益金补助相结合的办法，建立起合作医疗制度，得到了肯定和推广。1968年12月，毛主席批示推广湖北省长阳县乐园公社合作医疗的经验，广大农村掀起了大办合作医疗的热潮。到1976年，全国绝大多数行政村实行了合作医疗制度。20世纪80年代，我国家庭联产承包责任制的实施，使得家庭重新成为农业生产的基本经营单位，以农业合作社为依托的合作医疗制度出现了滑坡的局面。

二、城镇职工基本医疗保险制度

（一）城镇职工基本医疗保险的产生与发展

20世纪80年代后，随着改革开放的不断推进，我国医疗技术不断革新，医疗费用急剧上涨，国家、企业不堪重负，部分地区开始探索医疗保险制度改革。1993年《中共中央关于建立社会主义市场经济体制若干问题的决定》发布，明确提出我国需要建立社会统筹和个人账户相结合的社会医疗保险制度；1993年《关于职工医疗保险制度改革试点的意见》印发，江苏省镇江市以及江西省九江市成为医疗保险制度的改革试点，“两江试点”的成功推动了该项改革在全国各地纷纷试验。1998年国务院颁布实施《国务院关于建立城镇职工基本医疗保险制度的决定》，将医疗保险制度改革的主要任务确定为建立城镇职工基本医疗保险制度，即为适应社会主义市场经济体制，根据财政、企业和个人的承受能力，建立保障职工基本医疗需求的社会医疗保险制度。

（二）城镇职工基本医疗保险的特征

城镇职工基本医疗保险制度是与我国经济发展水平相适应的一种社会保险制度，其指导思想是“基本水平、广泛覆盖、双方负担、统账结合”，即基本医疗保险的水平要与社会主义初级阶段生产力发展水平相适应，城镇所有用人单位及其职工都要参加基本医疗保险，实行属地管理，基本医疗保险费由用人单位和职工双方共同负担，基本医疗保险基金实行社会统筹和个人账户相结合。

具体特征如下：一是强制性。根据法律法规，全部城镇用人单位以及职工都必须参加基本医疗保险，不同于商业保险可自愿参与。二是适应性。适应性是指城镇职工基本医疗保险的保障水平与我国现阶段的经济发展水平和生产力相适应，提供的基本医疗保障，充分考虑政府财政和企业的实际承受能力。三是广泛性。广泛性是指城镇职工基本医疗保险保障范围广，覆盖我国城镇所有用人单位，不论是国家机关事业单位、国营企业单位，还是私营企业，即包括各种形式的企业、社会团体、民办非企业单位及其职工。四是互济性。在保障范围的单位或职工，根据规定定期缴纳医疗保险费，当参保人患病时，医疗费用经统筹按比例报销，疾病风险均由参保单位、人员共同分担。医疗保险互助共济、统筹调剂、风险分担功能较强。五是双方负担。双方负担是指城镇职工基本医疗保险的保险费用通过单位和职工共同缴纳的方式筹集。双方负担消除了公费医疗和劳保医疗中医疗费用由政府和单位包揽的弊端，有利于减轻政府、单位负担，扩大医疗保险基金来源，增强个人自我保障意识以及医疗费用节约意识。六是统账结合。统账结合是指城镇职工基本医疗保险实行社会统筹和个人账户相结合的模式，个人账户主要支付门诊小额费用，自储自用；统筹基金主要补偿住院产生的大额费用支出，实行互助共济。

（三）城镇职工基本医疗保险的主要内容

1. 覆盖范围

城镇职工基本医疗保险覆盖所有城镇中各类各级单位的员工，包括企业、机关事业单位、社会团体、民办非企业单位及其职工，灵活就业人员、农民工、非公有制经济组织员工也要按照相关规定参保。城镇职工基本医疗保险实际上覆盖城镇全体从业人员。

2. 筹资方式

城镇职工基本医疗保险费的筹集方式是参保职工、用人单位共同缴纳，具体是职工缴纳上年度个人平均工资的 2%，单位缴纳职工工资总额的 6%。除此之外，具体缴费比例由各统筹地区根据实际情况确定，随着经济的发展和职工工资收入的提高，经省劳动厅、财政厅批准后，可适当调整单位和个人缴费率。在筹资中，对两类人员另有规定：退休人员参加基本医疗保险，个人不缴纳基本医疗保险费；国有企业下岗职工的基本医疗保险费，由再就业服务中心按当地职工平均工资的 60%为基数代职工缴纳，并享受相应的医疗保险待遇。

3. 统筹形式

城镇职工基本医疗保险原则上以地级以上行政区为统筹单位，一般也允许以县（市）为统筹单位。当前，大多数地区为市级统筹，但统筹层次过低不利于风险的分担。中央、省属单位都要按照属地管理原则参加统筹地区的基本医疗保险，执行当地的统一制度和政策。城镇职工基本医疗保险基金由统筹基金和个人账户构成，并划定了各自的支付范围，分别核算，不得相互挤占。个人账户主要支付门诊费用、住院费用中个人自付部分以及在定点药店购药费用。统筹基金用于支付符合规定（属于药品目录、诊疗项目目录和医疗服务设施目录等“三大目录”范围内的项目费用）的住院医疗费用和部分门诊大病医疗费用，起付标准为当地职工年平均工资的 10%左右（不同地区、不同级别医疗机构，起付线标准不同），最高支付封顶线为当地职工年平均工资的 6～8 倍。

4. 管理模式

城镇职工基本医疗保险采取属地化管理，将传统医疗保险制度由行业统筹管理的模式，改为由所在统筹地区的社会保险经办机构实施管理。2018 年，根据第十三届全国人民代表大会第一次会议批准的国务院机构改革方案，组建中华人民共和国国家医疗保障局，作为国务院直属机构，将城镇居民医疗保险在内的医疗保障事务归属国家医疗保障局管理，同时医疗保险机构对提供医疗保险服务的医疗机构和药店实行定点管理，负责制定职工医疗保险用药、诊疗和服务设施范围和给付标准，制定科学的医疗保险费用结算办法，负责医疗保险基金的筹集、管理、运营和支付。

三、城乡居民医疗保险制度

（一）农村合作医疗制度

1. 旧农合的产生与发展

旧农合是指“旧型”农村合作医疗制度。旧农合兴衰与合作化运动紧密联系，依靠集体经济发展，是按照互济互助原则建立的集资医疗制度，是一项低补偿的农村集体福利事业。1956 年最早的合作医疗保险仅限于工伤，政府通过的《高级农业生产合作社示范章程》，提出合作社需要对因公负伤或因公致残的社员负责医疗；1978 年《中华人民共和国宪法》提出劳动者在年老、生病或丧失劳动能力时，有获得物质帮助的权利，在宪法明文规定的基础上国家逐步发展社会保险、社会福利、公费医疗和合作医疗事业；1979 年卫生部、农业部、财政部、国家医药管理总局、全国供销合作总社联合发布了《农村合作医疗章程（试行草案）》，使得旧农村合作医疗制度正式被纳入制度建设和运行范畴中。概括起来，主要分为三个阶段：一是合作经济阶段，在 20 世纪 50 年代农业实行合作化生产，合作医疗制度伴随着农业合作化运动逐渐兴起，该阶段的合作医疗属于自发的、短暂的，目的是个体间自愿联合，共同分担医疗风险；二是集体经济阶段，在 20 世纪 70 年代前后在集体经济基础上发展合作医疗，该阶段是旧农村医疗合作制度的主要阶段，通过“政社合一”的集体经济强制将剩余产品用于医疗保障，是该经济基础上社会化程度更高的社区性医疗保障制度。三是 80 年代初期，随着农村家庭联产承包责任制的实行，集体经济的逐渐解体，依托集体经济发展的农村医疗合作制度遭遇重大危机，合作医疗保险失去主要的经济来源，资金筹集出现问题，失去了赖以生存的物质基础和组织基础，合作医疗的覆盖面大幅缩小，覆盖比例从 1980 年的近 90%骤降到 1989 年的 4.8%，传统的农村合作医疗近乎瓦解。直到 1993 年，农村合作医疗才重新得到政府的重视。旧农合的基金所有和筹集方式如下。

1）基金所有

旧农合是建立在合作社政社合一的体制下，其发展依赖合作社，是农村集体经济的一部分，旧农合医疗资金归集体所有，由集体组织负责医疗费用的分配。简而言之，集体所有，集体办理。

2）筹集方式

旧农合的资金筹集是通过农民缴纳的保健费以及合作社的公益金提取，集体公益金的补助占大部分，合作社社员只需要缴纳少量费用。医疗费用的分担由合作医疗筹集的情况决定，筹集原则是“集体出大头，农民出小头”，个人负担比例最多不超过 50%。

2. 新型农村合作医疗

新型农村合作医疗，简称“新农合”，是指由政府组织、引导、支持，农村居民自愿参加，以个人、集体和政府多方筹资，以大病统筹为主的农民医疗互助共济制度。2003 年以来，新型农村合作医疗的试点工作在全国各地陆续开展，截至 2010 年底，新型农村合作医疗覆盖人数达 8.35 亿人，成为世界上覆盖人口最多的一个医保制度，报销比例达到 60%，缩小了与城镇职工医保的差距。

1）新型农村合作医疗的产生与发展

正如前文所述，随着集体经济的解体，农村合作医疗保险失去主要的经济来源，传统的农村合作医疗近乎瓦解，农村居民失去基本的医疗服务保障，农村医疗卫生状况日益恶化，尤其是失去医疗保障的帮助，农村因病致贫、因病返贫现象严重。为解决广大农村居民医疗卫生问题，2002 年，《中共中央 国务院关于进一步加强农村卫生工作的决定》发布，重点提出逐步建立以大病统筹为主的新型农村合作医疗制度。2003 年 1 月，国务院办公厅转发卫生部等部门《关于建立新型农村合作医疗制度的意见》，开始在全国范围内开展新型农村合作医疗的试点工作。2006 年，卫生部联合七部委下发了《关于加快推进新型农村合作医疗试点工作的通知》进一步明确了扩大试点工作的目标和要求，要使 2006 年试点县的数量达到全国县总数的 40%，2007 年达到 60%，到 2008 年在全国实现基本覆盖。同时在加大中央和地方财政的财政支持力度、加强合作医疗管理能力建设、加强农村医疗服务监管等方面做了明确部署。2016 年，《国务院关于整合城乡居民基本医疗保险制度的意见》发布，要求整合城镇居民基本医疗保险和新型农村合作医疗（简称新农合）两项制度，建立统一的城乡居民基本医疗保险制度。

2）具体内容

覆盖对象为全国范围内所有农村居民。采取个人缴费、地方财政和中央财政补助的筹资方式，鼓励农民积极参保。对于不同地区，参合费用不同，财政补助力度也不同。作为以大病统筹兼顾小病理赔为主的农民医疗互助共济制度，新农合一般以县（市）为单位进行统筹，主要补助参合农民的住院医疗费用。各统筹地区根据当地实际情况，确定支付范围、支付标准和额度，其中新农合补偿范围由各省（自治区、直辖市）结合实际制定，原则上不能简单套用城镇职工基本医疗保险相关目录。为解决参合农民常见病、多发病的门诊医疗费用负担问题，部分地区开展门诊统筹试点，将普通门诊医疗费用纳入医疗保险支付范围。

3）实施原则

第一，政府引导，自愿参加。新农合的主体是广大农民群众，农民群众自愿参加构成新农合制度建立的基础。农民以家庭为单位自愿参加新型农村合作医疗，遵守有关规章制度，履行缴费义务，按时足额缴纳合作医疗经费，体现出新农合“风险分担，互助共济”的主要特征。政府对农民进行正面引导，提高广大群众健康风险意识和参加合作医疗的积极性。

第二，多方筹资。新型农村合作医疗资金筹集遵循多方筹资的原则。除了由参加合作医疗的农民按时足额缴纳合作医疗费用以外，乡（镇）、村集体给予资金扶持，中央和地方各级财政每年安排一定专项资金予以支持，确保新型农村合作医疗系统能够正常、平稳地运转。

第三，以收定支，保障适度。新型合作医疗制度的实施坚持与农村社会经济发展水平、农民经济承受能力和医疗卫生服务需求相适应，同时考虑以收定支、收支平衡、略有结余，保证制度持续有效运行，保障农村居民享有基本医疗服务。

4）组织管理

第一，国家卫生和计划生育委员会负责全国新农合的综合管理，各地方卫生行政部门负责所辖区域内的新农合工作。由于新农合主要以县（市）级统筹为主，因此主要在各县（市）设立新农合管理机构，即农村合作医疗管理委员会，管理机构还包括县（市）卫生行政部门和财政部门。县（市）新农合管理机构应设立经办机构，负责具体业务工作，如定点医疗机构管理、基金预决算、补偿方案拟定和组织实施、补偿费用审核与支付、信息调查统计、档案管理及业务咨询等。

第二，按照精简、效能的原则，建立新型农村合作医疗制度管理体系。省、地级人民政府成立由卫生、财政、农业、民政、审计等部门组成的农村合作医疗协调小组。各级卫生行政部门内部设立专门的农村合作医疗管理机构，原则上不增加编制。县级人民政府成立由有关部门和参加合作医疗的农民代表组成的农村合作医疗管理委员会，负责有关组织、协调、管理和指导工作。委员会下设经办机构，负责具体业务工作，人员由县级人民政府调剂解决。根据需要在乡（镇）可设立派出机构（人员）或委托有关机构管理。经办机构的人员和工作经费列入同级财政预算，不得从农村合作医疗基金中提取。

5）筹资标准

第一，农民个人每年的缴费标准不应低于 10 元，当然，农民的缴纳标准在不断变化，经济条件好的地区可相应提高缴费标准。乡镇企业职工（不含以农民家庭为单位参加新型农村合作医疗的人员）是否参加新型农村合作医疗由县级人民政府确定。

第二，有条件的乡村集体经济组织应对本地新型农村合作医疗制度给予适当扶持。扶持新型农村合作医疗的乡村集体经济组织类型、出资标准由县级人民政府确定，但集体出资部分不得向农民摊派。鼓励社会团体和个人资助新型农村合作医疗制度。

第三，地方财政每年对参加新型农村合作医疗农民的资助不低于人均 10 元，具体补助标准和分级负担比例由省级人民政府确定。经济较发达的东部地区，地方各级财政可适当增加投入。从 2003 年起，中央财政每年通过专项转移支付对中西部地区除市区以外的参加新型农村合作医疗的农民按人均 10 元安排补助资金。需要指出的是，该标准也在不断变化。

6）资金管理

农村合作医疗基金是由农民自愿缴纳、集体扶持、政府资助的民办公助社会性资金，需要按照以收定支、收支平衡和公开、公平、公正的原则进行管理，必须专款专用、专户储存，不得挤占挪用。

（二）城镇居民医疗保险制度（2007 年）

1. 主要内容

2007 年国务院发布《国务院关于开展城镇居民基本医疗保险试点的指导意见》，同时劳动和社会保障部下发《关于城镇居民基本医疗保险医疗服务管理的意见》文件，我国开始在全国范围内实施覆盖全体城镇居民的基本医疗保险制度。该制度覆盖人群主要包括：第一，尚未参加城镇职工基本医疗保险或尚未参加公费医疗的达到退休年龄的老年人；第二，尚未参加城镇职工基本医疗保险或公费医疗的学龄前儿童、中小学生、大学生及研究生等；第三，尚未参加城镇职工基本医疗保险或公费医疗的其他城镇居民。

城镇居民医疗保险缴费采取年度定额缴费的方式，由各地按照低水平起步、逐步提高，群众自愿的原则，根据本地经济发展水平、居民家庭和财政负担的能力合理确定缴费率。全国各地基本上都采取参保居民缴纳一部分、财政补助一部分的做法。从许多地区实践和测算的平均数值看，筹资水平大体在城镇居民家庭人均可支配收入的 2%左右。城镇居民医疗保险制度基金主要用于偿付参保居民住院产生的合理医疗费用和门诊大病医疗费用支出，有条件的地区可以逐步实行门诊医疗费用统筹。城镇居民医疗保险基金偿付范围，一般参照当地城镇职工医疗保险药品目录、诊疗项目目录和医疗服务设施目录，费用偿付也设有起付线和年度支付最高金额限制，起付线一般设为当地居民人均年收入的 10%左右（不同地区、不同级别医疗机构起付线标准不同），年度最高支付限额设为当地居民人均年收入的 6～8 倍。

2. 实施原则

（1）低水平起步的原则。低水平起步是指城镇居民医疗保险制度的建立要与我国社会经济发展水平和各方承受能力相适应，合理确定筹资标准和保障水平；以保障城镇非从业居民的住院和门诊大病医疗需求为主，同时鼓励有条件的地区逐步实行门诊医疗费用统筹；随着社会经济发展水平和各方承受能力的提高，逐步提高筹资标准和保障水平。

（2）自愿原则。自愿原则是指居民按照自己的意愿及经济承受能力，自行决定是否参保，充分尊重群众的意愿和选择，同时通过财政补助激励和引导居民参加城镇居民医疗保险。

（3）属地管理原则。属地管理原则的主要作用是明确中央和地方的责任。总体上，中央确定城镇居民医疗保险制度的基本原则和主要政策，并给予必要的财政补助，地方因地制宜制定具体办法，组织实施工作。

（4）统筹协调原则。统筹协调原则是指城镇居民医疗保险制度的建立，必须坚持以人为本，统筹考虑各种保障制度和政策的衔接，统筹考虑地区之间的平衡，统筹考虑新制度的出台可能产生的影响，统筹考虑医疗保障体制和医药卫生体制的配套改革。

（三）城乡居民基本医疗保险制度

随着新型农村合作医疗、城镇居民基本医疗保险的逐步完善，城乡居民“看病难、看病贵”的问题得到缓解，广大人民群众的身体健康得到了保障。但是随着医疗保障制度建设的发展，城乡不同管理方式使医疗资源分散的问题越来越凸显。为了有效推进基本医疗保障制度的可持续发展，实现医疗保险全覆盖，国家推行一系列改革，2009 年发布的《中共中央 国务院关于深化医药卫生体制改革的意见》中指出，“有效整合基本医疗保险经办资源，逐步实现城乡基本医疗保险行政管理的统一”。2012 年，国家鼓励有条件的地区探索建立城乡统筹的居民基本医疗保险制度，部分省份的试点工作开始启动。2016 年，《国务院关于整合城乡居民基本医疗保险制度的意见》发布，要求通过整合城镇居民基本医疗保险与新型农村合作医疗，建立统一的城乡居民基本医疗保险制度，实现覆盖范围、筹资政策、保障待遇、医保目录、定点管理、基金管理“六统一”。这是推进医药卫生体制改革、实现城乡居民公平享有基本医疗保险权益、促进社会公平正义、增进人民福祉的重大举措，对促进城乡经济社会协调发展、全面建成小康社会具有重要意义。《国务院关于整合城乡居民基本医疗保险制度的意见》对城乡居民基本医疗保险制度的覆盖范围、筹资政策、待遇保障、基金管理等进行了具体规定。

1. 覆盖范围

城乡居民医保制度覆盖范围包括现有城镇居民医保和新农合所有应参保（合）人员，即覆盖除职工基本医疗保险应参保人员以外的其他所有城乡居民。农民工和灵活就业人员依法参加职工基本医疗保险，有困难的可按照当地规定参加城乡居民医保。

2. 筹资标准

坚持多渠道筹资，继续实行个人缴费与政府补助相结合为主的筹资方式，鼓励集体、单位或其他社会经济组织给予扶持或资助。各地要统筹考虑城乡居民医保与大病保险保障需求，按照基金收支平衡的原则，合理确定城乡统一的筹资标准。

完善筹资动态调整机制。在精算平衡的基础上，逐步建立与经济社会发展水平、各方承受能力相适应的稳定筹资机制。逐步建立个人缴费标准与城乡居民人均可支配收入相衔接的机制。合理划分政府与个人的筹资责任，在提高政府补助标准的同时，适当提高个人缴费比重。

3. 待遇保障

城乡居民医保基金主要用于支付参保人员发生的住院和门诊医药费用。稳定住院保障水平，政策范围内住院费用支付比例保持在 75%左右。进一步完善门诊统筹，逐步提高门诊保障水平。逐步缩小政策范围内支付比例与实际支付比例间的差距。

4. 基金管理

城乡居民医保执行国家统一的基金财务制度、会计制度和基金预决算管理制度。城乡居民医保基金纳入财政专户，实行“收支两条线”管理。基金独立核算、专户管理，任何单位和个人不得挤占挪用。结合基金预算管理全面推进付费总额控制。基金使用遵循以收定支、收支平衡、略有结余的原则，确保应支付费用及时足额拨付，合理控制基金当年结余率和累计结余率。建立健全基金运行风险预警机制，防范基金风险，提高使用效率。

四、补充医疗保险

补充医疗保险是按照保护与激励相统一的原则，在符合国家政策规定的前提下由特定主体提供的旨在为某些需要特殊帮助的群体分散疾病风险，以保证其健康需要，相较一般社会医疗保险制度而言处于补充地位的医疗费用保险制度安排。补充医疗保险包括企业补充医疗保险、城乡居民大病保险和商业健康保险等多种形式。在制度层面上，我国已经基本形成以基本医疗保险制度为主体，以各种形式的补充医疗保险为补充，以社会医疗救助为底线的多层次医疗保障体系的基本框架。

（一）企业补充医疗保险

企业补充医疗保险是指在政府强制实施的基本医疗保险制度之外，为进一步提高职工医疗保障水平，企业在国家政策指导下根据自身经济实力和经济状况而建立的补充性医疗保险制度。广义的企业补充医疗保险包括职工互助医疗保险、城镇职工大额补充医疗保险、企业补充医疗保险和商业团体健康保险等。

2009 年财政部、国家税务总局发布《关于补充养老保险费 补充医疗保险费有关企业所得税政策问题的通知》，规定“自 2008 年 1 月 1 日起，企业根据国家有关政策规定，为在本企业任职或者受雇的全体员工支付的补充养老保险费、补充医疗保险费，分别在不超过职工工资总额 5%标准内的部分，在计算应纳税所得额时准予扣除；超过的部分，不予扣除”，为企业开展补充医疗保险提供了税收优惠。目前我国关于企业补充医疗保险的运行没有形成统一规定，主要有三种运行模式：保障型补充医疗保险（企业为职工购买商业保险，保险公司承担保险责任）、自主管理型企业补充医疗保险（企业自主筹资和管理，制定符合企业自身的医疗保险方案）和第三方管理型企业补充医疗保险（保险公司第三方管理并收取一定保险费用）。参加企业补充医疗保险需具备的条件：一是参加了基本医疗保险；二是具有持续的税后利润，有能力主办或参加企业补充医疗保险；三是需要经过审批管理程序。

（二）城乡居民大病保险

城乡居民大病保险是指对城乡居民因患大病时所产生的高额医疗费用给予补偿，避免广大群众因为高额医疗费用负担陷入经济困难的一项补充性制度安排。2015 年 8 月，国务院办公厅印发《国务院办公厅关于全面实施城乡居民大病保险的意见》，部署全面推进城乡居民大病保险制度建设。城乡居民大病保险是基本医疗保险保障制度的拓展和延伸，是对大病患者发生的高额医疗费用给予进一步保障的一项新的制度性安排。2017 年，民政部、人力资源和社会保障部等部门印发《关于进一步加强医疗救助与城乡居民大病保险有效衔接的通知》，全面落实资助困难群众参保政策，确保将特困人员、低保对象、建档立卡贫困人口等困难人员纳入居民医保和大病保险。城乡居民大病保险的覆盖范围为已参加城乡居民医疗保险的所有城乡居民。城乡居民大病保险资金主要是从城乡居民基本医保基金中按照一定比例或额度进行划拨。具体到不同的地区提取的比例或额度以及资金筹集渠道不尽相同，城乡居民基本医保基金有结余的地区，一般利用结余筹集大病保险资金；对于结余不足或没有结余的地区，一般通过在城乡居民基本医保年度提高筹资时统筹解决资金来源。城乡居民大病保险的保障范围主要为参保对象在获得城乡居民医疗保险补偿后需个人负担的合理的医疗费用。

（三）商业健康保险

商业健康保险从属于保险市场中的人身保险，以被保险人的身体健康作为保险标的，是保证被保险人在疾病或意外事故所致伤害时的直接费用或间接损失获得补偿的保险，包括疾病保险、医疗保险、收入保障保险和长期看护保险等形式。

近年来，国家释放了一系列政策红利来促进商业健康保险的发展。2014 年，《国务院办公厅关于加快发展商业健康保险的若干意见》发布，对商业健康保险的发展路径给予了全面指导；2015 年，《财政部 国家税务总局 保监会关于实施商业健康保险个人所得税政策试点的通知》发布，标志着我国开始试点税收优惠型健康保险产品；2017 年，《财政部 税务总局 保监会关于将商业健康保险个人所得税试点政策推广到全国范围实施的通知》发布，提出将商业健康保险个人所得税试点政策推广到全国范围实施。

（四）大病医疗救助

大病医疗救助是指依托城镇职工基本医疗保险和城乡居民基本医疗保险居民结算平台，为困难群众提供快捷服务、覆盖城乡科学规范的一种新型医疗救助制度。医疗救助的救助对象为：农村五保对象；城乡居民最低生活保障对象；城镇无劳动能力、无经济收入来源、无法定赡（抚）养人的人员（“三无人员”）。2012年，民政部、财政部、人力资源和社会保障部、卫生部联合发布《关于开展重特大疾病医疗救助试点工作的意见》，明确了推动重特大疾病救助工作的总体目标。随着深化医药卫生体制改革工作的不断进步，各地在2015年将城市医疗救助制度和农村医疗救助制度整合为城乡医疗救助制度，并全面开展重特大疾病医疗救助工作。

综上所述，我国已经形成由城镇职工基本医疗保险、城乡居民基本医疗保险组成的医疗保险体系，并由其分别覆盖城镇职工、城镇居民和农村居民等群体。在此基础上建立了补充医疗保障，即企业补充医疗保险、城乡居民大病保险、商业健康保险和大病医疗救助等制度。这一基本框架能够满足不同群体的需求，体现了鲜明的中国特色。

五、现阶段我国医疗保险制度运行存在的问题及对策建议

（一）存在的问题

1. 统筹层次较低

社会保险全国统筹是一项复杂的系统工程，包括制度统筹、项目统筹、管理统筹、技术统筹等不同层面的统筹。基本医疗保险作为社会保险中重要的组成部分，就全国目前多数地区来看，大多处于市级统筹层次，不同统筹地区之间的医保待遇执行标准存在较大差异。事实上，2011年开始实施的《社会保险法》明确要求我国基本医保基金逐步实行省级统筹。但由于地区及城乡经济社会发展水平与医疗消费水平不同，各地提高统筹层次的工作节奏和进程存在差异，目前主要以地市级调剂金方式的统筹为主，省级统筹不断推进。由于统筹层次低，在制度设计、保障水平、缴费比例、医保服务等层面难以实现真正统一。这种群体分割、城乡分割、区域分割的制度安排不仅与疾病医疗风险分散的大数法则相悖，还会影响医疗保险制度的公平性，也会引发跨地、跨区域重复参保等诸多问题。另外，由于统筹层次较低，超过管辖范围外的参保数据资源、信息资源难以共享，引发跨地区医保管理困难。还有，由于统筹层次低，各级政府主体方权责不清晰，如管理权限、支出责任划分等都未形成相对统一的制度。

2. 不同群体间医保待遇差距较大，且转换较为困难

目前我国社会医疗保险主要包括城乡居民医疗保险和城镇居民医疗保险，二者并行实施，在医保目录和定点管理政策上实现了统一，但也存在着明显差异，主要体现在两者筹资机制、待遇水平、政策调整内容和频率不一致等方面。其中，在筹资端，由于各种主客观原因，各统筹地区执行的实际费率差异较大，高低悬殊；在待遇端，不同医保类型报销额度、报销比例、医保补贴不尽相同。城镇职工基本医疗保险个人账户改革方面，账户资金滞留，使用效率不高。另外，参保者在不同的基本医疗保险之间进行转换较为困难，城镇职工基本医疗保险需要连续参保一定时间才可在退休后继续享有相应报销待遇，但城乡居民基本医疗保险没有这个规定，因此可能出现参保者转为城镇职工基本医疗保险后，连续缴费年限不够而无法在退休后继续享有相应报销待遇的情况。

3. 支付方式有待进一步完善

随着全民医保制度的基本建立，基本医疗保险已经成为我国医疗服务的最大支付方，医保支付方式是有效激励和约束医疗服务的重要手段。目前我国已经在积极探索推行按病种付费、按项目付费等方式。在此过程中，还存在以下问题。一是我国医疗卫生价格调整机制未能有效建立，一定程度上导致价格信号失真，医保支付标准的确定参考依据不足。二是医保支付机制和执行层面衔接脱节，如总额预付不仅需要对费用总量进行刚性约束，而且应根据基金收支、机构实际业务量逐步调整总额指标，为鼓励医疗服务提供方，还需按照“结余留用、超支共担”的原则。但在现实中，由于医院缺乏“成本-质量”意识，简单按照人头、床位、天数来分解总额指标，一定程度上影响了医疗服务提供的数量和质量。三是由于各地在试点按疾病诊断分组付费支付方式改革过程中，选择不同的技术路径形成了多套并行的分组器，在费用核算环节也有多种方式。这种“多头化”的支付方式改革不仅影响技术层面标准的不统一，还会增加全国支付标准和支付管理技术相对统一的难度。

4. 面临老龄化社会加速和突发公共医疗卫生事件双重考验

第七次全国人口普查数据显示，我国 60 岁及以上人口 2.64 亿，占总人口的 18.7%，比 2010 年提高 5.4 个百分点；65 岁及以上人口为 1.9 亿，占比 13.5%，比 2010 年提高 4.63 个百分点。首先，我国医疗保障制度面临人口老龄化加速带来的巨大挑战。随着老年人口规模不断扩大，人口健康水平下降，失能、半失能老年人口数量众多，医疗费用支出不断增加，医保基金支付压力加大，其可持续性面临挑战。目前我国实行的退休人员不缴费政策，随着老年人口规模的不断扩大，医保基金筹资与支付压力面临巨大挑战，也会加重企业和在职劳动者的缴费负担，一定程度上加剧代际矛盾，再加上农村地区人口老龄化不断加速，对医疗保险制度和医疗资源数量及质量均提出了较大挑战。其次，随着各种公共卫生风险加大，我国医疗保险制度面临巨大挑战。主要表现为医保基金与公共卫生经费责任划分未能理顺。尤其有关重大疫情及传染病防治相关的法律法规中也并未明确涉及医保基金与公共卫生经费支出责任划分，二者负担的范围边界和具体承担比例均未涉及，使得在特殊时期出现大量挤占医保基金的情况，一定程度上造成医保基金的支付压力增大。

（二）完善我国医疗保险制度的对策建议

1. 逐渐提升医疗保险的统筹层次

提升医保法定统筹层次，是实现管理主体统一、解决区域间待遇不平衡、信息互联互通、提升医保治理效能、完善我国医疗保险制度的根本保障。针对目前我国医保统筹层次偏低的问题，需要全面推进做实基本医疗保障市级统筹，并不断向省级统筹推进，实现医保基金的统一管理、参保登记、待遇水平、经办服务等一体化工作，彻底避免由身份、户籍、职业、劳动关系类型、区域等不同而引发的漏保、断保、重复参保以及欺诈骗保等行为的发生，切实保障公民医保参保权益。与此同时，加快医保省级统筹步伐，不断扩大医保基金风险池，并为完善待遇管理和药品耗材集中招采购等政策提供深化改革空间，也为灵活就业等劳动力人口合理流动的参保续保提供保障，增加个人就业机会，促进劳动力的合理流动。最后，可参照企业职工基本养老保险中央调剂金制度建设的逻辑，基于各地基金筹资、支付、服务能力和疾病谱差异，建立基本医保中央调剂金制度。

2. 完善支付待遇

首先，积极深入推进医保支付方式改革，继续优化多元复合的支付方式组合，扩大按疾病诊断分组付费试点，积极开展区域点数法总额预算和按病种分值付费试点，尽快落实支付方式改革的方案。其次，以支付方式改革为基础，不断形成更加有力的医保控费管理机制。可根据医疗卫生机构规模调整、服务自然增长、服务成本变动、就医就诊需求等因素推动建立健全医疗机构集体协商机制。最后，加强医保支付管理力度，有效发挥医疗保险对医疗服务提质增效的促进作用。以提升质量为核心，引导医疗机构根据自身定位和功能，通过医保支付对医疗卫生服务绩效进行科学合理的评价，并把评价结果作为医保基金的支付依据，做到卫生服务质量提升和医保有效控费双提升。

3. 构建多层次的医疗保险体系

与基本医疗保险不同，商业健康保险更具有灵活性，且其激励性更强，在人口老龄化社会加速的情况下，构建完善以基本医疗保障为基础，以市场提供的商业性健康保险为有效依托，能够满足不同层次需要的多层次医疗保障体系至关重要。商业健康保险机构可以通过承办的方式，参与城乡居民基本医疗保险和大病保险待遇提升工作，即可鼓励商业健康保险突破基本医疗保险目录范围、突破既往病史和年龄的限制，设置多档基本医疗补充保险，积极推动惠民保，使有意愿、有条件的居民能够自主选择更高层次的保障水平，有利于尽快补齐城乡居民基本医疗保险与城镇职工基本医疗保险的差距，通过大病保险“三次报销”的形式进一步降低大病患者的疾病经济负担。

4. 加快长期护理保险与基本医疗保障制度有机衔接，提升医保制度有关公共卫生事件的应对能力

针对我国人口老龄化不断加深的趋势，失能、半失能老年人的规模逐步扩大，对该群体长期护理需求的供给迫在眉睫，积极探讨和推进长期护理保险与基本医疗保障制度有机衔接，解决医养结合问题刻不容缓。这就要求在对长期护理保险进行顶层设计的同时，一方面要明确两个保险制度功能定位的异同，建立健全“医＋养＋护”服务的保障模式，避免医疗保险的重复保障导致基金的不合理支出；另一方面，可参照城乡居民基本医疗保险，通过家庭缴费、政府补助的形式形成护理保险基金池，设置报销项目的起付线和报销比例等。与此同时，积极建立健全医疗保险制度，明确在重大疫情及传染病防治中，医保基金与公共卫生经费角色及责任划分，并根据疫情形势的发展变化，灵活调整报销目录范围，将不在医保目录范围内，但需求量大的药品和

医疗服务项目适时纳入医保基金支付目录，在突发疫情等紧急情况下，医疗机构应实行优先救治患者的原则，医保经办机构应尽快向医疗机构垫付部分资金再进行全盘费用结算，同时调整医疗机构总额预算额度及预算指标，对疫情产生的医疗费用进行结算，并适时启动异地就医患者独立紧急经办服务通道，实现患者及时救治，按照患者就医属地原则进行报销。

5. 加快建立健全全国统一的医疗保险管理服务平台，提升医保服务能力

习近平总书记在中共中央政治局第二十八次集体学习时强调："要完善社会保障管理体系和服务网络，在提高管理精细化程度和服务水平上下更大功夫，提升社会保障治理效能。"基本医疗保险作为最基本最重要的民生制度，承载着人民的"获得感、幸福感、安全感"，切实推进全民参保计划，提升其治理效能尤为重要。需要积极推进和落实建好国家医疗保障信息平台基础信息管理子系统，敦促未实现职工医疗保险与城乡居民医疗保险信息系统一体化的地区整合统一，全面推进各省（自治区、直辖市）、地市及县（市、区）级医保信息系统与国家医疗保障信息平台基础信息管理子系统对接，同时不断优化基本医疗保障经办服务，保证异地就医患者不因无法实现医保支付而产生"看病难"问题，打通各地医保经办接口，尽快实现全国医保信息系统联网互通，推动医保经办服务"一网通办"。可借助手机等移动端，通过在线平台、共享平台等多种途径来加大医保电子凭证推广的使用力度，拓展多样化的宣传渠道，以此提高公民对医疗保险制度及政策的知晓度，以及服务的便利性与快捷性。

◎相关案例

守好"钱袋子"　医保基金改革起步

2020 年 4 月，山西省医保局发布通知，9 月底前全省将对全部定点医药机构开展现场检查，并进行以医保经办机构和定点医疗机构为重点的专项治理；河北省医保局同样印发通知，分推送提醒、实施约谈、全面整改三个阶段，建立定点医药机构医疗费用指标异常增长预警提醒制度，依托"河北省医疗保障局交互平台"，按照机构级别、类别等每季度推送异常指标提醒信息。

7 月 8 日，江苏省医保局、省卫生健康委发出通知，将在全省所有医保定点医疗机构开展违规使用医保基金专项治理行动。此次治理的主要内容是定点医疗机构的不合理收费问题、串换项目（药品）问题、不规范诊疗问题、虚构服务问题等。覆盖范围为 2018 年 1 月 1 日以来纳入基本医疗保险基金支付范围的所有医疗行为和医疗费用。

7 月 14 日，湖北咸宁市医疗保障局召开 2020 年"打击欺诈骗保维护基金安全"警示教育约谈会暨定点医药机构医保服务协议签订会议。会上集中约谈市直 223 家定点医药机构，各定点公立医院分管院长和医保办负责人、定点民营医院、门诊、诊所、定点连锁药店、定点单体药店主要负责人，以及承保商业保险公司分管负责人和业务经理参加约谈。

此次约谈重点围绕深刻把握打击欺诈骗保的重要意义、规范使用医保基金、医药机构自查自纠、严格落实医保基金运行管理政策等内容开展警示教育，督促两定机构和承保商业保险公司规范服务行为，切实保障广大参保群众的切身利益。会议还组织学习了国家有关政策文件精神，部署两定机构自查自纠工作，通报打击欺诈骗保专项治理行动中查处的典型案例，解读并集中签订了定点医药机构医保服务协议。

资料来源：守好“钱袋子” 医保基金改革起步. https://baijiahao.baidu.com/s？id = 1673514909186325272&wfr = spider&for = pc（2020-07-29）.（内容有删改）

问题：

上述案例中的问题的根源在哪里？如何才能有效解决？

本章小结

健康是人类社会的根本价值与追求之一。群众的健康一直是国家、社会关注的焦点问题，在世界各国和各个人群中都受到普遍高度重视。医疗保险作为降低疾病风险、保持健康的一项重要的制度安排，主要指劳动者因患病、残疾、受伤等去医疗机构检查、诊断、治疗导致经济损失，国家与社会为保障劳动者在治疗过程中的基本生活，确保其劳动能力康复而设立的一项为补偿劳动者，提供一定的医疗费用以及医疗服务的社会保险制度。医疗保险制度具有保障、调控、再分配、促进发展、服务等五大功能。不同的国家根据医疗保障的几大原则建立了不同模式的医疗保障制度。本章分析了医疗保险的产生、发展、改革时期，梳理了国家医疗保险模式、社会医疗保险模式、个人储蓄医疗保险模式、商业医疗保险模式等四种医疗保险制度模式的概念、模式特征及优缺点。介绍了国家医疗保险、社会医疗保险、个人储蓄医疗保险、商业医疗保险的筹资方式。在此基础上，着重介绍了医疗保险的给付，包括医疗保险的给付项目、偿付方式、支付办法。其中，医疗保险给付项目主要由医疗服务、疾病津贴、被抚养家属医疗服务及现金补助和病假等项目构成；医疗费用的偿付方式主要有：按服务项目付费、按人头预付、总额预付、工资制、按病种付费。医疗费用支付办法有直接支付、患者报销医药费用、直接向患者提供服务等形式。最后，重点分析中华人民共和国成立以来我国医疗保险制度的发展脉络。一是介绍计划经济时期的医疗保险制度，主要包括公费医疗、劳保医疗、农村合作医疗。二是介绍城镇职工医疗保险制度，包括其产生与发展、特征与内容；三是介绍城乡居民医疗保险制度，包括农村合作医疗制度的产生与发展，旧农合的基金所有、筹集方式；介绍新型农村合作医疗制度，包括新型农村合作医疗制度的产生与发展、具体内容、实施原则、组织管理、筹资标准与资金管理；介绍城镇居民医疗保险制度，包括主要内容、实施原则等，并重点介绍城镇居民与农村居民基本医疗保险的融合发展，2016 年统一整合成城乡居民基本医疗保险制度，主要介绍了其覆盖范围、筹资标准、待遇保障、基金管理等方面的内容。最后，本章还介绍了企业补充医疗保险、城乡居民大病保险、商业健康保险、大病医疗救助等内容。

关键术语

医疗保险　医疗保障模式　社会统筹与个人账户相结合　新型农村合作医疗制度　补充医疗保险　商业医疗保险

复习思考题

1. 简述疾病风险的特点和医疗保险制度的定义。
2. 简述医疗保险的特点。
3. 简述医疗保险的功能。
4. 试述医疗保险制度的原则和目标。
5. 试比较社会医疗保险模式。
6. 医疗保险管理体制的类型有哪些？
7. 试述医疗保险待遇给付的条件和项目。
8. 简述我国医疗保险制度的改革与发展。

第八章　失 业 保 险

本章导读

失业保险是基于失业问题而建立的一种社会制度安排，旨在分散个人由失业而引起的收入损失的风险，保障失业者的基本生活和促进再就业，从而解除劳动者的后顾之忧，维护社会稳定和促进经济发展。为了全面理解失业保险制度，本章介绍了失业与失业保险制度的基本概念、特征等，以及失业保险制度的产生与发展历程等，分析了失业保险的理论基础，并对我国失业保险制度的发展进行了阐述，介绍了我国失业保险制度的主要内容，包括覆盖范围、费用负担、待遇水平、待遇项目等，最后对我国失业保险制度的发展进行了展望。

第一节　失业与失业保险

一、市场经济与失业

市场经济是指通过市场配置社会资源的经济形式。简单地说，市场就是商品或劳务交换的场所或接触点，市场可以是有形的，也可以是无形的，在市场上从事各种交易活动的当事人，称为市场主体。在市场经济条件下，竞争使得失业成为必然。

劳动力市场是市场经济体系中非常重要的一个要素市场。市场经济条件下的劳动力市场要求劳动力能在市场中流动，并有合理的劳动力资源配置；要求劳动力从各方面来考虑工作的选择。市场必然意味着竞争，劳动者必然会面临被淘汰的危险。因此，失业是社会化大生产和市场经济的必然规律，它的出现是不可回避的事实。与此同时，随着社会生产力的不断发展，科学技术日益进步，劳动生产率不断提高，经济增长和投资的就业边际效益呈递减趋势，必然给扩大就业带来一定的难度，使一部分劳动者失去与生产资料结合的机会，出现失业。另外，随着生产社会化程度的提高，社会分工不断深化，这必然引起产业结构的调整，产业结构的调整会引起新兴的产业部门日益发展，传统过时的产业部门日益衰落，尤其在传统的第一、第二产业部门中，由于新技术、新工艺的采用，对新增劳动力的吸收减少，而从传统的产业部门游离出来的劳动者如果一时无法进入新兴产业部门就会失业。由此可见，市场经济有活力、有效率，本质上是一种竞争性很强的经济，但竞争也不可避免地带来失业，使失业现象成为市场经济的常态。

二、失业及失业率

（一）失业的概念

失业人员是劳动力供给与劳动力需求在总量或者结构上的失衡所形成的，是指年龄在法定劳动年龄以内具有劳动能力并有就业愿望而未能就业的状态。按照国际劳工组织的定义，一定年龄范围之内的劳动年龄人口，同时满足下述三个条件才能被视为失业。

第一，无工作，没有从事有报酬的职业或者自营职业；

第二，当前具有劳动能力且处在法定劳动年龄范围内；

第三，有就业意愿，正在采取各种方式寻找工作。

大多数国家把 16 周岁至 65 周岁的人口称为劳动年龄人口，所有劳动年龄人口根据其是否就业，划分为三类，即就业人口、失业人口、不在劳动力人口。所谓不在劳动力人口是指既非就业又非失业的人口，即客观上丧失工作岗位，主观上又不愿意工作的人口。

综上，国际劳动组织对失业者的定义是：在法定年龄范围内、在参考时期内没有工作、现时可以工作而且正在寻找工作的人。当前，世界上绝大多数国家对失业者所下的定义是：在进行调查之前的四个星期内寻找过工作或者期待工作，并且能在两个星期内开始工作但现在没有工作的人。

1999 年国务院发布的《失业保险条例》正式使用“失业”一词，2003 年，失业重新被定义，所谓失业人员是指在法定劳动年龄内（男 16 岁至 60 岁，女 16 岁至 55 岁），有工作能力，有工作意愿而未就业的人员。

（二）失业、待业与下岗的区别

有关失业，改革开放以来我国至少出现过三种提法：待业、下岗和失业。三种提法分别是指特定群体人员的失业，其中待业和下岗针对的是国企劳动者。与大多数国家的失业保险制度发展历程一样，我国的失业保险制度的覆盖范围也是逐步扩大的。

1986 年，国务院发布《国营企业职工待业保险暂行规定》，将待业保险作为当时国营企业推行劳动合同改革的配套措施，仅适用于四种类型的国营企业职工，即宣告破产的企业的职工，濒临破产的企业法定整顿期间被精减的职工，企业终止、解除劳动合同的工人，企业辞退的职工。1993 年国务院发布《国有企业职工待业保险规定》，将实施对象扩大为七类，增加了按照国家有关规定被撤销、解散企业的职工，按照国家有关规定停业整顿企业被精简的职工，依照法律法规规定或者按照省、自治区、直辖市人民政府规定，享受待业保险的其他职工。

下岗劳动者问题最早出现在 20 世纪 90 年代初期，有的地方称为“停薪留职”，有的地方称为“厂内待业”，有的地方称为“放长假”“两不找”等。20 世纪 90 年代中后期，随着这一群体总量的增长，下岗职工问题作为一种社会经济现象开始凸显，并且引起广泛关注。正是由于国企职工下岗和失业两种失业人群的存在，我国失业保险制度的构建采取了二元形态，即失业保险制度和下岗职工基本生活保障制度。从性质和目标上来看，这两种制度都是当前我国所说的失业保险制度。1998 年，鉴于国有企业分离富余人员的压力加大，而失业保险支撑能力更显不足的实际情况，国家建立了国有企业下岗职工基本生活保障制度，这时“下岗”成为描述国有企业员工失业的一种官方用语。有下岗职工的国有企业普遍建立再就业服务中心，为下岗职工发放基本生活费，标准略高于当地失业保险金标准，该中心还为下岗职工缴纳养老、医疗、失业等社会保险。下岗职工领取基本生活费的期限最长为 3 年；期满后未实现再就业的，可以按规定享受失业保险待遇，家庭人均收入低于当地城市居民最低社会保障标准的，可以按规定申请享受城市居民最低生活保障待遇。2001 年，我国开始实行国有企业下岗职工基本生活保障制度向失业保险并轨，国有企业不再建立新的再就业服务中心；企业新的减员原则上也不再进入该中心，由企业依法与其解除劳动关系，按规定享受失业保险待遇。

（三）失业的种类

失业是一种不以任何人的意志为转移的客观社会现象。新增生产力提供就业的机会一般来说总要低于劳动力的就业需求，而且这种就业机会也是不均等的，这是由资源的稀缺性和市场竞争规律所决定的。资源的稀缺性加剧了市场竞争，市场竞争造成了市场竞争主体在占用和使用资源方面的不平等地位，从而使竞争失败了的企业和个人失去基本的生存物质资料；与此同时，活跃的生产力总使社会经济结构和中小企业处于不断动态变化和重组整合之中，从而形成了普遍性的结构性失业。造成失业的原因有多种，因而形成了失业的不同类型。

1. 摩擦性失业

在现代经济中，即使劳动力市场处于均衡状态，即劳动力供给与劳动力需求正好相等，劳动者也会处于求职状态。这种因劳动力市场运转存在“摩擦”或者“不完善”的失业，称为摩擦性失业。摩擦性失业是由三方面原因造成的。

一是劳动力市场的动态属性，如有人刚进入市场，开始寻找工作，有的人为了自己的发展和收入的提高，辞去原有工作寻找新的职位，进行工作和职业的变化。

二是市场信息的不充分，劳动力供求双方未能找到接触、沟通和达成雇佣协议的机会。

三是求职者与拥有职位空缺的企业之间相互寻找、洽谈需要时间。因此摩擦性失业不是由缺乏需求而造成的，而是由寻找工作，达成就业协议存在时滞性造成的，是一种自愿的失业。

2. 结构性失业

由经济结构如产业结构、产品结构、地区结构的变动，造成劳动力供求结构上的失衡所引致的失业被称为结构性失业。引起结构性失业的原因是劳动力的供给与需求不匹配。如果对一种劳动的需求上升，对另一种劳动的需求下降，而劳动的供给又未能及时作出调整，这种不匹配的情况就有可能发生。常见的是部门的衰落或者兴起所引起的职业间或者地区间的结构失衡。就一般情况而言，结构性失业的持续期长于摩擦性失业，并主要发生在那些缺乏劳动技能或者居住在经济落后地区的劳动者身上。

3. 周期性失业

由于经济周期或者经济波动引起劳动力需求不足，使劳动力市场供求失衡而形成的失业被称为周期性失业。在经济发展过程中，经济的周期性波动不可避免：在经济繁荣时，劳动力需求量大，就业机会增多，失业率下降；当经济不景气时，劳动力需求减少，失业率就会上升。这样，失业率随着经济的周期性循环而波动，出现周期性失业。由于社会对经济萧条到来的时间、持续时间、影响的深度及广度缺乏足够的认识，因此这种失业是一种最普遍、最严重、影响范围最广的失业形态，难以预测和防范。

4. 季节性失业

生产的季节性变化，导致就业岗位的定期性减少从而造成劳动者失业的状况，就是季节性失业。造成季节性失业的原因有以下两点。

第一，一些部门或者行业对劳动力的需求随季节的变化而波动，如农业、建筑业、旅游业、矿业、冷饮业等。

第二，一些行业随季节的不同会产生购买高峰或者低谷，如汽车业、服装业等，从而影响作为产品引致需求的劳动力需求，造成季节性失业。与结构性失业相比，季节性失业是一种正常的失业。在通常情况下，生产和就业的季节性只是表现为一年之内的不稳定，因此，季节性失业要比周期性失业持续的时间短，对社会和劳动者的影响也比较小。

5. 制度性失业

由某种特殊的经济制度安排或者制度变更所导致的失业，就是制度性失业。有些学者也称之为"体制下失业"。在本质上，制度性失业是由一些"非理性"的制度安排造成的。古典经济学家认为，资本主义经济制度符合"自然秩序"，有利于稀缺资源的充分利用，因而资本主义制度或者市场经济体制并不会导致真正的失业。西方经济学家对资本主义社会失业的特征、诱因及后果展开了比较系统的分析，其中有一些学者把资本主义的失业与其制度联系起来。如美国激进派经济学家保罗•斯威齐认为，资本主义周期性失业以及其他类型的失业的根源在于资本主义制度，任何倾向的、财政的政策都是无效的。当然，更多学者是从市场机制的构造与缺陷方面来说明资本主义国家所存在的失业现象。

6. 技术性失业

技术性失业一般是指由于新技术、新产品、新工艺、新材料、新能源的运用，从而使原有劳动岗位发生变化，劳动力数量减少而造成的失业。

7. 隐蔽性失业

隐蔽性失业亦称为"潜在性失业"，20 世纪 30 年代的经济大萧条，使得众多的劳动力的生产率十分低下，很大程度上浪费了劳动潜力。琼•罗宾逊提出了隐蔽性失业的概念，认为劳动者虽处于就业状态，但从事那些不能充分发挥专长的工作或者从事那种劳动生产率（按人时计算的产量）低于他从事其他工作具有的更高劳动生产率的职业，如劳动力市场供过于求时，技术人员当普通工人用，熟练工人降级当半熟练工人，半熟练工人降级去做一般体力劳动等，使劳动者的积极性得不到充分发挥，造成劳动力资源的巨大浪费，阻碍生产力的发展。一般而言，相对于发达国家，发展中国家的隐蔽性失业更严重且程度要大很多。我国以前的低工资高就业，统包统配的劳动政策，都是隐蔽性失业的现象。

8. 等待性失业

等待性失业是指求职者期望更高工资而产生的一种失业。只有“等待”到期望的工资超过低工资部门的预期工资，劳动者才愿意就业，否则宁愿保持失业状态、接受闲暇。可用公式表示为

$$p_e w_e > p_o w_e + (1-p_o) w_o$$

式中 w_e 和 w_o 分别代表高工资部门和低工资部门的预期工资水平；p_e 代表失业者找到 w_e 的概率；p_o 代表就业于低工资部门的劳动者找到高工资的概率。因为失业者全力以赴地寻找工作，所以可以假定 $p_e > p_o$，这样公式便可改写为

$$(p_e - p_o) > w_e(1-p_o)$$

由上式可见，劳动者是否宁愿失业，不仅取决于 w_e 和 w_o，而且取决于失业者找到高工资工作概率的提高幅度 $p_e - p_o$。

（四）失业率

失业率是就业形势的表征，根据失业率判断就业形势是否严峻，比估算劳动力供需状况更有实际意义。通常失业率有三种表现形式：失业率、城镇登记失业率和调查失业率。

1. 失业率

失业率是指失业人数与失业人数和就业人数之和的百分比，它是衡量一个国家宏观经济中失业状况的最基本指标。其计算公式为：失业率＝失业人数/（失业人数＋就业人数）×100%。

2. 城镇登记失业率

城镇登记失业率是指城镇登记失业人数与城镇登记失业人数和城镇登记就业人数之和的百分比。其计算公式为：城镇登记失业率＝城镇登记失业人数/（城镇登记失业人数＋城镇登记就业人数）×100%。其中，城镇登记失业人口是指有非农业户口，在一定的劳动年龄内，有劳动能力，无业而要求就业，并在当地就业服务机构进行求职登记的人员。

3. 调查失业率

调查失业率是通过劳动力情况抽样所取得的就业与失业汇总数据进行计算的，具体是调查失业人数与调查失业人数和调查就业人数之和的百分比。其计算公式为：调查失业率＝调查失业人数/（调查失业人数＋调查就业人数）×100%。

三、失业保险的概念及特征

（一）失业保险的概念

失业保险制度是现代人力资源开发和利用的重要组成部分。各国对于失业保险制度的建立及其作用都非常重视。所谓失业保险是指国家通过立法强制实行的，由国家、企事业单位和个人通过社会集中方式建立保险基金，对因失业而暂时中断生活来源的劳动者提供物质帮助和再就业服务的社会保险制度。具体而言，第一，失业保险制度是国家对法定范围内的劳动者，强制实施的一种社会保障制度；第二，享受失业保险待遇不是以劳动者丧失劳动能力为前提的，而是以职工就业后因社会经济原因失去工作，中断收入为前提条件；第三，失业保险不是单纯地提供经济救济和物质帮助，更重要的是通过就业服务，为失业者创造条件，以便其重新就业。

（二）失业保险的特征

失业保险与其他社会保险项目一样，都是政府行为，侧重于保障基本生活需求，并以货币为主要帮助形式。不同之处是失业保险具有保障生活和促进再就业的双重功能，与劳动力市场相互关联的密切程度明显高于其他社会保险项目。具体如下。

第一，普遍性。失业保险主要是为了保障有工资收入的劳动者失业后的基本生活而建立的，其覆盖范围包括劳动力队伍中的大部分成员。因此，在确定适用范围时，参保单位应不分部门和行业，不分所有制性质，其职工不分用工形式，不分家居城镇、农村，在解除或者终止劳动合同后，只要符合条件，都有享受失业保险待遇的权利，充分体现了普遍性。

第二，强制性。失业保险是通过国家制定法律法规来强制实施的。按照规定，在失业保险制度覆盖范围内的单位及其职工必须参加失业保险并履行缴费义务。根据有关规定，不履行缴费义务的单位和个人都应当承担相应的法律责任。

第三，互济性。失业保险基金主要由单位、个人和国家三方共同负担，缴费比例、缴费方式相对稳定，筹集的失业保险费，不分来源渠道，不分缴费单位的性质，全部并入失业保险基金，在统筹地区内统一调度使用，以发挥互济功能。

第四，功能双重性。失业保险具有社会救济与促进再就业的两种功能，既是对失业者的救济，又是对失业劳动力的管理，帮助其再就业，并且未来失业保险的发展方向就是失业者的就业保障，从而从根本上解决失业者的救济问题。

四、失业保险的功能与原则

（一）失业保险的功能

从经济学的意义上，失业是由商品经济发展中的矛盾所决定的客观存在的劳动危险。

劳动者的就业或者失业状况，是由一个国家中的市场、社会对劳动力的需求决定的。由于多种原因，劳动力供需发生矛盾，导致一部分劳动力被排除在劳动队伍之外，使劳动者及其家庭面临着严重的经济困难。因此，要想发展市场经济，适应社会化大生产的客观要求，推进劳动制度的改革，就必须建立和完善失业保险制度，使其在保障生活和促进就业等方面发挥重要的作用。

第一，失业保险保障失业者的基本生活，维护社会稳定。失业是人生的重大挫折，虽然失业者失去了赖以生存的工资收入，但失业保险金能保障失业者的基本生活，能使失业者克服收入水平下降的恐惧感，也能消除一定的社会不稳定因素。

第二，失业保险保护失业者的劳动能力。失业保险金水平一般高于最低生活保障金标准，这种设计的目的是让失业者在最低生活以外还可以有一定的经济能力寻找合适的工作，不至于为了生存而转业，从事与自身专项劳动能力不符的工作。

第三，失业保险制度造就了剩余劳动力的“水库”，有利于劳动力重新配置。当经济不景气，劳动力过剩时，将剩余劳动力引入劳动力“水库”；当经济复苏时，劳动力“水库”再向市场供给劳动力；各类用人单位也可以利用劳动力“水库”来调整自身的劳动力结构。因此，失业保险可以对劳动力市场产生积极影响。

第四，失业保险有反经济周期的功能，能在一定程度上保持市场消费稳定。经济景气时，就业率高，上缴的失业保险费也多，这在一定程度上等于强制储蓄，抑制消费；经济不景气时，失业增多，但由于失业保险金发放，消费水平不至于波动太大。

第五，失业保险制度具有救济功能，国家以立法形式向全社会各类企业筹集资金，形成失业保险基金，通过社会公共机构的管理，给失业者以较统一的救济，除发放一定的救济金，还提供再就业服务，如转业培训、职业介绍、组织生产自救等，实施社会化的组织管理，稳定社会秩序。

（二）建立失业保险的原则

建立失业保险必须遵循的原则主要有以下三个方面。

1. 准确确定失业保险的对象和范围

这是制定失业保险制度的基本前提，其关键是要分清失业的类型，如果是自愿失业，将不在失业保险范围内。失业保险金的享受人只能是非自愿失业者。在我国，还要正确区别失业与下岗职工，因为二者属于两个不同的保障体系。

2. 失业保险需要在较大的范围内做到社会统筹

失业保险基金是专门给付职工在失业期间保障其基本生活的法定经费，实行专款专用。如果能在较大范围内做到社会统筹，有利于失业保险基金的平衡调剂，避免出现地区或者行业间的负担畸轻畸重的问题，体现出互助共济的性质。

3. 制定适度的社会保险待遇标准和享受期限

完整的失业保险内容包括：保证失业职工在失业期间的基本生活需要，提供接受培训的机会和职业的介绍。制定失业保险待遇标准和享受期限的原则必须保证基本目标的实现，待遇标准要适度，失业保险金的水平既要适当低于本人失业前的工资水平，又要适当高于社会救济金的标准。对领取失业保险金的期限也必须作出规定，这有利于减少失业者依赖，使其积极寻找重新就业的机会。

第二节　失业保险的理论基础

失业问题是困扰社会稳定和发展的一个隐患。各种失业理论为我们更好地认识失业、建立合理的失业保险制度奠定了理论基础，并为失业保险制度的变迁提供了理论解释和实践指导。

一、古典失业理论

古典经济学派是指由萨伊奠基的，以马歇尔和庇古为主要代表，19 世纪末 20 世纪初在西方经济学中占统治地位的边际主义学派。

该学派的失业理论从完全竞争的市场结构出发，认为在这种市场上，货币工资具有完全弹性，一旦出现劳动力供求不平衡，货币工资就会自动作出灵敏反应，直到达到新的均衡。当出现失业现象时，货币工资会自动调整下降，进而引起实际工资的下降，市场会增加劳动力需求，直到达到充分就业。因此，古典经济学派认为劳动力市场均衡时所决定的就业量一定是充分的，除了短期的、暂时的摩擦性失业和自愿失业，大量的、长期的失业是不可能存在的。

古典经济学派以自由竞争为前提假设，否定了失业问题的普遍性。但其并不否认，如果竞争受到限制，失业是不可能发生的。失业问题正是竞争不充分导致的结果，解决失业问题首先要解决劳动力市场竞争不充分的问题。在这一理论的主导下，治理失业的制度选择必然把重点放在促进劳动力市场的充分竞争上，即通过法律规范、制度激励，建立统一、开放的劳动力市场，解决就业分割和就业歧视问题，促进劳动力资源合理流动和有效配置，实现劳动力市场的充分竞争。而对失业者的救助被认为是一项事后的、零碎的“残补”措施。

二、凯恩斯失业理论

20 世纪 30 年代，严重的经济危机和大量失业的存在使得劳动力市场自动调节实现均衡的理论不能自圆其说，迫切需要一种新的失业理论来解释资本主义社会的失业现象。凯恩斯在 1936 年出版的《就业、利息和货币通论》一书中提出了“有效需求不足”的失业理论及政府干预的政策主张。他从理论上否定了市场价格机制会自动调节经济实现充分就业均衡的传统，认为资本主义社会的就业量取决于有效需求的水平，有效需求就是总供给与总需求相等时的社会总需求。充分就业只是社会总供给与总需求的最佳状态，失业和生产过剩是资本主义的经济常态。市场经济运行中，在边际消费倾销递减、资本边际效率递减和流动性偏好三大心理规律作用下形成的有效需求不足，使得就业总是低于“充分就业”水平。而且，古典经济学派提出的摩擦性失业和自愿失业并不能概括一切失业现象，凯恩斯在此基础上提出了非自愿性失业。

凯恩斯关于解决失业问题主张的核心是改变自由放任主义，实行政府干预经济的政策来提高社会有效需求，以实现充分就业。这一理论的发展使政府的作用凸显，优化政府服务，采取有效的财政、货币政策适时干预宏观经济，在必要时加大公共投入，成为解决失业问题的必要措施。失业不再被简单地认为是劳动者个人的原因，对失业者的救助被认为是政府的责任，因此建立失业保险制度、保障失业者的基本生活需求逐渐得到政府的重视并开始作为一项法定的制度被确立下来。

三、供给学派的失业理论

供给学派以“供给管理”为核心，以“减税”为主要政策主张，进一步阐述了供给决定需求这一基本命题。首先，供给学派将整个经济分为厂商部门和居民部门两个部门，后者的异化突出表现为逃避政府的税收。其次，它强调劳动供给中的替代效应，税率越高，人们越缺乏在厂商部门工作的积极性，相反，减税则会增加劳动力供给，因为减税意味着工资率的提高，这使得居民在为厂商部门提供劳动供给时表现出较高的工作热情和积极性。尽管税率降低的最初效应是政府收入减少，但是，整个经济厂商部门的税基扩大保证了增加或者至少不降低税收总量；另外，除非政府试图应对经济衰退及相伴而生的失业，否则因为收入的减少，政府会减少以前提供的各种服务，如教育津贴及公共建设基金。因此，尽管工资率上升，但是由于政府减少提供服务，人们的实际收入没有什么变化。减税导致实际工资提高，人们工作积极性增强，工作效率提高。这说明，劳动供给的收入效应不是很强，替代效应则很强。供给学派也具体分析了高福利的危害，他们看来，高额的津贴事实上鼓励了失业者延长失业时间，并诱使企业和雇员用增加临时解雇和失业的方式来组织生产。

据此，供给学派认为充分就业的客观基础是经济发展，解决就业问题的思路应当是：充分发挥市场机制的作用，依赖“减税”刺激经济增长，并由此产生经济运行对劳动力的内在需求。供给学派反对政府的不适当干预，认为通过扩张公共支出设置公共部门经营岗位或者提高失业福利来解决失业问题是政府的幻想，政府部门要做的是：对劳动力市场进行整合、规范；对劳动力供需信息及时整理、发布；对失业者进行必要的安抚和救济，但要适度确定失业保险金水平，严格审查领取资格，采用享受期限额度递减的方法鼓励失业者积极寻找工作。

四、刘易斯的就业理论

美国著名经济学家威廉·阿瑟·刘易斯在1954年发表的《劳动力无限供给下的经济发展》一文，针对发展中国家农业人口众多、剩余劳动力丰富的特点，提出了通过工业化来解决失业问题的办法。他认为：发展中国家的经济不同于发达国家的一个典型特征是没有统一的劳动力市场，发展中国家的经济存在一个二元结构，即一个相对先进的工业部门和一个相对落后的农业部门。农业部门的劳动边际产出处于维持生产的工资水平，在一个高于农业部门劳动者平均收入的工业部门的工资水平下，劳动力的供给是无限的。[①]农业劳动者从土地上转移出来的机会成本甚至为零。不同的劳动边际收益会引发劳动力从农业部门向工业部门流动，工业部门不断积累和扩大，会不断吸收农村剩余劳动力。随着农业部门劳动力的减少，农业劳动的边际收益提高，直到农业部门劳动者与工业部门的劳动者收益相等，即达到刘易斯所说的均衡点。

因此，刘易斯的就业理论认为，工业扩张促进经济发展的过程就是减少失业的过程，解决就业问题的重要措施就是加快先进部门的资本积累，加速农村剩余劳动力的转移步伐，实现劳动力的供需平衡。这一理论对解决我国失业问题具有极为重要的借鉴意义。许多观点一致认为国家应当采取措施，促进中小城市的发展，打通转移渠道，降低流动成本，在公共服务和社会保障方面加大投入，促进社会的公平、公正与和谐发展。作为直接针对问题的对策，失业保险制度将如何发展成为我们重点思考的重要议题，探索如何扩大覆盖面，让更多的人（农民工、灵活就业者等）享有失业保险，积极促进就业、再就业应当成为我国失业保险制度改革未来努力的大方向。

五、新古典综合学派的“结构性失业”理论

为了解释20世纪70年代至80年代资本主义社会出现的“滞涨并存”的现象，詹姆斯·托宾等人提出了结构性失业理论，试图从劳动力市场的技术结构特点和变化来阐释失业的特征及对滞涨的影响，认为是微观市场的不完全性和结构变化引起滞涨现象。由于经济结构的变化，劳动力的供给和需求在职业、技能、产业、地区分布等方面的不协调导致了结构性失业。一种情况是由于传统产业萧条、衰落，从事这些产业的劳动者失去了工作，又无法适应新产业的技术要求而找不到工作；另一种情况是由于经济发展不平衡，落后地区的剩余劳动力因为地理位置的限制等难以流动到发达地区，从而引起一部分人失业。结构性失业必然引起失业与工作空位并存，价格和货币工资刚性的存在，又使失业与工作空位并存转化为失业与货币工资上涨并存，于是出现“滞涨并发症”。

新古典综合学派提出实行人力资源投资政策和完善劳动力市场的政策来解决结构性失业问题。因此，失业保险制度安排越来越重视发挥其促进再就业的功能，重点从保障失业者的基本生活转向促进失业者积极再就业，即通过加大培训投入，帮助失业者提高自身素质和技能以适应新的劳动力需求；完善就业信息服务，使企业与劳动者相互寻找更加便利；鼓励劳动力流动，帮助劳动者和企业进行地区迁移等。

---

① 谭运进. 西方就业理论对我国的借鉴意义. 商业时代·理论，2005（12）：33-34. 转引自孙叔函，朱丽敏. 社会保险学. 2版. 北京：中国人民出版社，2012：164.

六、货币学派的“自然失业率”理论

货币学派的代表人物弗里德曼提出了“自然失业率”假说。他认为，在通货膨胀与失业之间，并不存在任何稳定的交替关系，而是存在一种“自然失业率”，它与实际因素以及准确的预期保持一致。“自然失业率”是指在没有货币因素干扰的情况下，劳动力市场和商品市场自发供给力量发挥作用时的失业率，也就是充分就业情况下的失业率。自然失业率主要有以下三种情况：一是由于信息不完全、劳动力的流动或者工作搜寻出现的摩擦性失业；二是认为实际工资低于劳动力边际效用的自愿性失业；三是由于各种原因更加挑剔地对待各种就业机会的等待性失业。

货币学派经济学家认为，“自然失业率”不是一个数值常量，它的大小取决于与货币因素相对的“实际”因素，如劳动力市场的有效性、竞争或者垄断程度等。另一个重要影响因素则是慷慨的失业保险和失业救助使失去工作的人寻找其他工作的压力减小，他们不但倾向于更长的等待时间，而且对待就业机会也更加挑剔。因此，在这一理论指导下，治理失业的关键在于加强劳动力市场的竞争性，搭建劳动力与用人单位之间的信息交互平台，降低搜寻成本；普及教育，鼓励培训和劳动力流动，减少摩擦性失业；在失业保险制度安排上主张调整失业保险和社会福利政策，采取有效的刺激措施，主要是实行负所得税政策，鼓励人们积极寻找工作，而不是坐享失业补助金。

七、新凯恩斯主义的黏性工资理论

20 世纪 80 年代发展起来的新凯恩斯主义在对劳动力市场功能性障碍进行探索的基础上提出了一种全新的失业理论——黏性工资理论。其继承了原凯恩斯主义中的劳动力市场非出清的基本信条，在分析中引入了原凯恩斯主义所忽视的厂商利润最大化和家庭效用最大化的假设，吸纳了理性预期学派的理性预期假设，探讨了劳动力市场的工资黏性，由此证明失业发生的必然性和政府干预的必要性。

新凯恩斯主义的黏性工资理论主要包括名义工资黏性和实际工资黏性两方面。工资黏性是指工资不能随需求的变动而迅速地调整，工资上升比较容易而下降比较困难。新凯恩斯主义劳动力市场理论以工资黏性为关键假设，在微观经济学基础上解释了劳动力市场失灵的原因，并运用隐性合同理论、效率工资理论、局中人-局外人理论和失业滞后论，较好地说明了高通货膨胀和高失业率并存的现象。在此基础上，他提出加强职业技能培训，降低劳动力调整成本；改革失业福利政策，鼓励失业者积极寻找工作等一系列政策建议。

第三节　失业保险制度的产生与发展历程

一、失业保险制度的产生与发展

人类进入工业社会以来，随着生产力的发展，机器在很多方面代替了劳动力，失业成为每位劳动者都可能面临的一种社会风险。失业问题也成为直接关系到社会稳定和经济发展的重要社会问题，不仅会给劳动者带来潜在的生存危机和不安全感，也会影响到劳动力的供给和经济的发展，构成社会不稳定的潜在威胁。因此，加强对失业的管理，是一个国家长期稳定发展、健康发展的内在要求。

世界各国失业保险制度有强制性失业保险制度和非强制性失业保险制度，还有的国家采用双重失业保险制度。1905 年法国首先建立自愿性失业保险制度，距今已有一个多世纪。丹麦、瑞士和芬兰实行非强制性失业保险制度。这些国家的失业保险不是由政府管理，而是由工会自愿建立的失业基金会管理，政府给予大量补贴。1911 年，英国颁布了《国民保险法》，开创了强制性失业保险制度的先河，后被一些国家效仿，目前有 30 多个国家实行强制性失业保险制度。德国实行的是双重失业保险制度，既有强制性失业保险制度，又有政府供给资金的、以经济情况调查为依据的失业补贴制度。目前，世界上已有 70 多个国家和地区建立了失业保险制度。

（一）美国的失业保险制度

美国的失业保险制度建立于 1935 年，法律依据是《社会保障法案》，其建立的目的是为由于经济原因而非个人过失而失业的工人提供必要的生活保障。失业保险制度是美国职业保障体系中建立最早、覆盖面最广的一项社会保障制度。失业保险制度在维持失业人员的基本生活水平、促进经济发展和维护社会稳定方面起到了积极的作用。

1. 失业保险对象

美国采取完全强制性的失业保险模式，即凡属于国家失业保险法所规定的类别的雇员必须无条件地参加国家举办的失业保险制度。具体范围对象包括私营企业、州和地方政府机构及非营利性组织的雇员，联邦政府的公务员则是由另外的保险制度涵盖。目前全美国有 90%以上的从业人员享受失业保险制度。

2. 资金来源

失业保险金的主要来源是企业缴纳的失业保险税，只有少数几个州向职工征收失业保险税。美国的失业保险实行双层制，也就是由州政府经营，联邦政府补助经营费用，各州的具体措施并不统一。联邦政府提供税收杠杆来推动此项制度的实施。

3. 享受失业保险金的资格条件

领取失业保险金，必须符合下列要求：失业者在失业时必须符合法定要求的已经工作期限、已经投保期限和应缴纳的保费数额；失业者必须处于法定年龄段且有劳动能力；有意愿再就业，即失业者在领取失业保险金之前，必须在职业介绍所登记，要求就业且愿意接受职业介绍所提供的就业机会；失业必须是非自愿的，即需要证明是由于缺乏个人适应的工作而失业，而且在失业期间必须积极寻找工作。另具体规定，已参加工作的失业者、被开除或者自动离职的失业者、已经用尽失业保险金的失业者以及因垄断纠纷而失业的人都不能领取失业保险金。

4. 失业保险待遇

失业保险金的发放期限和金额在各州各不相同，大多数州在发放失业者津贴之前都规定一定的等待期，领取津贴的时间一般为半年到一年。失业津贴标准根据失业者失业以前的工资确定，有上限和下限。每周失业保险金的上限通常有两种方法确定，一是固定标准，二是根据就业者周工资的比例灵活调整。

5. 管理体制

失业保险基金通过国家设置的专门社会保险机构进行管理。美国失业保险制度的管理体系分为三个层级：联邦政府、州政府、地方县和市政府。失业保险由联邦劳工部全面监督，就业与训练局、失业保险处、财政部等相关部门辅助。州政府设有劳工厅，具体管理失业保险。此外，地方各县、市也设有就业中心和办事处等机构。其中，联邦政府扮演着重要的角色，主要有：第一，它推动着立法的进程；第二，联邦政府在需要时向州拨款，资助各州发展、管理具体的失业保险计划；第三，联邦政府社会保障委员行使对各州的行政管理权和监督权，必要时对州政府进行资金和技术上的援助，对失业信托资金进行统一的管理和投资。在遵守联邦法律和政策的前提下，各州均有自己的失业保险立法和具体的失业保险计划。各州被赋予较大的自主权，州政府可以在联邦政府的框架要求下，颁布各州相关的失业保险制度或条例。根据各州的经济发展水平、人口比例、就业状况确定各州失业保险的税基、税率，领取失业津贴的资格、期限及待遇水平等具体事宜。

（二）英国的失业保险制度

英国的失业保险分为失业救济、失业者额外津贴和额外补助三个部分。关于失业保险领取，英国失业救济按个人收入多少，被抚养的成人、儿童多少领取。英国失业保险实行强制性办法。在享受失业救济条件方面，第一，任何纳税年度，按低收入标准缴足保险费 25 次；在适当纳税年度，按低收入标准缴足保险费 50 次；第二，已在职业介绍所登记失业，能工作并且没有适当的工作，而失业非出于自动离职、工艺操作错误、直接参与劳资纠纷、不接受适当工作介绍或者错过工作机会和培训机会（取消救济金资格可长达 6 周）或者介入行业纠纷（介入期内取消资格）。在失业救济金标准方面，每周一律按 20.65 英镑支付。受供养的妻子每周 12.75 英镑，供养子女每周 1.25 英镑（1982 年 1 月 3 日废除），最高限额为可计年度工资的 85%，最多的支付时间为 52 周。[①]

（三）德国的失业保险制度

德国是社会保险制度的发源地，但是失业保险制度的建立相对较晚。直到 1927 年德

① 王云昌，张茂松. 社会保险理论与实务. 郑州：黄河水利出版社，2001：249-250.

国颁布《失业介绍法和失业保险法》，失业保险制度才算正式建立起来；1969 年颁布的《劳动促进法》和《职业培训法》，标志着该制度的进一步发展；1974 年《失业救济条例》的出台进一步完善了失业保险制度。

在德国，失业保险是一种强制性的保险，联邦劳动局为承办机构，联邦各州和一些大城市设有州劳动局和市劳动局。联邦劳动局是一个公共法人性质的团体组织，由企业、个人和国家三方代表组成的管理委员会负责，在国家的监督下实行自治管理。为了保障失业者的基本生活和促进再就业，德国采取了“失业保险 + 失业救济”的衔接型保障模式，主要通过失业保险金和失业救济金对失业人员进行补偿。

其中，在失业保险方面，德国的强制性保险几乎覆盖了所有的经营人口，任何每周被雇佣工作 18 小时及以上的人员都要参与失业保险。保费为个人总收入的 6.5%，由个人和企业平均分摊。如果个人的工资低于保险金计限限额的 1/10，个人不用缴费，保险金全部由企业承担。失业保险基金实行现收现付方式，征收的全部保费用于支付失业补助、短期工作补助和创造工作岗位的支出。所有在过去两年中缴纳了 12 个月以上失业保险费的，有资格享受失业保险。

在失业救济方面，失业救济金的发放对象是无权享受失业补助金的失业者、已经在劳动局登记失业且在等待职业介绍还未开始领取失业保险金者、曾申请过失业救济金者及家庭收入和财产不够支付其生活开支的贫困者。失业救济金是政府承担的帮助穷人的措施，即使没有加入行业保险的失业者，根据一定的标准，也可以得到失业救济金。

在领取失业救济金条件方面，需要接受劳工局对其个人及其家庭进行调查，被确认后还要经过半年的过渡期才能领取失业救济金，失业救济金的待遇水平要低于失业保险金水平，最长期限为 1 年，目的是促进失业者积极寻找工作。同时，失业保险金与失业救济金的衔接，也为失业人员提供了双层安全保障，避免了部分失业者因未能及时再就业而陷入贫困的境地。

在促进就业方面，德国的失业保险金除了用于支付失业补助金、失业救济金和劳动局的管理费用以外，还大量投资于劳动力市场和就业政策研究，并提供职业介绍和职业咨询、职业培训。劳动局通过给付求职费用补贴、搬迁费以及其他在寻找工作过程中必要的补贴鼓励失业者再就业。此外，德国法律规定，残疾人同样享有职业培训、进修等权利，对残疾人的社会保险费、培训费等可以给予补助。如果企业愿意提供残疾人培训，或者建造特殊的实习工厂，劳动局也给予企业以资助和贷款。

总的看来，德国已经建立了一个比较全面的、系统的失业保险制度。这是一种注重市场机制和市场原则，把劳动者的权利和义务密切结合，以保障劳动者基本生活权利和积极促进就业为已任的失业保险制度。

（四）加拿大的失业保险制度

加拿大国家的社会福利发达，在失业保障领域的表现亦十分明显，主要体现在“特色失业补助”制度方面，在普遍实施失业保险的同时，对失业者中有特殊困难的弱者也给予社会性援助。在保障模式上，加拿大选择了“失业保险＋特殊失业补助”的援助模式。其中，失业保险制度普通失业保险金是为帮助受雇者在失业期间没有收入时渡过财政难关的制度安排；特别失业保险金是指每当生病、受伤、隔离检疫、分娩或需要全时间照料新生或领养的孩子而不得不暂停工作时领取的失业保险金。在该模式下，它包含三个主要内容：失业收入保障，即失业金；特别失业保险金，即用以支持特殊困难时的失业金；鼓励就业津贴，用以鼓励再就业。①

失业收入保障。失业金是为保障失业者在失业期间的基本生活需要而提供的资金帮助。申请领取失业金必须符合以下条件：一是有能力和时间工作，但找不到工作；二是具备合格的工作时数；三是已在工资中扣除了失业保险费；四是已经连续 7 天以上无工作、无收入；五是有正当的失业理由，公司裁员、随眷移居、工作环境危害健康、企业不给加班费、受到歧视等均是正当失业理由；六是不是自雇佣者。

特别失业保险金。当生病、受伤、检疫隔离、分娩或需要全时间照料新生或领养的孩子而须暂停工作时，也可以领取特别失业保险金。具体包括病伤失业保险、孕妇特殊失业保险和老年失业保险金。

鼓励就业津贴。就业津贴用以直接协助准备就业者，由联邦政府与各省协商办理。其主要项目为工资津贴。失业金申请人依据特定的企业安排领取工资津贴，该企业必须为申请人提供工作，而这份工作将来可以转为长期工作，或可以使申请人将来转到另一个企业那里工作。

在领取失业保险的程序及相关规定方面，加拿大规定领取失业保险金的等待期一般为 2 周，享受期限为 14 周至 45 周不等。保险金具体数额根据以前工作情况和本地失业率而定，并根据申请人抚养孩子的负担情况及家庭年收入水平有所调整。事实上，早在 1996 年，加拿大就对失业保险进行了全面的改革，在原有《失业保险法》的基础上出台了《就业保险法》，其目的是为失业者尽可能快地返回就业岗位提供救援，涵盖了以劳动力计划和辅助支持服务为主的项目计划。就业保险的劳动力计划有专项工资拨款、专项收入补助、自助创业计划、职业创造合伙计划和技能发展计划等；辅助支持服务体系包括就业援助服务、劳动力市场合作服务等。为鼓励失业者再就业，政府发放失业保险金的具体数额还要看申请人以前领取失业保险金的频率。一般而言，领取失业保险金周数与申请人下次所能获得的保险金额成反比。失业期间，加拿大政府希望失业者参加各种培训，以便获得新的工作。

由以上发现，加拿大失业保险制度的特色主要表现在它在实施失业保险制度的同时，对失业者中有特殊困难的弱者还给予社会性援助，形成了既严格又细密的失业保险网。严格体现在它对普通失业者享受失业保险做了明确的权利义务规定，体现了权利与义务相结合的责任要求；细密体现在援助性的失业补助措施为许多特殊的失业情况提供了合理保障，整个制度安排覆盖面广，能做到具有针对大众的普遍性失业保险，又具有针对特殊群体的失业援助，保障了不同群体的基本生活需求，同时还注重再就业培训和激励。

① 孙树菡，朱丽敏. 社会保险学. 北京：中国人民大学出版社，2019.

二、我国失业保险制度的历史沿革

中华人民共和国成立后，在失业救助方面制定了一系列的政策，建立了诸多相关的制度，使我国的失业保险制度不断发展和完善。

（一）失业保险制度的雏形时期（1949～1979年）

中华人民共和国成立初期，战争带来的政局变幻、经济凋敝，造成我国城市失业人口剧增并形成严重的社会负担。为此，1950年6月政务院发布了《关于救济失业工人的暂行办法》。1952年8月，政务院又公布《关于劳动就业问题的决定》以及《政务院劳动就业委员会关于失业人员统一登记办法》。依据这些法令，由政府主导对城市失业人员实施社会救济。在实行社会救济的地区，国营企业和私营工商企业以及各类企业的在职职工，按期缴纳一定的失业救济金，政府则通过以工代赈的办法来解决城市的失业问题。到1956年，随着国民经济的恢复，城市失业问题逐步得到了较好的解决，政府的上述措施也就完成了其历史使命。

在随后的近20年里我国一直没有建立严格意义上的失业保险制度，在中国传统的计划经济体制下，劳动就业体制实行“统包统配、安置就业”的劳动用工制度，企业缺少用人的自主权，劳动者缺乏自由择业权，实行的是“铁工资、铁饭碗、铁交椅”的“三铁制度”，表面上的“零失业”掩盖了“低工资、高就业”所带来的劳动效率低下的“隐性失业”。因此，失业保险也就没有存在的必要。同时，受传统思想的影响，中华人民共和国成立后很长一段时间，人们不承认社会主义国家存在问题，以至于国有企业产生大量冗员。在这段时期，即使我国出现过失业高峰，也都被解释为国家政策一时失误的结果，并且将“失业”称为“待业”，以此和资本主义国家的失业相区别。与此对应，国家在此期间也没有再出台关于失业保险的法规，失业保险事务也归属到国家民政部门，并纳入社会救济的范畴。

（二）失业保险制度的建立时期（1980～1986年）

进入20世纪80年代中期，我国进入全面改革阶段，建立现代企业制度是其中心环节，国有企业迫切需要改变固定工资制度。为此，国务院于1986年7月发布《国营企业实行劳动合同制暂行规定》《国营企业招用工人暂行规定》《国营企业辞退违纪职工暂行规定》。第六届全国人大常委会第十八次会议于1986年12月2日通过《中华人民共和国企业破产法（试行）》，由此初步确立了国有企业的劳动合同制度、新的用工制度、辞退职工制度和破产制度。不仅使劳动者有了一定的流动性，国家也不再实行无条件“包下来”的政策，一些长期效益不良的国有企业走向破产，国有企业不再是长生不死。正是在这样的背景下，长期存在的隐性失业开始显性化，失业保险制度也就应运而生。1986年7月12日国务院公布了《国营企业职工待业保险暂行规定》，这标志着我国失业保险制度开始建立。有必要强调的是，由于在理论上对失业问题仍然存在争议，当时还在用“待业”来表述实际的失业问题。从历史上看，《国营企业职工待业保险暂行规定》的覆盖范围是非常有限的，它只适用于城市国营企业中的一小部分职工。此外，它在基金筹集、发放及管理等各个环节还非常不完善，明显地带有“暂行”的性质。但一定程度上，这个暂行规定标志着我国失业保险制度的建立，成为我国社会保险制度建立历程中一个重要的里程碑。

（三）失业保险制度的形成时期（1987～1998年）

在此之后，我国开始对建立完善的失业保险制度进行了积极的探索。截至1993年初，我国相继发布了失业保险的相关法令近10项，在制度建设上也积累了一些积极的成果。截至1992年底，全国参与失业保险的企业为47.6万个，覆盖职工总人数达到7440万人，各级失业保险管理机构有2100多个①。

经过近7年的探索，1993年4月12日，国务院发布《国有企业职工待业保险规定》（以下简称《规定》），取代了1986年颁布的《国营企业职工待业保险暂行规定》，在已经明确建立市场经济体制的前提下，《规定》仍然局限于国有企业并继续采用“待业保险”的名称，从一个侧面显示了改革的不彻底，注定了其作为过渡政策的必然性，但《规定》在覆盖范围、资金筹集、保险水平及组织管理模式等方面都作出了相应的调整，这一规定的发布和实施标志着我国失业保险制度进入正常运行时期。到1994年，全国就有194万人享受了失业保险待遇，超过了1986～1993年的总和，失业保险制度开始发挥作用。

之后一些地方根据本地情况，扩大失业保险的覆盖范围，将乡镇集体企业、外商投资企业、私营企业及其职工，部分机关、事业单位和社会团体及其职工也纳入失业保险的范围。为增强失业保险基金的承受能力，部分省（自治区、直辖市）实行个人缴费。

（四）失业保险进入法治化轨道阶段（1999～2009年）

1999年1月22日，国务院发布《失业保险条例》，它的出台标志着中国失业保险制度的基本确立。《失业保险条例》吸收了以往失业保险制度建立和发展中的实践经验，借鉴了国外的有益做法，在许多方面做出了重大调整和突破，如实施范围不再限于国有企业而是扩展到机关、事业单位及非国有企业，保险基金的筹集、基金的使用等均有相应的调整。与此同时，国务院还颁布了《社会保险费征缴暂行条例》，主管部委亦下发了关于建立社会保险参保登记管理、缴费申报管理、征缴监督检查、基金财务会计、失业保险金申领发放和失业保险统计制度，以及事业单位参加失业保险和调整基金支出结构等有关规章，中国的失业保险制度开始走向规范化。2000年10月26日，劳动和社会保障部又公布了《失业保险金申领发放办法》，2011年1月1日实施。

---

① 夏敬. 社会保险理论与实务. 大连：东北财经大学出版社，2006：278.

依据《失业保险条例》等相关法规，全国大多数省、自治区、直辖市及新疆生产建设兵团陆续建立了结合地方实际情况的失业保险制度。参加失业保险的人数大幅度增加，失业保险基金征缴规模扩大，越来越多的失业人员的基本生活因失业保险制度而得到了基本保障。自此，相对规范的失业保险制度开始在全国范围内推行。

（五）失业保险制度的定性阶段（2010 年至今）

从 2010 年我国颁布的《社会保险法》来看，失业保险制度实现的是渐进式发展，在相当一段时间内，我国经济处于向市场经济转型的状态，整个市场经济体制的建设和统一劳动力市场的形成都是一个持续渐进的过程，失业保险制度也只能在这个过程中逐渐完善。

在现阶段，失业保险制度仍然十分脆弱，有能力履行的功能极其有限。因而，不断改革失业保险制度，适应社会主义市场经济的发展，将是一项长期的任务。从政策层面考虑，失业保险制度改革要深化发展失业保险的原则。①强制性原则，继续以国家强制方式推进失业保险制度的实施，通过制定、颁布国家法律，不断完善失业保险制度。②社会性原则，具体内容包括：继续采取由国家、单位、个人三方合理负担失业保险费用的筹集模式；失业保险管理体制坚持实行人、钱、事统一管理；实行对失业人员的生活保障、转业培训、打造一体化服务；不分资金来源渠道，逐步提高失业保险基金统筹层次。③适度原则，即依据国家的经济、社会发展程度，失业保险的待遇水平要不断进行科学调整，能够保证失业者个人及被赡养人员的基本生活；④权利与义务对等原则，所有参加失业保险的失业者都有义务按有关规定缴纳保险费；同时，凡是参加失业保险的失业者，均拥有享受失业保险金及其他待遇的权利，包括各项再就业服务，以尽快实现再就业。⑤失业保障与就业促进并重原则，失业保险要实行失业保障与就业促进双重目标，一方面要保证在本保险覆盖下的失业者及家属的基本生活；另一方面在保险待遇的制定、服务项目实施等方面都要有利于促进失业人员再就业。

三、我国失业保险制度的法律法规体系

我国的失业保险制度始建于 1986 年，它在实践中是作为深化国有企业改革、建立现代企业制度的配套措施发展和完善起来的。1986 年 7 月 12 日，国务院发布《国营企业职工待业保险暂行规定》，标志着我国失业保险制度的初步建立。为了进一步发挥失业保险制度在社会主义市场经济体制改革中的积极作用，1993 年 4 月 12 日，国务院正式发布《国有企业职工待业保险规定》。1994 年，我国开始以“失业保险”取代“待业保险”。1999 年，国务院发布实施《失业保险条例》，确立了我国失业保险制度的基本框架。

2010 年通过的《社会保险法》把失业保险纳入了社会保险法律制度中。从国家立法层面把失业保险制度作为社会保险法的基本制度进行规定。《社会保险法》不仅提升了失业保险制度的法律位阶，而且在内容方面完善了失业保险制度，主要体现在：规定了职工应当参加失业保险；取消了失业保险金的最高标准限制；明确了失业人员参加基本

医疗保险；规定了失业保险基金逐步实现省级统筹；等等。围绕失业保险制度实施而颁布的一系列政策性文件则是不断拓展和强化失业保险的防失业、促就业的积极功能，服务于我国经济社会发展、社会稳定和民生保障的大局。

此外，其他的法律法规规章及政策文件也有与失业保险相关的内容。迄今为止，国家层面的失业保险制度的主要实施依据已经逐步形成了由法律、行政法规、部门规章构成的法制体系，如表 8-1 所示。

表 8-1 失业保险制度的主要实施依据

序号	名称	形式	制定单位	制定（修订）时间	主要内容
1	《中华人民共和国社会保险法》	法律	全国人大常委会	2010 年（2018 年）	专章规定失业保险制度（11 条）
2	《中华人民共和国就业促进法》	法律	全国人大常委会	2007 年（2015 年）	规定国家建立健全失业保险制度及目的（1 条）
3	《失业保险条例》	行政法规	国务院	1999 年	规定了失业保险制度的基本框架（33 条）
4	《社会保险费征缴暂行条例》	行政法规	国务院	1999 年（2019 年）	规定失业保险费的征缴（31 条）
5	《失业保险金申领发放办法》	部门规章	劳动和社会保障部	2000 年	规定失业保险金的申领发放(30 条）
6	《实施〈中华人民共和国社会保险法〉若干规定》	部门规章	人力资源和社会保障部	2011 年	涉及失业保险制度的实施（3 条）

此外，我国还出台了较多的社会必须实施或者与社会保险实施有关的政策文件，更加凸显失业保险在失业补贴、再就业等方面的功能与作用，如表 8-2 所示。

表 8-2 我国失业保险政策体系

序号	名称	制定单位	发布时间
1	《关于适当扩大失业保险基金支出范围试点有关问题的通知》	劳动保障部、财政部	2006 年
2	《关于领取失业保险金人员参加职工基本医疗保险有关问题的通知》	人力资源和社会保障部、财政部	2011 年
3	《关于失业保险支持企业稳定岗位有关问题的通知》	人力资源和社会保障部、财政部、发改委、工信部	2014 年
4	《关于调整失业保险费率有关问题的通知》	人力资源和社会保障部、财政部	2015 年
5	《关于失业保险支持参保职工提升职业技能有关问题的通知》	人力资源和社会保障部、财政部	2017 年
6	《关于实施失业保险援企稳岗“护航行动”的通知》	人力资源和社会保障部	2017 年
7	《关于阶段性降低失业保险费率有关问题的通知》	人力资源和社会保障部、财政部	2017 年
8	《关于实施失业保险支持技能提升“展翅行动”的通知》	人力资源和社会保障部办公厅	2018 年

续表

序号	名称	制定单位	发布时间
9	《关于使用失业保险基金支持脱贫攻坚的通知》	人力资源和社会保障部、财政部	2018 年
10	《关于印发降低社会保险费率综合方案的通知》	国务院办公厅	2019 年
11	《关于进一步推进失业保险金“畅通领、安全办”的通知》	人力资源和社会保障部办公厅	2020 年
12	《关于扩大失业保险保障范围的通知》	人力资源和社会保障部、财政部	2020 年

2020 年新冠疫情发生后，人力资源和社会保障部会同相关部门及时出台了一系列失业保险政策措施，有助于新冠疫情防控期间的企业减负、稳定就业岗位、促进就业。新冠疫情防控期间的失业保险政策是统筹推进新冠疫情防控和经济社会发展的重要举措，也是失业保险在重大突发事件期间采取“逆周期”调节的重要体现，具有应急性、阶段性特征。

2020 年人力资源和社会保障部、财政部、国家税务总局印发的《关于阶段性减免企业社会保险费的通知》中提到，自 2020 年 2 月起，各省、自治区、直辖市（除湖北省外）及新疆生产建设兵团可根据受疫情影响情况和基金承受能力，免征中小微企业三项社会保险单位缴费部分，免征期限不超过 5 个月；自 2020 年 2 月起，湖北省可免征各类参保单位（不含机关事业单位）三项社会保险单位缴费部分，免征期限不超过 5 个月。受疫情影响生产经营出现严重困难的企业，可申请缓缴社会保险费，缓缴期限原则上不超过 6 个月，缓缴期间免收滞纳金。

综上所述，自我国建立失业保险制度以来，通过持续的变革和发展，逐步形成了法律、行政法规、部门规章和其他政策文件构成的失业保险法制规范体系。在这个法制规范体系中，1999 年发布实施的《失业保险条例》以完整的行政法规的形式确定了我国失业保险的基本框架，明确了保障失业人员的基本生活和促进失业人员再就业的立法宗旨，强调了权利与义务的结合，彰显了失业保险的社会保险属性，标志着失业保险制度从过去的国有企业配套措施转变为社会主义市场经济框架下社会保障体系的重要组成部分。

第四节　我国失业保险制度的主要内容

我国现行的失业保险制度依据的是 1999 年的《失业保险条例》、2010 年的《社会保险法》（2018 年修订）、1994 年的《劳动法》以及 1999 年的《社会保险费征缴暂行条例》的相关规定，其基本内容包括失业保险的覆盖范围、失业保险费用负担、失业保险的待遇、失业保险的管理体制等。

一、覆盖范围

国务院在 1986 年发布的《国营企业职工待业保险暂行规定》和 1993 年发布的《国有企业职工待业保险规定》都规定，我国失业保险的范围限于国有企业，而非国有企业及其职工并未参加失业保险，事业单位及其职工也未参加失业保险，这种规定并不适应社会主义市场经济的发展要求。

1999 年 1 月国务院发布的《失业保险条例》扩大了失业保险的范围。该条例第二条规定“城镇企业事业单位、城镇企业事业单位职工依照本条例的规定，缴纳失业保险费。城镇企业事业单位失业人员依照本条例的规定，享受失业保险待遇”。与以往的规定相比，失业保险的覆盖范围有了较大的突破。此后我国失业保险不断完善。一是及时发放失业保险金。对参保缴费满 1 年、非因本人意愿中断就业、已办理失业登记并有求职要求的失业人员，应及时足额发放失业保险金，代缴基本医疗保险费，按规定发放价格临时补贴、丧葬补助金和抚恤金。自 2019 年 12 月起，延长大龄失业人员领取失业保险金期限，对领取失业保险金期满仍未就业且距法定退休年龄不足 1 年的失业人员，可继续发放失业保险金至法定退休年龄。二是阶段性实施失业补助金政策。2020 年 3 月至 12 月，领取失业保险金期满仍未就业的失业人员、不符合领取失业保险金条件的参保失业人员，可以申领 6 个月的失业补助金，标准不超过当地失业保险金的 80%。领取失业补助金期间不享受失业保险金、代缴基本医疗保险费、丧葬补助金和抚恤金。失业人员领取失业补助金期满、被用人单位招用并参保、死亡、应征服兵役、移居境外、享受城镇职工基本养老保险或城乡居民基本养老保险待遇、被判刑收监执行的，停发失业补助金。领取失业补助金期限不核减参保缴费年限。失业补助金按月发放，从失业保险基金“其他支出”科目列支。三是阶段性扩大失业农民工保障范围。对《失业保险条例》规定的参保单位招用、个人不缴费且连续工作满 1 年的失业农民工，及时发放一次性生活补助。2020 年 5 月至 12 月，对 2019 年 1 月 1 日之后参保不满 1 年的失业农民工，参照参保地城市低保标准，按月发放不超过 3 个月的临时生活补助。与城镇职工同等参保缴费的失业农民工，按参保地规定发放失业保险金或失业补助金。四是阶段性提高价格临时补贴标准。2020 年 3 月至 6 月，对领取失业保险金和失业补助金人员发放的价格临时补贴，补贴标准在现行标准基础上提高 1 倍。

可见，随着失业保险制度的定型与完善，失业保险的覆盖范围打破了所有制的限制，由原来的国有企业扩大为各类所有制的城镇企业；将失业保险制度的适用范围扩大至事业单位；《失业保险条例》授权省、自治区、直辖市人民政府，决定将统一的失业保险制度扩大到社会团体专职人员、民办非企业单位的职工和城镇个体工商户的雇工。

二、失业保险费用负担

《失业保险条例》第五条规定，失业保险基金由下列各项构成：城镇企业事业单位、城镇企业事业单位职工缴纳的失业保险费；失业保险基金的利息；财政补贴；依法纳入失业保障基金的其他资金。其中，失业保险费，包括单位缴纳和个人缴纳两部分，这是基金的主要来源；财政补贴，是政府负担的一部分；基金利息，是基金存入银行和购买国债的收益部分；其他资金，主要是指对不按期缴纳失业保险费的单位征收的滞纳金等。

2015 年，为了进一步减轻企业负担，促进稳定就业，《人力资源社会保障部 财政部关于调整失业保险费率有关问题的通知》印发，规定从 2015 年 3 月 1 日起，失业保险费率暂由现行条例规定的 3%降至 2%，单位和个人缴费的具体比例由各省、自治区、直辖市人民政府确定。从各省、自治区、直辖市的实施情况来看，大多采取用人单位按照本单位职工工资总额的 1.5%缴纳，职工按照本人工资的 0.5%缴纳。2016 年 4 月，人力资源和社会保障部发文，提出将失业保险总费率阶段性降至 1%至 1.5%。2017 年初，人力资源和社会保障部、财政部下发了《关于阶段性降低失业保险费率有关问题的通知》，规定从 2017 年 1 月 1 日起，失业保险总费率为 1.5%的省（自治区、直辖市），可以将总费率降至 1%。根据人力资源和社会保障部、财政部、国家税务总局 2023 年 3 月 24 日发布的《关于阶段性降低失业保险、工伤保险费率有关问题的通知》，我国继续实施阶段性降低失业保险费率至 1%的政策，实施期限至 2024 年底。

在确定缴费基数时，各地可以根据情况统一规定各单位以一个时期的工资总额和工资额为缴费基数。例如，以上一年度单位工资总额为基数，平摊到本年度各个月份，每月按相同数额征收；以上月单位工资总额为基数，按实际发生数确定征收数额；对工资总额不予认定的，可由负责征缴的机构参照当地工资水平和该单位生产经营状况核定缴费基数。个人缴费基数的确定方法应与单位相一致。

上述工资总额，包括单位招用的农民合同制工人的工资部分，但农民合同制工人个人不缴费，合同期满不再续订或者提前解除劳动合同的，支付一次性生活补助。这样规定，主要考虑农民合同制工人流动性较强，且离开原单位后可以回乡务农，有一定生活保障，应与城镇失业人员有所区别，采取支付一次性生活补助的办法较为可行。对农民合同制工人采取不同办法，既维护了他们的合法权益，也与目前尚不具备城乡一体、待遇统一的现实相适应，这是针对失业保险制度的一项重要政策。

三、享受失业保险的待遇

我国《失业保险条例》对失业人员领取失业保险金的条件做了具体的规定

第一，按照规定参加失业保险，所在单位和本人已经按照规定履行缴费义务满 1 年的。即如果失业人员及其单位未参加失业保险，或者未缴足保险费，或者缴费期不满 1 年者，则不享受失业保险待遇。

第二，非因本人意愿中断就业的。即劳动者失业属于非自愿性失业。如果是个人原因造成的自愿中断就业，则不能享受失业保险待遇。此外，《失业保险条例》还规定，无正当理由，拒不接受当地人民政府指定的部门或者机构介绍的工作的，不得再享受失业保险待遇。

第三，已办理失业登记，并有求职要求。失业登记，是指失业人员失业后，应持本单位出具的终止或者解除劳动关系的证明，到指定的社会保险经办机构办理失业登记。办理失业登记是失业人员享受失业保险待遇的必要程序，只有办理失业登记后，才可以申请领取失业救济金。求职要求是指失业人员在职业介绍机构登记求职，并参加再就业的培训和指导。

劳动者失业后，符合上述规定条件的，可以向社会保险经办机构申请领取失业保险金。但失业人员符合以下情形之一的，则要停止领取失业保险金，并同时停止享受其他失业保险待遇：重新就业的；应征服兵役的；移居境外的；享受基本养老保险待遇的；被判刑收监执行的；无正当理由，拒不接受当地人民政府指定的部门或者机构介绍的工作的；有法律、行政法规规定的其他情形的。

四、失业保险待遇水平

失业人员可享受的失业保险待遇项目包括：按月领取失业保险金，领取失业保险金期间死亡的失业人员的丧葬补助金及其供养的配偶、直系亲属的抚恤金；另外，还可以为失业人员在领取失业保险金期间提供职业培训、职业介绍等服务，以帮助失业人员实现再就业，并减轻失业人员的经济负担。

（一）失业保险金待遇

失业保险金是失业保险待遇的主要内容，失业保险标准的高低关系到失业人员能领取的失业保险金的多少，关系到失业保险待遇水平的高低。目前，我国各地经济和社会发展水平不平衡、不协调，由省级人民政府确定失业保险金标准具有现实必要性。因此，《社会保险法》第四十七条规定，失业保险金的标准，由省、自治区、直辖市人民政府确定，不得低于城市居民最低生活保障标准。

关于确定失业保险金标准的原则，必须综合考虑经济和社会发展状况即职工工资水平，一般要遵循以下原则：第一，保障失业人员的基本生活。失业保险金是失业人员的重要经济来源，失业保险的制度导向是促进失业人员积极再就业，如果失业保险金高于原来的工资水平或者与原来的工资水平一样，会造成变相鼓励失业、放任失业，违背制度的宗旨。第二，权利和义务相统一。职工参加失业保险的主要义务是缴纳失业保险费。职工失业保险费是按照本人工资的一定比例缴纳，职工所在单位是按本单位工资总额的一定比例缴纳，不同参保人员所缴纳的失业保险费是不同的，与之相适应，失业保险金的标准应当体现这一差别。第三，不得低于城市最低生活保障标准。《失业保险条例》规定，失业保险金的标准应当低于当地最低工资标准，且高于城市最低生活保障标准的水平。但具体金额，由于我国各地区经济发展、物价水平等差距较大，在上述大原则下，失业保险金的标准多由省级人民政府确定，包括省级人民政府、自治区人民政府和直辖市人民政府。

（二）医疗待遇

《失业保险条例》发布实施前，职工在失业期间不能享受医疗保险待遇，仅能申领医疗补助金。失业人员在领取失业保险金期间患病就医的，可以按照规定向社会保险经办机构申请领取医疗补助金，医疗补助金标准由省、自治区、直辖市人民政府确定。

为了使失业人员能有更高水平的医疗保障，《社会保险法》对该做法做了修改，将申领医疗补助金改为享受基本医疗保险待遇。《社会保险法》第四十八条规定，失业人员在领取失业保险金期间，参加职工基本医疗保险，享受基本医疗保险待遇。失业人员应当缴纳的基本医疗保险费从失业保险基金中支付，个人不缴纳基本医疗保险费。事实上，失业人员已经失业，失去主要的经济收入来源，如果再让其负担基本医疗保险费，会进一步加剧生活困境。此举做法能更好地保障失业人员的生活和健康。当然，失业保险基金所支付的基本医疗保险费包括个人应当缴纳的部分和用人单位应当缴纳的部分，统筹地区可以对缴纳标准等作出具体规定。

（三）死亡相关待遇

在我国，有着为死亡职工的遗属发放丧葬费补助金和抚恤金的历史传统。失业保险制度包含这方面的内容。

失业人员在领取失业保险金期间死亡的，参照当地对在职职工死亡的规定，向其遗属发给一次性丧葬补助金和抚恤金，所需资金从失业保险基金中支付。个人死亡同时符合领取养老保险丧葬补助金、工伤必须丧葬补助金和失业保险丧葬补助金条件的，其遗属只能选择领取其中的一项。

失业保险丧葬补助金是指对失业人员在领取失业保险金期间死亡的，由失业保险基金支付其遗属一定数额，用以安排丧葬事宜的资金。抚恤金是指失业人员领取失业保险金期间死亡的，由失业保险基金发给其亲属的费用。参照当地对在职职工死亡的规定，向其遗属发给丧葬补助金和抚恤金。具体数额要参照各地对在职职工死亡的有关标准来规定。如《长沙市失业保险办法》第二十九条规定，失业人员在领取失业保险金期间死亡的，按照在职职工同等待遇对其家属发给丧葬补助金和一次性抚恤金。其中，丧葬补助金为 3 个月的失业保险金，抚恤金按供养直系亲属的人数确定：供养 1 人，为 14 个月的失业保险金；供养 2 人，为 18 个月的失业保险金；供养 3 人及 3 人以上，为 22 个月的失业保险金。

（四）职业培训和职业介绍

《失业保险条例》的制定是为了“保障失业人员失业期间的基本生活，促进其再就业”。规定失业保险基金可用于“领取失业保险金期间接受职业培训、职业介绍的补贴，补贴的办法和标准由省、自治区、直辖市人民政府规定”。职业培训服务是失业人员在领取失业保险期间，失业保险经办机构安排失业人员接受职业培训或者为其提供培训补贴，让其提高自己的技能，或者掌握新的技能，所需要费用由失业保险基金开支。职业介绍服务是失业人员在领取失业保险待遇期间，可以不受任何限制到职业介绍机构进行求职，既可以到公共职业介绍机构，也可以到私人职业介绍机构。职业指导服务是失业人员在领取失业保险待遇期间，如果在求职中遇到困难和障碍，或者想知道更多的与职业有关的知识，或者想创办自己的经济实体，自谋职业，皆可以到失业保险经办机构指定的职业指导机构接受职业指导。

（五）生育补助

失业期间生育的情况下，由于处于失业状态不符合生育保险的领取条件，所以由失业保险提供相应待遇，以保障这一自然现象的顺利完成。如《长沙市失业保险金申领发放办法》规定：“（二十一）符合国家计划生育政策规定的女性失业人员，在领取失业保险金期间生育的，可申请领取生育补助金。（二十二）生育补助金标准 1 、平产：按本人失业保险金月标准三个月补助；2 、难产：按本人失业保险金月标准四个月补助。”[①]《关于〈浙江省失业保险条例〉实施中若干具体操作问题的通知》规定：“符合计划生育规定，在享受待遇期限内或者享受待遇期满后的失业期间生育子女的，夫妻双方有一方失业的，失业一方可以领取相当于本人 3 个月失业保险金的补助；夫妻双方均失业的，可以同时领取相当于本人 3 个月失业保险金的补助。”[②]

五、享受失业保险待遇的期限

只要失业职工及其失业前所在单位依法参保缴费并达到申领条件，不论个人及其家庭经济状况如何，经办机构都应该为其发放失业保险金。职工参加失业保险的时间有长有短，所缴纳的失业保险费有多有少，为了体现公平原则和权利与义务相统一的原则，职工失业时所领取的失业保险金应该有合理的差别。《社会保险法》根据失业人员失业前，用人单位和本人累计缴费年限的不同，确定了相应的领取失业保险金期限，同时，还规定了职工再次就业情况下，前后领取期限的合并问题。

第一，2018 年修订的《社会保险法》规定，失业人员失业前用人单位和本人累计缴费满一年不足五年的，领取失业保险金的期限最长为十二个月；累计缴费满五年不足十年的，领取失业保险金的期限最长为十八个月；累计缴费十年以上的，领取失业保险金的期限最长为二十四个月。失业者重新就业后，再次失业的，缴费时间重新计算，领取失业保险金的期限与前次失业应当领取而尚未领取的失业保险金的期限合并计算，最长不超过二十四个月。需要说明的是，这三档期限为最长期限，不是实际领取期限，实际期限根据失业人员的重新就业情况确定，可以少于或者等于最长期限。

第二，关于累计计算缴费期限。累计计算缴费期限有利于促进劳动力的合理流动，促进用人单位和职工参加失业保险的积极性。《失业保险条例》中规定领取失业保险金的期限是由失业人员失业前所在单位和个人的累计缴费时间决定的。这样规定主要有两点考虑：一是将履行缴费义务与享受失业保险待遇的权利紧密联系起来。缴费时间越长，

---

① 长沙市劳动和社会保障局关于印发《长沙市失业保险金申领发放办法》的通知. http://www.changsha.gov.cn/szf/zfgb/2004/0406/200710/t20071017_9493.html（2022-03-18）.

② 关于《浙江省失业保险条例》实施中若干具体操作问题的通知. https://www.zj.gov.cn/zjservice/item/detail/lawtext.do?outLawId = 25bbd3c0-c418-4d2e-8fbd-42dc3954c3b2（2003-12-31）.

领取失业保险金的期限越长。不按规定缴费的，应在计算其领取期限时作出相应扣除，这是强化职工缴费意识的重要手段；二是允许缴费时间累计相加作为确定享受期限的标准，有利于保护失业人员的合法权益。特别是对那些失业前多次转换工作单位，并且参加了失业保险的人员来说，更加体现了这一精神。从这点来讲，也有利于促进劳动力合理流动，促进用人单位和职工参加失业保险。

第三，再次失业情况下失业保险金的领取。职工失业后，按照规定领取失业保险金，在此期间，职工如果重新就业，则其应该停止领取失业保险金，并重新开始缴纳失业保险费，重新计算缴费时间，这样，失业人员实际领取失业保险金的期限有可能会少于可以领取的最长期限，即会存在一个剩余期限。如果职工重新就业后又再次失业，可以根据重新计算的缴费时间来领取失业保险金。除此之外，如果再次失业，失业人员还有前次失业期间的剩余的领取失业保险金期限，则可根据《失业保险条例》的规定，将再次失业后领取的期限与前次应当领取而未领取的失业保险金期限合并计算。需要注意的是，如果出现合并期限超过二十四个月的情况，失业人员最长只能领取二十四个月的失业保险金。

六、停止领取失业保险待遇的情形

失业人员在领取失业保险金期间，有可能会发生情况变化，致使其丧失继续享受领取失业保险金待遇的条件。在这种情况下，应当停止其享受失业保险金待遇。我国《社会保险法》（2018 年修订版）规定，失业人员在领取保险金期间有下列情形之一的，应停止领取失业保险金，并同时停止享受其他失业保险待遇。一是重新就业的。职工失业享受失业保险待遇的一个重要条件就是有求职要求而找不到工作。失业期间，通过加强学习、接受就业培训、接受就业服务机构的职业介绍等，失业人员大多会重新就业。对个人而言，重新就业后，其身份转变为从业人员，不再属于失业保险的保障范围，不能再继续享受失业保险待遇。二是应征服兵役的。《中华人民共和国兵役法》（2021 年修订版）第五条规定：“中华人民共和国公民，不分民族、种族、职业、家庭出身、宗教信仰和教育程度，都有义务依照本法的规定服兵役。”失业人员在享受失业保险待遇期间，符合条件的，可以应征服兵役，根据有关军事法律法规、条令享受服役和生活保障。三是移居境外的。随着全球化的到来和国际交往日益密切，公民移居其他国家的数量逐年增多。失业人员移居境外，表明其在国内没有就业意愿，不符合领取失业保险金待遇条件。四是享受基本养老保险待遇的。五是无正当理由，拒不接受当地人民政府指定部门或者机构介绍的适当工作或者提供的培训的。

第五节　我国失业保险制度的发展展望

一、失业保险制度的实施成就

《社会保险法》颁布实施以来，我国失业保险法制规范实施成效显著，在保障民生、稳定就业等方面发挥了积极的作用。

（一）参保人数和受益人数持续增长，覆盖面不断扩大

人力资源和社会保障事业发展统计公报数据显示，我国失业保险参保人数由2010年的13376万人增加到2023年的24373万人，2023年末，全国领取失业保险金人数为352万人，全年为730万名失业人员发放不同期限的失业保险金，全年向283万户企业发放稳岗返还231亿元，惠及职工6854万人，发放技能提升补贴47亿元，惠及职工285万人次。失业保险制度覆盖面正在不断扩大。

（二）待遇水平不断提高，失业人员的基本生活得到更好保障

2023年，全国共有730万名失业人员领取了不同期限的失业保险金共计729亿元，失业保险金月人均水平1814元，较2012年提高了一倍多。《社会保险法》把失业人员纳入职工基本医疗保险体系，明确支持失业人员应当缴纳的基本医疗保险费从失业保险基金中支付。2011年6月，《关于领取失业保险金人员参加职工基本医疗保险有关问题的通知》发布，各地及时出台配套性政策落实失业人员参加医疗保险问题和享受医保待遇问题。这既维护了基本医疗保险制度的统一性，也较好地满足了失业人员的基本医疗需求；不仅实现了失业人员病有所医，而且提高了医疗待遇水平，保持了失业人员医保关系的连续性。2023年，全年共为领取失业保险金人员代缴基本医疗保险费（含生育保险费）181亿元，同比增加27亿元。此外，失业人员还享受了更专业、更便捷的医疗服务，提升了获得感。

（三）失业保险基金结余过多问题逐步得以化解

“现收现付，略有节余”是失业保险基金管理的基本原则。1999年以来，我国失业保险基金收入多年保持两位数增长。在相当长的时间内，我国失业保险存在巨大结余，这种状况随着失业保险费率的降低和基金支出的增加而不断得到改善。特别是通过连续三次实施阶段性降低费率政策（从3%降至1%），2019年又从失业保险基金中提取1000亿元支持职业技能提升行动，以及向参保职工发放技能提升补贴以提高就业质量和稳定性，使失业保险制度预防失业和促进劳动者技能提升的积极功能得到了日益充分的发挥。与此同时，在北京等地也开展了失业保险基金扩大支出试点工作。因此，我国失业保险当前基金结余过多问题正逐步化解，收支平衡略有结余，基金运行总体上安全可持续。

（四）失业保险制度的功能定位开始拓展

《失业保险条例》虽然明确了失业保险保障失业人员失业期间的基本生活、促其就业的基本功能，但是，由于其出台于国企改革、职工下岗分流的社会背景下，失业保险的

主要功能为应急性生活保障，即主要保障职工失业后的基本生活，带有“事后救济”特性。自2005年《国务院关于进一步加强就业再就业工作的通知》发布以来，各地实施了积极的就业政策，要求进一步发挥失业保险制度促进再就业的功能。面对2008年国际金融危机的冲击，通过实施“一缓一减三补贴”来缓解企业压力，对企业进行社保补贴、岗位补贴和培训补贴，稳定了就业。党的十八大以来，国家采取了稳岗返还失业保险费措施，引导企业不裁员、少裁员。2017年，创新实施了支持参保职工提升职业技能的系列政策，引导职工积极提升职业能力和就业竞争力。2018年，推出了对暂时性生产经营困难且恢复有望，坚持不裁员少裁员的企业，给予更大力度稳岗返还的应急举措。2020年《人力资源社会保障部、财政部、税务总局关于阶段性减免企业社会保险费的通知》发布了“免、减、缓”政策。2020年，人力资源和社会保障部明确加大失业保险稳岗返还力度，将中小微企业失业保险稳岗返还政策裁员率标准由不高于上年度统筹地区城镇登记失业率，放宽到不高于上年度全国城镇调查失业率控制目标，对参保职工30人（含）以下的企业，裁员率放宽至不超过企业职工总数20%。这些政策实践发挥了失业保险促进再就业的功能，失业保险的功能定位从建制之初的主要“保生活”逐步向“保生活、防失业、促就业”三位一体的复合型功能拓展。

（五）失业保险制度改革为经济发展作出了贡献

我国失业保险自实施以来，不断探索和实践，改革从未停止：一是减税降费力度大。2015年起，失业保险费费率不断下降，且实施期限多次延长，全国的缴费比例已由3%普降至1%，助力降低企业成本。二是稳企稳岗力度大。向不裁员少裁员企业返还失业保险费，激励其承担稳定就业岗位的社会责任，扩大受益面，强化雪中送炭政策作用。三是支持技能提升力度大。筹集1000亿元失业保险基金结余支持技能提升行动；向参保职工发放技能提升补贴，提高就业质量和稳定性。四是经办能力显著提升。落实国务院“放管服”改革精神，推进网上经办，省会城市和计划单列市失业保险业务基本实现“不见面审批”。这些措施有力地支持了国民经济的发展。

二、现行我国失业保险制度存在的问题

尽管失业保险制度在实施中取得了很大的成效，但随着经济社会发展特别是就业市场环境的深刻变化，也出现了一些新的问题和挑战，需要从顶层设计的高度加以解决。

（一）参保人数与全覆盖差距较大

按照国际劳工组织《社会保障最低标准公约》的规定，失业保险覆盖范围在全体雇员中不低于50%。2019年末，我国参加失业保险职工人数已经突破2亿人，但未涵盖所有建立劳动关系的用人单位，与全覆盖法定职业人群的要求相比仍有较大差距。目前，失业保

险主要覆盖大中型企业、事业单位及职工，小微企业以及社会团体，基金会等用人单位及其职工尚未纳入保障范围。失业保险制度覆盖范围的局限性，造成了失业保险在社会保险体系中的覆盖人群最少。农民合同制工人失业保险的待遇为一次性生活补助。2008年参保农民工1549万人，领取一次性生活补助93万人，占比6%；2017年参保农民工4867万人，66万人领取了生活补助，占比1.3%。[①]此外，2020年新冠疫情后大量新业态从业人员因没有签订劳动合同无法建立合法稳定的劳动关系，未能被纳入以劳动关系为要件、以单位就业为依托的失业保险制度的覆盖范围，失业保险制度与我国经济社会发展过程中出现的新就业形态不相适应，限制了覆盖的保障范围。

（二）功能拓展缺少法律的支撑

失业保险是社会保险制度中与就业关联最为紧密的制度，合理的失业保险制度不仅具有保障失业人员基本生活的效能，还是实现充分就业、稳定就业的助推器。世界各国失业保险制度发展和改革的基本趋势是变失业保险的消极保障基本生活的功能为“保生活、防失业、促就业”三位一体的积极功能并使之规范化、制度化、长效化，在稳定就业，让劳动者实现体面劳动、全面发展方面发挥重要作用。自2006年开始，我国的失业保险在突出生存保障的同时，也开始注重稳定就业、预防失业方面的功能的发挥。2014年失业保险稳岗补贴政策开始实施，2017年9月，《人力资源社会保障部办公厅关于实施失业保险援企稳岗“护航行动”的通知》发布。自2017年起失业保险技能提升补贴政策开始实施，2018年该项政策得以规范，激励更多参保企业提升技能，预防失业并提升就业质量。通过持续的变更，失业保险制度功能开始重塑，“保生活、防失业、促就业”三位一体的综合效能成为新时期失业保险制度的功能定位。但是，目前关于失业保险功能新拓展新定位一定程度仍停留在政策层面，主要还是属于阶段性的行政措施和手段，缺乏法律的支持，没有强制执行力，难以形成长效机制，难以给用人单位和劳动者以规范、稳定的预期，急需高层次的法律作为依据。

（三）待遇给付制度不合理，缺少应急机制

当前失业保险的申领条件客观上还是比较苛刻，如领取失业保险待遇所需的缴费时间较长，大量的失业人员因不符合失业保险制度规定的申领条件而无法受益，影响参保积极性和制度吸引力。我国失业保险待遇水平较低，2019年，失业保险金仅达到最低工资标准的78%，这也难以保障职工的基本生活，失业保险在一定程度上退化为失业救助制度。《社会保险法》取消失业保险金低于当地最低工资标准的规定，给失业保险待遇调整预留空间的立法意图并未实现。失业保险的经办主体多元化，经办流程复杂、管理服务不规范、标准不统一等问题，也影响了参保人员待遇给付的便捷性。此外，针对企业的失业保险稳岗补贴政策与申领办法也亟待完善。

---

① 根据人力资源和社会保障部《2008—2017年人力资源和社会保障事业发展统计公报》数据整理。

（四）失业保险金与经济补偿金的关系没有理顺

关于失业保险金和经济补偿金的关系，世界各国主要有“兼得”和“抵扣”两种模式。我国采取了“兼得”模式，从制度设计的初衷看，能够为失业人员提供更为充分的保障。但是，由于失业保险的覆盖范围主要是正规的企业事业单位，新业态从业人员等群体覆盖不足，导致了失业保险的功能失灵，最需要失业保险的群体很难得到失业保险制度的保护。实践中，大量的被解除或者终止劳动关系的劳动者主要通过经济补偿金获得补偿。这种制度，增加了企业的负担，难以分散失业风险，也是诱发劳动争议的重要因素。

三、对我国失业保险制度改革的建议

新时代失业保险法律制度的完善应该以习近平新时代中国特色社会主义思想为指导，紧密围绕确保就业局势总体稳定的目标，坚持以人民为中心，把失业保险制度的改革放到关系保障民生、促进就业和国家治理现代化的高度去认识，充分发挥其促进就业的制度效能。如前所述，我国失业保险的法治规范是一个由法律、行政法规、部门规章等构成的制度体系，失业保险制度的完善应该从《社会保险法》《失业保险条例》的不断修正和完善等方面入手，使之能与时俱进，契合时代需求。

2010 年颁布、2018 年修正的《社会保险法》确立了我国社会保险的基本制度，奠定了这个中国特色社会主义保险制度的法治基础。但是，随着我国经济社会的法治和社会保障制度的快速变革，《社会保险法》已经凸显出严重滞后性，直接影响着整个社会保险制度改革的深化与制度定型。因此，需要不断完善《社会保险法》的修正，如增加新就业形态从业人员的社会保险制度等相关内容。

（一）树立失业保险新理念，合理确立失业保险的制度功能

要维持失业保险与劳动力市场政策紧密结合的就业保障制度发展趋势。失业保险具有“保生活、防失业、促就业”三位一体的综合效能，建议树立失业保险立法的新理念以指导《社会保险法》中失业保险制度的修订，明确失业保险制度“保生活是基础、防失业是重点、促就业是目标”的功能定位。失业保险立法的新理念主要体现在：从消极的失业保障转变为积极的就业保障；从救济性的事后保障向预防性的事前保障拓展；从有限的适用范围向受劳动法调整的城乡用人单位及职工拓展。

（二）理顺失业保险金与经济补偿金的关系

失业保险金与经济补偿金关系的理顺，既涉及劳动法律制度的改革，又涉及失业保险制度的改革。一要坚持社会保险的普遍性原则，把适用劳动法的所有用人单位及职工

包括新业态劳动者全部纳入失业保险的覆盖范围；二要把原《社会保险法》取消“失业保险金应低于最低工资标准”的立法意图变成可操作性的规范，即适当提高失业保险金的发放标准，并使其与缴费工资高低相挂钩，将失业保险金按照缴费工资的一定比例发放。

（三）建立科学的费率机制，确立合理的失业保险待遇

建立科学的费率机制，根据中央减税降费的要求，通过立法程序建立“中央规定上限、地方根据基金运行情况自主决定费率”的机制，既支持实体经济发展，又确保制度可持续运行。失业保险待遇需要体现与个人工资挂钩的原则，同时建立与经济社会发展相适应的失业保险金待遇调整机制。

（四）规定失业保险的应急机制

2020 年新冠疫情的发生提示我们，各项制度的设计不仅要能够适应常态下的需求，还要能够未雨绸缪，为应急状态下的需求留有制度空间。失业保险制度需要规定应急情况的处理机制，即当出现突出公共卫生事件或者其他重大突出事件，造成就业压力增大，失业人员明显增加时，应采取延长失业保险待遇期限，提高待遇标准等措施，为失业者提供更高水平的保障。

（五）修订完善失业保险法律体系

调查表明，现行《失业保险条例》的诸多条款已经无法适应现实需要，且与上位法《社会保险法》存在明显冲突，应尽快修订完善《失业保险条例》。2017 年，人力资源和社会保障部发布《失业保险条例（修订草案征求意见稿）》，对修订《失业保险条例》公布征求意见。但迄今为止，《失业保险条例》的修订工作仍未完成。《失业保险条例（修订草案征求意见稿）》共六章三十四条，相比于现行条例，主要有八个方面的修订：一是在立法目的中增加了“预防失业”；二是扩大了适用范围，参保范围由“城镇企业、事业单位及其职工”扩大到“企业、事业单位、社会团体、民办非企业单位、基金会、律师事务所、会计师事务所等组织及其职工”；三是降低了缴费费率，将 3%的固定费率修改为不超过 2%；四是拓宽了基金支出范围；五是提高了失业保障水平；六是扩大了受益对象；七是统一了农民工和城镇职工的参保办法；八是完善了监管体系。

在此基础上，《失业保险条例（修订草案征求意见稿）》的主要内容基本可行，需要调整和增加的是：第一，失业保险费率的规定过于保守，与中央降费的要求不相吻合，建议将总费率改为不超过 1%。第二，增加新业态劳动者参加包括失业保险在内的社会保险制度的规定。第三，整合部门规章《失业保险金申领发放办法》和《实施〈中华人民共和国社会保险法〉若干规定》的内容，对不必要、不合理的申领条件的规定进行全面清理，对确有必要保留的吸纳到修改后的《失业保险条例》中，以节约立法资源，方便

法的实施。适当放宽失业保险金的领取条件，将领取条件由缴费满一年改为六个月，以扩大失业保险的受益人范围，使更多的失业人员能够从失业保险制度中受益。第四，落实“放管服”改革精神，增加为参保单位和参保人员提供方便快捷服务的内容及保障条款。

◎相关案例

失业人员失业期间患病能否享受医疗补助待遇？

陈女士是某市一家事业单位的老职工，单位在前年改制时裁减了一部分职工，陈女士因未提供新系统的考核而被裁员。就业十几年期间，单位及陈女士个人都参加了社会保险，按时缴纳各项社会保险费。陈女士失业后就到当地社会保险经办机构办理了失业登记，开始领取社会保险金。三个月后，陈女士因胆结石开刀住院，病情严重，她的家人向社会保险经办机构申请领取医疗补助金。一年后，陈女士病情恶化，不幸去世，她的家人到社会保险经办机构要求领取当月和今后一年应享受的失业保险金，以及一次性丧葬补助金。但是经办机构人员拒绝发放，回复陈女士家属：陈女士已经死亡，主体不存在就不能享受相关失业保险待遇。

资料来源：潘锦棠. 2011. 社会保险：原理与实务. 北京：中国人民大学出版社.（内容有删改）

问题：

1. 陈女士领取失业保险金期间能否享受医疗保险待遇？
2. 陈女士死亡后，其家属能否领取当月应享受的失业保险金和一次性丧葬补助金？
3. 陈女士家属能否领取剩余期限一年的失业保险金？

本章小结

失业保险是基于失业问题而建立的一种社会制度安排，旨在分散个人由失业而引起的收入损失的风险，保障失业者的基本生活和促进再就业，从而解除劳动者的后顾之忧，维护社会稳定和促进经济发展。首先，为了全面理解失业保险制度，在介绍失业及失业保险基本概念后，本章着重介绍失业保险的普遍性、强制性、互济性、功能双重性四个特征；指出失业保险具有保障失业者的基本生活、保护失业者的劳动能力，有利于劳动力重新配置，反经济周期及救济功能；建立失业保险的原则要准确确定失业保险的对象和范围，失业保险需要在较大的范围内做到社会统筹，制定适度的社会保险待遇标准和享受期限。其次，在基本理论梳理的基础上，本章分析了失业保险制度的产生与发展流程，并结合分析美国、英国、德国、加拿大等国家的失业保险制度的产生、发展及运行情况，重点分析了我国失业保险制度的产生与发展，把我国失业保险制度的发展分为雏形时期、建立时期、形成时期、进入法治化轨道阶段、定性阶段五个阶段。还分析和梳理了我国失业保险制度的法律法规体系。

最后，介绍我国失业保险制度的主要内容，并重点剖析我国失业保险制度发展取得的成就、存在的问题及政策建议。认为我国失业保险制度实施以来，取得了参保人数和受益人数持续增长，覆盖面不断扩大；待遇水平不断提高，失业人员的基本生活得到更好保障；失业保险基金结余过多问题逐步得以化解；失业保险制度的功能定位开始拓展；失业保险制度改革为经济发展作出了贡献等成绩。但还存在相关法律体系内部存在冲突；参保人数与全覆盖差距较大；功能拓展缺少法律的支撑；待遇给付制度不合理，缺少应急机制；失业保险金与经济补偿金的关系没有理顺等问题，提出尽快修订《社会保险法》及《失业保险条例》等相关意见建议。

关键术语

失业保险　古典失业理论　凯恩斯失业理论　供给学派的失业理论　刘易斯就业理论　摩擦性失业　结构性失业

复习思考题

1. 简述失业保险的概念和特点。
2. 浅谈失业保险的目标与功能。
3. 简述中国失业保险制度的特征。
4. 试述中国失业保险存在的问题及改革的建议。

第九章　工 伤 保 险

本章导读

工伤保险是社会保险的重要组成部分，是养老保险、医疗保险、工伤保险、失业保险和生育保险五项社会保险中的一项，是国际上建立最早的一项社会保险制度。工伤保险是国家社会保险制度体系的重要组成部分。它是国家和社会为在生产、工作中遭受事故伤害和患职业病的劳动者及其家属提供医疗救治、生活保障、经济补偿、医疗和职业康复等物质帮助的一种社会保险制度。本章首先介绍工伤保险的基本概述，包括概念与特征、原则与功能、产生与发展，接着介绍工伤保险的覆盖范围、基金筹集、给付待遇等基本内容。在此基础上，介绍工伤认定标准、认定程序、劳动能力鉴定及工伤预防及职业康复，最后介绍我国工伤保险制度的产生发展历程、制度发展存在问题分析及改革的思路建议。

第一节　工伤保险概述

一、工伤风险与工伤保险

（一）工伤风险

风险是一种损失不确定的状态，工伤风险是指劳动者因工作遭受意外伤害或因职业病丧失劳动力或死亡的可能性。工伤风险具有下列特点。

1. 工伤风险的客观性和普遍性

不管人们是否意识到风险的存在及危害，风险都是客观存在的，不以人的意志为转移的。同样，对于每个劳动者来说，都普遍面临着受到工业伤害的风险，工伤事件的发生难以完全避免。

2. 工伤风险发生的偶然性和严重性

工伤风险是客观存在的，但是对于单个用人单位和员工来说，风险的发生具有偶然性，是一种随机现象。风险发生的偶然性意味着工伤事故的发生在空间和时间上具有突发性。工伤发生的后果是严重的，它不仅引发用人单位和工伤职工经济上的损失，而且也带来健康和生命的损失，还会造成心理上的伤害。

3. 工伤风险损失的可测性

虽然单个风险的发生具有偶然性，但是通过对大量的工伤事件进行观察和统计分析，可以发现其规律性。这就使得我们可以利用概率论和数理统计等方法，对工伤风险发生的频次和损失数额进行预测，因此风险损失具有可测性。

4. 工伤风险的社会性

工伤风险是整个社会共同的风险，同时工伤事故的发生也会对社会整体产生影响。对个人来说，工伤风险会危及其生存和正常的生活；对整个社会来说，工伤风险对社会稳定和经济生活的正常进行产生消极影响。

（二）国家介入工伤领域的必要性

工伤会给员工带来极大的痛苦，不仅会使其失去工作收入，劳动能力也受到不同程度的影响，其家人的正常生活也会随之受到影响，而且导致用人单位和社会的损失。所以，工伤危害的后果是极其严重的。另外，工伤风险具有客观存在性、普遍性等特点，依靠个人的力量，难以规避，所以应当用保险的手段来解决。工伤风险的变动并非杂乱无章、无迹可寻，经过大量统计分析可以找出工伤风险的内在规律性。因此用保险手段分散工伤风险是可行的。商业保险在分散工伤风险上作出了重要贡献，但是商业保险存在市场失灵现象，这一固有缺陷使得它并不能完全满足用人单位和劳动者分散工伤风险的需要，因此由国家介入工伤领域、建立工伤社会保险保障制度成为必然。

二、工伤概念、范围及认定

（一）工伤概念

对工伤的界定有狭义和广义之分，一般来说，狭义的工伤是指在工作过程中遭受意外事故而造成劳动者身体上的伤害；广义的工伤不仅包括在工作或与工作相关的活动中由意外事故导致的伤害，还包括由于工作原因长期接触职业危害因素而产生的职业性疾病，如矿山工人长期在粉尘环境中工作引起的硅肺病、医疗机构放射科人员因为长期接触 X 射线而导致的放射性疾病等，均属于职业病。目前，工伤保险制度中对于工伤的认定一般使用广义上的工伤概念，即包括工作伤亡事故和职业病。因此，我们将工伤的概念界定为职工在工作时间、工作场所因为工作原因而遭受的人身伤害事故，以及因患职业病而使生命健康遭受损害的情形。

（二）工伤范围

第 3 届国际劳工大会（1921 年）通过《农业工人赔偿公约》（第 12 号公约），公约中规定，工伤是指由工作直接或间接引起的事故。第 48 届国际劳工大会（1964 年）通过的《工伤事故和职业病津贴公约》（第 121 号公约）将工伤补偿范围扩大到包括职业病和一定条件下往返工作途中发生的事故。美国相关国家标准将工伤定义为工作伤害，意指由工作引起并在工作过程中发生的伤害或职业病。中国的《工伤保险条例》采用列举的方式界定了工伤的范围：在工作时间和工作场所内，因工作原因受到事故伤害的；工作时间前后在工作场所内，从事与工作有关的预备性或者收尾性工作受到事故伤害的；在工作时间和工作场所内，因履行工作职责受到暴力等意外伤害的；患职业病的；因工外出期间，由于工作原因受到伤害或者发生事故下落不明的；在上下班途中，受到非本人主要责任的交通事故或者城市轨道交通、客运轮渡、火车事故伤害的；法律、行政法规应当认定为工伤的其他情形。

（三）工伤认定

工伤认定是指职工在工作中发生事故伤害导致伤残、死亡，或被确诊、鉴定为职业病后，在法定的期限内由所在单位或者受伤职工本人及其直系亲属、工会组织，向单位所在地劳动行政部门申请将此次事故伤害确认为工伤，最终使职工依法获得工伤赔偿的行政确认程序的总称。工伤伤害只有在经过工伤认定程序确认后，才能成为《工伤保险条例》认可的、具有法律效力的“工伤”，否则仅仅是一种事实状态。

三、工伤保险概念、特征

（一）工伤保险概念

工伤保险是指劳动者在生产经营活动中或在规定的某些特殊情况下遭受意外伤害、职业病以及由这两种情况造成死亡、暂时或永久丧失劳动能力时，劳动者及其遗属能够从国家、社会得到必要物质补偿的一种社会保险制度。这种补偿既包括医疗、康复所需，也包括生活保障所需。作为一种特殊的人身赔偿，它从民法中独立出来，突破侵权责任的调节范围，着眼于补偿受伤职工的损失，改变了以往在人身赔偿中追究事故责任人进行赔偿的规则，主要以存在伤害这一客观事实为赔偿的基础，即补偿不究过失，体现了补偿规则的客观化，最大限度地保护受害人利益。

可见，工伤保险通过对工伤职工及家庭提供医疗照顾、生活保障和经济赔偿，以减轻工伤职工受到的经济上的损害，并减轻用人单位的负担。我国实行工伤保险的目的是保障因工作遭受事故伤害或者患职业病的职工获得医疗救治和经济补偿，促进工伤预防和职业康复，分散用人单位的工伤风险。

（二）工伤保险特征

工伤保险属于社会保险，它具有社会保险的一般性特征。

1. 强制性

工伤保险具有强制性特征是指工伤保险制度由国家通过立法手段强制实行，对于不按法定的项目、标准和方式支付待遇，不按法定标准和时间缴纳保险费的行为，要依法追究法律责任。

工伤保险实行强制性原则有两方面原因：一是普通的劳动者大都是以工资收入为主要生活来源，如果遭遇了有损健康和劳动能力的事故以致不能劳动，将丧失部分或全部工资收入；二是由于工伤事故具有突发性和不可逆转性，因而其造成的损失也难以挽回，对遭遇工伤事故或患职业病的个人则有可能带来终身痛苦。如果不能保证他们顺利地得到经济补偿，必将使其生活陷入困境。这既不符合人道主义精神又使社会保障难以落实。因此，工伤保险具有强制性，包括保险费的征收、缴费标准，时间、待遇的构成，计发标准，支付方式与时间等都是强制的，其目的是保障以工资收入为主要生活来源的劳动者因工伤残后的基本生活。

2. 互济性

互济性是指工伤保险按照社会共担风险原则进行组织。社会保险机构按照互助互济的办法统一调剂基金，支付工伤保险待遇，实行收入再分配，使参加工伤保险的劳动者权益得到保障。

3. 非营利性

与商业人身意外伤害险和雇主责任险相比，工伤保险属于社会保险，是由政府或者非营利组织举办，不以营利为目的，保障职工的合法权益，使职工因工作而受到伤害后能得到合理的赔偿，以便获得及时的医疗救治和维持基本生活。保险公司经营人身意外伤害险和雇主责任险的目的在于获取利润，具有营利性特征。

4. 社会性

工伤保险的社会性是指工伤的发生具有不可避免性。由于现代工业工作环境和操作流程的复杂性，工伤责任具有非个人性特征，因此单纯追究个人责任是不合理的，应该在全社会内分散工伤风险，所有的用人单位互助互济，保障受伤的职工得到合理的补偿。工伤保险实施范围非常广，一般来说，法律规定范围内的所有单位都应当参加。我国《工伤保险条例》规定，境内的企业、事业单位、社会团体、民办非企业单位、基金会、律师事务所、会计师事务所等组织和有雇工的个体工商户应当参加工伤保险，为本单位全部职工或者雇工缴纳工伤保险费。而且工伤保险制度具有非常大的社会效益。实施工伤保险的一个非常重要的目的，就是保障劳动者在遭受工伤事故和患职业病后的医疗救治和经济补偿权，从而维护社会稳定。

工伤保险作为社会保险体系中不可缺少的组成部分，除了具有与其他社会保险项目相同的特征之外，还具有补偿性和给付条件相对宽松等特征。就补偿性来说，发生工伤事故或是患职业病的职工遭遇了生活的不幸，他们的劳动权、健康权和生存受到损害甚至完全丧失，工伤保险通过提供工伤待遇给予受伤害的职工一定程度上的补偿。工伤保险待遇的给付条件相对宽松，在工伤事故中不追究职工个人过失，主要以存在劳动关系和因工作受到伤害这两个方面为依据进行合理赔偿。而且，享受保险待遇不受年龄及工龄限制，保障内容全面，保障待遇非常优厚。

四、工伤保险制度原则、功能

（一）工伤保险原则

1. 强制实施的原则

国家通过立法强制所有的用人单位必须参加工伤保险。中华人民共和国境内的企业、事业单位、社会团体、民办非企业单位、基金会、律师事务所、会计师事务所等组织和有雇主的个体工商户都应当参加工伤保险，为本单位全部职工或者雇工缴纳工伤保险费，违者给予法律规定的处罚。工伤保险实行强制实施的原则是由工伤保险的性质决定的。工伤保险是社会保险的重要组成部分，是政府的一项社会政策，为了保障劳动者因工伤残后的医疗救治权和生存权，必须强制实行。在国家规定的社会保险提供基本补偿待遇之外，用人单位和劳动者个人还可以自愿参保商业保险以提高工伤保险水平，但是参加商业保险实行自愿原则，不强制执行。

2. 保障与补偿相结合的原则

与养老、医疗、失业等社会保险一样，工伤保险也是为了在劳动者遇到困难时，给予其帮助，保障其维持基本的生活水平，这是所有社会保险项目的共性。另外，工伤保险待遇的给付对象是遭受工伤事故或患职业病的劳动者。劳动者在生产过程中，遭受意外事故或受职业性有害因素的影响，造成生理上、心理上和经济上的伤害和损失，理应对其进行补偿。因此，工伤保险不仅考虑维持劳动者的基本生活，还是对劳动力受到伤害甚至丧失的一种补偿。

3. 社会化原则

实施工伤保险的一个最主要的出发点就是将工伤风险在全社会内进行分散，降低单个用人单位的巨额赔偿风险。社会化原则在工伤保险制度的实施过程中，可以体现为三个方面，即保障范围的社会化、基金使用的社会化和管理的社会化。保障范围的社会化是指工伤保险制度应该将所有符合规定的用人单位都纳入进来，在整个社会内分散工伤风险；基金使用的社会化是指由用人单位缴纳工伤保险费用，建立工伤保险基金，在工伤事故或者职业病发生后，由工伤保险基金支付公司保险待遇，为了激励用人单位降低工伤事故和职业病的发生率，用人单位的工伤保险费率标准有所区别，而且用人单位还需要支付少部分的公司保险待遇；管理的社会化主要指由工伤保险机构负责调剂使用工伤保险费用资金并协同有关部门负责审核公司保险待遇享受资格。工伤保险实现社会化，对增强保险的保障性、促进生产持续健康发展都是有利的。

4. 个人不缴费原则

个人不缴费是指无论是直接支付保险待遇还是缴费投保，全部费用由用人单位负担，劳动者个人不缴费，这是工伤保险与养老、医疗、失业等其他社会保险项目的不同之处。工伤保险费用不实行分担方式，是由工伤保险的补偿性质所决定的。工伤伴随劳动而来，属于职业性伤害，劳动者在生产中创造了巨大的财富，在工伤事故中还付出了身体健康甚至生命的代价，工伤保险实行的目的是保障因工负伤劳动者的基本生活，由用人单位承担缴纳工伤保险费用是企业责任，而个人不缴纳是国际上实施工伤保险制度的惯例。

（二）工伤保险功能

工伤保险保障因工作遭受事故伤害和患职业病的劳动者获得医疗救治和经济补偿，同时注重工伤预防和工伤康复，防范伤害于未然，在伤害发生后尽力帮助职工获得生理、心理和职业的全面康复；对用人单位来说，工伤保险则有助于分散其工伤风险，降低赔偿责任和经营风险。具体来说，工伤保险的功能主要有以下几个方面。

1. 保障职工获得及时的医疗救治和合理的经济补偿

工伤职工在遭受事故伤害或者患职业病后，最需要的是获得及时、有效的抢救。首先，需要足额保障在救治过程中所发生的运输、检查诊断、住院和治疗等费用，使受伤劳动者尽快得到有效治疗。其次，职工的病情稳定后，需要按照法定程序对劳动者的伤残程度进行评定，确定伤残等级，从而确定并相应支付经济补偿，保障劳动者及其家庭的生活不至于因工伤而无法维系。给工伤职工以救治和补偿是工伤保险制度最初建立时的目的，也是目前工伤保险制度中最重要的组成部分。

2. 注重工伤预防和康复

工伤保险制度注重工伤预防和康复，防患未然，同时对工伤职工给予最大的关怀，帮助其尽可能地恢复身体和生理健康。工伤保险制度在最初建立的时候，只侧重对工伤劳动者的经济赔偿，但是经过一百多年的发展，工伤保险制度理念越来越成熟，制度目标越来越清晰，各国的工伤保险制度已经逐步形成了预防、治疗和康复相结合的结构模式，对工伤的预防以及生理、心理、治疗、康复等的关注程度不断提高。在工伤预防方面，通过行业差别费率以及浮动费率机制，促使用人单位做好本单位的工伤预防工作来降低生产成本。对于受伤害的劳动者，不仅关注医疗救治，而且更多地注重其心理和职业康复，这体现了社会的人文关怀，也有利于减少人力资源的浪费。

3. 免除职工工作的后顾之忧

工伤保险可以较好地维护职工权益，免除职工工作的后顾之忧，增强职工工作的积极性和责任感。工伤保险具有强制性，法律规定应该参加工伤保险的单位必须参加，有利于保障劳动者的权利。工伤保险遵循无过错补偿和个人缴费原则，在工伤事故发生后，追究过错的责任退居到次要的位置，重点在于受伤害职工的损失。实施工伤保险的这些原则可以最大限度地保障职工权益，免除职工劳动时的后顾之忧，使其能够全身心地投入工作，提高其对工作的责任心。

4. 分散用人单位的工伤风险

随着科学技术的进步和工伤预防工作关注程度不断提高，工伤预防水平得到了提升，但是工伤事故的发生还是难以避免。如果实行企业责任，那么在发生工伤后，企业可能面临巨额的赔偿责任，甚至会出现无力支付的局面，影响生产的进一步开展，劳动者也无法获得其应有的赔偿。工伤保险基金正是分散单个企业风险的有效工具，通过成员间的互助互济，增强每个企业抵抗工伤风险的能力。工伤保险通过建立工伤保险基金，有效地分散企业的风险，分担工伤发生后企业的赔偿责任，而且随着工伤保险技术手段的提高，其分散风险的机制必将越来越科学合理。

5. 维护社会稳定

工伤保险通过建立工伤保险基金以及制定科学合理的工作流程，在工伤事故发生后，保障职工的医疗救治和经济补偿权，承担了或几乎承担了全部的赔偿责任，有利于妥善处理公司赔偿问题和恢复正常的生产经营活动，协调劳资关系，维护社会稳定。

五、工伤保险制度的产生与发展

1871 年德国实现统一，首相俾斯麦一方面推动工业发展，一方面扩大殖民地。工业化使得劳动者的生存面临更恶劣的环境，造成严重的国内社会问题。随着马克思主义在德国的广泛传播，工人阶级有了思想武器，社会民主党人在议会中获胜。俾斯麦为了控制社会民主党人力增长，缓和阶级矛盾，采取了一些前所未有的社会政策，其中就包括工伤保险。

1884 年 7 月，德国以特别的形式颁布了《工伤保险法》，这是世界上首部工伤保险立法。工伤保险之所以首先在德国产生，与德国社会矛盾激化的现实以及新历史学派的理论不无关系，他们为那些生活不能自理的人提供帮助和支持，政府有责任和能力通过工作方式提供帮助，政府不仅要有警察的功能，还要体现对社会弱势群体的关怀。残疾和事故是由社会造成的，不是工人本身愿意造成伤害。为了防止社会主义思想的发展，俾斯麦希望通过社会保险制度的建立，突出国家社会主义。随后，欧洲一些国家相继进行工伤保险立法，工伤保险制度也首先在欧洲广泛传播。

第二次世界大战期间，社会保险法得到迅速的发展。1933 年，美国罗斯福总统为了摆脱经济危机、缓和国内阶级矛盾，开始实行一系列社会经济政策，被称为“罗斯福新政”。1942 年，英国的经济学家贝弗里奇向英国政府提交了《贝弗里奇报告》，该报告认为社会保险无论是保障人员还是保险水平都应该是全方位的，并提出社会保险法方案的六个基本原则。

《贝弗里奇报告》被视为英国战后建设福利国家的总体规划，并对其他国家的社会保险制度发展产生了深远影响。此后，工伤保险制度出现了分化，有的国家朝着福利国家的目标发展社会保障制度，出现了工伤保险制度融入整个社会保障体系的趋势，国家在社会保障中起着重要的作用。如 1946 年后英国工伤保险制度被纳入国民保险的范畴，职业灾害赔偿责任从用人单位转到了国家。但在美国等国仍保持了职业灾害的企业责任制，称为个人赔偿制度。无论是工伤保险制度还是工人赔偿制度，都是通过事先缴费达到分散风险、分担损失的目的。

第二节 我国工伤保险制度内容

一、工伤保险覆盖范围

2010 年修订的《工伤保险条例》中规定，中华人民共和国境内的企业、事业单位、社会团体、民办非企业单位、基金会、律师事务所、会计师事务所等组织和有雇工的个体工商户应当依照本条例规定参加工伤保险，为本单位全部职工或者雇工缴纳工伤保险费。中华人民共和国境内的企业、事业单位、社会团体、民办非企业单位、基金会、律师事务所、会计师事务所等组织的职工和个体工商户的雇工，均有依照本条例的规定享受工伤保险待遇的权利。

二、工伤保险基金筹集

（一）筹集原则

1. 以收定支、收支平衡的原则

工伤保险实行现收现付制，即征缴的工伤保险费用于支付当期的各项工伤保险待遇及其他合法支出。以支定收、收支平衡就是以一个周期内的工伤保险基金的支付额度为标准，确定征缴保险费的额度，使工伤保险基金在一个周期内的收和支保持平衡，基金不宜有过多的积累。

2. 按行业风险缴费原则

工伤保险的费率与养老、医疗、失业保险不同，费率的确定与用人单位所处行业和用人单位以往的工伤发生率等情况挂钩。工伤风险大的用人单位要多缴费从而增加这类用人单位的成本，抑制资本向高风险行业的流动，不仅能促进社会资本结构的优化，也能促使用人单位关注工伤、预防工伤从而降低工伤发生率。

3. 浮动费率原则

工伤保险费是按不同行业平均风险分别测算的。在行业内，各用人单位安全生产条件不同、管理水平差异等因素也导致行业内安全状况差别较大。为了促使事故多的企业减少事故发生，鼓励安全管理好的企业，在行业内将费率分成不同的档次。

4. 企业缴费原则

工伤保险缴费完全由用人单位承担，员工个人不用缴纳工伤保险费。工伤保险是从企业责任保险发展而来的，劳动者在劳动过程中发生伤残、死亡或职业病而产生的损失的补偿责任应由用人单位或社会承担。即使劳动者本人对于事故的发生可能存在过错，也不应该由劳动者本人或其家庭负担。由用人单位承担全部的工伤保险缴费责任，可以促使其加强管理和安全投入，减少事故的发生。

5. 扩大统筹层次原则

工伤保险体现的是大数法则，即参加保险人数越多，统筹层次越高，基金的抗风险能力就越强。《工伤保险条例》规定工伤保险基金逐步实现省级统筹，明确了工伤保险基金实行省级统筹的方向，对于逐步提高工伤保险基金的统筹层次，更加充分有效地发挥工伤保险基金保障工伤职工合法权益的功能将起到积极作用。

6. 建立储备金原则

工伤保险储备金是为了应对重大工伤事故的发生，可能导致基金的大规模支出而建立的一项应急资金。工伤事故的发生具有不确定性，为了避免突发事件出现时，工伤保险基金难以支付的情况，在工伤保险中还建立有储备金制度，用于出现突发事件时工伤保险待遇的支付。这样才能保障劳动者的合法权益，也能更有效地分散发生重大事故的风险。

（二）基金来源

工伤保险基金是社会保险基金中的一种，由依法应当由参加工伤保险的用人单位所缴纳的工伤保险费、工伤保险基金的利息和依法应当纳入工伤保险基金的其他资金构成。工伤保险费是工伤保险基金的主要来源，因此凡是纳入工伤保险范围的用人单位都应当按照规定，及时足额缴纳工伤保险费，以保证基金的支付能力，切实保障工伤职工及时获得医疗救治和经济补偿。工伤保险基金按照规定存入银行或者购买国债，取得的利息收入并入工伤保险基金。其他资金是指按规定征收的滞纳金、社会捐助等资金。

（三）基金筹集模式

根据收支平衡原则，基金筹集可以分为以下三种。

1. 当年平衡式

是根据当年所需工伤保险补偿费用来筹集资金，达到当年平衡。国内也将这种模式称为现收现付式。这种方式在理论设计上最合理，但开始实施时困难较多。这是因为，当年所需支付的费用很难事先准确预测，为保证收支平衡，就需要相当数量的储备基金，而且每年都要调整收取费用的比例。因而，只有工伤保险经验丰富、制度成熟的国家采用。

2. 阶段平衡式

是以一个阶段为周期计算，使职业伤害补偿费用收支平衡的结余筹集方式。这种模式需先设平衡期，例如5年或10年，测算出平衡期内各年应支付的补偿金，及其与该年工资总额的比值，此比值称为应支率。以平衡期内一年的应支率，作为此平衡阶段期内的平均应交率，用前期收大于支的储备，弥补后期支大于收的不足，使整个阶段内的基金收支平衡。国内将这种模式称为部分积累式。采用这种方式，费率会比当年平衡式略高，但可以适当储备，以丰补歉，具有一定的灵活性。这种方式下，应交率具有一定灵活性，且易于实施。然而，基金金额毕竟有限，不能充分可靠地保证职业伤害补偿的支出费用，需要根据测算结果决定是否采用。

3. 总体平衡式

是根据当年发生的职业伤害的全部待遇享受者（死亡人员、伤残人员和供养的遗属），在整个待遇享受期间所需支付的全部补偿金额进行筹集，当年筹足，逐年支付，达到收支平衡。采用此种方式，资金有充分保证，增加了基金储备，可以应付较大的意外支出，只是应缴率稍高，但也合情合理。留有资金要适当运营和妥善管理，以达到保值和增值。这是国际上职业伤害社会保险惯用的一种基金筹集方式。

（四）缴费率

工伤保险缴费完全由用人单位负担，工伤保险费率是用人单位缴纳的工伤保险费占该企业工资总额的比例。主要有三种费率。

1. 差别费率

差别费率即根据各行业、各企业的伤亡事故和职业危害程度确定有差别的工伤保险缴费率。这种费率的做法主要是统计各行业或各企业的伤亡事故和职业病的发生情况，并预测未来的工伤费用需求，以确定工伤保险的缴费率。差别费率在于使风险程度和工伤事故发生率不同的企业和行业承担不同的缴费责任。以体现公平，保证该行业工伤保险基金的收支平衡，并促进其改进劳动安全保护措施，降低工伤保险发生率，实行差别费率主要依据的指标有以下几种：工伤发生频次；因工伤残和死亡人数；工伤伤残、死亡率；行业风险程度。通过考虑上述指标对不同的行业或企业确定有差别的工伤保险费率。

2. 统一费率

统一费率即按照法定统筹范围内的预测开支需求，与相同范围内企业的工资总额相比较，求出一个总的工伤保险费率，所有企业都按这一比例缴费。这种方式是在最大可能的范围内分散工伤风险，不考虑行业与企业工伤实际风险的差别。

3. 浮云费率

浮云费率即对各行业或各企业以往的工伤发生情况和工伤保险费用支出状况进行分析评价，对行业或企业工伤保险费率定期调整。一般做法是在企业参加工伤保险若干年后，根据一定时期内该用人单位发生工伤和支出工伤保险待遇的情况，定期提高或降低工伤保险缴费的比例。对事故发生率高、工伤基金使用多的企业，可提高缴费费率；相反，如果企业致力于安全预防工作，降低了事故发生率和职业病发生率，工伤保险费使用较少，则可在原缴费率或行业缴费率的基础上将其费率向下调整。之所以实行浮动费率，是为了将工伤费率与企业安全状况挂钩，以激励企业不断做好安全生产。

三、工伤保险给付待遇

我国2010年新修订的《工伤保险条例》第五章“工伤保险待遇”对工伤保险待遇进行了详细规定，具体如下。

第三十条　职工因工作遭受事故伤害或者患职业病进行治疗，享受工伤医疗待遇。职工治疗工伤应当在签订服务协议的医疗机构就医，情况紧急时可以先到就近的医疗机构急救。治疗工伤所需费用符合工伤保险诊疗项目目录、工伤保险药品目录、工伤保险住院服务标准的，从工伤保险基金支付。工伤保险诊疗项目目录、工伤保险药品目录、工伤保险住院服务标准，由国务院社会保险行政部门会同国务院卫生行政部门、食品药品监督管理部门等部门规定。职工住院治疗工伤的伙食补助费，以及经医疗机构出具证明，报经办机构同意，工伤职工到统筹地区以外就医所需的交通、食宿费用从工伤保险基金支付，基金支付的具体标准由统筹地区人民政府规定。工伤职工治疗非工伤引发的疾病，不享受工伤医疗待遇，按照基本医疗保险办法处理。工伤职工到签订服务协议的医疗机构进行工伤康复的费用，符合规定的，从工伤保险基金支付。

第三十一条　社会保险行政部门作出认定为工伤的决定后发生行政复议、行政诉讼的，行政复议和行政诉讼期间不停止支付工伤职工治疗工伤的医疗费用。

第三十二条　工伤职工因日常生活或者就业需要，经劳动能力鉴定委员会确认，可以安装假肢、矫形器、假眼、假牙和配置轮椅等辅助器具，所需费用按照国家规定的标准从工伤保险基金支付。

第三十三条　职工因工作遭受事故伤害或者患职业病需要暂停工作接受工伤医疗的，在停工留薪期内，原工资福利待遇不变，由所在单位按月支付。停工留薪期一般不超过12个月。伤情严重或者情况特殊，经设区的市级劳动能力鉴定委员会确认，可以适当延长，但延长不得超过12个月。工伤职工评定伤残等级后，停发原待遇，按照本章的有关规定享受伤残待遇。工伤职工在停工留薪期满后仍需治疗的，继续享受工伤医疗待遇。生活不能自理的工伤职工在停工留薪期需要护理的，由所在单位负责。

第三十四条　工伤职工已经评定伤残等级并经劳动能力鉴定委员会确认需要生活护理的，从工伤保险基金按月支付生活护理费。生活护理费按照生活完全不能自理、生活大部分不能自理或者生活部分不能自理3个不同等级支付，其标准分别为统筹地区上年度职工月平均工资的50%、40%或者30%。

第三十五条　职工因工致残被鉴定为一级至四级伤残的，保留劳动关系，退出工作岗位，享受以下待遇：（一）从工伤保险基金按伤残等级支付一次性伤残补助金，标准为：一级伤残为27个月的本人工资，二级伤残为25个月的本人工资，三级伤残为23个月的本人工资，四级伤残为21个月的本人工资；（二）从工伤保险基金按月支付伤残津贴，标准为：一级伤残为本人工资的90%，二级伤残为本人工资的85%，三级伤残为本人工资的80%，四级伤残为本人工资的75%。伤残津贴实际金额低于当地最低工资标准的，由工伤保险基金补足差额；（三）工伤职工达到退休年龄并办理退休手续后，停发伤残津贴，按照国家有关规定享受基本养老保险待遇。基本养老保险待遇低于伤残津贴的，由工伤保险基金补足差额。职工因工致残被鉴定为一级至四级伤残的，由用人单位和职工个人以伤残津贴为基数，缴纳基本医疗保险费。

第三十六条　职工因工致残被鉴定为五级、六级伤残的，享受以下待遇：（一）从工伤保险基金按伤残等级支付一次性伤残补助金，标准为：五级伤残为18个月的本人工资，六级伤残为16个月的本人工资；（二）保留与用人单位的劳动关系，由用人单位安排适当工作。难以安排工作的，由用人单位按月发给伤残津贴，标准为：五级伤残为本人工资的70%，六级伤残为本人工资的60%，并由用人单位按照规定为其缴纳应缴纳的各项社会保险费。伤残津贴实际金额低于当地最低工资标准的，由用人单位补足差额。经工伤职工本人提出，该职工可以与用人单位解除或者终止劳动关系，由工伤保险基金支付一次性工伤医疗补助金，由用人单位支付一次性伤残就业补助金。一次性工伤医疗补助金和一次性伤残就业补助金的具体标准由省、自治区、直辖市人民政府规定。

第三十七条　职工因工致残被鉴定为七级至十级伤残的，享受以下待遇：（一）从工伤保险基金按伤残等级支付一次性伤残补助金，标准为：七级伤残为13个月的本人工资，八级伤残为11个月的本人工资，九级伤残为9个月的本人工资，十级伤残为7个月的本人工资；（二）劳动、聘用合同期满终止，或者职工本人提出解除劳动、聘用合同的，由工伤保险基金支付一次性工伤医疗补助金，由用人单位支付一次性伤残就业补助金。一次性工伤医疗补助金和一次性伤残就业补助金的具体标准由省、自治区、直辖市人民政府规定。

第三十八条　工伤职工工伤复发，确认需要治疗的，享受本条例第三十条、第三十二条和第三十三条规定的工伤待遇。

第三十九条　职工因工死亡，其近亲属按照下列规定从工伤保险基金领取丧葬补助金、供养亲属抚恤金和一次性工亡补助金：（一）丧葬补助金为6个月的统筹地区上年度职工月平均工资；（二）供养亲属抚恤金按照职工本人工资的一定比例发给由因工死亡职工生前提供主要生活来源、无劳动能力的亲属。标准为：配偶每月40%，其他亲属每人每月30%，孤寡老人或者孤儿每人每月在上述标准的基础上增加10%。核定的各供养亲属的抚恤金之和不应高于因工死亡职工生前的工资。供养亲属的具体范围由国务院社会保险行政部门规定；（三）一次性工亡补助金标准为上一年度全国城镇居民人均可支配收入的20倍。伤残职工在停工留薪期内因工伤导致死亡的，其近亲属享受本条第一款规定的待遇。一级至四级伤残职工在停工留薪期满后死亡的，其近亲属可以享受本条第一款第（一）项、第（二）项规定的待遇。

第四十条　伤残津贴、供养亲属抚恤金、生活护理费由统筹地区社会保险行政部门根据职工平均工资和生活费用变化等情况适时调整。调整办法由省、自治区、直辖市人民政府规定。

第四十一条　职工因工外出期间发生事故或者在抢险救灾中下落不明的，从事故发生当月起 3 个月内照发工资，从第 4 个月起停发工资，由工伤保险基金向其供养亲属按月支付供养亲属抚恤金。生活有困难的，可以预支一次性工亡补助金的 50%。职工被人民法院宣告死亡的，按照本条例第三十九条职工因工死亡的规定处理。

第四十二条　工伤职工有下列情形之一的，停止享受工伤保险待遇：（一）丧失享受待遇条件的；（二）拒不接受劳动能力鉴定的；（三）拒绝治疗的。

第四十三条　用人单位分立、合并、转让的，承继单位应当承担原用人单位的工伤保险责任；原用人单位已经参加工伤保险的，承继单位应当到当地经办机构办理工伤保险变更登记。用人单位实行承包经营的，工伤保险责任由职工劳动关系所在单位承担。职工被借调期间受到工伤事故伤害的，由原用人单位承担工伤保险责任，但原用人单位与借调单位可以约定补偿办法。企业破产的，在破产清算时依法拨付应当由单位支付的工伤保险待遇费用。

第四十四条　职工被派遣出境工作，依据前往国家或者地区的法律应当参加当地工伤保险的，参加当地工伤保险，其国内工伤保险关系中止；不能参加当地工伤保险的，其国内工伤保险关系不中止。

第四十五条　职工再次发生工伤，根据规定应当享受伤残津贴的，按照新认定的伤残等级享受伤残津贴待遇。

第三节　工伤认定与劳动能力鉴定

一、工伤认定标准

工伤认定标准是指职工所受事故伤害符合《工伤保险条例》规定的应当认定为工伤的七种情形或者视同工伤的三种情形，同时又不具备《工伤保险条例》规定的排除工伤的三种情形。

（一）应当认定为工伤的情形

1. 在工作时间和工作场所内，因工作原因受到事故伤害的

“工作时间”是指法律规定的或者单位要求职工工作的时间。实行不定时工作制的单位，单位确定的工作时间为职工的工作时间。“工作场所”是指职工日常工作所在的场所，以及领导临时指派所从事工作的场所。职工受到事故伤害包括诸如地震、厂区失火、车间房屋倒塌以及由单位其他设施不安全而造成的伤害。

2. 工作时间前后在工作场所内，从事与工作有关的预备性或者收尾性工作受到事故伤害的

职工为完成工作，在工作时间前后，有时需要做一些与工作有关的预备性或者收尾

性的工作。这段时间虽然不是职工的工作时间，但是职工在这段时间内从事的预备性或者收尾性的工作，是与工作有直接关系的。

3. 在工作时间和工作场所内，因履行工作职责受到暴力等意外伤害的

该情形是指职工因履行工作职责，使某些人的不合理的违法目的没有达到，这些人出于报复而对该职工进行暴力人身伤害。例如，商场内有小偷行窃，被商场的保安人员发现，保安人员上前制止，被小偷刺伤，则该保安受到的伤害，就属于因履行工作职责受到的暴力伤害。

4. 患职业病的

职业病是指企业、事业单位或个体经济组织的劳动者在职业活动中，因接触粉尘、放射性物质和其他有毒、有害物质等而引起的疾病。职业病基本上与工作有关，因此可以被认定为工伤。

5. 因工外出期间，由于工作原因受到伤害或者发生事故下落不明的

职工除了在本单位工作外，由于工作需要，有时还必须到本单位以外去工作，其间如果职工因为工作原因受到事故伤害，也能被认定为工伤。职工因工外出期间，如果遇到事故下落不明，很难确定职工是在事故中死亡的，为了维护职工的利益，就应该被认定为工伤。

6. 在上下班途中，受到非本人主要责任的交通事故或者城市轨道交通、客运轮渡、火车事故伤害的

上下班途中包括职工按正常工作时间上下班的途中，以及职工加班加点后上下班途中。不管这种事故发生在城市街道还是发生在其他道路上，不管是发生在陆地还是水上，只要受到伤害的职工在事故中不承担主要责任，职工在上下班途中受到的事故伤害，都应当被认定为工伤，是否主要责任，则由道路交通等有关部门认定，如果是本人负主要责任而造成自己受到伤害的，不得认定为工伤。

7. 法律、行政法规规定应当认定为工伤的其他情形

尽管《工伤保险条例》对应当认定为工伤的情形进行了逐一列举，但是，它不可能穷尽所有的应当被认定为工伤的情形。为了使工伤保险范围的规定更科学、更合理，使那些随着时间的推移应该被纳入工伤的情形都能被纳入，因此作了这项兜底性规定。

（二）视同工伤的情形

《工伤保险条例》规定，职工有下列情形之一的，视同工伤。

1. 在工作时间和工作岗位，突发疾病死亡或者在48小时之内抢救无效死亡的

工作时间是指法律规定的或者单位要求的职工工作的时间，工作岗位是指职工日常

所在的工作岗位和本单位领导指派所从事工作的岗位。突发疾病是指上班期间突然发生任何种类的疾病，一般多为心脏病、脑出血、心肌梗死等突发性疾病。职工在工作时间和工作岗位突发疾病当场死亡的，以及职工在工作时间和工作地点突发疾病后没有当场死亡，但在 48 小时之内经抢救无效死亡的，应当视同工伤。

2. 在抢险救灾等维护国家利益、公共利益活动中受到伤害的

维护国家利益是为了减少或者避免国家利益遭受损失，职工挺身而出。维护公共利益是指为了减少或者避免公共利益遭受损失，职工挺身而出。《工伤保险条例》列举了抢险救灾这种情形，是为了更好地界定哪种情形属于维护国家利益和公共利益，凡是与抢险救灾性质类似的行为，都应当认定为属于维护国家利益和公共利益的行为。需要强调的是，在这种情形下，没有工作时间、工作地点、工作原因等要素要求。

3. 职工原在军队服役，因战、因公负伤致残，已取得革命伤残军人证，到用人单位后旧伤复发的

是指职工到用人单位后，其在军队服役因战、因公负伤的伤害部位（伤口）发生变化，需要进行治疗或相关救治的情形。

（三）排除工伤的情形

有下列情形之一的，不得认定为工伤或者视同工伤。

1. 故意犯罪的

故意犯罪是指明知自己的行为会发生伤害社会的结果，并且希望或者放任这种结果发生，因而构成犯罪的。如重大责任事故，虽然也是造成人员伤亡的犯罪，但是不属于故意犯罪的范畴，只是主观方面的过失，因此职工即使构成重大责任事故罪，但如果职工自己也同时在事故中受到伤害，因其属于过失犯罪，仍可以认定为工伤。

2. 醉酒或者吸毒的

醉酒是指职工饮用含有酒精的饮料达到醉酒的状态，在酒精作用期间从事工作受到伤害。职工在工作中醉酒导致行为失控而对自己造成伤害的，不认定为工伤。吸毒在医学上称为药物依赖和药物滥用。职工在工作时因吸毒导致行为失控而对自己造成的伤害不认定为工伤。

3. 自残或者自杀的

自残是指通过各种手段和方法伤害自己的身体，并造成伤害结果的行为。自杀是指通过各种手段和方法结束自己生命的行为。在这种情形中，职工本人对自己的死伤存在主观故意，将其认定为工伤，有悖工伤保险立法的目的。

二、工伤认定程序

《工伤保险条例》规定，职工发生事故伤害或者按照职业病防治法规定被诊断、鉴定为职业病，所在单位应当自事故伤害发生之日或者自被诊断、鉴定为职业病之日起30日内，向统筹地区社会保险行政部门提出工伤认定申请。遇有特殊情况，经报社会保险行政部门同意，申请时限可以延长。用人单位未按前款规定提出工伤认定申请的，工伤职工或者其近亲属、工会组织在事故伤害发生之日或者被诊断、鉴定为职业病之日起1年内，可以直接向用人单位所在地统筹地区社会保险行政部门提出工伤认定申请。

工伤认定申请人提供材料不完整的，社会保险行政部门应当一次性书面告知工伤认定申请人需要补正的全部材料。申请人按照书面告知要求补正材料后，社会保险行政部门应当受理。

社会保险行政部门受理工伤认定申请后，根据审核需要可以对事故伤害进行调查核实，用人单位、职工、工会组织、医疗机构以及有关部门应当予以协助。职业病诊断和诊断争议的鉴定，依照职业病防治法的有关规定执行。对依法取得职业病诊断证明书或者职业病诊断鉴定书的，社会保险行政部门不再进行调查核实。职工或者其近亲属认为是工伤，用人单位不认为是工伤的，由用人单位承担举证责任。

社会保险行政部门应当自受理工伤认定申请之日起60日内作出工伤认定的决定，并书面通知申请工伤认定的职工或者近亲属和该职工所在单位。社会保险行政部门对受理的事实清楚、权利义务明确的工伤认定申请，应当在15日内作出工伤认定的决定。作出工伤认定决定需要以司法机关或者有关行政主管部门的结论为依据的，在司法机关或者有关行政主管部门尚未作出结论期间，作出工伤认定决定的时限中止。社会保险行政部门工作人员与工伤认定申请人有利害关系的，应当回避。

三、劳动能力鉴定

劳动能力鉴定是指劳动者因工伤或患职业病，导致本人劳动与生活能力下降，由劳动能力鉴定机构根据职工本人或其近亲属的申请，组织劳动能力鉴定医学专家，根据国家制定的评残标准和工伤保险的有关政策，运用医学科学技术的方法、手段，确定劳动者伤残程度和丧失劳动能力程度的一种综合评定制度。劳动鉴定是给予受伤害职工保险待遇的基础和前提条件，也是工伤保险管理工作的重要内容。工伤职工进行劳动能力鉴定，应该在经过治疗，伤情处于相对稳定的状态后进行。这是因为职工发生工伤后，只有经过一段时间的治疗，使伤情处于相对稳定的状态，才便于劳动能力鉴定机构聘请医疗专家对其伤情进行鉴定。

根据《工伤保险条例》，劳动能力鉴定是指劳动功能障碍程度和生活自理障碍程度的等级鉴定。劳动功能障碍分为十个伤残等级，最重的为一级，最轻的为十级。生活自理障碍分为三个等级：生活完全不能自理、生活大部分不能自理和生活部分不能自理。劳动能力鉴定标准由国务院社会保险行政部门会同国务院卫生行政部门等部门制定。

劳动能力鉴定由用人单位、工伤职工或者其近亲属向设区的市级劳动能力鉴定委员会提出申请，并提供工伤认定决定和职工工伤医疗的有关资料。

省、自治区、直辖市劳动能力鉴定委员会和设区的市级劳动能力鉴定委员会分别由省、自治区、直辖市和设区的市级社会保险行政部门、卫生行政部门、工会组织、经办机构代表以及用人单位代表组成。

劳动能力鉴定委员会建立医疗卫生专家库。列入专家库的医疗卫生专业技术人员应当具备下列条件：具有医疗卫生高级专业技术职务任职资格；掌握劳动能力鉴定的相关知识；具有良好的职业品德。

设区的市级劳动能力鉴定委员会收到劳动能力鉴定申请后，应当从其建立的医疗卫生专家库中随机抽取 3 名或者 5 名相关专家组成专家组，由专家组提出鉴定意见。设区的市级劳动能力鉴定委员会根据专家组的鉴定意见作出工伤职工劳动能力鉴定结论；必要时，可以委托具备资格的医疗机构协助进行有关的诊断。

设区的市级劳动能力鉴定委员会应当自收到劳动能力鉴定申请之日起60日内作出劳动能力鉴定结论，必要时，作出劳动能力鉴定结论的期限可以延长 30 日。劳动能力鉴定结论应当及时送达申请鉴定的单位和个人。

申请鉴定的单位或者个人对设区的市级劳动能力鉴定委员会作出的鉴定结论不服的，可以在收到该鉴定结论之日起 15 日内向省、自治区、直辖市劳动能力鉴定委员会提出再次鉴定申请。省、自治区、直辖市劳动能力鉴定委员会作出的劳动能力鉴定结论为最终结论。

劳动能力鉴定工作应当客观、公正。劳动能力鉴定委员会组成人员或者参加鉴定的专家与当事人有利害关系的，应当回避。

自劳动能力鉴定结论作出之日起 1 年后，工伤职工或者其近亲属、所在单位或者经办机构认为伤残情况发生变化的，可以申请劳动能力复查鉴定。

第四节　工伤预防和工伤康复

一、工伤预防

在工业化进程中，工伤事故职业危害是劳动者面临的最大职业风险，工伤事故和职业病伤害一旦发生，不仅给本人而且给其家庭也带来灾害性的影响。经过 100 多年的发展，工伤保险已发展成为世界上覆盖最广、普及率最高的社会保险险种。从历史发展过程看，工伤保险最初主要是对工伤职工进行医疗陪护和生活保障。但随着经济的发展，许多国家意识到，通过工伤预防从源头上控制工伤事故，通过工伤康复帮助工伤人员恢复身体功能和职业能力，不仅是对劳动者生命健康和劳动权益的尊重，也有利于工伤保险制度的运行和社会稳定。

德国是最早实施工伤保险制度的国家，也是工伤保险制度运行平稳、效果较好的国家之一。德国在工伤保险实施早期就注重工伤预防、工伤补偿和职业康复三者的结合，并逐步形成了预防优先的理念。在工伤预防方面，德国采取了一系列有效手段，预防工伤事故和控制职业病，使工伤发生率持续下降。德国的经验对我国工伤预防工作的开展有很好的借鉴意义。我国的工伤保险工作正处于一个上升时期，如何做好工伤预防的基金管理、组织实施，以及如何开展预防工作还需要不断摸索和总结。在这个时候，学习借鉴先进国家的预防经验，总结我国一些地区的工伤预防有效做法，有助于推进工伤保险的进一步发展。

我国正处于经济、社会全面快速发展时期，工伤事故时有发生。因此，积极推进工伤保险，促进工伤预防，直接关系到广大劳动者的身体健康和生命安全，意义十分重大。

我国政府一直高度重视工伤保险事业的发展，按照以“人民为中心”的发展理念和要求，不断加快工伤保险立法，完善政策体系，扩大覆盖范围，维护劳动者基本权益。1996 年《企业职工工伤保险试行办法》和《职工工伤与职业病致残程度鉴定》颁布实施，2004 年 1 月 1 日，《工伤保险条例》开始实施。目前我国工伤保险事业的发展取得重大进展，《国民经济和社会发展统计公报》数据显示，2020~2023 年我国工伤保险的参保人数逐年增加，分别为 26770 万人、28284 万人、29111 万人和 30170 万人，增幅分别约为 5.65%、2.92%和 3.64%。其中，农民工参加工伤保险的人数也持续增加，截至 2022 年末，参加工伤保险的农民工人数为 9127 万人。

当前，我国的工伤保险仍应以工伤补偿为主，即通过对工伤人员的经济补偿保障他们及家属的基本生活。在工伤保险制度初创时期，优先解决最紧迫的工伤补偿问题，保障工伤职工的待遇支付，这是国际的通行做法。但从保护劳动者最根本权益的角度出发，工伤保险还应重视预防工作的开展，从源头上控制工伤事故的发生，减少伤亡率，降低劳动者的工伤风险，保护劳动者的职业安全和健康，形成工伤预防、工伤补偿、工伤康复相结合的新型工伤保险制度，是工伤保险事业发展的长远目标。有些地区社会保险部门在实践中认识到工伤预防的重要性，积极开展工伤预防工作。目前已经有许多省（自治区、直辖市）明确了工伤预防经费支出渠道，积极开展工伤预防的宣传、教育、培训工作，还有部分统筹地区把安全生产奖励、健康检查、三级卫生预防体系、技术设备检测改造与工伤预防结合起来。

二、工伤康复

工伤康复有丰富的内涵和广泛的外延，不仅对于工伤职工个人意义重大，而且有很高的经济社会价值，是工伤保险的重要组成部分。

（一）康复与工伤康复

1. 康复的概念

第二次世界大战时期，为使众多的伤员尽快返回前线重新投入战斗，被称为“康复之父”的美国人霍华德·A. 腊斯克提出了康复的概念，他认为康复是使工伤职工最大限度地发挥其残存的能力，并像健康人那样生活和工作。他和同事们在物理医学的基础上采用多学科综合应用的康复治疗，包括物理治疗、心理治疗、作业治疗、语言治疗等，社会和平时期，康复医学得以长足发展。

对于康复的界定，世界卫生组织（World Health Organization，WHO）1969 年的定义是：综合和协同地将医学、社会、教育和职业措施应用于残疾者，对他们进行训练和再训练，以恢复其功能至最高可能的水平。1981 年又提出新的定义，即认为康复是应用所有措施，旨在减轻伤残状况，并使他们很可能不受到歧视地成为社会整体的一部分。它有四方面的基本内涵：采用综合措施，包括医疗、教育职业、社会和工程等方面的措施；以残疾者和患者的功能保障为核心；强调功能训练、再训练；以提高生活质量、回归社会为最终目标。

2. 工伤康复的概念

工伤康复是指利用现代康复手段和技术，为工伤残疾人员提供医疗康复、职业康复和社会康复等服务，最大限度地恢复和提高他们的身体功能和生活自理能力，尽可能地恢复或提高伤残职工的职业劳动能力，从而促进伤残职工全面回归社会和重返工作岗位。

进行工伤康复，首先要确定五个因素：一是康复的对象，即功能有缺失或障碍以至于影响日常生活、学习、工作和社会生活的工伤职工；二是康复的内容，包括医疗康复、教育康复、职业康复、社会康复；三是康复的措施，不但包括使用医学技术，也包括使用社会学、心理学、教育学、工程学等方面的技术和方法，而且还包括政府的政策、立法等措施；四是康复的目标，即提高残疾人的生活质量，恢复其独立生活、学习和工作的能力，使其重返家庭和社会；五是康复人员，不仅包括康复的职业培训等专业人员，还包括参与康复组织管理的政府、保险机构、社区等的工作人员，工伤职工及其家属也参与康复工作的计划和实施。

（二）工伤康复的特点

工伤康复本质是在工伤保险的范畴内将现代康复学应用于工伤职工这一特定群体，它具有如下特点。

1. 工伤康复对象

工伤康复属于康复的范畴，其目的和原则是相同的，所不同的是工伤康复的服务主体是工伤残疾职工，即因工伤事故或职业病而引起功能障碍或残疾，并经劳动保障部门确认的工伤职工。

2. 工伤康复目标

工伤康复的最终目标是使工伤职工全面回归家庭、社会和工作岗位。因此，除采用医疗康复的手段和技术，以提高工伤职工的身体能力和生活自理能力之外，还需大量地采用教育康复、职业康复和社会康复的技术和方法，以促进工伤职工尽快重新回归社会。

3. 工伤康复依托

工伤康复是康复学的独特分支，具有较强的专业技术性。同时，工伤康复又是工伤保险的重要职能之一，依托于工伤保险体系，具有较强的政策性和社会性。因此，要较好地实施工伤康复，必须有相应的政策保障并建立相应的服务管理体系和技术支持体系。

（三）工伤康复的内容

工伤康复涵盖的内容广泛，既包括了医疗康复、职业康复、社会康复以及康复辅助器具配置等专业技术工作，也包括了工伤康复政策、康复标准的制定以及工伤康复管理等社会工作。就我国现阶段的工伤康复的发展水平而言，工伤康复机构所开展的工作内容主要集中于医疗康复和辅助器具配置两个方面，职业康复和社会康复仅处于起步阶段。

医疗康复主要是利用各种临床诊疗的手段，改善和提高工伤职工的身体功能和生活自理能力。其内容主要包括康复评定、康复治疗和康复护理三个方面。从广泛意义上讲，还包括手术、药物等促进功能恢复的临床诊疗技术。其中康复评定是基础，一切康复治疗都要在康复评定的基础上进行，而且，康复效果也需要通过康复评定来判断，其主要内容包括躯体功能评定、精神功能评定、语言功能评定、社会功能评定、伤残功能等级评定和辅助器具适配性评定等方面；康复治疗是医疗康复的核心，工伤职工的康复目标需要通过康复治疗来实现，其主要内容包括物理治疗、作业治疗、语言治疗、心理治疗、中国传统康复治疗和康复辅助技术。另外，康复护理是医疗康复的重要保障。

1983 年国际劳动组织通过的《（残疾人）职业康复和就业公约》（第 159 号公约）指出，职业康复是使工伤职工保持并获得适当的职业，从而促进他们参与或重新参与社会工作。职业康复的目标是使工伤职工恢复就业能力、取得就业机会，并能通过自己的劳动获得相应报酬，从而获得经济上的独立和人格尊严，在实际意义上融入社会。职业康复主要包括职业评定、职业咨询、职业训练以及就业指导四个方面的工作内容。

社会康复是指运用社会学的理论和方法，研究和解决残疾人和其他康复对象的康复问题，工伤康复的根本目的是促使工伤职工融入社会并重新参与社会生活，在其全面康复过程中，社会康复是不可或缺的重要内容。其主要目的是尽可能减少残疾造成的不良后果，使残疾人充分参与社会生活，使其获得尊严、平等和应有的权利。社会康复常采用个案管理的工作模式，提供政策咨询、残疾适应辅导、社区资源协调、家庭康复指导等服务。个案管理对工伤职工提供从入院开始直至回归工作岗位或社区生活的全程服务。所有服务及措施需符合工伤者个性化的需求，包括沟通、协调工伤者与相关利益者的关系，适当地发现和利用现有资源，探索不同的重返工作机会或选择。

康复辅助器具配置主要是指为残疾人和功能障碍者设计、制作功能代偿器具，康复辅助技术在某种程度上消除了残疾者重返社会的物理障碍，是康复的重要手段之一。由于工业意外常导致工伤职工肢体残疾而不能很好地参与社会生活，在工伤康复领域，最常用的康复辅助器具是假肢、矫形器等。

（四）工伤康复的意义

认识工伤康复的意义，不仅要看其经济价值，还要看其社会意义；不仅要看其对工伤职工生存和发展的个体意义，还要看对维护社会公正和稳定的整体意义；不仅要从促进经济和社会发展的角度去理解，更要从实践人道主义、促进社会安定文明进步的角度去理解。

1. 工伤康复是政府和社会的责任

伴随着社会经济和工业生产的不断发展，全国因工伤致残造成身体功能障碍的人员数量呈现上升趋势。对工伤职工个人而言，工伤事故会对一个或连带几个家庭形成灾难，部分工伤职工因工伤而致残，因残疾而致贫，是造成贫困的因素之一。因此，工伤职工的身体康复和生活质量问题，将直接影响社会的稳定，帮助工伤职工进行身体和职业康复是政府和社会的责任。

劳动和就业是个人获得生活资料的最重要来源，如果要维持体面的生活，劳动者必须拥有完备的身体机能并从事一定的工作。无论是从社会保险的公平与效率原则，还是从我国现阶段社会经济发展水平来看，单纯的工伤补偿没有也绝对不可能使工伤职工维持较高水平的生活。尽快恢复工伤职工的身体功能和劳动能力，促使他们重返工作岗位，并通过自己的劳动创造更多价值和获得更多的生活资料，是工伤职工及其家庭能维持较为体面的生活的关键。国外的经验和实践也表明，绝大多数工伤职工通过工伤康复是可以重返工作岗位的。因此，面对广大的工伤群体，发展工伤康复事业是现代文明社会的必然要求，是政府和社会的责任。

2. 工伤康复是工伤职工回归社会、实现人的全面发展的需要

工伤保险是针对工业化社会客观存在的工伤事故和职业危害所强制采取的保障劳动者基本权益的一项社会保险。工伤保险的服务对象是工伤职工这一特殊困难群体，因此更要体现人文关怀，发展工伤保险事业应该坚持以工伤职工为本。工伤康复不仅要恢复工伤职工的身体功能，更要恢复他们的职业劳动能力，促使他们重返工作岗位。在工伤保险的三大职能中，如果说工伤补偿是保障工伤职工基本权益，使工伤职工实现生存权的需要，那么工伤康复原则则是工伤职工重新融入社会主流、实现人的全面发展的需要。

3. 工伤康复的社会经济价值

工伤康复一方面能有效地预防由工伤造成的残疾和各种并发症、后遗症的发生，降低治疗费用，减少工伤职工的后续负担；另一方面能提高工伤职工的生活自理能力，减少后期赔偿的开支，降低工伤保险基金的支出。工伤职工康复后仍可以参加劳动，使劳动力资源得到最大限度的再利用，减少人力资源的浪费。工伤职工继续工作，可以为企业创造利润，而且企业继续聘用工伤职工，可以促进团队合作，增强团队精神，提高企业的凝聚力。

4. 从人道主义和人权保障的角度理解工伤康复的价值取向

工伤是人类工业生产和社会经济发展不可避免的劳动风险，而工伤职工则是这种发展过程中代价的承载者。我们对工伤现象的解释不仅要从个体的角度去理解偶然性，更要从人类社会发展的角度去理解它的必然性，正是工伤职工用鲜血甚至生命而做出了“前提性贡献”，人类工业生产和社会经济才有了更好的发展。工伤康复事业是人道主义事业，也是人权保障事业。社会为伤残职工提供康复和就业服务，已不是一项福利和慈善政策，而是成为一个人权问题，残疾人有获得体面工作的权利。《中华人民共和国残疾人保障法》也明确规定，“各级人民政府和有关部门应当采取措施，为残疾人康复创造条件，建立和完善残疾人康复服务体系，并分阶段实施重点康复项目，帮助残疾人恢复或者补偿功能，增强其参与社会生活的能力”，“国家保障残疾人劳动的权利”。[①]

综上所述，从单纯经济到补偿工伤预防、医疗康复及职业康复相结合的转变，是现代工伤保险发展的显著标志之一，是社会保障制度给予工伤职工高层次的保障的体现，也是社会文明和进步的标志。我们必须大力发展工伤康复事业，构建预防、康复、补偿一体化的新型工伤保险体系。

第五节　我国工伤保险制度

一、我国工伤保险制度发展历程

我国的工伤保险制度始于 20 世纪 50 年代初，此后随着我国经济、社会的发展和经济体制、结构的改变，工伤保险制度经历了建立、改革、最终成型和逐步完善的过程。大致可以分为建立时期（20 世纪 50～80 年代）、改革探索时期（20 世纪 90 年代）和成型完善时期（进入 21 世纪以来）三个阶段。

（一）工伤保险制度的建立（20 世纪 50～80 年代）

中华人民共和国成立初期，我国没有独立的工伤保险制度，只是将其作为劳动保险制度的一个组成部分而存在。中华人民共和国政务院于 1951 年 2 月公布了《劳动保险条例》，1953 年 1 月修正公布。1949 年 9 月 29 日，中国人民政治协商会议第一届全体会议召开，通过了具有临时宪法性质的《共同纲领》，其中规定要逐步实施劳动保险制度。政务院决定据此制定《劳动保险条例》，并委托劳动部和中华全国总工会负责起草。1950 年，以《东北公营企业战时暂行劳动保险条例》为基础制定的《劳动保险条例》草案问世，经过征求各方面的意见并进行修改后，于 1951 年获得通过。1951 年 2 月 26 日，《劳动保险条例》在全国颁布实施，我国劳动保险制度正式建立。劳动保险制度中包含了对职工一生中的，包括生、老、病、死、残在内的各种风险的全面保障。

① 中华人民共和国残疾人保障法. 北京：中国法制出版社，2018.

《劳动保险条例》是在我国国民经济恢复时期和社会主义改造时期制定的一部保护劳动者权益的行政法规。它对于保障企业工伤职工权益、安定社会和促进经济发展起到了积极作用。但是，这一制度也存在诸多不足，如工伤认定范围过窄且不规范、待遇标准偏低而不符合基本保障和补偿的要求、伤残等级鉴定缺乏统一标准和鉴定机构不健全、缺乏工伤补偿与工伤预防和职业康复的有机结合等等。而且“文化大革命”后，由于劳动保险基金被取消，工伤保险费用在企业之间的少量调剂也不复存在，我国的工伤保障机制丧失了应有的社会性和互济性功能，在某种意义上从社会保险转变为企业责任。工伤者的医疗待遇、经济补偿待遇全部由企业负担。企业的工伤风险难以分散，抵御风险的能力十分脆弱。

（二）工伤保险改革探索时期（20 世纪 90 年代）

全国各地先后开展工伤保险试点是这一时期的主要内容。改革开放以来，我国进入以经济建设为中心的发展阶段，工伤保险制度也得到了改革和完善，但各地的工伤保险试点都只是打补丁式的修正，并未对工伤保险制度进行根本性的改革。工伤保险制度实施的法律依据依然是《劳动保险条例》，尽管它曾经发挥过重要的作用，但是已难以适应改革开放后出现的新形势，难以解决经济体制转变过程中出现的新问题。例如，企业性质的变化，劳动合同制的实行，多种企业形态的出现，工资、物价水平和生活水平急剧变化等。企业负担不均衡、社会共济和分散风险功能缺乏、适用范围窄、待遇标准低、科学的评残标准和工伤程序缺乏等问题，都使得工伤保险制度的根本性改革被提上议事日程。从 1988 年开始，劳动部开始改革试点工作，选择了深圳、海口等城市作为改革试点地区，自此我国开始了工伤制度改革。

1996 年 8 月，在总结各地试点经验的基础上，劳动部发布了《企业职工工伤保险试行办法》，明确了立法目的、制度适用范围、基金管理和行政管理机构等内容。与以往的制度相比，《企业职工工伤保险试行办法》主要在以下几方面作出改变：首先，改变了以往全民企业执行、集体企业参照执行的原则，各种所有制的企业都必须参加工伤保险制度；不仅规定了境内企业和劳动者的工伤保险办法，还规定了境外企业和劳动者的工伤保险办法。其次，工伤保险从企业保障走向社会保险，工伤保险基金实行社会统筹，工伤保险实现社会化管理。再次，增加了工伤保险待遇项目，提高了待遇水平。最后，通过工伤保险费率与事故发生率相挂钩促进工伤预防。《企业职工工伤保险试行办法》在我国首次把工伤预防、工伤康复和工伤补偿三项工伤保险的任务结合起来，它的颁布实施标志着真正意义上的、系统的工伤保险制度在我国建立起来。

（三）工伤保险成型完善时期（进入 21 世纪以来）

工伤保险试点和《企业职工工伤保险试行方法》的实施为工伤保险制度的建立和定型提供了经验。2003 年 4 月，国务院第 5 次常务会议讨论通过了《工伤保险条例》，并以国务院令第 375 号发布，自 2004 年 1 月 1 日起施行，这标志着社会统筹的工伤保险框架基本建立。国务院各有关部门还制定发布了《工伤保险条例》的若干配套规章或政策文件，各地方结合当地的实际情况制定了相应的地方性法规，共同构成工伤保险制度框架，这是我国工伤保险迈向制度化、规范化的标志。

《工伤保险条例》是在总结我国建立劳动保护法律制度几十年以来的实践经验，特别是贯彻《企业职工工伤保险试行办法》若干年来的经验的基础上，从经济结构和就业形式多样化变动的现实状况出发，参照有关国际法和国际通行准则，制定的一部规范职业伤害保险关系的行政法规。《工伤保险条例》提高了工伤保险的立法层次，增强了强制力和约束力；扩大了适用范围，将境内各类企业和有雇工的个体工商户纳入其中；将以往一些行之有效的政策措施以法规的形式固定下来；明确了用人单位和职工的责任，科学地规范了相关的标准和工作程序。《工伤保险条例》的颁布，是我国社会保障法治化进程中具有里程碑意义的大事，标志着工伤保险制度进入一个崭新的发展阶段，对于保障职工权益、促进安全生产、维护社会稳定具有重要作用。

《工伤保险条例》自 2004 年 1 月 1 日施行以来，对于及时救治和补偿受伤职工、保障工伤职工的合法权益、分散用人单位的工伤风险发挥了重要作用，但是在具体实施过程中也存在着一些问题。一是工伤认定难。《工伤保险条例》自施行以来，在一些具体情况下，工伤认定和劳动关系认定存在困难，并且没有参加工伤保险的用人单位职工工伤认定更难。二是工伤认定时间过长。由于上述工伤认定难的情况，工伤认定时间过长，个别工伤认定要花费一两年的时间，容易引起矛盾和纠纷。三是工伤保险待遇较低。工亡职工的一次性工亡补助金一般在 10 万元左右，远远低于煤矿生产事故中的 20 万元以上的赔偿标准。四是工伤保险基金支付的项目有待调整，应当增加工伤保险基金的支出项目，减轻用人单位的负担。五是 2010 年 10 月 28 日《社会保险法》公布，该法用专章规定了工伤保险制度，《工伤保险条例》的有关规定需要与法律的规定相一致，因此有必要对条例进行修订。

2010 年 12 月 20 日，温家宝总理签署第 586 号国务院令，之后我国修订并公布了《工伤保险条例》。[①]调整了工伤认定范围，简化了工伤认定、鉴定以及争议处理程序，加大了对不参保用人单位的处罚力度，加强了对未参保职工的权益保障，提高工亡待遇标准。另外，还对工伤保险适用范围、缴费方式、基金支出项目进行了修改完善。至此，我国的工伤保险制度得到了进一步的完善。

二、我国工伤保险制度发展存在问题分析

（一）制度覆盖范围小且参保率总体不高

近几年，我国工伤保险制度的覆盖范围明显扩大，但总体上看，其覆盖面仍相对狭窄，城镇职工参保覆盖面明显高于农民工。农民工就业统计数据显示，在制造业、建筑业、批发及零售业等领域内就业的农民工多是自营就业，在工伤保险制度的覆盖范围内，

① 中华人民共和国社会保险法 工伤保险条例 失业保险条例. 北京：中国法制出版社，2019.

农民工的参保率非常低，也就是说，工伤保险制度尚未真正覆盖自营就业的农民工，其覆盖范围仍相对狭窄。虽然各级政府部门都成立了工伤保险机构，部分省（自治区、直辖市）甚至将工伤保险延伸到了乡镇及街道，但在具体执行中，却受到参保条件等因素的制约。我国《工伤保险条例》规定，用人单位为工伤保险的参保范围，职工为参保对象，该条件明确要求，劳动者与单位间存在劳动关系方能参加工伤保险，即无用人单位的劳动者是无法参保的。而自营就业的农民工因不存在此劳动关系，从工伤保险的参保条件上看，其实是无法参保的，进而限制了工伤保险的参保范围，导致农民工的参保率总体不高。

此外，随着社会经济的发展，工作安排呈现去组织化、碎片化和灵活性的新业态的特征，此类从业人员及灵活就业人员的社会保障问题也应受到关注。但依据工伤保险制度对参保范围的界定，这类劳动群体难以被纳入工伤保险的参保范围。这主要是因为工伤保险未能真正在广大劳动群体中实施，或实施的比例太低，加之漏保、逃保现象，致使工伤保险的总体参保率不高。

（二）工伤保险基金收支结构不科学

在工伤保险的征收方面，部分企业存在少报、瞒报职工人数的现象，特别是乡镇小企业、合资企业、私营企业对参保工作不积极，但若发生了工伤事故又主动要求参保，这给参保基金收入及支出带来严重影响，导致支出上升而收入降低。同时，在工伤保险基金的财务管理中，国家尚未制定统一的管理办法及规定，造成工伤保险基金的开支混乱，企业所交保险费用或计入了生产成本，或列支为管理费用，项目开支非常混乱。有些医院针对工伤患者的治疗存在违规操作的现象，从而导致基金支付的增加。

同时，工伤保险基金的收支结构不科学，工伤保险基金在康复性支出、预防性支出和治疗性支出方面的分配不科学不合理。现行工伤保险基金分配多倾向于治疗性支出，但对职业康复及工伤预防方面的投入却较少。虽然《工伤保险条例》规定了工伤保险要同职业病防治和事故预防相结合的原则，但对其资金配比却未进一步明确，进而造成事故预防和职业康复的投资较少，缺乏资金的有效保障。这在一定程度上造成工伤保险的基金存在大量结余，收支结构失衡，不利于参保者合法权益的保护，也不利于工伤保险业的长远发展。

（三）职工维权赔付难

我国《工伤保险条例》中的追偿权和法律监督机制尚不完善，在社会管理及法律层面存在薄弱环节，甚至是真空地带，安全生产标准及法制滞后、不完善，存在监督不力、执法不严的现象。现行《工伤保险条例》对医疗费用的相关追偿权进行了明确，规定了工伤保险基金在用人单位未依法参保或拨付待遇时的追偿权，但对用人单位重大过失、故意造成的职业伤害，工伤保险基金的追偿权却未明确。同时，在工伤认定过程中，很难进行调查取证，尤其是在界定工伤、司法医疗机构认定伤和鉴定劳动能力等方面都需要很长时间，这势必会增加工伤维权的难度。

（四）工伤保险制度的运行机制不完善

当前，工伤保险制度存在宣传力度不足，费率机制不够科学、基金管理机制尚不健全等问题。虽然我国实行工伤保险制度已有多年，但由于人员配置的不足及工作量大，工伤保险工作仍然无法广泛开展，也无法广泛宣传和做大型宣传活动。同时，工伤保险属于社会保险中的一种，长期以来，人们对医疗保险、失业保险和养老保险较为重视，对工伤保险则极少关注，认为其是可有可无的小险种。从工伤保险的费率机制看，当前我国工伤保险实行的是浮动费率，却没有构建浮动费率同综合量化指标间的系数关系，制定的差别费率也不够科学，费率确定不合理，未能从行业特征、行业差异及事故发生概率等方面进行思考，致使工伤保险费率无法发挥其经济杠杆的调节功能。

三、我国工伤保险制度改革的思路建议

（一）拓展工伤保险覆盖范围、提高参保率

虽然自推广工伤保险制度以来，其所纳入的群体范围不断拓展，但从当前的实际运行看，工伤保险所纳入的群体范围仍然较小、政策执行力度较弱，一些从事危险体力劳动的群体尚未纳入其中。然而，工伤保险覆盖范围的扩大需要逐步采取措施。首先，工伤保险运行中，需要强化执法力度，将那些游离于制度之外的行业、企业强制纳入参保范围，不断实现全覆盖。其次，要从雇佣关系入手，制定灵活的政策，将符合雇佣关系的自由职业者、个体工商户及其他新业态的从业者，纳入工伤保险范围内，以真正实现工伤保险全覆盖。

同时，政府要重视职工合法权益的维护，积极推动并引导企业建立和谐的雇佣关系，提高用人单位的工伤保险意识，各级政府要利用各种渠道、各种活动大力宣传工伤保险制度，强化职工自我保护意识，尤其是农民工团体的自我保护意识。这是因为农民工文化程度低、风险意识差，其合法权益易遭受侵害。

此外，政府要向企业、用人单位认真传达职业安全的相关政策、制度及法规精神，增强用人单位把控安全生产风险的意识，推动其提高生产的安全性。但此工作是一项系统性工作，需要各级部门综合协调，以确保工伤保险政策的有效实施。

（二）完善工伤保险法规体系及费率机制

自《工伤保险条例》实施以来，工伤保险的保障范围不断拓展，参保率也逐年上升，但在工伤认定、申请、鉴定及覆盖范围等方面仍存在一定的问题，需要逐步完善。为此，

国家应依据《工伤保险条例》制定相应的实施细则和规范性文件，从社会及经济发展实际出发，不断扩大工伤保险覆盖范围，完善鉴定、认定及申请等相应的法规及配套的执法文件。

在工伤保险费率方面，有效、规范及科学的费率机制能够确保工伤保险分配的公正性，从而提高企业生产的安全性。工伤保险采用的浮动费率和差别费率主要依据企业的工伤事故、职业风险及职业病的发生风险、发生率来调整和明确。利用对费率的调整和规定，推动企业改善劳动作业条件，以降低或减少职业病与工伤事故的发生，为职工身体健康及安全提供保障。为此，国家应该研究制定完善的工伤保险费率制度，如明确风险费率档次、浮动费率的级次，制定行业风险费率等，并按照投保单位发生职业风险的状况、保险基金支付率等调整费率，利用浮动费率、差别费率相结合的方法进行调节，以强化用人单位的安全意识和健康意识，进而推动其提高职业健康及安全工作水平。

（三）完善基金管理体系

强化工伤保险的基金管理工作，扩大基金规模，以有效解决工伤保险基金的安全性和来源问题。为此，必须坚持开源节流的原则，加大工伤保险费用的征缴力度，预防企业少报和瞒报。同时，还应提高工伤保险基金的投资运营收益，使其成为保险基金的来源之一。此外，要加强基金管理，完善基金监管体系，及时有效地填补基金漏洞，如利用大数据信息防止发生冒领，实行定点药店、定点医院制度，以及制定费用控制机制等，切实控制好工伤保险基金的使用，严格区分伤与病，做到伤与药的相符，确保量与价的一致。

（四）注重预防

工伤保险基金应加大对危险作业场所的监测，以做到早发现、早改造、早预防和早治疗，进而有效防止、降低、控制事故及职业病的发生，减少对从业者的伤害和降低保险基金的支出。此外，管理部门及企业应重视职业健康工作，加大投入，通过民间赞助、基金提留等手段筹集资金，同有关疗养院、医院联合或设置专门的职业康复机构，为职业病的康复提供保障。

◎相关案例

在家加班期间突发疾病死亡的工伤认定

王某系园区管委会副主任，分管单位后勤保障工作。2015 年 3 月 20 日（周五）14 时许，王某接到单位通知，定于 2015 年 3 月 23 日（周一）上午开会讨论 2015 年单位目标责任制任务，要其备好相关会议材料。2015 年 3 月 22 日（周日）21 时许，王某再次接到单位电话通知，定于 2015 年 3 月 23 日召开中层干部会议。王某于 2015 年 3 月 22 日

23 时许在家中利用手提电脑创建了《重庆渝东南现代农业科技园区管理委员会后勤保障工作组二〇一五年岗位目标任务（讨论稿）》word 文档，并于次日 6 时许对该文档进行了修改。当日 8 时许，王某同事发现王某躺在家中客厅与玄关处昏迷不醒，经送医抢救无效死亡，死亡原因为低血容量性休克。同年 4 月 15 日，园区管委会向酉阳县人社局提出工伤认定申请，酉阳县人社局于 2015 年 6 月 18 日作出渝酉人社伤险不予认决字〔2015〕22 号不予认定工伤决定书。经诉讼，因该决定认定事实不清，被依法撤销。王某之妻胡某提起工伤行政认定申请，酉阳县人社局对原决定中尚未查清的事实进行了调查，并于 2016 年 10 月 24 日再次作出渝酉人社伤险不予认决字〔2016〕67 号不予认定工伤决定书。胡某不服，向人民法院起诉，要求撤销渝酉人社伤险不予认决字〔2016〕67 号不予认定工伤决定书。

审判

重庆市酉阳土家族苗族自治县人民法院一审判决认为，酉阳县人社局虽然进行了重新调查，并对园区管委会上下班时间等事实予以核实，但对涉案关键事实仍未调查清楚。酉阳县人社局在相关事实仍未查清的情况下作出的本诉不予认定工伤决定，事实不清，主要证据不足，遂判决撤销酉阳县人社局作出的渝酉人社伤险不予认决字〔2016〕67 号不予认定工伤决定书。

宣判后，原告酉阳县人社局不服，向二审法院提起上诉。

重庆市第四中级人民法院二审判决认为，原审法院审判程序合法，裁判结果正确，上诉人酉阳县人社局的上诉理由和请求不成立，不予支持。依照行政诉讼法第八十九条第一款第（一）项之规定，判决驳回上诉，维持原判。

资料来源：王帆，汤龙. 在家加班期间突发疾病死亡的工伤认定. 人民司法. 2019（2）：4-7.（内容有删改）

本章小结

工伤保险是指劳动者在生产经营活动中或在规定的某些特殊情况下遭受意外伤害、职业病以及由这两种情况造成死亡、暂时或永久丧失劳动能力时，劳动者及其遗属能够从国家、社会得到必要物质补偿的一种社会保险制度。这种补偿既包括医疗、康复所需，也包括生活保障所需。工伤保险具有强制性、互济性、非营利性、社会性等特征，同时遵循强制实施、保障与补偿相结合、社会化、个人不缴费的原则，具有保障职工获得及时的医疗救治和合理的经济补偿、注重工伤预防和康复、免除职工工作的后顾之忧、分散用人单位的工伤风险、维护社会稳定的功能。介绍了我国工伤保险制度内容，包括工伤保险覆盖范围、基金筹集及给付待遇等。本章还介绍了工伤认定与劳动能力鉴定，从工伤认定标准、工伤认定程序、劳动能力鉴定等方面展开，工伤预防和职业康复从工伤预防、工伤康复层面展开。最后，重点介绍了我国工伤保险制度的发展历程，包括建立阶段、改革探索阶段、成型完善阶段。在此基础上，分析了我国工伤保险制度发展存在的问题，认为我国工伤保险制度覆盖范围小且参保率总体不高，工伤保险基金收支结构不科学，职工维权赔付难，工伤保险制度的运行机制不完善，并提出拓展工伤保险覆盖范围、提高参保率，完善基金管理体系、注重预防等建议。

关键术语

工伤保险　工伤保险基金　工伤认定　劳动能力鉴定　工伤保险待遇　工伤预防　工伤康复

复习思考题

1. 工伤保险的概念和特征是什么？
2. 工伤保险基金筹集模式有哪些？
3. 工伤保险缴纳率分为几种？
4. 工伤保险制度的原则是什么？
5. 工伤保险有哪些功能？
6. 工伤保险覆盖范围包括哪些？
7. 工伤认定按照怎样的程序？
8. 工伤预防包括哪些内容？
9. 工伤康复包括哪些内容？
10. 我国工伤保险制度的发展历程是怎样的？

第十章　生 育 保 险

本章导读

随着社会经济的快速发展，生育保险作为社会保险的重要组成部分，具有重要意义和特殊的价值。本章首先介绍了生育保险的概念及特征、生育保险的原则及其功能、生育保险制度的产生与发展，其次介绍了生育保险内容，最后重点阐述我国生育保险制度，回顾了我国生育保险制度的产生与发展历程，分析了我国生育保险制度发展存在的问题，并在此基础上提出我国生育保险制度改革思路建议。

第一节　生育保险概述

一、生育保险的概念及特征

（一）生育保险概念

生育保险是社会化大生产特别是市场经济发展的客观需要，是经济发展和社会进步到一定阶段的必然结果。作为一项专门针对生育妇女的权益保障措施，生育保险不仅直接关系到两代人的健康与发展，而且与企业、国家以及整个社会的利益密不可分。所谓生育保险，是国家根据相关法律法规，为已怀孕或分娩的妇女劳动者在暂时中断劳动时提供的一种社会保险制度，其主要目的是向该类劳动者提供相应的生育津贴、产假、医疗服务和生育补助，有助于减缓生育压力，并帮助生育妇女重返岗位，恢复劳动能力。生育保险所包含生育津贴、带薪产假、生育医疗服务和生育补助四项内容，具体如下。

（1）生育津贴。也称生育保险的收入补偿，是指在法定的生育休假期间给予因生育而暂时中断工作、丧失劳动收入的女性劳动者的必要的经济补偿，维持生育妇女及婴儿的正常生活水平。

（2）带薪产假。带薪产假是指生育女职工依照国家法律法规规定，在怀孕、分娩以及产后的一定时期内享受的带薪假期，保证女职工产前身体健康和产后劳动能力的及时恢复及保证新生婴儿能得到母亲的悉心照料和哺育。

（3）生育医疗服务。生育医疗服务是指由医疗服务机构向生育妇女提供的妊娠、分娩及产后的一系列医疗保健和必要的住院治疗服务，以及对新生儿的保健服务等，由此引起的费用由生育保险基金支付，确保及早发现孕产期的异常现象，帮助胎儿及婴儿健康发育，保证新生儿的质量。

（4）生育补助。生育补助是指生育妇女享有的除基本的生育津贴之外的由政府提供的固定金额或实物的补助，主要包括产前补助、出生补助、护理津贴等。

总的来说，实施生育保险，其宗旨在于：第一，均衡用人单位女职工的生育费用，减少就业歧视，促进妇女平等就业；第二，通过向生育女职工提供生育津贴、生育医疗服务和带薪产假等方面的待遇，保障她们因生育而暂时丧失劳动能力时的基本经济收入和医疗需求，帮助妇女安全度过生育期，并使婴儿得到必要的照顾和抚育。

（二）生育保险特征

1. 具有一定的福利色彩

在我国，职工个人不缴纳生育保险费，而是由参保单位按照其工资总额的一定比例缴纳。女职工在生育期间的经济补偿通常高于养老、医疗等保险项目。生育保险的保险费用完全由企业支付，享受报销待遇的前提是必须在生产期间，并且生育保险会提供相应的生育津贴，通常为职工的原工资水平，并高于其他的保险项目，具有一定的福利色彩。生育津贴低于本人工资标准的，差额部分由企业补足。

2. 待遇享受人群相对狭窄

生育保险覆盖对象是工薪劳动者，主要为女性劳动者，相对于其他社会保险项目，生育保险待遇享受人群相对狭窄，主要保障对象是处于生育期间的女职工，发达国家的生育保险会与人口政策关联，基本上将所有妇女都包括在制度范围之内，借以提高妇女生育率。也有些国家生育保险受到法定生育、最低工作年限等条件限制。例如，我国生育保险与计划生育政策相关联，享受待遇的前提是必须合法合规生育。除此之外，我国生育保险要求享受对象必须是合法婚姻者，即必须符合法定结婚年龄、按婚姻法规定办理了合法手续。

随着社会进步和经济发展，生育保险的覆盖范围日趋宽泛，有些国家和地区将男职工无工作的配偶也纳入保障范围，福利国家甚至覆盖所有生育妇女，还有些国家为鼓励生育允许生育女职工的配偶享有带薪假期等。例如，欧洲福利国家，男职工有生育假期规定。俄罗斯为鼓励生育，其生育保险待遇优厚。我国也规定，在女职工生育后，给予配偶一定假期以照顾妻子，并发给假期工资；还有些地区为男职工的配偶提供经济补助。

3. 特定的医疗服务

生育期间的医疗服务针对孕妇的自身情况而定，主要侧重于孕妇的产前休养和工作的平衡，使他们能够顺利地度过生育期。生育期间的医疗服务主要以保健、咨询、检查为主，与医疗保险提供的医疗服务有所区别，医疗服务包括定期对孕妇进行体检，提供从怀孕到分娩的一系列医疗服务，了解孕妇身体健康状况和胎儿的成长情况等。其中产前检查，通过医疗手段帮助产妇顺利生产。分娩属于自然现象，正常情况下不需要特殊治疗，但女职工生育的检查费、接生费、手术费、住院费和药费由生育保险基金支付，超出规定的医疗业务费和药费（包括自费药品和营养药品的药费）由职工个人负担。

4. 产假有固定的要求

设置怀孕、生育、产后照顾婴儿的假期，主要从保护女性健康、保护新生一代安全和能受到母亲精心照顾抚育，保障劳动力和人口再生产顺利进行等方面考虑，产假不仅包括生育假期，还要包括怀孕假期和产后照料婴儿的假期。任何国家，包括劳动力数量短缺的国家，在规定生育保险待遇时，都尽可能地规定足够时间的假期。当然过长的假期规定会造成国家人力资源浪费，因此，适度的产假对女性职工和国家人力资源的调控具有一定的重要性。

1952 年国际劳工组织通过的《保护生育公约》，建议生育假至少为 12 周，即 84 天，产前和产后均应有假期。据不完全统计，大多数国家都实际接受了国际劳工组织的产假参考，从 20 世纪 80 年代欧洲发达国家规定的妇女生育假期看，最长的已多达 33 周，超过半年，最短也达到了 10 周，即超过两个月。发达国家一般按不同胎次规定不同长度的产假，比如第一胎为 16～17 周，第二胎为 18～21 周，第三胎为 26 周，假期长度与胎次呈正相关关系。除含有保护母婴健康的因素外，还含有人口政策因素在内。这些国家以鼓励人口增长作为自己的人口政策目标。

我国在 20 世纪 80 年代以前的长时间里，把怀孕、生育和产后照料婴儿的假期规定为 56 天。1988 年 9 月发布的《女职工劳动保护规定》，规定女职工产假为 90 天，其中产前休假 15 天。难产的，增加产假 15 天。多胞胎生育的，每多生育一个婴儿，增加产假 15 天。2012 年发布的《女职工劳动保护特别规定》，规定女职工生育享受 98 天产假，其中产前可以休假 15 天；难产的，增加产假 15 天；生育多胞胎的，每多生育 1 个婴儿，增加产假 15 天。女职工怀孕未满 4 个月流产的，享受 15 天产假，怀孕满 4 个月流产的，享受 42 天产假。

5. 保障特定生理风险

生育风险由人的特定生理活动引起，既不像失业风险那样是社会风险，也不像工伤风险那样是不可抗拒的意外风险。虽然生育风险与养老风险同是出于劳动力的丧失，但二者也有不同，因为生育风险是因为短期暂时地丧失劳动能力，而养老风险则是因为长期永久地丧失劳动能力。此外，虽然生育风险与疾病风险一样需要提供适当的医疗服务，但严格来讲，生育并非真正的风险，生育风险是可以人为控制的，而疾病风险是不可控的。

6. 与医疗保险、疾病保险密切相关

女性在生育的过程中涉及检查、手术、住院等医疗保健服务，生育保险给付涉及医疗服务和生育津贴等，这与疾病保险和医疗保险较为类似。因此，世界上许多国家都把生育保险放在医疗保险的保障范围内，并称为“生育与疾病保险”，或者称为“健康保险”。2019 年 3 月，《国务院办公厅关于全面推进生育保险和职工基本医疗保险合并实施的意见》发布，全面推进生育保险和职工基本医疗保险合并实施。现实中，生育保险和职工基本医疗保险已经正式合并实施，两个保险合并之后，统一参保登记，统一基金征缴和管理，产前检查费不再单独报销，可与普通医疗费用一同报销，结算的标准和医保标准一样，生育保险各项待遇从职工基本医疗保险基金中支付；生育保险和职工基本医疗保险合并之后，缴费政策不变，原有的生育保险规定的待遇也不会变。

二、生育保险的原则及其功能

（一）生育保险的原则

1. 保障对象特殊性原则

生育保险实施的对象主要是处于生育期间的妇女劳动者，有些国家还要在此基础上加以限制，如符合法定婚龄、已婚、在同一单位的最低工作年限等。因此，相对于其他险种来说，生育保险覆盖范围较窄。随着社会的进步和经济的发展，一些国家和地区将生育保险的范围扩大至男职工供养的配偶甚至是所有的育龄妇女，还有些国家允许在女职工生育后给予其配偶一定的带薪假期，以照顾妻子和婴儿。

2. 优生优育原则

女性生育不仅仅是个人和家庭的事情，也是企业和社会的事情，对生育妇女的保障，是人类优质繁衍生存和劳动力优质再生产的需要，因此，生育保险的给付时长和待遇水平普遍高于医疗保险和其他社会保险项目。优生不仅与亲代的遗传基因有关，更与后天对婴儿的保护和养育密切相关。优育则全然取决于后天的家庭教育、学校教育和社会教育。实行生育保险，保证女性生育期间享有基本的生活保障，显然为优生优育提供了所必需的基本物质条件和精神安慰。因此，优生优育为社会劳动力素质的提高打下了良好的基础。

3. 母婴保障相结合

生育由其基本自然属性决定，被保护的客体包括了母亲、孕育儿和新生儿，生育保险待遇必须同时考虑三者的特殊需要，从而充分保障其基本生存权利。生育保险不仅起到保护母婴健康和女性就业的作用，还能起到均衡不同女性群体享受公共卫生医疗服务的作用，有利于推进性别平等和社会公平。

4. 产前产后保障相结合

生育保险遵循“产前产后保障相结合”的原则，即其保险期间覆盖了生育发生的前后，这是由母亲、孕育儿和新生儿的特殊需要决定的，妇女怀孕后，由于生理变化，其临产前的一段时间行动不便，无法正常工作且不宜过度劳累，而分娩以后也需要一定的休养时间，以便身体恢复和照顾婴儿，所以生育保险既要照顾到生育前的一段时间，也要覆盖到生育完成后的一段时间，而其他保险带有一定的善后特点。因此，生育保险给付的假期均从生育前的孕期开始，即对母亲和孕育儿的保障。其他社会保险项目均属于事后救济、补偿保障。有些国家法律规定，孕育女职工可以根据自己的需要选择产前假期的开始时间。

（二）生育保险的功能

1. 保障女职工身体健康

生育保险可以有效保障女性的身体健康，给予女性在特殊时期的支持和爱护，这主要体现在向生育女职工提供生育津贴、带薪产假以及生育医疗服务等方面，有效地保护女职工孕期、分娩期和哺乳期的安全，降低妇女生育期间的风险，保障她们因生育而暂时丧失劳动能力时的基本经济收入和医疗保健需要，帮助生育女职工恢复劳动能力，重返工作岗位，并使婴儿得到必要的照顾和抚育，从而体现国家和社会对妇女在这一特殊时期的支持和爱护；女性在怀孕和生育期间，身体的机体特征会产生巨大变化，对身体和心理都会产生影响。建立生育保险，在为女性提供一系列诸如孕前、孕期、产后健康检查的医疗服务以确保母婴安全的同时，相应的管理机构为生育女性提供生育津贴等补助，能够使其平稳地度过生产期，为其身体健康提供最基本的安全保障，解除生育女性的后顾之忧。

2. 促进女性公平就业

女职工为了生育繁衍不得不中断自身的工作，对女性的平等就业具有一定的影响。生育保险的实施，不仅将女性的生育负担转为全社会的责任和义务，也减少了女职工怀孕、分娩等特殊时期的后顾之忧，通过社会对女性的生育补贴来均衡用人单位招用女职工的成本，降低就业性别歧视，对促进女性公平就业具有积极影响。

3. 保障家庭的正常生活水平

由于女性已经大规模地参与经济生活，尤其在我国一直实行男女平均工资，女性工资收入是家庭总收入中不可或缺的一部分，妇女生育期间，可能会导致本人及家庭的生活水平下降，添丁加口也会加重全家的经济负担，因此，生育保险有助于保障家庭的正常生活水平。

4. 增强妇女参加社会活动的积极性

女性职工在进行经济活动的过程中，也担负着生儿育女的重任，为劳动力的再生产作出了贡献，但女职工在生儿育女，满足社会需要的同时，往往会忽视了自身的职业发展；反之，女职工在从事社会生产活动的同时，往往难以顾及家庭，从而产生矛盾。生育保险的实施和运行，是解决这个矛盾的重要制度安排。国家通过立法从制度上保障职业女性在生育子女时，不会因此而失业，并得到相应的补偿，提高了广大妇女参与社会活动的积极性。

5. 有利于提升劳动力再生产的质量

生育保险待遇不仅仅是一般层面上的经济补偿，还关系到两代人的生命安全与健康，关系到人口质量和素质的提高。没有经济能力的孕妇如果没有机会到正规医疗机构去进行产前检查，在分娩的过程中可能会出现危急情况，抢救不及时还可能会导致死亡。生育保险不仅是为了保证女职工的健康，还是为了保护下一代，使其得到正常的哺育，从而促进优生优育，提高人口质量和素质。女性已经成为社会发展不可或缺的人力资源，生育保险的出现，使女性劳动者不必担心生育带来的收入损失，因此能够确保劳动力再生产得以延续，有利于提升劳动力再生产的质量。

6. 有助于贯彻落实国家人口计生政策

生育保险的实施，有助于贯彻落实国家人口计生政策。2015 年 10 月，中共十八届五中全会宣布“全面实施一对夫妇可生育两个孩子政策”，相应的生育保障措施逐步深化、细化和完善，确保人口政策的全面落实，以期更好地应对人口老龄化风险。2021 年 5 月，中共中央政治局召开会议进一步优化生育政策，实施一对夫妻可以生育三个子女政策及配套支持措施，有利于改善我国人口结构、落实积极应对人口老龄化国家战略、保持我国人力资源禀赋优势。2021 年 8 月，第十三届全国人民代表大会常务委员会第三十次会议表决通过了《关于修改〈中华人民共和国人口与计划生育法〉第二次修正》的决定，修改后的《中华人民共和国人口与计划生育法》规定：“国家提倡适龄婚育、优生优育，一对夫妻可以生育三个子女。”享受生育保险待遇的女职工需要符合生育政策才能享受保障待遇，这有利于增强妇女的生育责任感，提高生育质量，促进国家相关政策的贯彻落实。

7. 有利于分散企业风险

生育保险对企业的作用主要体现在分散风险、提供公平的竞争环境上。生育保险分散风险的作用主要体现在两个方面：其一是通过社会保险制度将个人的生育风险分散于社会中，其二是通过社会统筹方式将企业员工的生育风险在不同企业间平衡。另外，一些国家已将生育保险惠及男职工的配偶甚至其本人，也有利于保证在职男职工正常的劳动率，提高其对工作的积极性。当生育女性出现生育危险，如高危妊娠或分娩并发症等一系列生育危险时，会产生大量的医疗费用，生育保险的出现能有效地化解这种个人风险的致命伤害，把这种风险分摊到社会其他人群中去，真正地达到社会保险互助共济、转移社会风险和维护社会稳定的目的。同样，这种风险分担的效果能有效地减少生育女性及其家庭和相关用人单位的损失。

三、生育保险制度的产生与发展

（一）生育保险制度的产生

随着工业化的加速发展，参与到社会化大生产中的妇女数量急剧增长，女性的生育问题对生产的影响也逐渐引起人们的重视。妇女作为社会的一大群体，肩负着双重职责，即天赐的生儿育女的职责和时代赋予的参加经济活动的职责。生育不仅是个人行为，更是一种社会行为，生育保险应运而生。1883 年，德国在其颁布的《疾病保险法》中针对女性生育问题做了一些制度性规定，并将生育保险作为疾病保险的一部分纳入其中，明确生育保险基金发放也仅限于女性被保险人，德国成为世界上最早产生生育保险制度的国家。

（二）生育保险制度的发展

继德国将生育保险纳入社会保险法规体系后，女性生育问题进一步引起了世界各国的普遍重视，生育保险制度在国际劳工组织的推动下于世界各国不断建立起来，有 32 个国家在该阶段建立了本国的生育保险制度或者制定了生育保险条例。其中，1912 年意大利颁布独立的生育保险法，该法成为世界上第一部独立的生育保险法。1919 年，第一届国际劳工大会上通过了关于女工产前和产后就业的公约，即《保护生育公约》（第 3 号），该公约是有关生育保护的第一个正式的国际公约，第一次对生育保险作出了一些通用的国际规范。此后经过几次修订和完善，不断形成具有国际权威的生育保护通用规范。如在与同有代表性的雇主组织和工人组织磋商之后，各成员方须采取适宜措施，以保证孕妇和哺乳期妇女不得从事会损害母亲和孩子健康的工作，经出示由国家和惯例确定的说明预产期的医疗证明或其他适宜证明，妇女有权享受时间不少于 14 周的产假；产前部分的假期，须按预产期和实际分娩之间逾期的时间予以延长，不从强制性产后假期部分中扣除；各国须根据国家法律和条例，或是以符合国家惯例的任何其他方式，向因休产假而缺勤的妇女提供现金津贴；现金津贴的水平，须保证妇女能以适当的健康条件和适宜的生活标准供养自己及其孩子，且这种津贴的数额不得低于该妇女原先收入或是为计算津贴而加以考虑的收入的三分之二；各成员方须保证，适用本公约的大多数妇女都能够达到享受现金津贴的资格条件；因资格条件不够而不能享受现金津贴的妇女，须有权享受社会援助基金的适当津贴；须根据国家法律和条例或是符合国家惯例的任何其他方式，为妇女及其孩子提供医疗津贴，包括产前、分娩和产后医疗护理，以及必要的住院治疗等。

（三）生育保险制度的完善

随着社会经济的发展，妇女就业率日益提高，女性就业歧视问题凸显，妇女权利意识进一步增强。各国政府及国际劳工组织均重新修订了原有的生育保险项目，并不断加以调整和完善。国际劳工组织相继通过《社会保障最低标准公约》（1952 年）、《保护生育公约》（1952 年）和其指导性文件《保护生育建议书》等，推动了生育保险的不断发展。目前，世界上绝大多数国家都根据本国的具体国情，参照国际标准制定相应的生育保护措施。而且，随着经济的发展，生育保险出现了一些新的发展趋势，主要表现为覆盖范围的扩大和待遇标准的提高。一些发达国家的生育保险适用对象已经包括非工资劳动者，“职工生育保险”转变为“全民生育保险”，如澳大利亚、新西兰、丹麦、芬兰、瑞典、英国等，待遇标准不断提高，主要体现在产假时间延长、增加育儿假和父育假等。具体体现在以下几方面。

1. 生育保险法律法规体系的完善

各国生育保险相关法律法规体系不断完善。对生育保险立法两次以上的国家有：瑞典、英国、意大利、日本、法国等。国家的至少两次立法深刻体现了生育保险得到了普遍的重视和广泛的认同，使生育保险工作更加规范。在生育保险法之外，各国还在相关的劳动法、就业法等法律中，增加了保护妇女和儿童健康的条款，形成了保护妇女和儿童权益的法律体系。

2. 生育保险覆盖范围的扩大

生育保险制度建立之初，主要是针对因生育而失业的女性职工建立的保障机制，在一定条件下，对女职工的物质、精神给予一定的补偿，随着社会的发展和革新，生育保险的覆盖对象在各个国家发生了变化。有些国家已将其扩大到非工资劳动的妇女，甚至扩大到一切国民。这一方面反映了在现代社会中，人们生活水平提高了，要求社会对更多的民众提供较高的保障水平；另一方面也反映了世界各国为了提高人口质量，必将对妇女的劳动给予充分的肯定（无论是社会劳动还是家务劳动），承认她们对社会的特殊贡献，并给予相应的物质和经济补偿。这不仅保护了所有妇女生育的合法权益，也促使她们履行劳动力再生产的义务。

3. 生育保险待遇水平的提高

妇女生育子女的补偿标准随着社会经济发展水平和人们生活水平的提高而得到较大幅度的提高，是人类社会发展的趋势。从对《保护生育公约》和《保护生育建议书》的修订中不难看出，妇女生育所享受的假期、假期内工资标准及津贴标准都有不同程度的延长和提高，各国实施的待遇标准也有很大改变，主要体现在产假的变化方面和津贴变化方面。一是产假延长，一些福利型国家不断增加产假时间，如芬兰产假为 33 周，德国产假时间为 32 周，与此同时还增加育儿假和父育假，其目的是让父亲也分担养育婴儿的责任。哈佛大学公共卫生学院发布的“2015 全球工作、家庭与平等指数”的数据显示，在监测的 168 个国家中，高达 41 个国家向父母提供育儿假，且 27 个国家向男性提供父育假，规定假期不少于 14 周，有的国家假期甚至长达一年。如加拿大魁北克省为新生儿父亲提供带薪育儿假，新生儿父亲可以陪伴孩子及其母亲 5 周，其间，可以领取工资的 70%。[①]二是生育津贴标准。国际劳工组织通过的《保护生育公约》和《保护生育建议书》中，都明确要求生育津贴应当足以维持产妇和婴儿的生活和健康，在可行的情况下，生育津贴可达产前收入的 100%。[②]这也体现了各国政府对妇女生育及其在社会和家庭中重要作用的逐步认可和充分肯定。

---

① 孙树菡，朱丽敏. 社会保险学. 北京：中国人民大学出版社，2019：227.

② 邹艳晖. 国外生育保险制度对我国的启示. 济南大学学报（社会科学版），2012，22（6）：65-68，89.

第二节　生育保险内容

一、生育保险筹资

（一）生育保险基金筹集方式

世界上大多数国家的生育保险采用由个人、企业和国家三方或者企业与个人两方负担的方式筹集，如欧洲的奥地利、比利时、芬兰、法国、德国和西班牙等国家，亚洲的印度、日本、韩国和泰国等国家。①

我国采用的是企业全部承担的基金筹集模式。按照人力资源和社会保障部2012年制定的《生育保险办法（征求意见稿）》规定，我国用人单位按照本单位职工工资总额的一定比例缴纳生育保险费，缴费比例一般不超过0.5%，具体缴费比例由各统筹地区根据当地实际情况测算后提出，报省、自治区、直辖市批准后实施。超过工资总额0.5%的，应当报人力资源和社会保障部备案。生育保险基金由用人单位缴纳的生育保险费、生育保险基金的利息收入和依法纳入生育保险基金的其他资金构成。

（二）筹资原则

根据《企业职工生育保险试行办法》，我国生育保险根据“以支定收，收支基本平衡”的原则筹集资金。企业按照工资总额的一定比例向社会保险经办机构缴纳生育保险费，建立生育保险基金。生育保险费的提取比例由当地人民政府根据计划内生育人数和生育津贴、生育医疗费等各项费用确定，并可根据费用支出情况适时调整，但最高不得超过工资总额的1%。筹集到的生育保险基金由用人单位缴纳的生育保险费、生育保险基金的利息收入和依法纳入生育保险基金的其他资金构成。生育保险按属地原则组织。生育保险费用实行社会统筹。

二、生育保险待遇享受资格

（一）一般而言，国家规定要求享受生育保险待遇者，必须事先定期、如数缴纳生育保险费，且必须缴足法定时间。一些国家规定，女职工至少应在分娩前的6个月缴纳生育保险费或在怀孕的10个月中有6个月缴纳生育保险费的记录，或者在生育前2年中有10个月生育保险缴费的记录。生育保险具有短期特点，故生育保险的缴费也是短期缴费。针对企业而言，企业按照工资的一定比例缴纳生育保险费，生育保险基金在一定的范围内实行社会统筹，并按照其实际需要及一定的标准给付生育津贴。

我国享受生育保险待遇者要求工作达到规定期限，即被保险人必须在产前达到投保

① 黎建飞. 劳动法与社会保障法. 北京：中国人民大学出版社，2007：413.

所规定的时间，或者从事工作若干期限，方有获得生育保险待遇的资格。如法国规定，妇女产后可以得到 10 个月保障，且在这年之前 12 个月的头 3 个月内受雇 200 小时，或者缴纳 6 个月的保险费，才有资格享受生育保险待遇。但澳大利亚和新西兰等国规定，凡符合国家公民资格和财产调查手续的妇女，一律可以享受生育保险待遇。卢森堡对居住年限有一定的要求，规定受益人必须在该国居住 12 个月，夫妻两人必须在该国居住 3 年，才能享受生育保险待遇。

（二）传统认为生育保险的对象是女性，不要求个人投保，只对单位女职工实行生育保险，但其实男性也是生育保险的对象。全世界约有 40 个国家规定了父亲育儿假，主要是欧美等地的发达国家。在实行社会保险统筹的国家中，一些国家不要求女职工在生育以前投保，且仅对用人单位的女职工提供生育保险。

（三）正规就业，保障口径窄。从世界范围来看，生育保险主要针对正规部门就业的职工。非正规或非正式就业的女工常常被排斥在外。从女性利益的角度来讲，由于非正规部门就业的人数远远多于正规部门就业人数，而非正规部门却无相应的生育保险，因此对女性更加不利。为此，将生育保险的覆盖面扩大到非正规部门的就业者，将受益者扩展到男性雇员未就业配偶，甚至全体女性国民，是未来生育保险制度建设努力的方向与目标。目前，我国也正在扩大生育保险的受益者范围，男性雇员未就业配偶、城镇非就业女性，甚至农村女性都将纳入各种生育保险的覆盖范围。

三、生育保险待遇水平

如前所述，生育保险待遇的内容主要是生育津贴、带薪产假、生育医疗服务、生育补助等待遇，国际劳工组织对此有明确的要求和界定，各国根据自己的国情，实施不同的政策标准。

（一）带薪产假

世界各国规定的带薪产假长短不一，但大多数为 12～14 周。其中产假最短的是菲律宾，为 45 天；产假最长的是芬兰，为 258 天。在有些实行鼓励多生育的人口政策的国家，产假随所生子女数的增多而增加。如法国，生育第一胎和第二胎，产假为 16 周；生育第三胎，产假为 26 周；多胎生育的再增加 2～12 周。

（二）生育津贴

生育津贴是对生育女职工的收入补偿，这种收入补偿应该足以维持产妇和产儿的身体健康，因此，生育保险的给付水平是一切社会保险中给付水平最高的。这是由生育的社会价值决定的。

我国《女职工劳动保护特别规定》中规定，女职工产假期间的生育津贴，对已经参加生育保险的，按照用人单位上年度职工月平均工资的标准由生育保险基金支付；对未参加生育保险的，按照女职工产假前工资的标准由用人单位支付。

部分国家在女职工分娩后通常发一次性的生育津贴，在每个子女出生时生育津贴一般是定额发放，如英国为25英镑，瑞士为60法郎。此外，还发放生育补助金，生育补助金的发放标准有三种。一是定额制，即不论被保险人情况如何，均发给相同的固定数额的补助金。如英国规定被保险人生育补助金一周为27.25英镑，共支付18周。二是比例制，即按照被保险人的产前工资的一定比例发给生育补助金。有的国家按产前工资的100%发放，有的则是按照疾病补助金的标准发放。三是定额制与比例制的混合制。如爱尔兰，生育补助金采取“基本补助”加上“收入关联补助”的方式发放。“基本补助”采取定额方式，一周39.5镑，共支付12周，“收入关联补助”则采用比例方式，生育补助金为被保险人收入的20%～40%，共支付14周。基本补助和收入关联补助的最高限额为被保险人净收入的75%。

部分国家还提供护理的津贴和育婴补助，护理津贴的数额为收入的15%～25%，并采取了现金或实物的方式，如法国发给育婴母亲津贴或奶票；墨西哥等国提供新生婴儿的全套用品，或发给购置婴儿用品津贴。1952年国际劳工组织通过的《保护生育公约》中规定，生育津贴为原工资的2/3，同时通过的《保护生育建议书》则建议生育津贴应该等于该妇女生育之前的收入全部。目前，多数国家的给付都超过了原工资的2/3这一标准，许多国家的给付达到了原工资的100%。

（三）生育补助

在女职工生育期间，国家会对其进行特殊的劳动保护。女职工在孕期由于生理的变化，工作上会受到特殊的影响，为了保证女职工的基本收入和母子生命安全，国家会制定特殊的政策，对生育女职工进行收入保护和健康保护。收入保护的主要措施是国家立法保护女职工怀孕期间不降低其基本工资。健康保护的主要措施有：不得安排怀孕女职工从事高强度劳动和孕期禁忌的劳动，也不得在正常工作日以外延长劳动时间；对不能胜任原工作岗位的孕期女职工，应当减轻其劳动量或安排其他工作；对怀孕7个月以上的女职工，不应延长劳动时间和安排夜班劳动，并应在工作时间内安排一定的休息时间；允许怀孕女职工在劳动时间进行产前检查，检查时间计作出勤时间；生育妇女在哺乳新生儿期间，应有权为此而中断工作，中断时间应算作工作时间，应当给予报酬；等等。

比如，我国《女职工劳动保护特别规定》中规定，对哺乳未满1周岁婴儿的女职工，用人单位不得延长劳动时间或者安排夜班劳动。用人单位应当在每天的劳动时间内为哺乳期女职工安排1小时哺乳时间；女职工生育多胞胎的，每多哺乳1个婴儿每天增加1小时哺乳时间。在生育女职工职业保障方面，规定用人单位不得因女职工怀孕、生育、哺乳降低其工资、予以辞退、与其解除劳动或者聘用合同。

（四）生育医疗服务

参保人在生育保险用药目录、诊疗范围、服务设施标准范围内享受生育医疗保险待遇。生育保险用药目录、诊疗范围、服务设施标准按国家的标准实施，女职工的生育检查费、接生费、手术费、住院费和药费由生育保险基金支付。超出规定的医疗服务费和药费（含自费药品和营养药品的药费）由职工个人负担。女职工生育出院后，因生育引起疾病的医疗费由生育保险基金支付，其他疾病的医疗费，按医疗保险待遇规定处理。女职工产假期满后，因病需要休息治疗的，享受有关病假待遇和医疗保险待遇。

第三节　我国生育保险制度

一、我国生育保险制度发展沿革

（一）生育保险制度建立阶段（1950～1965 年）

中华人民共和国成立以来，我国的生育保险制度经历了从无到有，曲折发展的过程，不仅体现在保障女职工的基本身体健康，促进女性公平就业，还有利于提升我国的劳动再生产质量，延续后代，促进国家计生政策的落实中发挥了重要的作用，是我国社会文明进步的标志。

我国第一部全国统一的社会保障法规《劳动保险条例》中，生育保险金包含在劳动保险金中，由企业按总工资的一定比例提取，实行全国统筹和企业留存相结合的方式。当时，我国的社会保险采取国家保险的模式，建立生育保险制度是出于鼓励女性投身社会建设的目的。国家通过条例要求企业提取资金用于生育保险，在一定程度上实现了社会统筹。这一时期，政府主要承担监管的责任，企业承担投入的责任，是国家和企业增权的过程。1955 年，《国务院关于女工作人员生产假期的通知》发布，对国家机关女工作人员的生产假期进行了统一规定。

这一时期，我国生育保险的制度包含以下内容：第一，覆盖的对象主要为雇佣工人与职员人数在一百人以上的国营、公私合营、私营及合作社经营的工厂、矿场及其附属单位与业务管理机关。第二，生育保险金包括在劳动保险金之中，实行全国统筹与企业留存相结合的基金管理制度，劳动保险金按企业行政工资总额的 3%提留，其中 30%均上缴中华全国总工会，70%存于该企业工会基层委员会户内；第三，女职工或工人的生育产假共有 56 天，分为产前和产后，在产假期间，女职工或工人有生育津贴，工资可以照常分发。第四，在女工人或女职员在与男工人或男职工配偶生育的同时，生育补助费用由劳动保险基金给付，其数额为 5 市尺（1.665 米）红布，按当地零售价给付；第五，1953 年发布的《中华人民共和国劳动保险条例实施细则修正草案》显示，女工人和女职工生育，如该企业医疗所、医院、特约医院、特约医师无法接生时，其接生费用，亦由企业行政方面或资方负担。第六，怀孕及生育的女临时工、女季节工，其怀孕检查费、接生费、生育补助费及生育假期与一般女工人、女职员相同，产假期间由企业行政方面或资方发给产假工资，其数额为本人工资的 60%。

（二）生育保险制度停滞阶段（1966～1977年）

“文化大革命”时期，我国的生育保险制度发生了一系列的变化。1969年2月，财政部发布的《关于国营企业财务工作中几项制度的改革意见（草案）》规定：国营企业一律停止提取劳动保险金，企业的退休职工、长期病号工资和其他劳保开支，改在营业外列支。由于社会保险统筹制度的中断，我国生育保险制度随之也发生了一定的变化。一是生育保险的国家统筹消失，企业生育保险形成，各企业只对本企业的女工负责；二是随着“临时工”成为“固定工”，生育保险从适合多种用工制度变为只适合单一用工的制度。这一变化使生育保险在以后经济体制改革中成为妇女公平就业的障碍。从国家统筹到企业统筹，实际上是生育保险制度的倒退——从社会保险退到企业保险。生育保险基金仅在企业中流动，社会统筹失去意义，互济功能丧失。这一时期，政府未能承担生育保险的责任，把所有权责都推给企业。

（三）生育保险制度改革阶段（1978～2000年）

20世纪80年代初期，我国的计划经济逐步走向了社会主义市场经济，企业用人制度和用工制度的改革也有了新的气象，自负盈亏独立核算的原则已有共识，生育保险的成本由企业各自承担，但企业为了追求利润最大化，避免更多的性别亏损，会相应地减少录用女职工，或者在落实企业生育保险规定时打折扣，女性公平就业的权利由此受到了一定程度上的损害，为了维护女性平等就业的权利，不让女性在就业的竞争中处于劣势，避免女性因承担生育责任而影响就业，将企业的生育保险转化为社会的生育保险，生育保险基金转向为由社会统筹，成为我国生育保险制度改革的主要方面。

国务院在1988年发布了《女职工劳动保护规定》，废除1953年发布的《中华人民共和国劳动保险条例》中有关女工人、女职工生育待遇的规定和1955年发布的《国务院关于女工作人员生产假期的通知》，规定女职工产假由原来的56天增加至90天（其中产前15天），适用于中国境内的国家机关、企业、事业单位、社会团体、个体经济组织以及其他社会组织等用人单位的女职工。1988年的生育保险改革增加了女职工生育保险的产假天数，并进一步促进生育保险走向社会化。

1988～1994年，全国各地逐渐开始试行生育保险基金社会统筹，1988年，江苏省南通市出台了《南通市全民、大集体企业女职工生养基金统筹暂行办法》，规定企业按男女全部职工人数每年一次性向社会统筹机构上缴一定数额的资金，建立女职工生养基金，统筹企业中所有女职工生育，其中生育医疗费和生育津贴由社会统筹机构负责支付。湖南省株洲市在1988年试行生育保险基金社会统筹，企业按工资总额的一定比例上缴生育保险费，通过银行划归劳动部门统筹，生育女工凭企业证明按月从当地劳动部门领取生育津贴。在此期间，试行生育保险基金社会统筹的地区还有昆明、曲阜、绍兴、宁波、德州等几十个市县。

生育保险基金社会统筹与生育保险费用的分担在很大程度上减轻了企业试行生育保险费用的压力，对促进女性就业产生了一定的积极作用。但生育保险基金的收缴也存在一定的困难，由于法律法规的不完善、地方性法规的非权威性、各地区基金操作管理的复杂性，基金的收缴会受到地方法律法规的限制和约束，对于男性职工较多的企业，各地的方法不统一，也增加了管理与监督的难度。出台统一的法律法规成为加强基金收缴的重中之重。

基于现实的需要，在 1994 年 12 月劳动部发布《企业职工生育保险试行办法》，全国首次有了统一的生育保险基金统筹办法，规定生育保险基金由劳动部门所属的社会保险经办机构负责收缴、支付和管理。女职工产假期间的生育津贴按照本企业上年度职工月平均工资计发，由生育保险基金支付。生育保险由企业统筹回归到了社会统筹。1995 年 7 月，国务院发布《中国妇女发展纲要（1995—2000 年）》，指出到 20 世纪末，要在全国城市基本实现女职工生育费用的社会统筹。1996 年《劳动部关于印发〈劳动部贯彻《中国妇女发展纲要（1995—2000 年）》实施方案〉的通知》。至此，我国确立了国家、企业共同承担的生育保险模式。生育保险从上一时期的企业保险向社会保险转化，企业从上一时期的无所不包转为只承担财政责任，而政府承担管理责任和财政兜底。这一时期，生育保险发展成为社会保险，覆盖人群较之前两个时期更广泛，不再局限于国有企业和集体企业的女职工，而是覆盖有工作单位的在职女性。

（四）生育保险制度发展阶段（2001～2012 年）

为了保障职工生育期间获得经济补偿和基本医疗服务，均衡用人单位生育费用负担，促进公平就业，在 2011 年 7 月施行的《社会保险法》的第六章中专门规定了生育保险的覆盖范围、筹资和待遇项目。为进一步完善生育保险制度，2012 年人力资源和社会保障部发布《生育保险办法（征求意见稿）》，规定国家机关、企业、事业单位、有雇工的个体经济组织以及其他社会组织（以下称用人单位）及其职工或者雇工（以下称职工），应当参加生育保险。用人单位缴纳生育保险费，职工不缴纳生育保险费。

在基金方面，规定生育保险基金由用人单位缴纳的生育保险费、生育保险基金的利息收入和依法纳入生育保险基金的其他资金构成，按照“以支定收、收支平衡”的原则筹集和使用。用人单位按照本单位职工工资总额的一定比例缴纳生育保险费，缴费比例一般不超过 0.5%，具体缴费比例由各统筹地区根据当地实际情况测算后提出，报省、自治区、直辖市批准后实施。超过工资总额 0.5%的，应当报人力资源和社会保障部备案。生育保险基金实行地（市）级统筹，逐步实行省级统筹，存入财政专户并实行预算管理。

在生育保险待遇方面，规定职工所在用人单位依法为其缴纳生育保险费的，职工可以按照国家规定享受生育保险待遇。生育保险待遇包括生育医疗费用和生育津贴。首先，生育医疗费用包括生育的医疗费用、计划生育的医疗费用和法律法规规定的应当由生育保险基金支付的其他项目费用；参加生育保险的人员在协议医疗服务机构发生的生育医疗费用，符合生育保险药品目录、诊疗项目及医疗服务设施标准的，由生育保险基金支付。其次，生育津贴是女职工按照国家规定享受产假或者计划生育手术休假期间获得的工资性补偿，按照职工所在用人单位上年度职工月平均工资的标准计发。生育津贴支付期限按照《女职工劳动保护特别规定》中关于产假的规定执行。女职工生育享受98天产假；难产的，增加产假15天；生育多胞胎的，每多生育1个婴儿，增加产假15天。女职工怀孕未满4个月流产的，享受15天产假；怀孕满4个月流产的，享受42天产假。

（五）生育保险制度的完善阶段（2013年至今）

党的十八大以来，我国生育保险制度经历了一些调整和改革，旨在更好地适应社会经济发展和人口结构变化的需求。

一是生育保险与医疗保险合并实施。2017年，国务院决定在部分城市试点将生育保险与职工基本医疗保险合并实施。2019年，这一政策在全国范围内推广，合并实施后，生育保险的参保范围、基金管理、经办服务等方面与医疗保险统一，简化了管理流程，提升了运行效率。具体表现在以下几个方面：①统一参保登记。要求参加职工基本医疗保险的在职职工同步参加生育保险。②统一基金征缴和管理。要求生育保险基金并入职工基本医疗保险基金，统一征缴，统筹层次一致。按照用人单位参加生育保险和职工基本医疗保险的缴费比例之和确定新的用人单位职工基本医疗保险费率，个人不缴纳生育保险费。同时，根据职工基本医疗保险基金支出情况和生育待遇的需求，按照收支平衡的原则，建立费率确定和调整机制。③统一医疗服务管理。要求两项保险合并实施后实行统一定点医疗服务管理，医疗保险经办机构与定点医疗机构签订相关医疗服务协议时，要将生育医疗服务有关要求和指标增加到协议内容中，并充分利用协议管理，强化对生育医疗服务的监控。执行基本医疗保险、工伤保险、生育保险药品目录以及基本医疗保险诊疗项目和医疗服务设施范围，将生育医疗费用纳入医保支付方式改革范围，推动住院分娩等医疗费用按病种、产前检查按人头等方式付费。④统一经办和信息服务。两项保险合并实施后，要统一经办管理，规范经办流程。经办管理统一由基本医疗保险经办机构负责，经费列入同级财政预算。充分利用医疗保险信息系统平台，实行信息系统一体化运行。原有生育保险医疗费用结算平台可暂时保留，待条件成熟后并入医疗保险结算平台。完善统计信息系统，确保及时、全面、准确地反映生育保险基金运行、待遇享受人员、待遇支付等方面的情况。⑤职工生育期间的生育保险待遇不变。生育保险待遇包括《社会保险法》规定的生育医疗费用和生育津贴，所需资金从职工基本医疗保险基金中支付。生育津贴支付期限按照《女职工劳动保护特别规定》等法律法规规定的产假期限执行。二是扩大覆盖范围。生育保险的覆盖范围逐步扩大，从最初的城镇企业职工扩展到所有用人单位及其职工，一些地区还积极支持将灵活就业人员纳入保障范围，进一步提升了保障的公平性。三是提高待遇水平。生育保险的待遇水平逐步提高，包括生育医疗费用报销比例和生育津贴标准。部分地区还增加了产前检查、分娩等项目的报销额度，减轻了参保人员的经济负担。四是适度延长产假。2016年，《中华人民共和国人口与计划生育法》修正后，各地普遍延长了产假，部分地区还增加了配偶陪产假和育儿假，进一步保障了女性职工的生育权益。五是优化经办服务。生育保险的经办服务不断优化，推行“互联网+政务服务”，简化报销流程，我国基本实现了生育医疗费用直接结算，提升了便利性。六是积极应对人口老龄化。为应对人口老龄化和低生育率，国家出台了一系列鼓励生育的政策，如提高生育保险待遇、增加育儿补贴等，以促进人口长期均衡发展。2021 年 7 月《中共中央 国务院关于优化生育政策 促进人口长期均衡发展的决定》公布，决定实施三孩生育政策及配套支持措施。在优化生育政策方面，实施一对夫妻可以生育三个子女政策，并取消社会抚养费等制约措施、清理和废止相关处罚规定。在配套生育支持措施方面，从充分认识优化生育政策、促进人口长期均衡发展的重大意义；指导思想、主要原则和目标；组织实施好三孩生育政策；提高优生优育服务水平；发展普惠托育服务体系；降低生育、养育、教育成本；加强政策调整有序衔接；强化组织实施保障等角度作出具体决定。在此过程中，生育保险制度无论是在基金支持，还是在配套措施层面，均起到积极的促进作用。

二、我国生育保险制度发展存在的问题

（一）生育保险立法程度低

我国生育保险的立法较晚。1951 年，政务院颁布《劳动保险条例》；1953 年，我国首部女职工生育保险制度的细则——《中华人民共和国劳动保险条例实施细则修正草案》发布，首次规定了我国生育保险制度的细则；1955 年，《国务院关于女工作人员生产假期的通知》发布；1994 年，《企业职工生育保险试行办法》发布。以上文件属于生育保险行政性法规。2010 年通过的《社会保险法》，是我国第一部有关生育保险的专门法律，在此基础上，2012 年发布的《生育保险办法（征求意见稿）》，均对我国生育保险的规定有着开创性的法律意义，但是也存在一些问题和局限性，尤其是在我国生育政策不断调整的背景下，进一步补充和完善十分必要。2017 年，国务院决定在部分城市试点将生育保险与职工基本医疗保险合并实施，2019 年这一政策在全国推行。至此之后，生育保险多作为生育支持的系列政策散见于生育政策当中，如 2021 年 5 月 31 日，中共中央政治局会议决定实施一对夫妻可以生育三个子女政策，提出完善生育休假与生育保险制度，并给出具体的完善措施，但此后鲜有专门关于生育保险的法律、条例或办法的出台。

（二）基金统筹层次较低，覆盖范围狭窄

首先，基金统筹层次提高有助于提高基金的使用效率。2012 年发布的《生育保险办法（征求意见稿）》规定，生育保险基金实行地（市）级统筹，逐步实行省级统筹。但现实中，我国生育保险社会统筹的层次还比较低，省级统筹步伐缓慢。大部分地区生育保险多处在地（市）级统筹阶段，且仍有一些地方还实行县（市）级统筹或地（市）级统筹不实阶段，基金调剂功能差，使得生育女职工多的地区，统筹基金支付压力较大，而生育女职工少的地区基金结余较多，基金难以实现在大范围内调剂。其次，生育保险制度的保障范围还比较狭窄，生育保险制度改革发展不平衡，扩面工作任重道远。2012 年发布的《生育保险办法（征求意见稿）》规定国家机关、企业、事业单位、有雇工的个体经济组织以及其他社

会组织及其职工或者雇工，应当参加生育保险。我国生育保险主要以城镇职工为主，以正规就业人员为主，其覆盖范围较窄，而包括新就业形态就业的灵活就业人员、农民工、自由职业者等群体的参保率较低。男性参保者权益有限，其享受的权益（如陪产假、津贴）相对较少，导致部分人对参保积极性不高。

（三）基金收支风险增加

生育政策和生育保险制度有着紧密的联系。随着三孩生育政策的推行和不断落实，提高生育率、增加福利支付资金成为我国人口政策的重要任务，但在传统生育基金筹集渠道、筹资比例保持不变的情形下，生育保险基金收入变化不大，而基金支出会不断增加，自然会增加基金收支平衡的压力，而且这种压力可能会持续加大。《2022 年全国医疗保障事业发展统计公报》数据显示，2022 年我国参加生育保险 24621 万人，比上年增加 870 万人，增长 3.7%。享受各项生育保险待遇 1769 万人次，比上年增加 448 万人次，比上年增长 34.0%，2022 年生育保险基金支出 951.35 亿元。可见，需要对生育保险基金的结余规模、结余率密切关注，并制定应急预案，一旦出现结余规模下滑、支付困难的情况，可通过调整缴纳比例、拓宽筹资途径等方式进行调整。

（四）待遇水平不高，难以适应全新的生育政策调整

我国的生育保险待遇包括生育津贴、带薪产假及生育医疗服务。三孩生育政策推出之后，三孩的出生、抚养都会增加家庭的支出。但随着经济水平的提高，生育保险的待遇却没有明显的提高，导致难以起到激励生育的作用，难以高度契合全新的生育政策调整。生育医疗费用补助有限额支付和定额支付两种支付方式。其中，限额支付就是指补助金额设有一定额度，报销费用需要控制在设定的额度范围内，即如果生育所花费的费用在额度范围内，那么花费多少，补助多少；如果超出额度范围，那么超出部分由家庭自己承担。定额支付就是在生产过程中，不管花费多少，生育均获得统一标准的定额补助。现实中，采取定额支付的方式较多，在定额补助额数量有限，导致前期的相关检测费用难以报销，只能自己承担。目前，随着三孩生育政策不断落实，高龄产妇数量增多，各种产检、分娩和产后恢复等方面的生育风险提升，使得生育费用不断增加，而三孩生育费用补贴还停留在复制一孩政策的保障力度上，所以大部分的补助远远不够生育所花的实际费用，导致家庭的经济压力加大，使得对家庭生育的激励不足。

三、我国生育保险制度改革思路建议

（一）加快立法步伐，依法开展生育保险制度改革

社会保险是国家通过立法形式强制实施的一种保障制度，欲使社会保险得以健康发展，必须立法先行。将生育保险纳入法治化管理的轨道，为改革提供法治保障，是建立

与社会主义市场经济相适应的生育保险制度的一项极为重要的措施。目前，我国应尽快出台新时期全国性生育保险办法，并加大生育保险执法力度，使各地能够依据国家的法律法规推进生育保险工作，做到依法投保、依法管理、依法运行，尤其要开展现阶段研究生育保险政策的效应评估，促进其与生育政策的适应性和衔接性，不断改善生育保险关于生育保险制度的保障范围、筹资水平、待遇水平、支付办法等一系列重要内容。

（二）努力扩大生育保险覆盖面，提高统筹层次

提高投保率，扩大覆盖范围是搞好生育保险改革的当务之急。其中，最重要的是提高人们对生育保险的认识。生育保险基金由社会统筹，既是市场经济发展的客观需要，也是社会应承担的义务和责任。为此，任何部门和单位都没有理由推卸和拒绝。由于生育保险较之养老、医疗、失业、工伤等险种，缴费激励机制偏弱，为切实扩大覆盖面，提高投保率，一方面，需要持续加强和巩固生育保险与医疗保险合并运行的力度，切实做到统一参保登记、统一基金征缴管理、统一医疗服务管理、统一经办和信息服务等；另一方面，积极探索将覆盖范围从之前的职工扩展到全部居民的可能性和可行性，如推进生育津贴覆盖人群的无差别化，不以是否拥有正式的工作、是否符合职工生育保障制度管理规定来对待不同人群，建立覆盖全社会的津贴统筹制度，使生育保障制度覆盖全民。最后，努力提高生育保险制度的统筹层次，切实做到实现阶段的地（市）级统筹，加快省级统筹步伐。

（三）合理测算生育保险的筹资比率，健全生育保险范围

合理测算生育保险制度的筹资比率，不仅关系到生育保险基金的收支情况，还关系到生育保险待遇的支付水平，更关系到企业、个人、政府利益分配问题，最后还关系到我国人口及生育政策的调整事宜，尤其在我国新的生育政策背景下，合理测算生育保险制度的筹资比率至关重要。需要适时关注我国生育政策的实施效应，由于参保人数、经济水平、基金历史结余等不同因素的差异，各地之间的差别较大，可依据当地实际运行情况和历史数据，结合生育保险基金未来用度的动态预测数据，建立生育保险基金动态筹资机制，科学安排每个地区的生育保险缴费比率。与此同时，还要健全生育保险统筹项目及支付范围。如先将所有与生育有关的医疗费用，分步骤、分批次、分类别全部纳入医保统筹结算体系中，如产检、产后恢复、生育并发症治疗、分娩住院等费用。与此同时，门急诊和住院期间发生的生育医疗费用直接通过医保定点机构与生育医疗机构结算，而超出统筹的范围，再通过医疗费补贴的形式在生育医疗机构报销给生育妇女。当然，保障水平必须与生育妇女参保缴费情况、实际花费等情况挂钩，不能将待遇水平定得太高，坚持保障基本的原则。

（四）完善生育津贴制度

在全新的生育政策背景下，进一步完善生育保险制度，是贯彻《中共中央 国务院关于

优化生育政策促进人口长期均衡发展的决定》精神、适应国家人口均衡发展需要的一项重要任务，有利于更好地发挥其促进人口均衡发展的调节作用。具体措施如下。一是延长生育津贴领取时间，统一支付标准、支付方式和支付对象范围，切实保障女性生育期间的经济权益。二是扩大生育津贴的支付对象和范围。可以借鉴绵阳的经验，通过打通男女职工共享育儿假的形式，明确男职工未就业配偶可享受50%的生育津贴，扩大生育津贴受益范围，同时调动男职工较多单位的参保积极性。三是完善家庭政策，探索建立普惠性育儿津贴、父母津贴制度。借鉴部分国家扭转超低生育率的成功经验，探索建立由财政支持、资金来源多元化的普惠性育儿津贴或父母津贴制度，将现行职工生育保险制度上升为与国家人口发展战略相适应的、逐步覆盖全体城乡居民的现代生育保障体系。

◎相关案例

男职工的生育保险待遇

江苏生育保险新规：男职工可享受生育津贴。《江苏省职工生育保险规定》从2014年10月1日起正式施行。与1999年省政府发布的《江苏省城镇企业职工生育保险规定》相比，新规最大亮点是将所有用人单位和职工都纳入生育保险覆盖范围。也就是说，今后无论你在哪个单位工作，都可以享受相同的生育保险待遇，包括生育医疗费用、生育津贴和一次性营养补助。男职工护理假期间，享受10天生育津贴。原政策规定女职工在生育或流产时，可以享受生育津贴。新《规定》明确规定，职工按国家和省有关规定享受产假或者计划生育手术休假，休假期间按规定享受生育津贴，其中女职工生育，享受98天的生育津贴；职工流产、引产或是计划生育手术，可以享受2~98天的生育津贴。另外，新规定还规定，凡符合《江苏省人口与计划生育条例》晚育规定生育的，女职工增加30天的生育津贴，男职工护理假期间享受10天的生育津贴。生育津贴低于原工资标准的，用人单位应予补足。新《规定》明确指出，职工享受的生育津贴低于其产假或者休假前工资标准的，由用人单位予以补足；高于其产假或者休假前工资标准的，用人单位不得截留。根据新《规定》，职工的生育保险待遇由用人单位按照所属统筹地区生育保险规定的待遇标准支付。同时，对用人单位拒不支付职工生育津贴的，明确了处罚措施。

兰州市参保男职工可享受15天生育护理假。据《兰州日报》报道，为深入贯彻落实《社会保险法》，进一步完善生育保险制度建设，全面提高生育保险待遇水平，从2013年2月起，兰州市参加生育保险的男职工可以享受15天生育护理假津贴和生育医疗费。目前已有13位参保男职工享受了生育保险待遇。这是4月15日记者从兰州市人力资源和社会保障局了解到的。企业及差拨款事业单位参加生育保险的男职工在配偶符合政策生育期间可以享受15天男职工护理假津贴，晚育并领取独生子女证的另外增加5天男职工护理假津贴。另外，参保男职工配偶可享受生育医疗费。参加生育保险的男职工，其配偶属于未参保人员，配偶生育时，参照参保女职工支付标准享受50%的生育医疗费。若男职工配偶已参加并享受了新型农村合作医疗、城镇居民基本医疗保险中相关生育医疗费待遇的，不再享受此项待遇。

资料来源：龙玉其. 2016. 社会保障案例评析. 北京：经济管理出版社.

本章小结

随着社会经济的发展，生育保险作为社会保险的重要组成部分，具有重要的意义和特殊的价值，不仅直接关系到两代人的健康与发展，而且与企业、国家以及整个社会的利益密不可分。所谓生育保险是国家根据相关法律法规，对已怀孕或分娩的妇女劳动者在暂时中断劳动时提供的一种社会保险制度，其主要目的是向该劳动者提供相应的生育津贴、带薪产假、生育医疗服务和生育补助，有助于减缓生育压力，并帮助生育劳动妇女重返岗位，恢复劳动能力。

生育保险具有一定的福利倾向，具有待遇享受人群相对狭窄，针对特定的生育保险医疗服务，产假有固定的要求，保障特定生理风险，与医疗保险、疾病保险密切相关等特征；遵循保障对象特殊性、优生优育、母婴保障相结合、产前产后保障相结合的原则；具有保障女职工身体健康、促进女性公平就业、保障家庭的正常生活水平、增强妇女参加社会活动的积极性、有利于提升劳动力再生产质量、有利于贯彻落实国家人口计生政策、有利于分散企业风险等功能。

生育保险内容主要介绍了生育保险基金的筹集方式及筹资原则，分析生育保险待遇的享受资格，重点分析生育保险待遇水平，在此基础上，分析了我国生育保险制度的产生与发展历程，将我国生育保险制度分为：建立阶段、停滞阶段、改革阶段、发展阶段，并重点剖析我国当前生育保险制度存在的问题，主要有：生育保险立法程度低；基金统筹层次较低，覆盖范围狭窄；基金收支风险增加；待遇水平不高，难以适应全新的生育政策调整等问题。并提出加快立法步伐，依法开展生育保险制度改革；努力扩大生育保险覆盖面，提高统筹层次；合理测算生育保险的筹资比率，健全生育保险范围；完善生育津贴制度等政策建议。

关键术语

生育保险基金　生育保险　生育津贴　带薪产假

复习思考题

1. 生育保险的定义是什么？
2. 生育保险的对象包括哪些？
3. 生育保险惠及职工未就业配偶的意义何在？
4. 生育保险待遇包括哪些内容？享受生育保险待遇的条件是什么？
5. 生育保险基金的筹集方式是什么？
6. 中国现行生育保险制度的主要内容是什么？
7. 生育保险待遇包括哪些方面？
8. 国际劳工组织第一个有关生育保险的公约是在哪一年公布的？
9. 简述中国生育保险制度的发展演变。

参 考 文 献

阿马蒂亚·森. 2002. 以自由看待发展. 任赜，于真译. 北京：中国人民大学出版社.

阿瑟·奥肯. 1999. 平等与效率：重大的抉择. 2 版.王奔洲译. 北京：华夏出版社.

安妮，周绿林，张心洁，等. 2019. 生育保险与职工基本医疗保险合并实施效果评价指标体系构建. 中国卫生经济，38（3）：27-30.

布坎南. 1993. 民主财政论：财政制度和个人选择. 穆怀朋译. 北京：商务印书馆.

陈敏莉. 2010. 两种社会保障观与政府责任的定位. 理论月刊，（11）：144-147.

陈起风，李春根. 2019. 从社会主要矛盾转化看基本养老保障制度改革：契机与路径. 华中农业大学学报（社会科学版），（6）：130-138，166.

陈淑君，张春丽. 2014. 我国生育社会保险制度探讨. 商业经济，（18）：55，60.

陈信勇. 2010. 中国社会保险制度研究. 杭州：浙江大学出版社.

陈银娥. 2009. 社会福利. 2 版. 北京：中国人民大学出版社.

程晓明. 2003. 医疗保险学. 上海：复旦大学出版社.

邓大松. 2015. 社会保险. 3 版. 北京：中国劳动社会保障出版社.

邓大松，刘昌平，等. 2020. 中国社会保障改革与发展报告 2019. 北京：人民出版社.

邓大松，林毓铭，谢圣远，等. 2007. 社会保障理论与实践发展研究. 北京：人民出版社.

丁冰. 1995. 现代西方经济学说. 北京：中国经济出版社.

丁建定. 2018. 改革开放以来党对社会保障制度重大理论认识的发展. 社会保障评论，2（4）：31-42

丁建定. 2019. 社会福利思想. 3 版. 武汉：华中科技大学出版社.

董克用，王燕. 2000. 养老保险. 北京：中国人民大学出版社.

范维强，刘俊霞，杨华磊. 2020. 生育、养老保险基金可持续与养老金待遇机制调整. 统计与信息论坛，35（9）：17-25.

傅晨. 2006. 中国农村合作经济：组织形式与制度变迁. 北京：中国经济出版社.

顾宝昌，李建新. 2010. 21 世纪中国生育政策论争. 北京：社会科学文献出版社.

顾海，吴迪. 2021. “十四五”时期基本医疗保障制度高质量发展的基本内涵与战略构想. 管理世界，37（9）：158-167.

关博. 2021. “十四五”时期“全民医保”的风险挑战与改革路径. 宏观经济管理，（3）：41-45，53.

郭松山. 2008. 中国失业保障制度与再就业. 上海：上海财经大学出版社.

郭晓宏. 2010. 日本劳动安全管理与工伤保险体制研究. 北京：中国劳动社会保障出版社.

郭晓宏. 2010. 中国工伤保险制度研究. 北京：首都经济贸易大学出版社.

洪进，杨辉. 2006. 社会保障导论. 合肥：中国科学技术大学出版社.

侯文若，孔泾源. 2008. 社会保险. 2 版. 北京：中国人民大学出版社.

胡盾，李巧敏. 2021. 民营企业社会保险缴费“负担”及其影响研究. 经济问题，（3）：56-61.

胡平. 2003. 精神损害赔偿制度研究. 北京：中国政法大学出版社.

胡晓义，施明才. 2001. 社会保险基金管理与监督. 北京：中国劳动社会保障出版社.

黄桂霞. 2015. 中国生育保障水平的现状及影响因素分析：基于第三期中国妇女社会地位调查的实证研究. 妇女研究论丛，（5）：103-111.

黄国武，俞央央. 2017. 基金收支平衡下生育保险并入医疗保险的发展路径研究. 保险研究，（12）：29-36.

蒋永萍. 2013. 社会性别视角下的生育保险制度改革与完善：从《生育保险办法（征求意见稿）》谈起. 妇女研究论丛，（1）：47-52，71.
焦凯平. 2004. 养老保险. 2 版. 北京：中国劳动社会保障出版社.
金双秋. 2008. 中国社会保险实务. 北京：北京大学出版社.
凯恩斯. 1983. 就业、利息和货币通论. 2 版. 徐毓枬译. 北京：商务印书馆.
劳动和社会保障部社会保险研究所. 2004. 贝弗里奇报告：社会保险和相关服务. 北京：中国劳动社会保障出版社.
李兵. 2016. 社会保险. 2 版. 北京：中国人民大学出版社.
李丞北. 2014. 社会保险学. 北京：中国金融出版社.
李春根，戴玮，夏珺. 2020. “十四五”人口经济特征与社会保险制度改革. 税务研究，（6）：31-36.
李春根，熊萌之，夏珺. 2018. 从社会主要矛盾变化看我国社会保障制度改革方向. 社会保障研究，（2）：16-20.
李满奎. 2014. 工伤保险的强制性及其实施路径研究. 北京：法律出版社.
李思特. 2021. 社会公平视角下的中国社会保障问题研究. 长春：吉林大学.
李珍. 2017. 社会保障理论. 4 版. 北京：中国劳动社会保障出版社.
李珍，孙永勇，张昭华. 2005. 中国社会养老保险基金管理体制选择：以国际比较为基础. 北京：人民出版社.
梁汶洁，李静，赵蕴，等. 2016. 生育保险制度自评估系统理论模型初探. 中国人口·资源与环境，26（S2）：245-248.
林义. 2002. 社会保险基金管理. 北京：中国劳动社会保障出版社.
刘同芗，王志忠. 2016. 社会保险学. 北京：科学出版社.
刘相波，马超，赵忠. 2021. 降低养老保险缴费率和延迟退休政策组合的双重红利. 中国人民大学学报，35（6）：115-128.
刘燕生. 2001. 社会保障的起源、发展和道路选择. 北京：法律出版社.
鲁全. 2009. 德国的社会保障制度与社会公平. 中国人民大学学报，23（2）：24-30.
吕琳. 2005. 劳工损害赔偿法律制度研究. 北京：中国政法大学出版社.
吕学静. 2020. 社会保障基金管理. 5 版. 北京：高等教育出版社.
玛依拉·吐尔逊，常轩. 2019. 我国人口出生率及其影响因素研究：基于动态 GMM 模型和门限模型的实证分析. 价格理论与实践，（11）：53-56.
米什拉. 2003. 资本主义社会的福利国家. 北京：法律出版社.
潘锦棠. 2011. 社会保险：原理与实务. 北京：中国人民大学出版社.
彭华民，等. 2009. 西方社会福利理论前沿：论国家、社会、体制与政策. 北京：中国社会出版社.
仇雨临. 2008. 医疗保险. 北京：中国劳动社会保障出版社.
仇雨临，孙树菡. 2001. 医疗保险. 北京：中国人民大学出版社.
仇雨临，王昭茜. 2020. 从有到优：医疗保障制度高质量发展内涵与路径. 华中科技大学学报（社会科学版），34（4）：55-62.
曲舒萌. 2021. 地区间城镇职工养老金收支失衡成因及对策研究：基于 31 个省级行政区 2019 年的数据. 理论观察，（5）：67-73.
任正臣. 2001. 社会保险学. 北京：社会科学文献出版社.
邵芬. 2003. 欧盟诸国社会保障制度研究. 昆明：云南大学出版社.
沈澈，王玲. 2019. 互动式发展：新中国成立 70 年来生育政策与生育保障的演进及展望. 社会保障研究，（6）：27-36.
史潮. 2007. 社会保险学. 北京：科学出版社.

孙光德，董克用. 2019. 社会保障概论. 6 版. 北京：中国人民大学出版社.
孙丽萍. 2004. 生育保险与女职工劳动保护政策问答. 北京：中国劳动社会保障出版社.
孙祁祥，郑伟. 2010. 商业健康保险与中国医改：理论探讨、国际借鉴与战略构想. 北京：经济科学出版社.
孙树菡，朱丽敏. 2009. 中国工伤保险制度 30 年：制度变迁与绩效分析. 甘肃社会科学，（3）：59-65.
孙树菡，朱丽敏. 2019. 社会保险学. 3 版. 北京：中国人民大学出版社.
锁凌燕. 2021. 国际养老保障体系改革趋势. 中国金融，（10）：65-66.
陶纪坤. 2009. 两种社会保障调节收入分配理论的对比研究. 经济纵横，（8）：11-16.
王保真. 2005. 医疗保障. 北京：人民卫生出版社.
王超群，杨攀续. 2021. 两险合并实施对生育保险覆盖面的影响：基于合肥市的合成控制研究. 华中科技大学学报（社会科学版），35（6）：44-55.
王健. 2022. 全民参保背景下社会保险与社会救助的功能整合. 江汉学术，41（2）：98-106.
王劲松，徐嘉. 2009. 我国城市社会保障制度的发展与改革. 社会科学战线，（12）：176-184.
王立剑，代秀亮. 2020. 新中国 70 年中国农村社会保障制度的演进逻辑与未来展望. 农业经济问题，(2)：65-76.
王晓军. 2009. 社会保险精算原理与实务. 北京：中国人民大学出版社.
王越. 2005. 中国农村社会保障制度建设研究. 重庆：西南农业大学.
王云昌，张茂松. 2001. 社会保险理论与实务. 郑州：黄河水利出版社.
温来成，贺志强，张偲. 2021. 我国第三支柱养老保险税收政策完善研究. 税务研究，（12）：16-22.
吴鹏森. 2004. 现代社会保障概论. 上海：上海人民出版社.
肖明迁. 2016. 企业年金的税收政策研究. 北京：首都经济贸易大学.
许永现. 2021. 健全多层次养老保险体系与发展第三支柱养老保险问题研究. 中国保险，（12）：23-26.
薛惠元，曾飘. 2019. 公平性视角下城乡基本养老保险制度比较研究. 河北大学学报（哲学社会科学版），44（6）：138-146.
闫俊. 2015. 新型农村社会养老保险制度研究. 北京：人民日报出版社.
杨波. 2010. 中国社会保险制度：基于企业的视角. 北京：中国社会科学出版社.
杨方方. 2006. 从缺位到归位：中国转型期社会保险中的政府责任. 北京：商务印书馆.
杨菊华. 2019. 生育支持与生育支持政策：基本意涵与未来取向. 山东社会科学，（10）：98-107.
杨菊华，宋月萍，翟振武，等. 2009. 生育政策与出生性别比. 北京：社会科学文献出版社.
杨科雄. 2015. 最新工伤认定规则与适用（第二版）. 北京：法律出版社.
杨清哲. 2013. 人口老龄化背景下中国农村老年人养老保障问题研究. 长春：吉林大学.
杨宜勇，李洁. 2019. 中国社会保险制度的反思与政策建议. 中州学刊，（8）：67-72.
杨宜勇，谭永生. 2008. 全国统一社会保险关系接续研究. 宏观经济研究，（4）：11-13，20.
杨祖功. 1986. 西欧的社会保障制度. 北京：劳动人事出版社.
于洪. 2011. 加拿大社会保障制度. 上海：上海人民出版社.
于欣华. 2011. 工伤保险法论. 北京：中国民主法制出版社.
余仕麟. 2004. 新旧福利经济学的价值观差异. 西南民族大学学报（人文社科版），（6）：65-69.
袁国敏，林治芬. 2010. 中国社会保障统计的转型及其对策思考，统计与决策，（20）：4-6.
曾益，杨悦. 2021. 从中央调剂走向统收统支：全国统筹能降低养老保险财政负担吗?. 财经研究，47(12)：34-48.
翟志俊. 2009. 中国失业保险历史回顾及其思考. 上海：上海社会科学院出版社.
张伯生，叶欣梁，周晋，等. 2008. 工伤与失业保险：政策与实务. 北京：北京大学出版社.
张国海，阳慧. 2019. 制度缺憾、有限理性与城乡居民养老保险缴费. 经济问题，（12）：52-59.

张蕾，袁晓慧. 2019. 基于定性比较分析的生育保护政策国际比较. 社会保障研究，（4）：87-94.
张锐. 2021. 构建养老保险“第三支柱”的国际经验与中国政策工具创新. 对外经贸实务，（12）：13-19.
张伟兵. 2007. 发展型社会政策理论与实践：西方社会福利思想的重大转型及其对中国社会政策的启示. 世界经济与政治论坛，（1）：88-95.
张晓，刘蓉. 2004. 社会医疗保险概论. 北京：中国劳动社会保障出版社.
张心洁，周绿林，曾益. 2017. 生育政策调整对城乡居民医疗保险财政负担的影响研究. 财政研究，（10）：76-91.
张永英，李线玲. 2015. 新形势下进一步改革完善生育保险制度探讨. 妇女研究论丛，（6）：41-46.
章君. 2021. “三孩政策”背景下促进人口长期均衡发展的财税政策研究：基于生育、养育、教育视角. 税收经济研究，26（5）：89-94.
郑秉文. 2019. 中国养老金精算报告 2019—2050. 北京：中国劳动社会保障出版社.
郑秉文. 2021. “十四五”时期医疗保障可持续性改革的三项任务. 社会保障研究，（2）：3-14.
郑功成. 2000. 社会保障学：理念、制度、实践与思辨. 北京：商务印书馆.
郑功成. 2004. 社会保障学. 北京：中央广播电视大学出版社.
郑功成. 2005. 社会保障学. 北京：中国劳动社会保障出版社.
郑功成. 2009. 从企业保障到社会保障：中国社会保障制度变迁与发展. 北京：中国劳动社会保障出版社.
郑功成. 2014. 中国社会保障演进的历史逻辑. 中国人民大学学报，28（1）：2-12.
郑功成. 2018. 中国社会保障改革与经济发展：回顾与展望. 中国人民大学学报，32（1）：37-49.
郑功成. 2019. 多层次社会保障体系建设：现状评估与政策思路. 社会保障评论，3（1）：3-29.
郑功成. 2020. “十四五”时期中国医疗保障制度的发展思路与重点任务. 中国人民大学学报，34（5）：2-14.
郑功成. 2020. 中国养老金：制度变革、问题清单与高质量发展. 社会保障评论，4（1）：3-18.
郑功成. 2024. 医疗保障蓝皮书：中国医疗保障发展报告（2021）：走向全面深化的医疗保障改革. 北京：社会科学文献出版社.
郑尚元. 2004. 工伤保险法律制度研究. 北京：北京大学出版社.
中国医疗保险研究会. 2017. 中国医疗保险理论研究与实践创新（2016 年卷）. 北京：化学工业出版社.
周沛. 2008. 福利国家和国家福利：兼论社会福利体系中的政府责任主体. 社会科学战线，（2）：205-213.
朱楠，代瑞金. 2020. 中国社会保障制度的历史演变和规律考察. 西北大学学报（哲学社会科学版），50（4）：120-127.
庄渝霞. 2009. 透析实施生育保险制度的局势. 人口学刊，（4）：57-61.
庄渝霞. 2019. 生育保险待遇的覆盖面、影响因素及拓展对策：基于第三期中国妇女社会地位调查的实证分析. 人口与发展，25（5）：78-88.
庄渝霞. 2019. 中国生育保险制度研究. 上海：上海社会科学院出版社.